Северный Ледовитый океан

Магадан

КАМЧАТКА

СИБИРЬ

Охотское море

…КАЯ ФЕДЕРАЦИЯ

О. САХАЛИН

ДАЛЬНИЙ ВОСТОК

Хабаровск

…осибирск

озеро Байкал

Иркутск

Владивосток

# Голоса

## *A Basic Course in Russian*

### *Book 2*

***Second Edition***

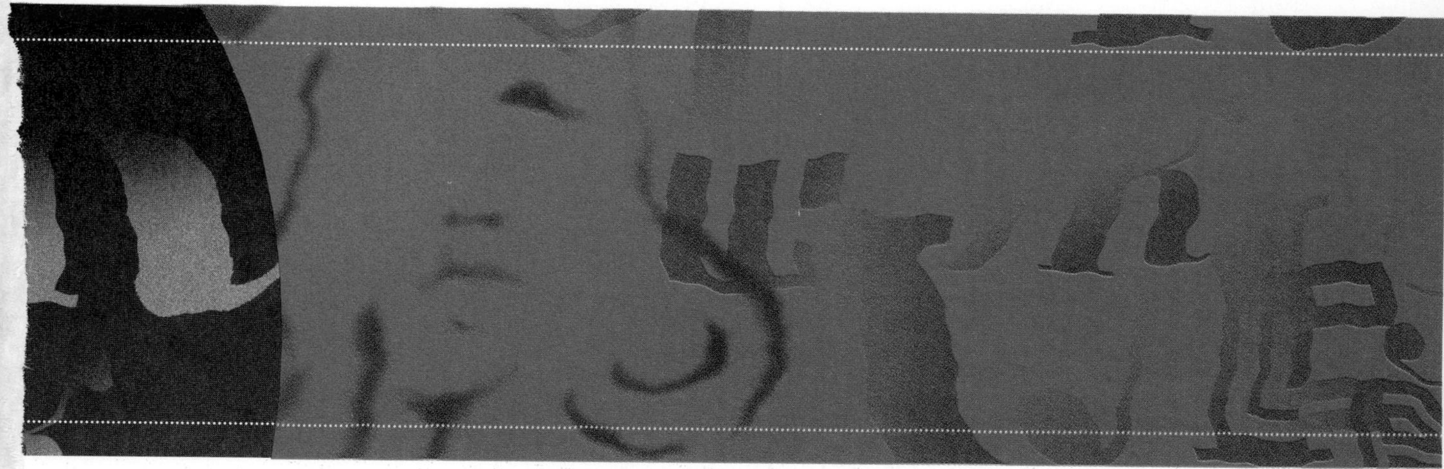

**Kathryn Henry**
*University of Iowa*

**Joanna Robin**
*The George Washington University*

**Richard Robin**
*The George Washington University*

**Prentice Hall**

**Upper Saddle River, New Jersey 07458**

**Library of Congress Cataloging-in-Publication Data**

Robin, Richard M.
Golosa: a basic course in Russian. Book 1 and 2 / Richard Robin, Kathryn Henry, Joanna Robin.
ISBN 0-13-895111-X
1. Russian language --Textbooks for foreign speakers --English.
I. Henry, Kathryn. II. Robin, Joanna. III. Title.
PG2129.E5R63 1993
491.782'421--dc20 93-22993
CIP

Editor in Chief: Rosemary Bradley
Associate Editor: Heather Finstuen
Editorial Assistant: Nadejda Rozeva
Project Manager: Nancy Stevenson
Executive Managing Editor: Ann Marie McCarthy
Cover and Interior Design: Ximena P. Tamvakopoulos
Cover Photo: Larry Fried/Image Bank
Buyer: Tricia Kenny
Senior Marketing Manager: Christopher Johnson

This book was set in 11/13 Minion Cyrillic by Publication Services and was printed and bound by Courier Companies, Inc. The cover and endpapers were printed by The Lehigh Press, Inc.



Printed in the United States of America
10 9 8 7 6 5 4 3 2

ISBN 0-13-895111-X

Prentice-Hall International (UK) Limited, *London*
Prentice-Hall of Australia Pty. Limited, *Sydney*
Prentice-Hall Canada Inc., *Toronto*
Prentice-Hall Hispanoamericana, S.A., *Mexico*
Prentice-Hall of India Private Limited, *New Delhi*
Prentice-Hall of Japan, Inc., *Tokyo*
Pearson Education Asia Pte. Ltd., *Singapore*
Editora Prentice-Hall do Brasil, Ltda., *Rio de Janeiro*

# Contents

# Scope and Sequence

| | |
|---|---|
| **Урок 1**<br>**Вводный урок**<br>**1** | **Коммуникативные задания**<br>Talking about yourself<br>Talking about your family<br>Talking about studies and education<br>Talking about daily schedules<br>Reading and writing letters |
| **Урок 2**<br>**Погода**<br>**11** | **Коммуникативные задания**<br>Describing the weather<br>Preparing for travel<br>Weather reports |
| **Урок 3**<br>**Разговор по телефону**<br>**51** | **Коммуникативные задания**<br>Managing telephone conversations<br>Leaving and taking telephone messages |
| **Урок 4**<br>**Как попасть?**<br>**91** | **Коммуникативные задания**<br>Describing your city<br>Getting around town in Russia<br>Giving and understanding simple directions<br>Reading maps and directions<br>Reading about a city's transportation system |

| | |
|---|---|
| | |
| **В помощь учащимся**<br>Weather<br>Feelings: dative subjectless constructions<br>Seasons and instrumental case<br>Months and **в** + prepositional case<br>Invitations: **дава́й(те)** + future tense<br>To someone's place: **к** + dative<br>*Whether* vs. *if*: **ли** constructions<br>**Если** and **когда́** clauses with future tense<br>**Workbook:** Numbers in the genitive case for listening<br>IC–6 | **Между прочим**<br>The Crimea<br>Celsius temperatures |
| **В помощь учащимся**<br>Cardinal numbers 1–9999 (nominative)<br>Telephone formulae<br>**Звони́ть/по- кому́ куда́**<br>Emphatic pronoun: **сам**<br>**Слы́шать/слу́шать, ви́деть/смотре́ть**<br>Short-form adjectives **свобо́ден, за́нят, до́лжен**<br>Overview of verb conjugation<br>**Workbook:** IC–2 in nouns of address, greeting, and requests | **Между прочим**<br>Telephone etiquette |
| **В помощь учащимся**<br>**В го́роде есть...**<br>Having: overview<br>Asking for directions<br>Telling where something is located: **спра́ва от чего́, сле́ва от чего́, напро́тив чего́, (не)далеко́ от чего́, бли́зко от чего́, ря́дом с чем, на ю́ге, на се́вере, на восто́ке, на за́паде, в це́нтре**<br>Giving simple directions<br>Means of transportation: **е́здить~е́хать/по- на чём**<br>How long does it take?<br>Going verbs: **ходи́ть~идти́/пойти́; е́здить~е́хать/пое́хать**<br>Giving commands: forming and using the imperative<br>Short-form past passive verbal adjectives for reading<br>**Workbook:** Hard consonants **ц ш ж**<br>IC–3 and pauses | **Между прочим**<br>**Москва́, Санкт-Петербу́рг**<br>Public transportation in Russian cities |

| | |
|---|---|
| **В помощь учащимся**<br>Expressing dates<br>Genitive plural of modifiers and nouns<br>Adjectives following numbers<br>Accusative plural of animate nouns and their modifiers<br>Prefixed verbs of motion | **Между прочим**<br>Russian hotels<br>Arranging travel in Russia |
| **В помощь учащимся**<br>**Нра́виться/понра́виться** vs. **люби́ть**<br>Making comparisons<br>Reflexive verbs<br>Conjugation of **дава́ть/дать** type verbs<br>**Кото́рый** for reading<br>Past active verbal adjectives for reading | **Между прочим**<br>Movie theaters in Russia<br>Russian cinematography<br>Russian television |
| **В помощь учащимся**<br>**Звать** vs. **называ́ться**<br>**Ну́жен**<br>**Кото́рый** constructions<br>Negation — **ни... не** constructions<br>Constructions with **-то, -нибудь**<br>Declension of last names<br>Past active and past passive verbal adjectives for reading | **Между прочим**<br>Declamatory style in reading poetry<br>Genres of some famous Russian literary works<br>**Ахма́това, Бара́нская, Бро́дский, Бу́нин, Евтуше́нко, Идьф и Петро́в, Пу́шкин** |

| | |
|---|---|
| **Урок 8**<br>**Свободное время**<br>**255** | **Коммуникативные задания**<br>Invitations to places and events<br>Describing how people spend free time: hobbies, sports, music<br>Announcement for a sports club<br>Reading about a guitarist, a young student, and a young company president<br>Reading for pleasure: **Михаи́л Зо́щенко, «Сердца трёх»** |
| **Урок 9**<br>**Здоровье**<br>**299** | **Коммуникативные задания**<br>Naming parts of the body<br>Indicating simple symptoms of illness<br>Reading announcements for medical services<br>Giving health advice |
| **Урок 10**<br>**В гостях**<br>**335** | **Коммуникативные задания**<br>Talking about holidays<br>Meeting and greeting hosts and guests<br>Making toasts<br>Writing holiday cards and invitations |

| | |
|---|---|
| **В помощь учащимся**<br>**Проводи́ть свобо́дное вре́мя**<br>Playing games: **игра́ть в** + accusative<br>Playing musical instruments: **игра́ть на** + prepositional<br>Additional uses of the instrumental case: **занима́ться *чем*, увлека́ться *чем*, интересова́ться *чем*, стать *кем*, быть *кем***<br>Third person plural for passive/impersonal meaning (**Сказа́ли, что; посове́товали, что; написа́ли, что**)<br>**Свой** | **Между прочим**<br>Sports in Russia |
| **В помощь учащимся**<br>Talking about how one feels: more short-form adjectives<br>Descriptions of well-being and sickness: **чу́вствовать себя́; (у кого́) боли́т (что); (кому́) пло́хо; просты́ть; бо́лен (чем)**<br>**Хоте́ть, что́бы** + past tense<br>Instrumental case for instrument<br>Verbs of asking: **спра́шивать/спроси́ть** vs. **проси́ть/попроси́ть**<br>Answering yes–no questions with key words | **Между прочим**<br>Health care in Russia<br>Attitudes toward well-being |
| **В помощь учащимся**<br>**С пра́здником**<br>**Встреча́ть Но́вый год**<br>**Отмеча́ть пра́здник**<br>Proposing toasts — **за** + accusative case<br>Invitations<br>Telling time off the hour<br>Prepositions of direction and location<br>**Если бы** clauses<br>Time expressions<br>**Друг дру́га**<br>Verbal adjectives and adverbs<br>Reading for pleasure: **Анто́н Че́хов, «Пари́»** | **Между прочим**<br>Holidays<br>Guest etiquette<br>Parties |

# Preface

**Голоса**: *A Basic Course in Russian, Second Edition,* is a revised introductory Russian-language program that strikes a true balance between communication and structure. It takes a contemporary approach to language learning by focusing on the development of functional competence in the four skills (listening, speaking, reading, and writing), as well as the expansion of cultural knowledge. It also provides comprehensive explanations of Russian grammar along with the structural practice students need to build accuracy.

**Голоса** is divided into two books of ten units each. Each book is accompanied by a fully integrated Lab manual/Workbook, Audio program, and a page on the World Wide Web to provide instant updates and other supplements. Book 1 is also accompanied by the CD-ROM *Golosa Interactive.* The units are organized thematically, and each unit contains dialogs, texts, exercises, and other material designed to enable students to read, speak, and write about the topic, as well as to understand simple conversations. The systematic grammar explanations and exercises in **Голоса** enable students to develop a conceptual understanding and partial control of all basic Russian structures, including the declensions of nouns, adjectives, and pronouns; verb conjugation; and verb aspect. This strong structural base enables students to accomplish the linguistic tasks in **Голоса** and prepares them for further study of the language. Students successfully completing Books 1 and 2 of **Голоса** will be able to perform the following skill-related tasks.

**Listening.** Understand simple face-to-face conversations about daily routine, home, family, school, and work. Understand simple airport announcements, radio and television advertisements, and brief news items such as weather forecasts. Get the gist of more complicated scripts such as short lectures and news items.

**Speaking.** Use complete sentences to express immediate needs and interests. Hold a simple face-to-face conversation consisting of questions and answers with a Russian interlocutor about daily routine, home, family, school, and work. Discuss basic likes and dislikes in literature and the arts. Manage simple transactional situations in stores, post offices, hotels, dormitories, libraries, and so on.

**Reading.** Read signs and public notices. Understand common printed advertisements and announcements. Understand simple personal and business correspondence. Get the gist of important details in brief articles of topical interest such as news reports on familiar topics, weather forecasts, and entries in reference books. Understand significant parts of longer articles on familiar topics and brief literary texts.

**Writing.** Write short notes to Russian acquaintances, including invitations, thank you notes, and simple directions. Write longer letters providing basic biographical information. Write simple compositions about daily routine, home, family, school, and work.

**Culture.** Grasp the essentials of small-c culture necessary for active and receptive skills: background information on the topics covered in each unit. Control sociolinguistic aspects of Russian necessary for basic interaction, such as forms of address, greeting and leave-taking, giving and accepting compliments and invitations, and telephone etiquette. Become familiar with some of Russia's cultural heritage: famous writers and their works, as well as other figures in the arts.

## Features of the **Голоса** program

- **Goals**
  Objectives are stated explicitly for each book and unit in terms of language tools (grammar and lexicon), skills, and cultural knowledge.

- **Focused attention to skills development**
  Each language skill (speaking, reading, writing, and listening) is addressed in its own right. Abundant activities are provided to promote the development of competence and confidence in each skill area. The second edition focuses more attention on the comprehension of connected prose, both written and aural.

- **Modularity**
  **Голоса** incorporates the best aspects of a variety of methods, as appropriate to the material. All skills are presented on an equal footing, but instructors may choose to focus on those that best serve their students' needs without violating the structural integrity of individual units or the program as a whole.

- **Authenticity and cultural relevance**
  Each unit contains authentic materials and realistic communicative activities for all skills. In addition, the Golosa Web Page updates materials to account for fast-changing events in Russia.

- **Spiraling approach**
  Students are exposed repeatedly to similar functions and structures at an increasing level of complexity. Vocabulary and structures are consistently and carefully recycled. Vocabulary patterns of reading texts are recycled into subsequent listening scripts.

- **Learner-centered approach**
  Each unit places students into communicative settings to practice the four skills. In addition to core lexicon, students acquire personalized vocabulary to express individual needs.

- **Comprehensive coverage of beginning grammar**
  **Голоса** gives students conceptual control of the main points of Russian grammar. By the end of Book 1, students have had meaningful contextual exposure to all the cases and tense/aspects. Book 2 spirals out the basic grammar and fills in those items needed for basic communication.

- **Abundance and variety of exercise material: on-paper, audio, graphical computer, and the World Wide Web**
  Oral drills and written exercises progress from mechanical to contextualized to personalized, open-ended activities. The wide variety in exercises and activities ensures that a range of learning styles is served. Updated exercises are available on the Golosa Web Page (http://www.gwu.edu/~slavic/golosa.htm).

- **Learning strategies**
  Students acquire strategies that help them develop both the productive and receptive skills. This problem-solving approach leads students to become independent and confident in using the language.

- **Phonetics and intonation**
  Pronunciation is fully integrated and practiced with the material in each unit rather than covered in isolation. Intonation training includes requests, commands, nouns of address, exclamations, and non-final pauses, in addition to declaratives and interrogatives.

## Organization of the Student Texts

The **Голоса** package consists of three components: Textbooks, Lab Manuals/Workbooks, and Audioprograms. The course is divided into two books. Every unit maintains the following organization.

## Overview

The opening page of each unit provides a clear list of the communicative tasks the unit contains, of the grammatical material it introduces, and of the cultural knowledge it conveys.

## Точка отсчёта

**О чём идёт речь?** This warm-up section uses illustrations and simple contexts to introduce the unit vocabulary. A few simple activities provide practice of the new material, thereby preparing students for the taped **Разговоры**, which introduce the unit topics. Simple questions in English help students understand these introductory conversations. Students learn to grasp the gist of what they hear, rather than focus on every word.

## Язык в действии

**Диалоги.** Also recorded on cassette, these shorter versions of the preceding **Разговоры** provide the basic speech models for the new vocabulary and grammar of the unit. The accompanying exercises provide contextualized and personalized practice to activate the new material.

**Давайте поговорим**. This section is devoted to developing the conversational skills based on the **Диалоги**. Among these are the following:

- **Подготовка к разговору**. Students use lexical items from the **Диалоги** in short sentences with meaningful context.

- **Игровые ситуации.** Students perform role plays in which they use new vocabulary and structures in simple conversational situations.

- **Устный перевод.** Students provide face-to-face oral interpretation in situations based on the **Диалоги**.

**Давайте почитаем**. Authentic reading texts are supplemented with activities that direct students' attention to global content. Students learn strategies for guessing unfamiliar vocabulary from context and for getting information they might consider too difficult. The variety of text types included in **Давайте почитаем** ensures that students gain extensive practice with many kinds of reading material: official forms and documents; daily schedules; menus; shopping directories; maps; newspaper advertisements; TV and movie schedules; weather reports, classified ads; brief messages; newspaper articles; poetry; and short stories. Verbal adjectives and adverbs are introduced and practiced in this section in Book 2.

**Давайте послушаем.** Guided activities teach students strategies for developing global listening skills. Questions in the textbook accompany texts on the audioprogram (scripts appear in the Instructor's Manual). Students learn to get the gist of and extract important information from what they hear, rather than trying to understand every word. They are exposed to a great variety of aural materials, including messages recorded on telephone answering machines; public announcements; weather reports; radio and TV advertisements; letters on cassette; brief speeches; conversations; interviews; news features and reports; and poems.

## В помощь учащимся

This section contains grammatical presentations designed to encourage students to study the material at home. They feature clear, succinct explanations, charts and tables for easy reference, and numerous examples. Important rules and tricky points are highlighted in special boxes. Simple exercises follow each grammar explanation for use in class. Additional practice is provided by taped oral pattern drills and written exercises in the Lab Manual/Workbook for homework.

## Обзорные упражнения

Located at the end of each unit, these activities present situations that call for students to integrate several skills. For example, students scan part of a newspaper to find out what weather to expect. Based on the weather report they then call to invite a friend to either a movie or a picnic. When they cannot get hold of the friend on the phone, they leave a note. Many writing exercises that fulfill real communicative needs are included in this section.

## Новые слова и выражения

The vocabulary list includes all new active words and expressions presented in the unit, and provides space for students to write in additional personalized vocabulary items.

## Additional Components of the Голоса Program

**Lab manual/Workbook**
The fully integrated Lab manual/Workbook includes exercises on listening to numbers (**Числительные**) and pronunciation (**Фонетика и интонация**) with taped exercises involving imitation and cognitive activities such as marking intonation patterns, reduced vowels, and so on. **Устные упражнения** are oral pattern drills recorded on tape. They are keyed numerically to the grammar presentations in the textbook. **Письменные упражнения** are written exercises designed to be turned in as homework. They are numerically keyed to the grammar presentations in the textbook. Mechanical, meaningful, communicative, and personalized exercises are included.

**Audioprogram (indicated by ▭ )**
Recorded on cassettes are the **Разговоры** (at normal conversational tempo for listening practice), **Диалоги** (at a slightly slower tempo to allow for easier perception and repetition), **Давайте послушаем** (authentic tempo), audio portions of the **Обзорные упражнения**, as well as activities from the Lab manual/Workbook: practice listening to numbers, **Фонетика и интонация**, and **Устные упражнения** (oral pattern practice). All parts of the recorded supplement that are meant for active use include pauses for repetition.

**World Wide Web page**
The Golosa Web Page (http://www.gwu.edu/~slavic/golosa.htm) provides updates on cultural material, supplemental exercises, an interactive teacher/student forum, and links to other Russian pages throughout the world.

**Instructor's Resource Manual**
The Instructor's Resource Manual contains teaching suggestions for curriculum layout and sample units, sample quizzes and tests, and the scripts for all recorded material: **Разговоры, Числительные, Фонетика и интонация, Давайте послушаем,** and audio portions of the **Обзорные упражнения**.

**Acknowledgments**

The authors would like especially to thank Irene Thompson of the George Washington University. It was her pioneering work in the methodology of teaching Russian that paved the way for this endeavor. But more than that, Professor Thompson has been a mentor to the three of us. Over the many years that she has known us, she has watched each of us grow. As work on this project progressed, she guided us, challenged us, cajoled us, and inspired us. We owe her an unrepayable debt of gratitude for her personal encouragement, vision, and light in the darkest parts of the tunnel.

We would like to thank our reviewers, who helped in the initial stages of the manuscript:

Olga Kagan, University of California, Los Angeles
Marina Balina, Illinois Wesleyan University
Jack Blanshei, Emory University
Cynthia A. Ruder, University of Kentucky
Andrew J. Swensen, Hamilton College
Natalia A. Lord, Howard University
Zeng-min Dong, Washington State University

We would also like to acknowledge the fine work done by the people whose voices are heard in the Audioprogram for Books 1 and 2:

Zenoviy Avrutin
Aleksey Burago
Snezhana Chernova
Sasha Denisov
Eugene Gutkin
Ida Kurinnaya
Katya Lawson
Boris Leskin
Natasha Naumenko
Yura Naymkin
Alex Reyf
Yelena Solovey

# Вводный урок

## Коммуникативные задания

- Talking about yourself
- Talking about your family
- Talking about studies and education
- Talking about daily schedules
- Talking about writing letters

# Автобиогра́фия

**A. Письмо́**. Прочита́йте письмо́ и отве́тьте на вопро́сы.

1. Кто написа́л э́то письмо́, мужчи́на и́ли же́нщина?
2. Как зову́т а́втора письма́?
3. Автор письма́ живёт в Москве́ и́ли в Новоросси́йске?
4. Новоросси́йск нахо́дится на ю́ге и́ли на се́вере Росси́и?
5. Со́ня хорошо́ зна́ет англи́йский язы́к?
6. Ско́лько лет Со́не?
7. Она́ у́чится и́ли рабо́тает? Где?
8. Кака́я у неё специа́льность?
9. У неё есть бра́тья и сёстры?
10. Они́ моло́же и́ли ста́рше Со́ни?
11. Ско́лько им лет?

Здравствуйте!

Пишу Вам из города Новороссийска. Наш город находится на юге России на берегу Черного моря. Получила Ваше имя от нашего общего знакомого Володи, когда он у нас был на прошлой неделе. Он рассказал немного о Вас и о Вашей семье. Сказал еще, что Вы уже хорошо понимаете и пишете по-русски. Это хорошо, потому что я читаю по-английски только с большим трудом.

Немного о себе. Меня зовут Соня. Мне 20 лет. Учусь в университете на втором курсе. Специальность у меня журналистика. Я живу дома с родителями. У меня еще старший брат (ему 22 года) и младшая сестра — она моложе меня на три года.

Мы с братом думаем поехать в Америку, и много говорим о такой поездке. Именно поэтому Володя дал нам Ваш адрес. Он сказал, что Вы сможете нам рассказать немного о Вашей стране и посоветовать нам, в какие города поехать.

Жду ответа.

Ваша

Соня Лаптева.

**Б.** **О себé.** Отвéтьте на вопрóсы.

1. Как вас зовýт?
2. Где вы живёте?
3. Вы хорошó знáете англи́йский язы́к?
4. Вы хорошó знáете рýсский язы́к?
5. Вы знáете каки́е-нибудь други́е языки́?
6. Скóлько вам лет?
7. Вы ýчитесь и́ли рабóтаете? Где?
8. Какáя у вас специáльность?
9. У вас есть брáтья и сёстры?
10. Они́ молóже и́ли стáрше вас?
11. Скóлько им лет?
12. Как их зовýт?

**В.** **Письмó.** Прочитáйте письмó и отвéтьте на вопрóсы.

1. Кто написáл э́то письмó, мужчи́на и́ли жéнщина?
2. Как зовýт áвтора э́того письмá?
3. Комý Пáвел написáл письмó?
4. Как назывáется егó люби́мая газéта?
5. Где он роди́лся?
6. Где он тепéрь живёт?
7. Где он ýчится?
8. Когдá он окóнчит институ́т, он бýдет рабóтать в шкóле и́ли в магази́не?
9. Он хорошó знáет англи́йский язы́к?
10. На какóм языкé он бýдет писáть пи́сьма?

Дорогая Кэрол!

Из моей любимой газеты "Аргументы и факты" я узнал, что читатели Вашей публикации хотят переписываться с русскими студентами.

Нéсколько слов о себе: зовут меня Павел, родился в Смоленске. А живу и учусь во Пскове, в педагогическом институте, на пятом курсе. Окончу институт и пойду работать в школу.

К сожалению, я знаю английский язык не очень хорошо, но я немного читаю. Если кто-нибудь хочет писать по-английски, я буду отвечать по-русски.

С уважением
Павел Литинский.

**Г. О себé.** Отвéтьте на вопрóсы.

1. Где вы родили́сь?
2. Вы ещё там живёте?
3. Где вы ýчитесь?
4. Где вы хоти́те рабóтать, когдá вы окóнчите университéт?
5. Вы читáете по-рýсски?
6. Вы понимáете по-рýсски?
7. Вы говори́те по-рýсски?
8. Вы пи́шете по-рýсски?
9. С кем вы перепи́сываетесь?
10. Вы хотéли бы перепи́сываться с рýсскими студéнтами?

## Семья́

**А. Письмó.** Прочитáйте письмó и отвéтьте на вопрóсы.

1. Как зовýт áвтора э́того письмá?
2. Это мужчи́на и́ли жéнщина?
3. Онá хорошó знáет англи́йский язы́к?
4. Какóй язы́к онá изучáет?
5. Скóлько лет Ольге?
6. На какóм кýрсе онá ýчится?
7. Кто по профéссии отéц Ольги?
8. Где он рабóтает?
9. Её мáма рабóтает?
10. Скóлько у неё сестёр?
11. Как их зовýт?
12. Скóлько им лет?
13. На какóм факультéте ýчится Ольга?
14. Онá ýчится в институ́те и́ли в университéте?

Здравствуйте, далекие незнакомые друзья!

К сожалению, я не знаю английского языка, в институте изучаю французский. Пишу Вам из города Казани. Наш город находится в 600 километрах на востоке от Москвы.

Немного о себе. Зовут меня Ольга, мне 19 лет, учусь на третьем курсе. Живу дома с родителями. Папа у меня инженер, работает в проектном институте. Мама уже на пенсии. У меня две сестры. Старшей сестре Лене 25 лет. У нее муж и двое детей. Живут они в Москве. Младшую сестру зовут Нина. Она живёт дома, учится в школе, в десятом классе. В этом году она окончит школу и будет поступать в театральный институт. Нина учится хорошо, и по-моему ее шансы хорошие. Если она поступит, она будет изучать современное кино. После окончания института (а это будет через пять лет) у нее будет возможность работать в кино или в театре.

Я написала, что учусь, но забыла сказать где. Я на третьем курсе исторического факультета Казанского университета. Я очень люблю учиться, но еще рано сказать, что меня ждёт после учёбы.

Жду письма. Хотелось бы узнать о Вас, о Вашей семье.

С огромным приветом
Ольга Соколова.

**Б.** **О себе́.** Отве́тьте на вопро́сы.

1. Как вас зову́т?
2. Каки́е языки́ вы зна́ете?
3. На како́м ку́рсе вы у́читесь?
4. Ско́лько у вас бра́тьев и сестёр?
5. Как их зову́т?
6. Ско́лько им лет?
7. Кто по профе́ссии ва́ши роди́тели?

**В.** **Выступле́ние.** Покажи́те фотогра́фию свое́й семьи́ и расскажи́те о ней. Bring in a picture of your family and tell about it. You may need the phrases below.

***(кому́)*** **... лет**
***(кто)*** **ста́рше** ***(кого́)*** **на ... год/го́да/лет**
***(кто)*** **моло́же** ***(кого́)*** **на ... год/го́да/лет**
**два (три, четы́ре) бра́та; пять бра́тьев**
**две (три, четы́ре) сестры́; пять сестёр**
**еди́нственный ребёнок**
**дво́е, тро́е, че́тверо, пять дете́й**
***(кто)*** **похо́ж (-а, -и)** ***(на кого́)*****: сестра́ похо́жа на ма́му**

## Распоря́док дня

**А.** **Письмо́.** Прочита́йте письмо́ и отве́тьте на вопро́сы.

1. Кто написа́л э́то письмо́?
2. Это ру́сский и́ли америка́нец?
3. В како́м университе́те он у́чится?
4. Кака́я у него́ специа́льность?
5. Каки́е у него́ о́чень тру́дные дни?
6. Когда́ он встаёт в понеде́льник, в сре́ду и в пя́тницу?
7. Когда́ у него́ пе́рвая ле́кция?
8. Когда́ он обе́дает?
9. Когда́ у него́ ру́сский язы́к?
10. Когда́ он у́жинает?
11. Ве́чером он занима́ется в общежи́тии и́ли в библиоте́ке?
12. Когда́ он встаёт в суббо́ту?
13. Что он де́лает в суббо́ту у́тром?
14. Когда́ он встаёт в воскресе́нье?

Здравствуй, Саша!

Спасибо за твоё письмо. Я рад, что у тебя всё хорошо в институте. Ты хочешь знать, как идут мои занятия. Сейчас я тебе всё расскажу.

Как ты уже знаешь, я сейчас учусь в Вашингтонском университете. Моя специальность — международные отношения, но я также очень люблю русский язык и литературу. В этом семестре у меня интересные курсы. Понедельник, среда и пятница у меня очень трудные дни. Я встаю в семь часов, одеваюсь и иду завтракать в столовую. Потом у меня три лекции. Первая лекция в девять часов. Это история России. У нас очень хороший преподаватель. Она ведёт интересный курс. Потом в одиннадцать часов у меня семинар — экономика. Семинар трудный, но материал интересный. В час я обедаю в столовой. В два часа у меня русский язык. Это мой любимый курс. На занятиях мы говорим только по-русски. Это хорошая практика. Потом я слушаю русские кассеты в лингафонном кабинете или смотрю телевизионные передачи на русском языке.

В пять часов я ужинаю, а потом занимаюсь в общежитии. Там я читаю, слушаю музыку или просто отдыхаю. Ложусь спать поздно, в двенадцать часов.

В субботу я встаю рано — в восемь часов. Утром я убираю комнату. После обеда иногда хожу в магазины, а вечером в кино, на дискотеку, на стадион или на концерт. В воскресенье утром я встаю поздно — в одиннадцать часов. Иногда я хожу в библиотеку. Там я занимаюсь. Иногда я хожу в гости.

Вот и вся моя неделя. Я очень хочу знать, как ты живёшь. Жду твоего письма.

Твой Кен.

**Б. О себе́.** Отве́тьте на вопро́сы.

1. Кака́я у вас специа́льность?
2. Когда́ вы встаёте?
3. Когда́ вы за́втракаете?
4. Когда́ вы обе́даете?
5. Когда́ вы у́жинаете?
6. Когда́ вы ложи́тесь спать?
7. Где вы занима́етесь?
8. Что вы де́лаете в понеде́льник?
9. Что вы де́лаете в суббо́ту?
10. Как вы отдыха́ете?

**В. Глаго́лы.** Underline the verbs in Ken's letter. They are given in the present tense and therefore they are imperfective. Give the forms for the imperfective future and past. For which forms do you know the perfective?

**Г. Кто что де́лает ка́ждый день?** Find out your partner's daily schedule.

**Д. Что ты де́лал вчера́?** Find out what your partner did yesterday. If you did a series of single completed actions (first this, then that, then the third thing, etc.), you will need quite a few perfective verbs. Here are some you may want to use.

**встать**
**вы́пить ко́фе**
**купи́ть** ***(что)***
**написа́ть зада́ние**
**поза́втракать**
**пойти́ домо́й**
**пойти́ на уро́к**
**пообе́дать**
**посмотре́ть телеви́зор**
**пригото́вить уро́к на за́втра**
**прочита́ть газе́ту**

E. **Каки́е у тебя́ пла́ны на уикэ́нд?** Find out your partner's weekend plans. Here are some verbs you may want to use.

**пойду́ *(куда́)***
**пое́ду *(куда́)***
**бу́ду гото́вить уро́ки**
**бу́ду за́втракать (обе́дать, у́жинать)**
**бу́ду гото́вить уро́ки**
**посмотрю́ интере́сный фильм**
**бу́ду писа́ть/напишу́ письмо́ домо́й**

## Обзо́рное упражне́ние

A. **О себе́.** Write a one- to two-page composition about yourself. You may borrow from all of the letters in this unit.

# Погода

## Коммуникативные задания

- Describing the weather
- Preparing for travel
- Weather reports

## В помощь учащимся

- Weather
- Feelings: dative subjectless constructions
- Seasons and instrumental case
- Months and **в** + prepositional case
- Invitations: **дава́й(те)** + future tense
- To someone's place: **к** + dative
- *Whether* vs. *if*: **ли** constructions
- **Если** and **когда́** clauses with future tense
- Workbook: Numbers in the genitive case for listening
  IC–6

## Между прочим

- The Crimea
- Celsius temperatures

# Точка отсчёта

## О чём идёт речь?

**А. Календа́рь.**

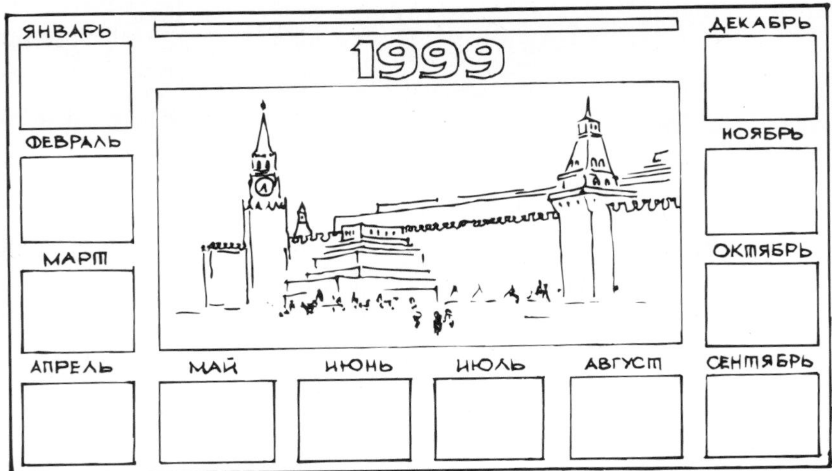


1. Како́й ваш люби́мый ме́сяц?
2. В како́м ме́сяце...
   а. ваш день рожде́ния?
   б. день рожде́ния ва́шей ма́тери?
   в. день рожде́ния ва́шего отца́?
   г. день рожде́ния ва́шего бра́та?
   д. день рожде́ния ва́шей сестры́?
   е. день рожде́ния ва́шего са́мого бли́зкого дру́га?
3. В како́м ме́сяце отмеча́ют э́ти пра́здники в США?
   а. Но́вый год
   б. День труда́
   в. День свято́го Валенти́на
   г. День Благодаре́ния
   д. День ветера́нов
   е. День рожде́ния Джо́рджа Вашингто́на
   ж. День ма́тери
   з. День отца́

**Возмо́жные отве́ты**

В январе́.
В феврале́.
В ма́рте.
В апре́ле.
В ма́е.
В ию́не.
В ию́ле.
В а́вгусте.
В сентябре́.
В октябре́.
В ноябре́.
В декабре́.

## Б. Времена́ го́да.

Осень

Зима́

Весна́

Ле́то

1. Вы бо́льше лю́бите о́сень и́ли зи́му?
2. Вы бо́льше лю́бите весну́ и́ли ле́то?
3. Вы бо́льше лю́бите ле́то и́ли зи́му?
4. Вы бо́льше лю́бите о́сень и́ли весну́?

## В. Что вы де́лаете?

Я купа́юсь.

Я загора́ю.

Я ката́юсь на велосипе́де.

Я ката́юсь на лы́жах.

Я ката́юсь на конька́х.

**Г. Когда́?**

1. Когда́ вы купа́етесь?
2. Когда́ вы загора́ете?
3. Когда́ вы ката́етесь на велосипе́де?
4. Когда́ вы ката́етесь на лы́жах?
5. Когда́ вы ката́етесь на коньќах?
6. Когда́ вы отдыха́ете?
7. Когда́ у вас день рожде́ния?
8. Когда́ вы хоти́те пое́хать в Москву́?

**Возмо́жные отве́ты**

Осенью.
Зимо́й.
Весно́й.
Ле́том.
Никогда́.

**Д. Кака́я темпарету́ра? Ско́лько гра́дусов?**

| | | |
|---|---|---|
| 1 гра́дус | | |
| 2, 3, 4 гра́дус**а** | три гра́дуса = 3° | гра́дуса три = about 3° |
| 0, 5-20 гра́дус**ов** | пять гра́дусов = 5° | гра́дусов пять = about 5° |

–5 = **ми́нус** пять гра́дусов = пять гра́дусов **моро́за**

1. 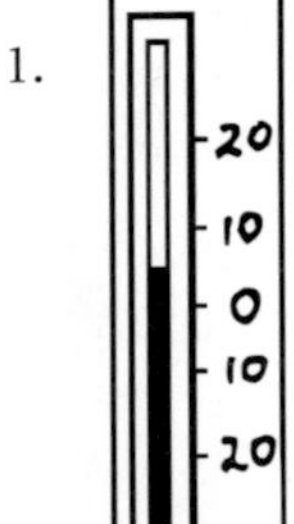


2. 

3. 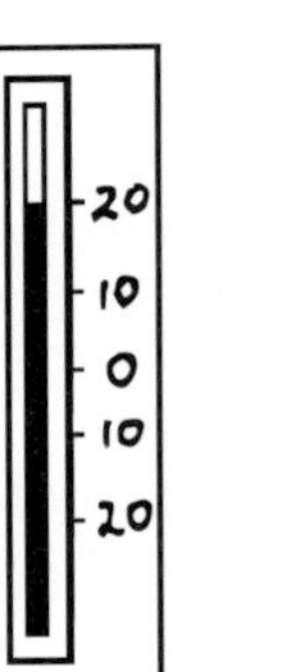


4. 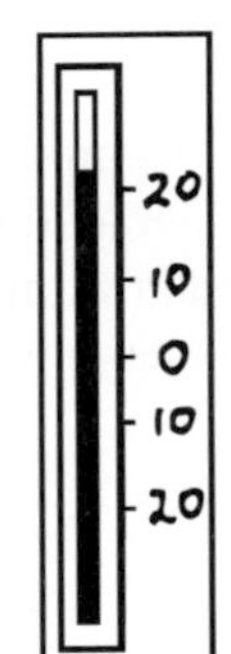


5. 

6. 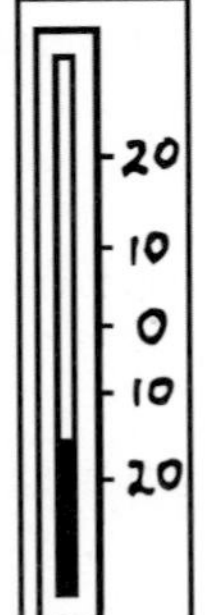


7. 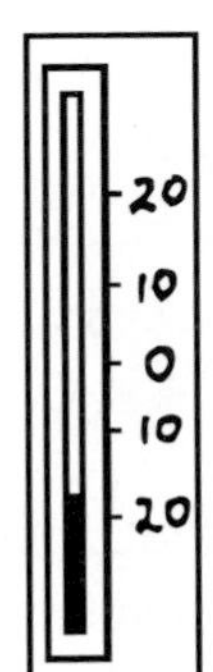


8. 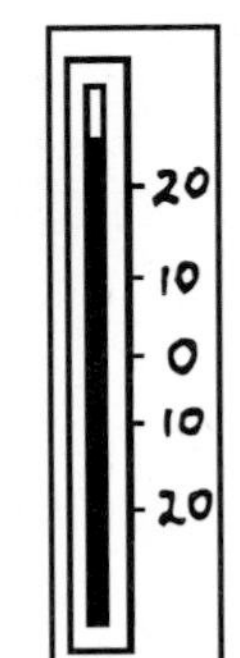


9. 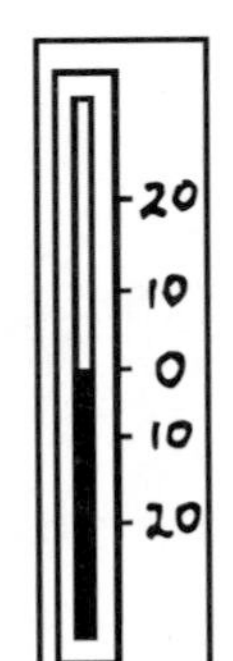


10. 

Между прочим

## Температу́ра по Це́льсию

В Росси́и говоря́т о температу́ре не по Фаренге́йту, а по Це́льсию.

How can you get comfortable with Celsius? The best way is to learn a few equivalents and their practical consequences from the following list:*

| Температу́ра по Це́льсию | | Температу́ра по Фаренге́йту |
|---|---|---|
| 40 | Death Valley | 110 |
| 35 | Very hot | 95 |
| 30 | Swimming weather | 88 |
| 25 | Room temperature | 78 |
| 20 | | 68 |
| 15 | Wear a jacket | 60 |
| 10 | Leaves turn color | 49 |
| 5 | | 40 |
| 0 | Water freezes | 32 |
| –5 | Winter in continental U.S. | 23 |
| –10 | | 14 |
| –20 | Winter in central European Russia | –1 |
| –30 | Very cold<br>Frigid | –20 |
| –40 | Scales converge; schools close in Russia | –40 |

*It is also possible to convert from one scale to another mathematically:

From F to C:
Say it's 100°F.
To find Celsius:
(100°F – 32) × 5/9 = 37.8°C

From C to F:
Say it's 10°C.
To find Fahrenheit:
(10°C × 9/5) + 32 = 50°F

If you mention a temperature in the Fahrenheit scale, be sure to specify that the temperature is **по Фаренге́йту**.

## Е. Пого́да.

**Хо́лодно.** На у́лице ми́нус 5 гра́дусов.

**Прохла́дно** — гра́дусов 10.

**Тепло́** — 20-22 гра́дуса.

**Жа́рко** — гра́дусов 30.

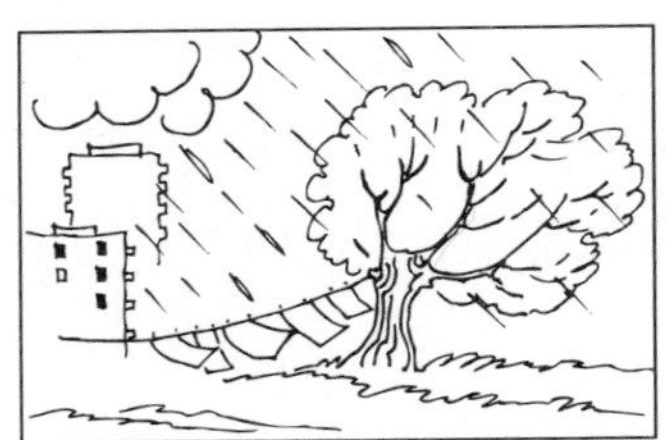

Идёт дождь.

Идёт снег.

Све́тит со́лнце.

Russians don't use the word **краси́вый** to describe the weather.

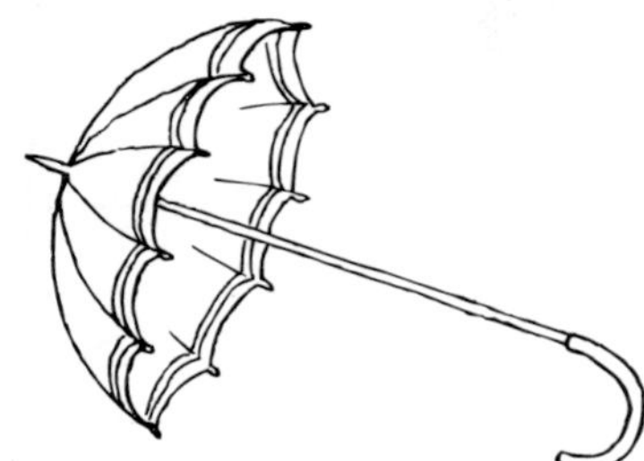

1. Ну́жен зонт, потому́ что сего́дня...

2. Нужны́ сапоги́, потому́ что сего́дня...

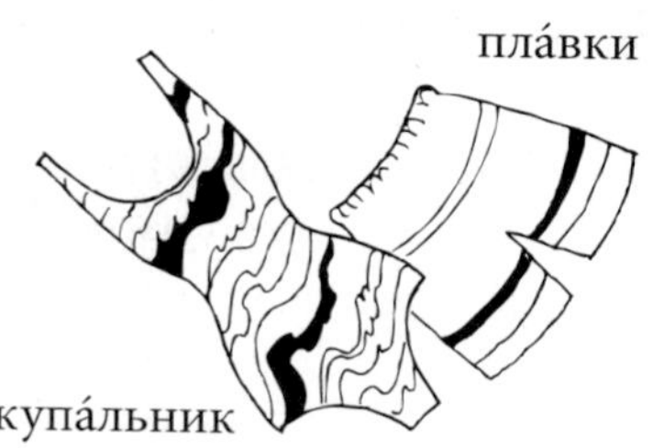


3. Ну́жен купа́льник (нужны́ пла́вки), потому́ что сего́дня...

4. Ну́жен плащ, потому́ что сего́дня...

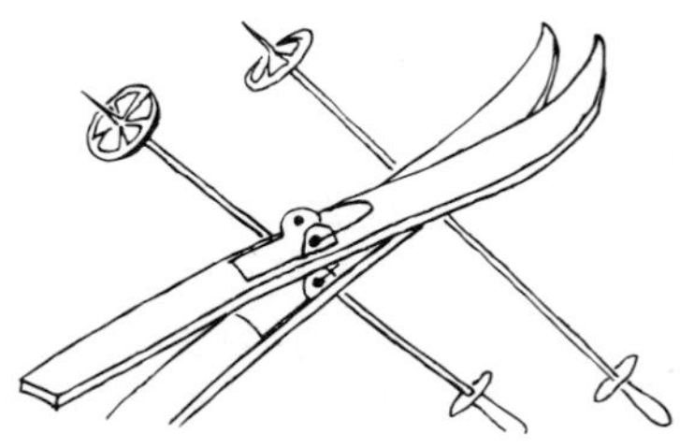

5. Мо́жно ката́ться на лы́жах, потому́ что сего́дня...

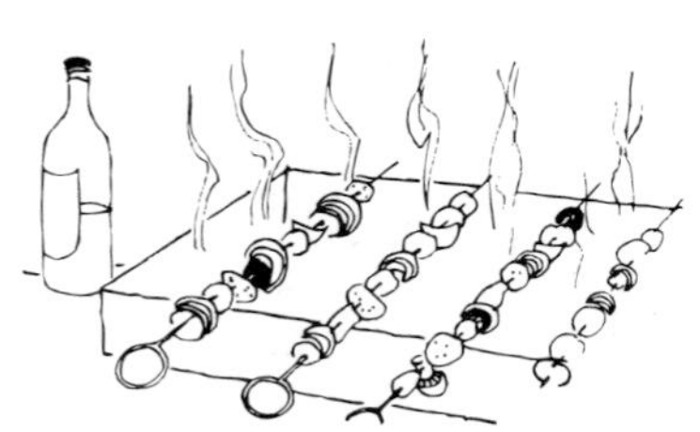

6. Гото́вят шашлы́к, потому́ что сего́дня...

**Ж.** **Что на́до взять?** Ру́сские тури́сты ско́ро прие́дут в ваш го́род. Они́ хотя́т знать, что на́до взять с собо́й. Как вы им отве́тите?

1. На́до взять сви́тер?
   а. ______ Да, у нас быва́ет прохла́дно.
   б. ______ Нет, у нас сейча́с жа́рко.
2. На́до взять лы́жи?
   а. ______ Да, у нас хо́лодно и идёт снег.
   б. ______ Нет, у нас ре́дко идёт снег.
3. На́до взять шо́рты?
   а. ______ Да, у нас сейча́с о́чень жа́рко.
   б. ______ Нет, у нас сейча́с хо́лодно.
4. На́до взять купа́льник?
   а. ______ Да, у нас сейча́с дово́льно тепло́.
   б. ______ Да, у нас сейча́с о́чень жа́рко.
   в. ______ Нет, у нас сейча́с хо́лодно.
5. На́до взять зонт?
   а. ______ Да, у нас ча́сто идёт дождь.
   б. ______ Нет, у нас ре́дко идёт дождь.
6. На́до взять пальто́?
   а. ______ Да, у нас сейча́с дово́льно хо́лодно.
   б. ______ Нет, у нас сейча́с дово́льно тепло́.
   в. ______ Нет, у нас сейча́с жа́рко.

### 3. Разгово́ры.

**Разгово́р 1.** **Дава́йте пое́дем на да́чу!**
Разгова́ривают Ване́сса и Ма́ша.

ДА и́ли НЕТ?

1. Ма́ша и Ване́сса ду́мали пое́хать на да́чу.
2. Пото́м они́ реши́ли* пойти́ в центр, в библиоте́ку.
3. Они́ измени́ли* свои́ пла́ны, потому́ что бы́ло о́чень хо́лодно.
4. Они́ реши́ли встре́титься в университе́те.

* **реша́ть/реши́ть** — *to decide;* **изменя́ть/измени́ть** — *to modify*

**Разгово́р 2.** **Приезжа́й к нам в Крым!**
Разгова́ривают Пе́тя, Джеф и Ива́н.

1. Крым нахо́дится на се́вере и́ли на ю́ге?
2. Пе́тя ду́мает пое́хать к Ива́ну в ма́е и́ли в ию́не?
3. Джеф не мо́жет пое́хать вме́сте с Пе́тей, потому́ что у него́ заня́тия, и́ли потому́ что у него́ кани́кулы?
4. В конце́ разгово́ра Джеф и Пе́тя реша́ют пое́хать к Ива́ну в го́сти. Они́ пое́дут в ию́ле и́ли в а́вгусте?

**Между прочим**

## Крым

The Crimea (**Крым**), made part of Ukraine (**Украи́на**) in 1954, is a mostly Russian-populated peninsula on the Black Sea (**Чёрное мо́ре**) and the site of numerous resorts and vacation spas (**куро́рты**).

**Разгово́р 3.** **Ну и моро́з!**
Разгова́ривают Джо и Воло́дя.

1. В како́м ме́сяце происхо́дит э́тот разгово́р?
   а. В ноябре́.
   б. В декабре́.
   в. В январе́.
   г. В феврале́.

2. Ско́лько гра́дусов на у́лице?
   а. −10.
   б. −5.
   в. +5.
   г. +10.

3. Что говори́т Воло́дя, когда́ он ви́дит, как оде́т* Джо?

4. Что ду́мает Джо о ру́сской зиме́?
   а. В Росси́и не так хо́лодно, как у него́ до́ма.
   б. В Росси́и о́чень хо́лодно.

5. Почему́ Джо так легко́* оде́т?
   а. У него́ нет ку́ртки.
   б. Он забы́л ша́пку.
   в. Он ду́мает, что тепло́.
   г. Он ду́мает, что жа́рко.

* **оде́т** — *dressed;* **легко́** — *lightly*

# Язык в действии

## Диалоги

**1. А е́сли бу́дет дождь...**

— Ма́ша, здра́вствуй! Это Ване́сса.
— Здра́вствуй, Ване́сса.
— Ма́ша, дава́й пойдём в кино́.
— Ой, сего́дня така́я хоро́шая пого́да, дава́й лу́чше пое́дем на да́чу.
— Ты не ду́маешь, что сего́дня хо́лодно? Ведь на у́лице всего́ 12 гра́дусов.
— Но э́то сейча́с 12 гра́дусов. А днём бу́дет совсе́м тепло́.
— А е́сли пойдёт дождь?
— Если пойдёт дождь, то вернёмся пора́ньше.
— Гмм. А где мы встре́тимся?
— Дава́й встре́тимся че́рез час на Финля́ндском вокза́ле.
— Хорошо́. Договори́лись.

**2. Ле́том быва́ет чуде́сная пого́да!**

— Джеф, ты, наве́рное, ещё не́ был у нас на ю́ге?
— Нет, не́ был.
— Так дава́й, приезжа́й к нам в го́сти в Крым!
— Огро́мное спаси́бо, но я не могу́. Весно́й ещё иду́т заня́тия.
— Тогда́ приезжа́й ле́том. Ле́том быва́ет така́я чуде́сная пого́да: со́лнце, тёплое мо́ре...
— Наве́рное, мо́жно загора́ть и купа́ться?
— Коне́чно, мо́жно. Когда́ у тебя́ конча́ются заня́тия?
— В ма́е. И в ию́не я совсе́м свобо́ден.
— Отли́чно. Тогда́ дава́й договори́мся на ию́нь.
— Прекра́сно.

Russians often substitute the conversational **наве́рно** for **наве́рное**

### 3. Ну и моро́з!

— Ну и моро́з! У вас всегда́ быва́ет так хо́лодно зимо́й?
— Ну, коне́чно же, тебе́ хо́лодно. Посмотри́, как ты оде́т!
— Я же не знал, что у вас в ноябре́ ми́нус 10 гра́дусов!
— Де́сять гра́дусов, э́то ещё ничего́. Ты скажи́, как мо́жно ката́ться на лы́жах без ша́пки?
— Понима́ешь, я всегда́ ката́юсь на лы́жах без ша́пки. Ведь у нас в Филаде́льфии не так хо́лодно, как у вас.
— А о́сенью, наве́рное, совсе́м тепло́?
— Да, да́же в ноябре́-декабре́ не хо́лодно: гра́дусов пять.
— У вас, наве́рное, вообще́ нет зимы́?
— Зима́ у нас начина́ется в январе́. Но ты прав. У нас не о́чень хо́лодно, и ре́дко идёт снег.

The verb **быва́ть** has no direct equivalent in English. Meaning "to tend to be" or "to occur," it often is used to describe the weather in a particular month or season.

### 4. Осенью быва́ет прохла́дно.

— Алло́, Си́нди?
— Ге́на, э́то ты?
— Да, я про́сто хоте́л узна́ть, получи́ла ли ты всю информа́цию о моём прие́зде.
— Да-да́. Я всё уже́ зна́ю.
— Си́нди, я ещё хоте́л спроси́ть, ну́жно ли взять пальто́? Всё-таки о́сенью, наве́рное, быва́ет дово́льно прохла́дно.
— Что ты! В сентябре́ у нас ещё жа́рко. Гра́дусов 25.
— А ку́ртку сто́ит взять?
— Да. И обяза́тельно возьми́ зонт. В Вашингто́не ча́сто идёт дождь.

### 5. В сентябре́ ещё тепло́.

— Ну, чемода́н гото́в. Вот я взял футбо́лки, брю́ки, сви́тер...
— А пла́вки?
— Пла́вки? Неуже́ли бу́дем купа́ться?
— Коне́чно! В Со́чи в сентябре́ ещё тепло́.
— И мо́жно купа́ться? Как здо́рово!
— И мо́жет быть, мы поe̋дем ещё в го́ры. А в гора́х действи́тельно хо́лодно.
— Зна́чит, снег бу́дет? Мо́жет быть, сто́ит взять сапоги́.
— Нет, что ты! У нас в гора́х в сентябре́ хо́лодно то́лько но́чью. Так что возьми́ ку́ртку.

**Неуже́ли** gives the sense of "oh, really?" in questions: "Are we really going swimming?" **Действи́тельно** means "really" in statements: **Мы действи́тельно бу́дем купа́ться**. "We're really going swimming."

**Вопро́сы к диало́гам.**

Диало́г 1

1. Кто разгова́ривает?
2. Как вы ду́маете, кто они́ по национа́льности?
3. Куда́ хо́чет пойти́ Ване́сса?
4. Куда́ они́ реша́ют пое́хать?
5. Где они́ встре́тятся?

Диало́г 2

1. Кто разгова́ривает?
2. Как вы ду́маете, кто они́ по национа́льности?
3. Когда́ происхо́дит э́тот разгово́р?
4. Почему́ Джим не мо́жет сейча́с пое́хать в Крым?
5. Когда́ Джим пое́дет в Крым?

Диало́г 3

1. Разгова́ривают дво́е ру́сских, и́ли оди́н ру́сский и оди́н америка́нец?
2. Они́ нахо́дятся в Росси́и и́ли в Аме́рике?
3. Когда́ происхо́дит э́тот разгово́р?
4. Кака́я быва́ет пого́да в Филаде́льфии о́сенью?

Диало́г 4

1. Си́нди и Ге́на говоря́т по телефо́ну и́ли на у́лице?
2. Когда́ происхо́дит э́тот разгово́р?
3. Почему́ Ге́на хо́чет знать, кака́я пого́да у Си́нди сейча́с?
4. Кака́я пого́да у Си́нди сейча́с?
5. Где живёт Си́нди?

Диало́г 5

1. Куда́ е́дут друзья́?
2. Кака́я у них бу́дет пого́да?
3. Что они́ бу́дут де́лать?

## Давайте поговорим

**А. Погода.** Отве́тьте на вопро́сы.

1. Кака́я сего́дня пого́да?
2. Кака́я у вас быва́ет пого́да зимо́й?
3. Кака́я у вас быва́ет пого́да ле́том?
4. Кака́я у вас быва́ет пого́да весно́й?
5. Кака́я у вас быва́ет пого́да о́сенью?
6. Когда́ у вас са́мая холо́дная пого́да?
7. Когда́ у вас са́мая жа́ркая пого́да?
8. Каку́ю пого́ду вы бо́льше всего́ лю́бите? Почему́?

**Б. Моноло́г. Како́й у вас кли́мат?** Опиши́те кли́мат, где вы живёте.

**В. Что вы лю́бите де́лать?** Спроси́те партнёра:

1. Что ты лю́бишь де́лать о́сенью?
2. Что ты лю́бишь де́лать зимо́й?
3. Что ты лю́бишь де́лать весно́й?
4. Что ты лю́бишь де́лать ле́том?

**Г. Путеше́ствие.** Узна́йте у партнёра, куда́ он е́здил про́шлым ле́том, что он там де́лал, и кака́я была́ пого́да.

**Д. Подгото́вка к разгово́ру.** Review the dialogs. How would you do the following?

1. Suggest going to the movies (the dacha, a concert).
2. Say that it is cold (hot, warm).
3. Say that the temperature is 12 (0, 22) degrees outside.
4. Say that if it rains, you will return early (go to the movies, watch TV).
5. Ask someone where you should meet.
6. Suggest meeting at the Finland Station (at the metro station, at the University).
7. Invite someone to come visit your hometown.
8. Say that classes are still going on.
9. Say that the weather is beautiful.
10. Find out if it's possible to sunbathe (go swimming, go skiing).
11. Ask when classes end.
12. Say that you are free in June (at 8:00, tonight).
13. Say that it's not as cold in your hometown as it is in Moscow.
14. Say that winter in your town begins in January (November, December).
15. Say that someone is right.
16. Ask whether you should take a coat (jacket, bathing suit).
17. Say that in summer the temperature is about 25 (15, 30) degrees.
18. Ask if it's worth taking a jacket (boots, bathing suit).
19. Tell a friend to take an umbrella (jacket, bathing suit).
20. Say your suitcase is ready.
21. Say you have taken T-shirts (a sweater, a swimming suit).
22. Express surprise that you will be going swimming (skiing).

**Е. Игровы́е ситуа́ции.**

1. You and a Russian friend planned to study in the library today, but the weather is so nice that you would rather do something outside. Suggest going to the park. Agree on where and when you will meet.
2. A Russian family has invited you to visit them in the south at the end of September. Find out what the weather will be like and what you should bring.
3. You are spending your first winter in Moscow and are amazed at how cold it is. Your friend asks you what winter is like where you live. Describe a typical winter. Give as much detail as you can.
4. Your Russian friend doesn't have a very good idea of how different the weather can be in different parts of the United States. Describe the seasons in different parts of the country.
5. A Russian friend will visit you next week. She calls to find out what the weather is like and what she should bring. Advise her.
6. With a partner prepare and act out a situation of your own based on the topics of this unit.

**Ж. Устный перевóд.** You are a guide for a group of American tourists in Russia. One of the tourists wants to know what kind of weather to expect in Sochi. Help find out at the service desk. Your job is to interpret.

ENGLISH SPEAKER'S PART

1. Hello. We are going to Sochi tomorrow and I'd like to know what the weather is like there at this time of year.
2. Is it really that warm?! Can you actually go swimming?!
3. Does it rain much? Is it worth taking an umbrella?
4. Thank you for your help.

# Давайте почитаем

**Прогнóзы погóды.** Russian weather reports, like their English counterparts, use a more official style than that used in conversational speech. For example, a weather report may indicate whether there will be any precipitation (**осáдки**), whereas in everyday speech most people talk about rain and snow (**дождь и снег**). Many of the new words in the following passages will therefore be more important for your reading knowledge than for your speaking and writing skills.

**А. Погóда.**

1. Этот прогнóз погóды на áвгуст и́ли на феврáль?
2. О каки́х райóнах пи́шут?
3. Где бýдет сáмая тёплая погóда?

**ПОГОДА**

В Москве и Московской области преимущественно без осадков. Ветер восточный, 5-10 метров в секунду. Температура ночью 9-14 тепла, днем 22-27 тепла.

В Ленинградской области без осадков, ветер слабый, температура ночью 8-13 тепла, днем 21-26 тепла.

В Псковской и Новгородской областях сохранится теплая и сухая погода, ветер слабый, температура ночью 10-15 тепла, днем 23-28 тепла.

В северных областях европейской территории преимущественно без осадков, температура ночью 5-10 тепла, днем 15-20 тепла.

4. Как по-англи́йски?
**óбласть — вéтер — теплá**

5. Зако́нчите табли́цу.

| **Существи́тельные** | **Прилага́тельные** |
|---|---|
| Москва́ | моско́вский |
| Ленингра́д | ________________ |
| Псков | ________________ |
| Но́вгород | ________________ |
| Евро́па | ________________ |
| восто́к | ________________ |
| се́вер | ________________ |

6. **Без** зна́чит *without*. Бу́дет дождь?

**Б. В Москве́ переме́нная о́блачность.**

1. На каки́е дни э́тот прогно́з пого́ды?
2. На каки́е места́?
3. Где и когда́ мо́жно устро́ить пикни́к?

> В Москве и Московской области 29 июля переменная облачность без осадков. Днем максимальная температура около 26 градусов. 30-31 июля кратковременный дождь, гроза. Ветер северо-западный и северный, при грозе порывистый. Ночью 10-15, днем 30 июля 20-25 градусов, 31 июля 18-23.
>
> В Ленинградской области 29-30 июля временами дожди. Ночью 10-15, днем 16-21.

4. Запо́лните про́пуски:
   переме́нн___ о́блачность
   кратковре́менн___ дождь
5. The adjective **о́блачный** means cloudy. The Russian noun suffix **-ность** is often equivalent to the English noun suffix **-ness**. What does **о́блачность** mean?
6. Match the Russian words with their English counterparts. You won't need a dictionary; use the context of the weather report.

| | |
|---|---|
| а. _____ переме́нный | i. maximum |
| б. _____ кратковре́менный | ii. gusty |
| в. _____ гроза́ | iii. changeable, scattered |
| г. _____ максима́льный | iv. brief |
| д. _____ поры́вистый | v. thunderstorm |

**В. В Москве́ и Моско́вской о́бласти...** Вы в Москве́. В газе́те вы чита́ете сле́дующий прогно́з пого́ды. Как вы ду́маете, мо́жно ли плани́ровать пикни́к, су́дя по э́тому прогно́зу? Ну́жно ли бу́дет взять зонт?

> В Москве и Московской области без осадков. Ветер юго-западный, 3-7 метров в секунду. Температура ночью 10-15, днем 20-25 градусов.
>
> В Ленинградской области температура ночью 8-13, днем 18-23. Кратковременные дожди.

**Г. В Москве́ небольшо́й снег.**

1. На како́й географи́ческий райо́н соста́влен э́тот прогно́з пого́ды?
2. На каки́е дни?
3. Како́й день бу́дет са́мый холо́дный?
4. На каки́е дни прогнози́руется гололе́дица (*icy roads*)?

> В Москве и Московской области 22 февраля временами небольшой снег, на дорогах гололедица, днем максимальная температура 2-5 градусов мороза, по области до 9 градусов мороза, ветер западный. 23-24 февраля облачная погода с прояснениями, временами небольшой снег, ветер северо-западный, местами с порывами до 14-19 метров в секунду, температура 23 февраля ночью 4-9 градусов мороза, днем 1-6 градусов мороза, 24 февраля ночью и днем 6-11 градусов мороза, на дорогах гололедица.

5. Зопо́лните про́пуск.
   вре́мя — *time* времена́ми — *at times*
   ме́сто — *place* места́ми — ____________

## Давайте послушаем

**А. О пого́де в Москве́.**

1. Как вы ду́маете, како́е сейча́с вре́мя го́да?
2. Ожида́ются ли каки́е-нибудь оса́дки?

**Б. Прогно́з пого́ды для Санкт-Петербу́рга.**

1. Кака́я сейча́с температу́ра?
2. Кака́я бу́дет температу́ра но́чью?
3. Кака́я бу́дет температу́ра днём?
4. Как вы ду́маете, как на́до оде́ться?

**В. В европе́йской ча́сти Росси́и.** Посмотри́те на ка́рту европе́йской ча́сти Росси́и на стр. 28. Прослу́шайте прогно́з пого́ды. Кака́я ожида́ется температу́ра днём в ука́занных города́х? Ожида́ются ли оса́дки? Be ready to supply high temperatures for the underlined cities, as well as what precipitation, if any, is expected.

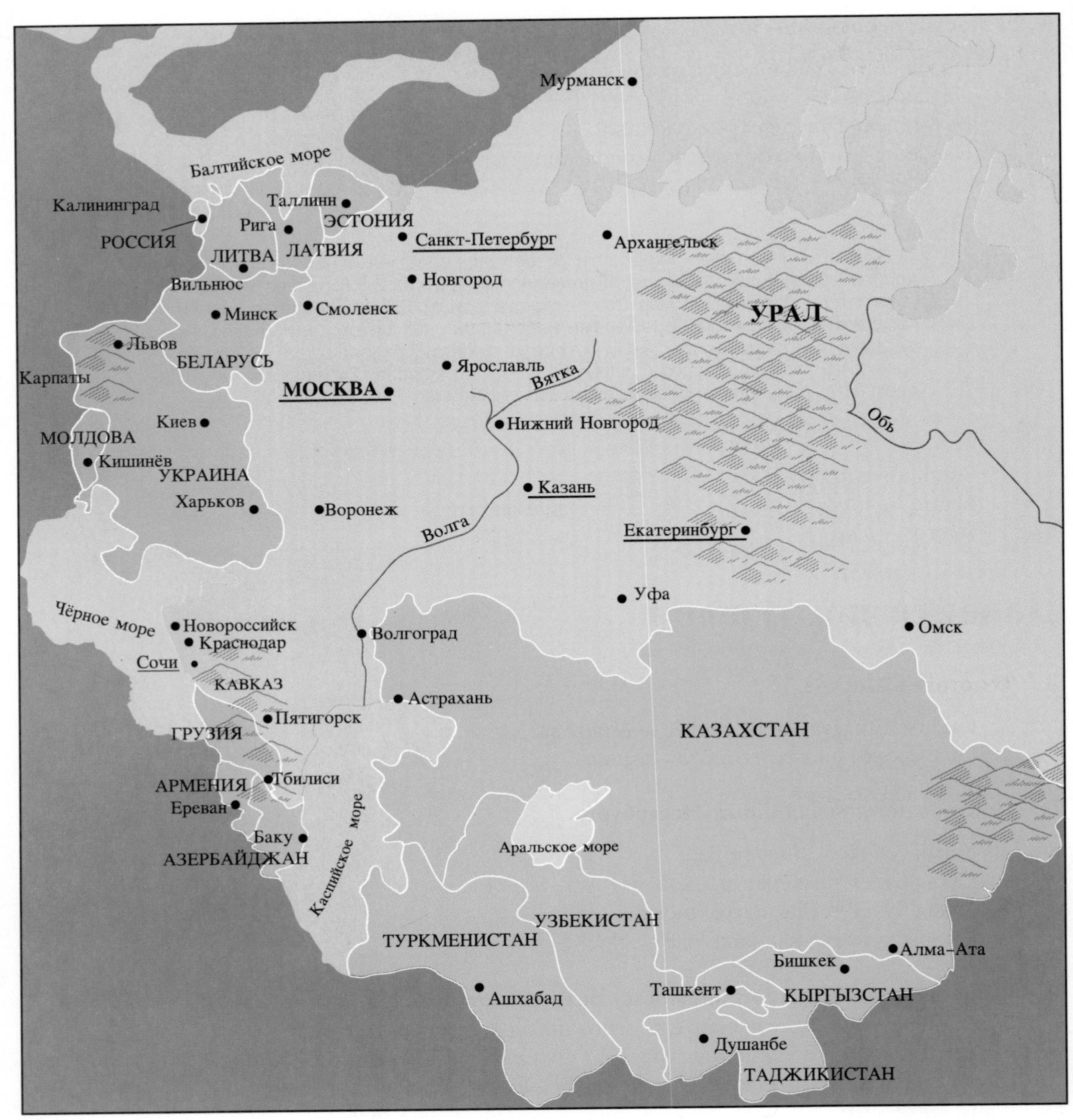

Мурманск
Балтийское море
Таллинн
Калининград
Рига
ЭСТОНИЯ
Санкт-Петербург
Архангельск
РОССИЯ
ЛИТВА
ЛАТВИЯ
Вильнюс
Новгород
Минск
Смоленск
УРАЛ
Львов
БЕЛАРУСЬ
Ярославль
Карпаты
Вятка
МОСКВА
Обь
Нижний Новгород
Киев
МОЛДОВА
Кишинёв
УКРАИНА
Казань
Харьков
Воронеж
Волга
Екатеринбург
Уфа
Чёрное море
Новороссийск
Волгоград
Омск
Краснодар
Сочи
КАВКАЗ
Астрахань
Пятигорск
КАЗАХСТАН
ГРУЗИЯ
Тбилиси
АРМЕНИЯ
Ереван
Каспийское море
Баку
Аральское море
АЗЕРБАЙДЖАН
УЗБЕКИСТАН
ТУРКМЕНИСТАН
Алма-Ата
Бишкек
Ташкент
Ашхабад
КЫРГЫЗСТАН
Душанбе
ТАДЖИКИСТАН

# В помощь учащимся

## 2.1 Weather: Adverbs vs. Adjectives

Remember that adjectives always agree with the noun they modify.

When the feminine noun **пого́да** is the grammatical subject of the sentence, use a feminine adjective (ending in -**ая**, -**яя**):

> **Пого́да** у нас **жа́ркая (тёплая, прохла́дная, холо́дная, чуде́сная).**
> У нас **жа́ркая (тёплая, прохла́дная, холо́дная, чуде́сная) пого́да.**

When the masculine noun **кли́мат** is the grammatical subject of the sentence, use a masculine adjective (ending in **-ый, -о́й, -ий**):

> **Кли́мат** у нас **жа́ркий (тёплый, прохла́дный, холо́дный, чуде́сный, хоро́ший, неплохо́й, плохо́й).**
> У нас **жа́ркий (тёплый, прохла́дный, холо́дный, чуде́сный, хоро́ший, неплохо́й, плохо́й) кли́мат.**

Some Russian sentences have no grammatical subject. When there is no grammatical subject for an adjective to agree with, use the adverbial form of the complement (ending in -**о**):

> **Жа́рко. (Тепло́. Прохла́дно. Хо́лодно. Чуде́сно.)**
> У нас **жа́рко (тепло́, прохла́дно, хо́лодно, чуде́сно).**
> Сего́дня **жа́рко (тепло́, прохла́дно, хо́лодно, чуде́сно).**

To add emphasis, use a form of **так** or **тако́й.**

Use **так** to modify adverbs:

> Сего́дня **так** хо́лодно! (Today is *so* cold!)

Use **тако́й** to modify adjectives and nouns:

> Сего́дня пого́да **така́я** холо́дная! (Today the weather is *so* cold! )
> Сего́дня **така́я** холо́дная пого́да! (Today it is *such* cold weather!)

## *Упражнения*

**А. Вы́берите ну́жную фо́рму.** Select the needed form.

1. В феврале́ в Москве́ пого́да быва́ет о́чень (хо́лодно/холо́дная).
2. В феврале́ в Москве́ быва́ет о́чень (хо́лодно/холо́дная).
3. В ию́ле в Москве́ пого́да быва́ет о́чень (жа́рко/жа́ркая).
4. В ию́ле в Москве́ быва́ет о́чень (жа́рко/жа́ркая).
5. Кли́мат на Чёрном мо́ре (тёплый/тепло́).
6. На Чёрном мо́ре (тёплый/тепло́).
7. В сентябре́ в Санкт-Петербу́рге (прохла́дная/прохла́дно).
8. В сентябре́ в Санкт-Петербу́рге (прохла́дная/прохла́дно) пого́да.
9. Сего́дня у нас (тепло́/жа́рко/прохла́дно/хо́лодно).
10. Сего́дня пого́да у нас (тёплая/жа́ркая/прохла́дная/холо́дная).

**Б. Запо́лните про́пуски.**

1. Пого́да сего́дня ______. Сего́дня ______.

2. Пого́да сего́дня ______. Сего́дня ______.

3. Пого́да сего́дня ______. Сего́дня ______.

4. Пого́да сего́дня ______. Сего́дня ______.

5. Пого́да сего́дня ______. Сего́дня ______.

**В.** **Запо́лните про́пуски.** Fill in the blanks, using correct forms of the words from the box. When choosing the long form (adjective), be sure to make it agree with its noun!

| | |
|---|---|
| **холо́дный/хо́лодно** | **прохла́дный/прохла́дно** |
| **тёплый/тепло́** | **жа́ркий/жа́рко** |

— Кака́я пого́да быва́ет у вас в январе́?
— У нас ___ кли́мат. Обы́чно быва́ет гра́дусов 15-20.
— Так ___! У вас зимы́ нет! А у нас о́чень ___: ча́сто быва́ет ми́нус 20.
— Неуже́ли у вас така́я _____ пого́да! А ле́том у вас ___?
— Да, ле́том у нас быва́ет о́чень _____ пого́да. Все купа́ются и загора́ют.

**Г.** **Вы́берите ну́жную фо́рму.** Select the needed form.

Мы смо́трим на ка́рту Росси́и и ду́маем: там (так/тако́й/така́я) холо́дный кли́мат! И коне́чно, е́сли взять тако́й го́род, как Вашингто́н, то зимо́й не (так/тако́й/такая) хо́лодно, как в Санкт-Петербу́рге. Но да́же зимо́й в Санкт-Петербу́рге не всегда́ стои́т (так/тако́й/така́я) холо́дная пого́да, как во мно́гих се́верных места́х америка́нского контине́нта. Наприме́р, в Петербу́рге не (так/тако́й/така́я) холо́дная зима́, как в Но́ме (шт. Аля́ска) и́ли да́же в Манито́бе и́ли Саска́тчуане. Да́же пе́ред Но́вым го́дом в Петербу́рге быва́ет не (так/тако́й/така́я) уж холо́дная пого́да: 1-2 гра́дуса тепла́! А ле́том иногда́ быва́ет (так/тако́й/така́я) тепло́ — 25-30 гра́дусов — что все ду́мают, куда́ пойти́ купа́ться.

**Д.** **Отве́тьте на вопро́сы.**

1. Кака́я сего́дня пого́да?
2. Кака́я у вас быва́ет пого́да в декабре́?
3. Кака́я у вас быва́ет пого́да в а́вгусте?
4. Кака́я у вас быва́ет пого́да в октябре́?
5. Кака́я у вас быва́ет пого́да в апре́ле?
6. Како́й кли́мат в Санкт-Петербу́рге?
7. Како́й кли́мат в Крыму́?
8. Како́й кли́мат в Сиби́ри?
9. Како́й кли́мат во Флори́де?
10. Како́й у вас кли́мат?

➤ ***Complete Oral Drills 1–2 and Written Exercises 4–5 in the Workbook.***

## 2.2 Weather: Today, Yesterday, and Tomorrow

Recall that Russian does not have a present-tense form of the verb **быть**—*to be.* That is why sentences like **Пого́да жа́ркая**—*The weather is hot* and **Сего́дня тепло́**—*Today it is warm* contain no verb.

To talk about weather in the past and future, however, you need to use the past or future form of **быть.**

In sentences with a grammatical subject, the verb agrees with the subject.

| Past | Future |
|---|---|
| Кака́я **была́ пого́да?** | Кака́я **бу́дет пого́да?** |
| **Пого́да была́** холо́дная. | **Пого́да бу́дет** жа́ркая. |

In sentences with no grammatical subject for the verb to agree with, use the **оно́** form of the verb.

| Past | Future |
|---|---|
| Как **бы́ло** вчера́? | Как **бу́дет** за́втра? |
| **Бы́ло** хо́лодно. | **Бу́дет** жа́рко. |

To talk about rain and snow, Russian uses the verb **идти́:**

| Past | Present | Future |
|---|---|---|
| Шёл дождь (снег). | Идёт дождь (снег). | Бу́дет идти́ дождь (снег).<br>Пойдёт дождь (снег). |

### *Упражнения*

**А.** **Запо́лните про́пуски.** Fill in the blanks with the needed verb. Some blanks require no verb.

1. Кака́я сего́дня _____ пого́да?
2. Сего́дня у нас _____ чуде́сная пого́да.
3. В Крыму́ сейча́с _____ тепло́.
4. Пого́да в Москве́ сего́дня _____ прохла́дная.
5. Кака́я вчера́ _____ пого́да?
6. Вчера́ в Новосиби́рске _____ прохла́дно.
7. В Крыму́ вчера́ пого́да _____ тёплая.
8. Кака́я за́втра _____ пого́да?
9. За́втра у нас _____ чуде́сно.
10. В Ки́еве за́втра _____ тёплая пого́да.

Б. **Запóлните прóпуски.** Fill in the blanks with the needed verb. Some blanks require no verb.

1. Какáя сегóдня ______ погóда? ______ дождь.
2. Какáя вчерá ______ погóда? ______ дождь.
3. Какáя зáвтра ______ погóда? ______ дождь.
4. Какáя сегóдня ______ погóда? ______ снег.
5. Какáя вчерá ______ погóда? ______ снег.
6. Какáя зáвтра ______ погóда? ______ снег.
7. В Москвé зимóй чáсто ______ снег.
8. В Москвé лéтом чáсто ______ дождь.

В. **Отвéтьте на вопрóсы.**

1. Идёт дождь и́ли снег сегóдня?
2. Шёл дождь и́ли снег вчерá?
3. Вы дýмаете, что зáвтра бýдет идти́ дождь и́ли снег?
4. Что вы лю́бите дéлать, когдá идёт дождь?
5. Что вы лю́бите дéлать, когдá идёт снег?

➤ *Complete Oral Drills 3–6 and Written Exercises 6–7 in the Workbook.*

## 2.3 Feelings: Dative Subjectless Constructions

**Брррр! Мне хóлодно!**

To indicate how a person feels (e.g., hot, cool, interested, bored, happy), use the dative case of the person plus the adverbial form (**-о**) of the complement.

Note that these sentences do not contain a verb in the present tense.

| PERSON IN DATIVE CASE | + | ADVERB |
|---|---|---|
| Комý | | хóлодно *(cold)* |
| Мне | | прохлáдно *(cool)* |
| Тебé | | теплó *(warm)* |
| Емý | | жáрко *(hot)* |
| Ей | | хорошó *(good, healthy)* |
| Нам | | плóхо *(bad, sick)* |
| Вам | | скýчно *(bored)* |
| Им | | интерéсно *(interested)* |
| Нáшему сосéду | | вéсело *(happy, having a good time)* |
| Нáшей сосéдке | | грýстно *(sad)* |
| Нáшим друзьям́ | | легкó *(...It is easy for me, you, etc.)* |
| | | трýдно *(...It is difficult for me, you, etc.)* |

To talk about how someone *felt* (past) or *will feel* (future), use the past or future tense of the verb **быть.** Since these sentences have no grammatical subject for the verb to agree with, use the **онó** form of the verb.

Вчерá мне **бы́ло** хóлодно. Зáвтра нам **бýдет** скýчно.

## *Упражнения*

**А.** Change these sentences into subjectless expressions.

Образец: **Я ду́маю, что хо́лодно.** → *Мне хо́лодно.*

1. Мари́я Ива́новна ду́мает, что здесь тепло́.
2. На́ши сосе́ди Алла и Оле́г ду́мают, что в Национа́льном музе́е интере́сно.
3. Вита́лий ду́мает, что э́ту кни́гу тру́дно бу́дет чита́ть.
4. Мы дума́ем, что э́ту кни́гу легко́ чита́ть.
5. Мы ду́маем, что гру́стно.

**Б.** **Соста́вьте предложе́ния.** Make 10 sentences by combining the words from the columns. Be sure to put the person in the dative case!

| | | | |
|---|---|---|---|
| я | сейча́с | | хо́лодно |
| мы | сего́дня | | прохла́дно |
| вы | вчера́ | (бы́ло) | тепло́ |
| ты | за́втра | (бу́дет) | жа́рко |
| э́та студе́нтка | | | ску́чно |
| мой друг | | | ве́село |
| | | | гру́стно |

**В.** **Соста́вьте предложе́ния.** Make sentences by combining the words from the columns. Be sure to put the person in the dative case.

| | | | |
|---|---|---|---|
| мы | ску́чно | | чита́ть по-англи́йски |
| я | интере́сно | | говори́ть о пого́де |
| наш преподава́тель | ве́село | (бы́ло) | чита́ть прогно́з пого́ды по-ру́сски |
| америка́нский студе́нт | гру́стно | (бу́дет) | слу́шать ле́кции по исто́рии |
| на́ша дочь | легко́ | | ходи́ть в теа́тр |
| моя́ мать | тру́дно | | разгова́ривать о поли́тике |
| мой брат | | | поступи́ть в университе́т |

**Г.** **Допиши́те предложе́ния.** Complete the following sentences.

1. Мне ску́чно, когда́...
2. Мне ве́село, когда́...
3. Мне гру́стно, когда́...
4. Мне тру́дно чита́ть по-ру́сски, потому́ что...
5. Мне легко́ говори́ть о семье́ по-ру́сски, потому́ что...
6. Мне интере́сно изуча́ть ру́сский язы́к, потому́ что...

➤ *Complete Oral Drills 7–8 and Written Exercises 8–10 in the Workbook.*

## 2.4 Seasons and Instrumental Case

**Осень** в Москвé начинáется в сентябрé.
**Осенью** идёт дождь и бывáет прохлáдно.

**Зимá** начинáется в декабрé.
**Зимóй** в Москвé бывáет óчень хóлодно.

**Веснá** начинáется в мáрте.
Погóда **веснóй** бывáет тёплая.

**Лéто** начинáется в ию́не.
**Лéтом** бывáет жáрко.

The Russian equivalents of the English *in the fall, in the winter,* etc. involve a change in the ending of the words for seasons. You may recognize the endings as the instrumental case. Although the English structure contains the preposition *in,* the Russian structure has no preposition. Be sure to avoid translating word for word!

## *Упражнения*

**А. Отве́тьте на вопро́сы.**

| ле́том - о́сенью - зимо́й - весно́й |
|---|

1. Когда́ у вас идёт снег?
2. Когда́ у вас идёт дождь?
3. Когда́ у вас мо́жно ката́ться на лы́жах?
4. Когда́ у вас мо́жно ката́ться на во́дных лы́жах?
5. Когда́ у вас день рожде́ния?

**Б. Запо́лните про́пуски.**

1. (зима́) Сейча́с ___. Мы о́чень лю́бим ___. ___ ча́сто идёт снег.
2. (весна́) ___ быва́ет тепло́. ___ начина́ется в ма́рте. Мы о́чень лю́бим ___.
3. (ле́то) Ско́ро бу́дет ___. Мы лю́бим ___, потому́ что ___ мы купа́емся и загора́ем.
4. (о́сень) ___ начина́ется в сентябре́. Заня́тия начина́ются ___. Мы лю́бим ___.

**В. Отве́тьте на вопро́сы.**

1. Что вы лю́бите де́лать весно́й?
2. Что вы лю́бите де́лать зимо́й?
3. Что вы лю́бите де́лать о́сенью?
4. Что вы лю́бите де́лать ле́том?
5. Кака́я у вас быва́ет пого́да весно́й?
6. Кака́я у вас быва́ет пого́да зимо́й ?
7. Кака́я у вас быва́ет пого́да о́сенью?
8. Кака́я у вас быва́ет пого́да ле́том?

➤ ***Complete Oral Drills 9–10 and Written Exercise 11 in the Workbook.***

## 2.5 В + Prepositional Case for Months

All the month names are masculine.

Use **в** + the prepositional case to say *in* a certain month.

| | |
|---|---|
| янва́рь | в январе́ |
| февра́ль | в феврале́ |
| март | в ма́рте |
| апре́ль | в апре́ле |
| май | в ма́е |
| ию́нь | в ию́не |
| ию́ль | в ию́ле |
| а́вгуст | в а́вгусте |
| сентя́брь | в сентябре́ |
| октя́брь | в октябре́ |
| ноя́брь | в ноябре́ |
| дека́брь | в декабре́ |

Note the accent shift to the end in the months from September through February, and remember that unaccented **я** is pronounced [ɪ]. Let your ears guide your learning of these forms by paying special attention to them in Oral Drill 11.

### *Упражнения*

**А. Запо́лните про́пуски.**

1. Ве́ра о́чень лю́бит янва́рь, потому́ что _____ она́ ката́ется на конька́х.
2. Па́ша о́чень лю́бит февра́ль, потому́ что _____ мо́жно ката́ться на лы́жах.
3. Кса́на лю́бит май, потому́ что _____ быва́ет тёплая пого́да.
4. Бо́ря не лю́бит а́вгуст, потому́ что _____ о́чень жа́рко.
5. Са́ша лю́бит дека́брь, потому́ что _____ его́ день рожде́ния.
6. Ки́ра не лю́бит ноя́брь, потому́ что пого́да _____ холо́дная.
7. Я люблю́ _____, потому́ что _____.
8. Я не люблю́ _____, потому́ что _____.

**Б. Запо́лните про́пуски.** Fill in the blanks in the following paragraph about the weather. Read the text out loud, paying special attention to stress and the effects on vowel reduction.

Календа́рь нам говори́т, что в Евро́пе и в Се́верной Аме́рике о́сень начина́ется в сентябр__, зима́ в декабр__, весна́ в ма́рт__, а ле́то в ию́н__. Но календа́рь не всегда́ говори́т пра́вду. На да́льнем се́вере Кана́ды уже́ ма__, а на земле́ ещё лежи́т снег. А в «холо́дной» Росси́и, в Со́чи, ещё не начался́ ию́н__, а лю́ди уже́ купа́ются в Чёрном мо́ре.

**В. Как по-ру́сски?**

1. Is it already October? I didn't know that it's so warm in October here.
2. Anna loves April because in April the weather is so nice.
3. What do you usually do in June, July, and August?

**Г. Отве́тьте на вопро́сы.** Use months in your answers.

1. В како́м ме́сяце вы родили́сь?
2. Когда́ родила́сь мать?
3. В како́м ме́сяце роди́лся оте́ц?
4. У вас есть бра́тья и́ли сёстры? Если да, когда́ они́ родили́сь?
5. У вас есть де́ти? Если да, когда́ они́ родили́сь?

➤ ***Complete Oral Drill 11 and Written Exercise 12 in the Workbook.***

## 2.6 Дава́й(те) + Future Tense for Invitations

To suggest that someone do something together with you (once), use **Дава́й(те)** plus the **мы** form of the perfective verb.

| | |
|---|---|
| **Дава́й пойдём** в кино́! | *Let's go* to the movies. |
| **Дава́й** лу́чше **пое́дем** на да́чу! | *Let's go* to the dacha instead. |
| **Дава́йте встре́тимся** че́рез час. | *Let's meet* in an hour. |
| **Дава́й посмо́трим** переда́чу. | *Let's watch* the show. |
| **Дава́йте поговори́м.** | *Let's have a chat.* |
| **Дава́йте почита́ем.** | *Let's read a little.* |

To make a *negative* suggestion *(Let's not...)*, use the **мы** form of the imperfective future after **дава́й(те).**

Дава́й **не бу́дем смотре́ть** фильм.
Дава́й **не бу́дем говори́ть.**
Дава́й **не бу́дем рабо́тать.**

Also use the imperfective future to suggest habitual or long-term action.

Дава́й **бу́дем смотре́ть** фи́льмы ка́ждый день.

Russian speakers often omit the **бу́дем** in suggestions for habitual or long-term action: Дава́й **смотре́ть** фи́льмы ка́ждый день.

To invite someone to visit you, say

| | |
|---|---|
| **Приезжа́й(те)!** | if the person will be coming from somewhere outside your city. |
| **Приходи́(те)!** | if the person will be coming from somewhere within your city. |

### *Упражнения*

**А. Выбери́те ну́жную фо́рму.**

1. Дава́й (идём/пойдём) в парк.
2. Сейча́с хо́лодно! Дава́й не (бу́дем игра́ть/сыгра́ем) на у́лице. Дава́й лу́чше (бу́дем смотре́ть/посмо́трим) фильм по телеви́зору.
3. Дава́йте (бу́дем говори́ть/поговори́м) всегда́ по-ру́сски.
4. Дава́йте (бу́дем писа́ть/напи́шем) письмо́ на́шему дру́гу в Росси́ю.

**Б. Как по-ру́сски?**

1. Invite your friend Karl to go with you to Yalta in February.
2. Invite your friend Lisa to go to the library with you.
3. You're talking to several friends. Suggest watching a movie.
4. You're talking to your Russian teacher. Suggest always speaking Russian.
5. A group of friends have invited you to go to the park. Suggest that you go to the movies instead.
6. Suggest that you and your friends meet each other at the movie theater.
7. Your friend Pasha wants to watch television. Suggest that you not watch TV, but go to a café instead.
8. Invite Lidia Petrovna to visit you in the spring.

➤ ***Complete Oral Drills 12–14 and Written Exercises 13–14 in the Workbook.***

## 2.7 To Someone's Place — к кому́

Uses **к** plus the dative case of the person to indicate going to someone's place or going to see someone.

| | |
|---|---|
| **К кому́** ты идёшь? | Who are you going to see? |
| Я иду́ **к Са́ше.** | I'm going to see Sasha. |

The invitation *Come to see us* is expressed in Russian as **Приезжа́й(те) к нам!** or **Приходи́(те) к нам!**

### *Упражнение*

**A. Соста́вьте предложе́ния.** Look at Sonya's schedule, and tell whom she went to see each day during the week indicated. The first one is done for you.

| Сентябрь 1999 | |
|---|---|
| Пн 6 | Врач |
| Вт 7 | Мария Ивановна и Вадим Петрович |
| Ср 8 | Родители |
| Чт 9 | Бывшая соседка по комнате |
| Пт 10 | Новые друзья |
| Сб 11 | Анна Максимовна |
| Вс 12 | Наш преподаватель |

Образе́ц: *В понеде́льник Со́ня ходи́ла к врачу́.*

➤ ***Complete Oral Drill 15 and Written Exercise 15 in the Workbook.***

## 2.8 Whether vs. If — ли constructions

These examples show how Russian embeds questions as subordinate clauses into longer sentences.

| | |
|---|---|
| — Я хоте́л узна́ть, **получи́ли ли вы** всю информа́цию о моём прие́зде. | "I wanted to find out *if (whether) you have received* all the information about my arrival." |
| — Нет, мы ещё не зна́ем, **когда́** вы прие́дете. | "No, we still don't know *when* you'll arrive." |

If the question has a question word, it is simply stated after the main clause.

| MAIN CLAUSE | + | SUBORDINATE CLAUSE |
|---|---|---|
| Я хоте́ла узна́ть, | | где Ива́н. |
| Я не зна́ю, | | каки́е языки́ зна́ет Анна. |
| Вы не зна́ете, | | кака́я вчера́ была́ погода́? |

If the question does not have a question word, the particle **ли** is used immediately after the verb in the subordinate clause, or after the predicate adjective or adverb if there is no verb

| MAIN CLAUSE | + | VERB | + | **ли** | + | REST OF SUBORDINATE CLAUSE |
|---|---|---|---|---|---|---|
| Я не зна́ю, | | говори́т | | ли | | Анна по-ру́сски. |
| Вы не зна́ете, | | шёл | | ли | | дождь вчера́? |
| Я хоте́л(а) узна́ть, | | бу́дет | | ли | | Ива́н до́ма. |
| Я не зна́ю, | | до́ма | | ли | | Ива́н. |

Note that Russian uses the same tense in reported speech as in direct speech.

| DIRECT SPEECH | INDIRECT SPEECH |
|---|---|
| Я хоте́л(а) узна́ть: «Ива́н **бу́дет** до́ма за́втра?» | Я хоте́л(а) узна́ть, **бу́дет** ли Ива́н до́ма за́втра. |
| Я спроси́л(а): «Кака́я **бу́дет** пого́да?» | Я спроси́ла, кака́я **бу́дет** пого́да. |

## *Упражнения*

**А.** **Отве́тьте на вопро́сы.** Answer in complete sentences, indicating that you do not know. Follow the models.

Образцы́: **Кака́я за́втра бу́дет пого́да?** → *Я не зна́ю, кака́я за́втра бу́дет пого́да.*
**За́втра бу́дет идти́ дождь?** → *Я не зна́ю, бу́дет ли идти́ дождь за́втра.*

1. Кака́я сего́дня пого́да в Москве́?
2. Идёт дождь в Москве́?
3. Кака́я была́ пого́да в Москве́ вчера́?
4. Шёл дождь в Москве́ вчера́?
5. Бы́ло жа́рко в Москве́ вчера́?
6. Кака́я бу́дет пого́да в Москве́ за́втра?
7. Бу́дет тепло́ в Москве́ за́втра?
8. Бу́дет идти́ снег за́втра в Москве́?
9. Кака́я у вас бу́дет пого́да за́втра?
10. За́втра бу́дет прохла́дно?

**Б.** **Соста́вьте предложе́ния.** Change direct speech into indirect speech.

Образе́ц: **Я спроси́л(а): «У нас за́втра бу́дет экску́рсия?»** →
*Я спроси́л(а), бу́дет ли у нас за́втра экску́рсия.*

1. Я хоте́л(а) узна́ть: «Кака́я за́втра бу́дет экску́рсия?»
2. Мы вас спра́шиваем: «На каки́х языка́х вы говори́те?»
3. Мы хоте́ли узна́ть: «Вы говори́те по-англи́йски?»
4. Гео́ргий Ива́нович спроси́л америка́нку: «В сентябре́ в Теха́се быва́ет хо́лодно?»
5. Гео́ргий Ива́нович сказа́л: «Я не зна́ю, кака́я пого́да быва́ет в Теха́се».

**B. Как по-ру́сски?**

1. "Do you know what movie Vadim saw yesterday?"
   "I don't know if he saw a movie."
2. "Do you know what languages Lara knows?"
   "She knows Russian and German."
   "Do you know if she understands French?"
   "No, I don't know."
3. "Do you know what the weather will be like tomorrow?"
   "I heard it will be warm. But I don't know if it will rain."
4. "Do you know if it's warm in Moscow today?"

➤ *Complete Oral Drill 16 and Written Exercise 16 in the Workbook.*

## 2.9 Если vs. ли

Two Russian words correspond to the English *if.* Use a **ли** construction (see 2.8) whenever *if* could be replaced by *whether.*

**Я не зна́ю, пойдёт ли дождь.** *I don't know if (whether) it will rain.*

Use the word **е́сли** only in truly conditional sentences.

**Если пойдёт дождь, то вернёмся пора́ньше.** *If it rains, then we'll return earlier.*

### *Упражнение*

**A.** Indicate whether Russian translations of the following sentences would contain **е́сли** or a **ли** construction. You do not have to translate the sentences.

1. We asked if there's a test tomorrow.
2. The teacher asked if we wanted a test.
3. She said that if there were a test, it would be easy.
4. But if there were a test—even an easy one—we'd have to study.
5. If we didn't study, we might not do well.

➤ *Complete Written Exercise 17 in the Workbook.*

## 2.10 Если and когда́ Clauses with Future Tense

In Russian sentences with future meaning, use future tense throughout.

The English translations of the examples below indicate why this is difficult for native speakers of English who translate English sentences word for word into Russian.

> Когда́ мы **бу́дем** на да́че, мы **бу́дем отдыха́ть и загора́ть.**
> While we *are* at the dacha we *will relax and sunbathe.*
>
> Если **пойдёт** дождь, то **вернёмся** пора́ньше.
> If it *starts* to rain, then we *will return* earlier.

### *Упражнения*

**А. Запо́лните про́пуски.**

1. *We'll look at the Kremlin when we're in Moscow.* Мы ______ Кремль, когда́ мы ______ в Москве́.
2. *If the weather is hot, we'll swim.* Если пого́да ______ жа́ркая, мы ______.
3. *If it rains, we'll go to the movies.* Если ______ дождь, мы ______ в кино́.

**Б. Как по-ру́сски?**

1. Sergei, come visit us in June! We'll go swimming and sunbathe while you're here.
2. We'll talk tonight, if I'm home.

**В. Отве́тьте на вопро́сы.**

1. Что вы бу́дете де́лать в суббо́ту, е́сли бу́дет хоро́шая пого́да?
2. Что вы бу́дете де́лать в суббо́ту, е́сли пого́да бу́дет плоха́я?

➤ ***Complete Written Exercises 18–19 in the Workbook.***

# Обзорные упражнения

**А. Разгово́р. Кака́я у вас сейча́с пого́да?**
Разгова́ривают Си́нди и Ге́на.

1. Куда́ Ге́на ду́мает пое́хать?
2. Почему́ Ге́на звони́т Си́нди?
3. В како́е вре́мя го́да Ге́на хо́чет е́хать?
4. Как отвеча́ет Си́нди на вопро́с Ге́ны?
5. Си́нди говори́т, что они́ с Ге́ной пое́дут и в го́ры, и на пляж. Что Си́нди сове́тует Ге́не взять с собо́й?

**Б. Письмо́.** Отве́тьте на письмо́.

Здравствуй!
У меня хорошие новости! В сентябре я поеду в США на год! Буду учиться в Мичиганском Университете в городе Анн Арбор. Напиши, пожалуйста, какая бывает там погода. Я не знаю, какая одежда будет нужна.
Жду ответа.

Твоя
Лена.

**В. В Москве́.**

1. Прочита́йте прогно́з пого́ды. Кака́я за́втра бу́дет пого́да?

> В Москве и Московской области сохранится холодная погода. Днем 22-24, по области 21-26 градусов мороза, без осадков.

2. С партнёром, поду́майте, что мо́жно де́лать за́втра, в таку́ю пого́ду.
3. Позвони́те ру́сской знако́мой, Ма́ше, и пригласи́те её. Реши́те, где и когда́ вы встре́титесь.

# Новые слова и выражения

**NOUNS**

| | |
|---|---|
| благодаре́ние | thanksgiving; act of thanking |
| весна́, весно́й | spring, in the spring |
| вокза́л (на) | train station |
| вре́мя го́да (*pl.* времена́ го́да) | season |
| гора́ (*nom. pl.* го́ры; *prep. pl.* в гора́х) | mountain |
| гра́дус (5-20 гра́дусов) | degree(s) |
| дождь (*ending always stressed*) | rain |
| зима́, зимо́й | winter, in the winter |
| информа́ция | information |
| календа́рь (*ending always stressed*) | calendar |
| кли́мат | climate |
| красота́ | beauty |
| ле́то, ле́том | summer, in the summer |
| лы́жи (*pl.*) | skis |
| ме́сто (*pl.* места́) | place |
| ме́сяц | month |
| мо́ре | sea |
| моро́з | frost; intensely cold weather |
| о́сень, о́сенью | autumn, in the autumn |
| плащ | raincoat |
| пого́да | weather |
| приглаше́ние | invitation |
| прие́зд | arrival |
| сапоги́ (*pl.*) | boots |
| снег | snow |
| со́лнце | sun, sunshine |
| труд | labor |
| экскурсово́д | guide |

| **ме́сяцы** | **months** |
|---|---|
| янва́рь (*ending always stressed*) | January |
| февра́ль (*ending always stressed*) | February |
| март | March |
| апре́ль | April |
| май | May |
| ию́нь | June |
| ию́ль | July |
| а́вгуст | August |
| сентя́брь (*ending always stressed*) | September |
| октя́брь (*ending always stressed*) | October |
| ноя́брь (*ending always stressed*) | November |
| дека́брь (*ending always stressed*) | December |

## ADJECTIVES

**Long forms**

| | |
|---|---|
| весёлый | happy, fun |
| гру́стный | sad |
| жа́ркий | hot |
| прекра́сный | wonderful, beautiful |
| прохла́дный | cool |
| тако́й | such, so |
| тёплый | warm |
| холо́дный | cold |
| чуде́сный | wonderful, fabulous |

**Short Forms**

| | |
|---|---|
| гото́в (-а, -ы) | ready |
| оде́т (-а, -ы) | dressed |
| пра́в (-а́, пра́вы) | right, correct |

## VERBS

| | |
|---|---|
| быва́ть (*imperfective*) (быва́-ю, -ешь, -ют) | to tend to be |
| возвраща́ться/верну́ться<br>(возвраща́-юсь, -ешься, -ются)<br>(верн-у́сь, -ёшься, -у́тся) | to return, go back |
| загора́ть (*imperfective*)<br>(загора́-ю, -ешь, -ют) | to sunbathe |
| ката́ться *(impf.)* (ката́-юсь, -ешься, -ются) | |
| на велосипе́де | to ride a bicycle |
| на конька́х | to skate |
| на лы́жах | to ski |
| купа́ться *(impf.)*<br>(купа́-юсь, -ешься, -ются) | to swim |
| получа́ть/получи́ть<br>(получа́-ю, -ешь, -ют)<br>(получ-у́, полу́ч-ишь, -ат) | to receive |
| узнава́ть/узна́ть<br>(узна-ю́, -ёшь, -ю́т)<br>(узна́-ю, -ешь, -ют) | to find out |

*Verbs to learn only in these forms for the time being:*

| | |
|---|---|
| встреча́ться/встре́титься<br>(встреча́-емся, -етесь, -ются)<br>(встре́т-имся, -итесь, -ятся) | to meet up (with each other) |
| конча́ться *(imperfective)*<br>(конча́-ется, -ются) | to come to an end |

| | |
|---|---|
| начина́ться (*imperfective*) (начина́-ется, -ются) | to begin |
| по́нял (поняла́, по́няли) | *past tense of perfective verb* поня́ть — to understand; *normally translated as* I (you, ...) understand |

## ADVERBS

| | |
|---|---|
| ве́село | happy, fun |
| вообще́ | in general |
| гру́стно | sad |
| действи́тельно | really |
| дово́льно | fairly |
| жа́рко | hot |
| наве́рное | probably |
| обы́чно | usually |
| обяза́тельно | surely |
| отли́чно | excellent |
| пора́ньше | a little earlier |
| прекра́сно | wonderful, beautiful |
| про́сто | simply |
| прохла́дно | cool |
| ра́но | early |
| совсе́м | quite, completely |
| так | such, so |
| тепло́ | warm |
| тогда́ | then, in that case |
| хо́лодно | cold |

## CONJUNCTIONS

| | |
|---|---|
| е́сли ... то | if ... then |

## PHRASES AND OTHER WORDS

| | |
|---|---|
| всего́ + number | only + number |
| Дава́й(те) + мы form of verb in future | Let's + verb |
| Дава́й(те) лу́чше... | Let's ... instead |
| Идёт дождь (снег). | It is raining (snowing). |
| Как здо́рово! | That's great! |
| ли | if, whether (see 2.8) |
| ми́нус | minus |
| на у́лице | outside |
| (не) так(о́й)..., как... | (not) as ... as ... |
| неуже́ли | Really ...? |
| плюс | plus |
| Приезжа́й(те) в го́сти. | Come for a visit (from out of town). |
| Приходи́(те) в го́сти. | Come for a visit (from in town). |

## PERSONALIZED VOCABULARY

# Разговор по телефону

## Коммуникативные задания

- Managing telephone conversations
- Leaving and taking telephone messages

## В помощь учащимся

- Cardinal numbers 1–9999 (nominative)
- Telephone formulae
- **Звони́ть/по- кому́ куда́**
- Emphatic pronoun: **сам**
- **Слы́шать/слу́шать, ви́деть/смотре́ть**
- Short-form adjectives **свобо́ден, за́нят, до́лжен**
- Overview of verb conjugation
- Workbook: IC–2 in nouns of address, greeting, and requests

## Между прочим

- Telephone etiquette

## О чём идёт речь?

**А. Как разгова́ривать по телефо́ну.** Talking on the telephone in a foreign language can be difficult since you cannot see the person you are talking to. However, telephone conversations are highly formulaic. Knowing the phrases Russians typically use on the telephone will make your time on the phone much easier.

1. Посмотри́те на карти́нки. Вот как ру́сские разгова́ривают по телефо́ну. Look at the three following typical phone scenarios. Proceed vertically down the columns.

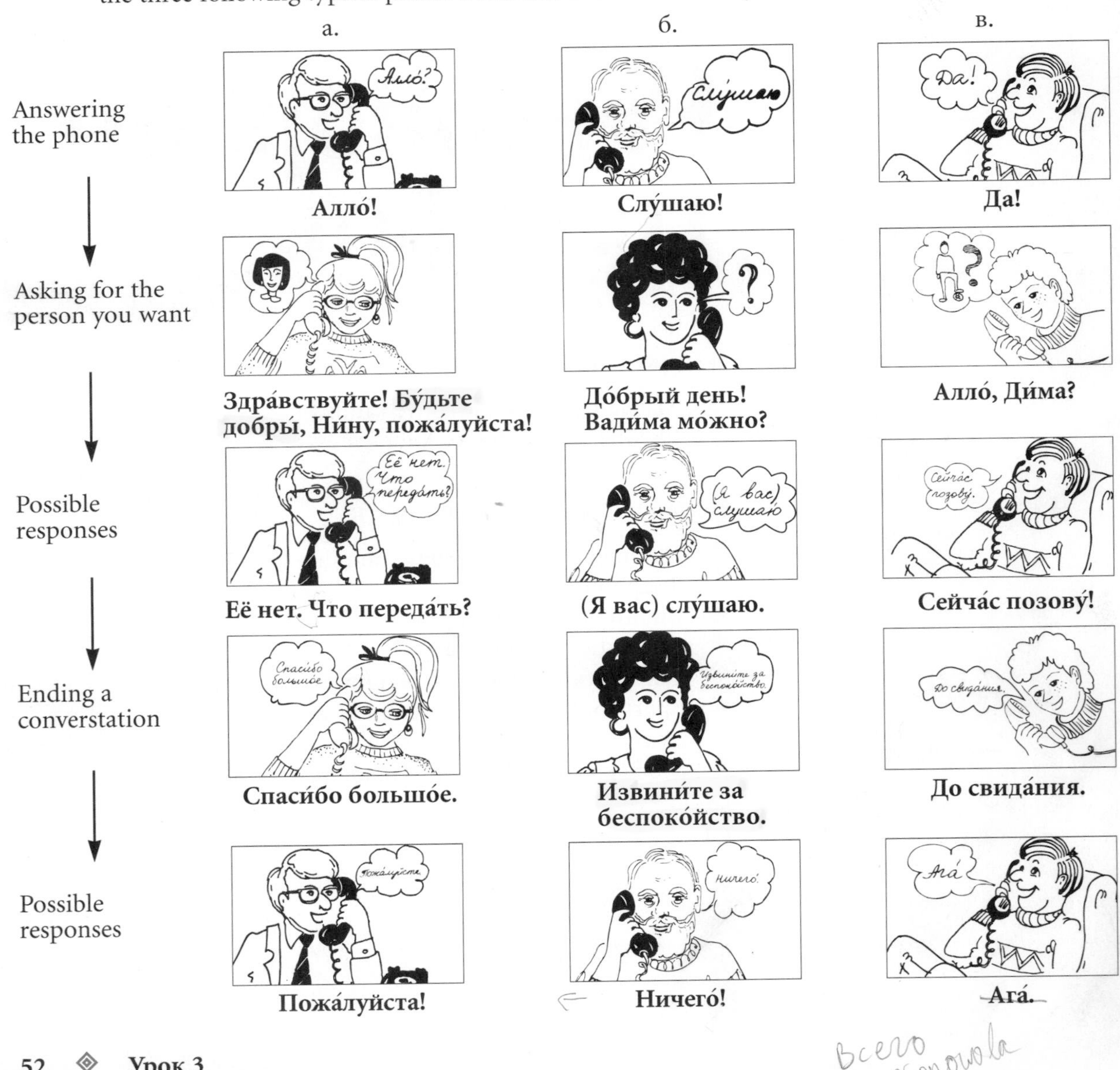

2. Как вы ду́маете, что говоря́т э́ти лю́ди?

а.

б.

в.

г.

д.

е.

## Между прочим

### Как разгова́ривают по телефо́ну

In the U.S. and Canada telephone conversations often wind down gradually, with parties exchanging several rounds of formulaic pleasantries (e.g., *Well, I know you must be busy; Well, I better be going; It was nice to hear from you; Talk to you soon;* etc.). In Russia, however, phone conversations end more abruptly, often even without the **до свида́ния** expected by Americans.

**Б. Разгово́ры.**

**Разгово́р 1.** **Что случи́лось?**
Разгова́ривают То́ля и Ната́ша. Звоня́т Ни́не.

1. Когда́ Нина хоте́ла прийти́ на ве́чер?
2. Ско́лько сейча́с вре́мени?
3. Что происхо́дит (*What happens*), когда́ То́ля и Ната́ша звоня́т Ни́не пе́рвый раз?
4. Когда́ Ни́на ушла́ из до́ма на ве́чер?

**Разгово́р 2.** **Знако́мство по телефо́ну.**
Разгова́ривают Фили́пп, Ди́ма и посторо́нний челове́к.

1. Что происхо́дит, когда́ Фили́пп звони́т Ди́ме пе́рвый раз?
2. Как Фили́пп получи́л но́мер телефо́на Ди́мы?
3. В како́м го́роде живёт Ди́ма?
4. Когда́ пришёл Фили́пп?
5. Каки́е пла́ны у Фили́ппа на за́втра? Когда́ он бу́дет свобо́ден?
6. Где и когда́ встре́тятся Фили́пп и Ди́ма?

**Разгово́р 3.** **Что переда́ть?**
Разгова́ривают Фили́пп и мать Ди́мы.

1. Почему́ Фили́пп звони́т Ди́ме?
2. Что он хо́чет переда́ть Ди́ме?
3. Что сове́тует ма́ма Ди́мы? Когда́ ему́ лу́чше перезвони́ть?

**Разгово́р 4:** **Хочу́ заказа́ть разгово́р с США.**
Разгова́ривают Лю́ба, Дже́йсон и телефони́стка.

1. Куда́ и кому́ хо́чет позвони́ть Дже́йсон?
2. Лю́ба зна́ет, ско́лько сто́ит тако́й разгово́р? Что она́ говори́т Дже́йсону?
3. Дже́йсон говори́т, что для Лю́бы э́то бу́дет беспла́тно. Почему́?
4. Почему́ Дже́йсон ника́к не мо́жет дозвони́ться до роди́телей?
5. Что Лю́ба предлага́ет (*suggest*) сде́лать?

### Между прочим

In major Russian cities, one can direct dial almost any number in the world. The biggest Western telecommunications companies also service the Russian market for international (but not internal) calls. However, in smaller villages all long distance calls must still be placed through an operator.

# Язык в действии

## Диалоги

### 1. Вы не туда́ попа́ли.

— Алло́!
— Здра́вствуйте! Бу́дьте добры́, Ни́ну.
— Тут никако́й Ни́ны нет. Вы не туда́ попа́ли.
— Это 213-78-92?
— Нет.
— Извини́те.

### 2. Знако́мство по телефо́ну.

— Алло́!
— Здра́вствуйте! Мо́жно Ни́ну?
— Я вас слу́шаю!
— До́брый ве́чер! Меня́ зову́т Фили́пп Джо́нсон. Мне Ло́ра Кро́сби дала́ ваш телефо́н и сказа́ла, что я могу́ вам позвони́ть.
— Очень прия́тно с ва́ми познако́миться, Фили́пп, хотя́ бы по телефо́ну. А мо́жет быть, мы всё-таки встре́тимся. За́втра вы свобо́дны?
— Да, свобо́ден.
— Вы живёте в том же общежи́тии, где жила́ Ло́ра?
— Да. Мо́жет быть, вы зайдёте ко мне, ска́жем, в два часа́?
— В два часа́? Договори́лись.

*The same* is rendered as **тот же**. The pronoun **тот** agrees with the noun it modifies in gender, number, and case.

### 3. Что переда́ть?

— Алло́!
— Алло́! Ди́ма?
— Нет, его́ нет.
— Извини́те, пожа́луйста. Это говори́т его́ америка́нский знако́мый. Вы не зна́ете, где он мо́жет быть?
— Не зна́ю. Что ему́ переда́ть?
— Переда́йте, что звони́л Фили́пп. Я его́ жду в общежи́тии.
— Хорошо́. Зна́ете что́, на вся́кий слу́чай перезвони́те че́рез час.
— Спаси́бо большо́е.

### 4. Мóжно отсю́да позвони́ть?

— Лю́ба! У меня́ к тебе́ больша́я про́сьба. Мо́жно отсю́да позвони́ть в США?
— В при́нципе, мо́жно. Но звони́ть в США во́все не дёшево.
— А я бу́ду звони́ть по креди́тной ка́рточке. Для тебя́ э́то бу́дет беспла́тно.
— А как э́то... беспла́тно?
— Я набира́ю ме́стный но́мер на́шей телефо́нной компа́нии, а зате́м по́сле гудка́, но́мер ка́рточки... а пото́м код го́рода и телефо́н.
— Ничего́ себе́! И э́то не до́рого?
— Мину́та сто́ит приме́рно оди́н до́ллар.
— Да, э́то действи́тельно деше́вле.

### 5. Мо́жно по́льзоваться электро́нной по́чтой?

— Прости́те, мне сказа́ли, что здесь мо́жно по́льзоваться фа́ксом и электро́нной по́чтой.
— Мо́жно. Вам ну́жен факс и́ли e-mail?
— А ско́лько сто́ит посла́ть одно́ сообще́ние e-mail'ом?
— Оди́н килоба́йт сто́ит семь рубле́й.
— А факс?
— Фа́кс сто́ит доро́же. Куда́ вы посыла́ете?
— В США, в при́город Нью-Йо́рка.
— Одна́ страни́ца — де́сять до́лларов.

**Вопро́сы к диало́гам.**

Диало́г 1

1. Кто звони́т Ни́не, мужчи́на и́ли же́нщина?
2. Почему́ э́тот челове́к не мо́жет поговори́ть с Ни́ной?
3. Како́й телефо́н у Ни́ны?

Диало́г 2

1. Кто звони́т Ни́не?
2. Ни́на до́ма?
3. Ни́на и Фили́пп Джо́нсон давно́ зна́ют друг дру́га?
4. Отку́да Фили́пп зна́ет телефо́н Ни́ны?
5. Фили́пп и Ни́на встре́тятся за́втра и́ли по́слезавтра?
6. Во ско́лько они́ встре́тятся?

Диало́г 3

1. Разгова́ривают дво́е ру́сских, и́ли оди́н ру́сский и оди́н америка́нец?
2. Почему́ Фили́пп не мо́жет поговори́ть с Ди́мой?
3. Где Фили́пп ждёт Ди́му?

Диало́г 4

1. Этот разгово́р происхо́дит на по́чте и́ли у Лю́бы?
2. Лю́ба счита́ет, что звони́ть в США из Росси́и до́рого и́ли дёшево?
3. Деше́вле звони́ть по креди́тной ка́рточке и́ли без креди́тной ка́рточки?

Диало́г 5

1. Этот разгово́р происхо́дит в би́знес-центре в Росси́и и́ли в США?
2. Ско́лько сто́ит посла́ть одно́ сообще́ние электро́нной по́чтой?
3. Ско́лько сто́ит посла́ть факс в Нью-Йорк?

## Давайте поговорим

**А. Кого́ вы́звать?**

**Мо́жно Ни́ну?**

**Бу́дьте добры́, Алексе́я Ива́новича.**

How would you ask to speak to these people on the telephone? Make sure you put the name of the person in the accusative case.

1. Васи́лий Миха́йлович
2. Ма́рья Ива́новна
3. Ка́тя и́ли Оле́г
4. Серге́й Петро́вич
5. Еле́на Бори́совна
6. Ми́ша
7. Ге́на
8. Бори́с

**Б. Разгово́ры по телефо́ну.** Запо́лните про́пуски.

1. — Алло́!
   — ____________________!
   — Аллы сейча́с нет. Что переда́ть?
   — ____________________, что я её жду в общежи́тии.
   — Хорошо́.
   — ____________________!
   — Пожа́луйста.

2. — ____________________!
   — Бу́дьте добры́, Пе́тю, пожа́луйста.
   — ____________________.
   — Переда́йте, что я приду́ то́лько в де́вять.
   — ____________________.
   — Спаси́бо. Извини́те за беспоко́йство.
   — ____________________.

**В. Ваш разгово́р.** Create a dialog of your own, using the words and phrases you have just learned.

**Г. Телефо́ннные номера́.** Write down the telephone numbers of five friends or relatives. Practice saying these phone numbers to yourself. Then practice dictating them to a partner. Remember that Russians break up the last four digits in phone numbers in both writing and speaking (e.g., 321-98-72 = **три́ста два́дцать оди́н - девяно́сто во́семь - се́мьдесят два**).

**Д. Вы не туда́ попа́ли.** Review dialog 1. Then role-play the following "wrong number" situation with a partner for each of the names and phone numbers below.

***Situation:*** You call and ask for your friend. When you find out you have gotten the wrong number, ask if the number you wrote down is the one you dialed.

Ма́ша — 132-46-23
Воло́дя — 221-94-38
Анто́н — 719-65-49
Ива́н — 342-73-12
Ле́на — 130-33-02

**Е. Подгото́вка к разгово́ру.** Review the dialogs. How would you do the following?

1. Answer the telephone.
2. Ask for the person you want to talk to (Masha, Maksim).
3. Say the person who called has gotten the wrong number.
4. Respond when someone asks for you on the phone.
5. Suggest getting together with someone.
6. Ask if someone is free tomorrow.
7. Ask if you can take a message.
8. Leave a message that you called.
9. Tell someone to call back in an hour.
10. Ask your friends if you can make a call from their house.
11. Describe how to make a credit card call.
12. Ask if you can use fax.
13. Ask if you can use e-mail.

**Ж. Игровы́е ситуа́ции**

1. You are in Moscow for the first time. Your friend Lisa has given you the phone number of her Russian friend Boris. Call Boris, introduce yourself, and suggest getting together.
2. You arranged to meet your friend Nadya at the movie theater at 2:00. It is now 2:15, the movie starts in 15 minutes, and there is no sign of her. Call her house to find out where she is. Leave a message telling her where you will be.
3. You need to get a message to friends back home quickly. Ask Russian friends if they have access to e-mail. Find out if it costs anything to use an e-mail account.
4. You are staying in your friend Lena's apartment while she's not there. The phone rings. Answer and take a message.
5. You answer the phone at your friend Misha's apartment. Someone calls asking for Dima. Tell him/her that s/he's gotten the wrong number.
6. With a partner, prepare and act out a situation of your own using the topics of this unit.

**З. Устный перево́д.** A friend who knows no Russian is passing through Moscow and needs to send a message to the States. Help out by interpreting the following conversation at the Business Center.

ENGLISH SPEAKER'S PART

1. I'd like to use e-mail or fax.
2. How much does e-mail cost? Is it cheaper to fax?
3. I need to send a message to the U.S.
4. I don't know a lot about computers. Just what is a kilobyte?
5. Can I use a computer here to write my e-mail?
6. Can I also receive e-mail here? Is that free?
7. I'd like to send a message now.

# Давайте почитаем

**А. Что же хоте́ли переда́ть?** Your friend's little brother ripped up her telephone messages. Match the scraps of paper to reinstate the messages. The last half of one message was lost.

**Б. Телефо́нные компа́нии.** Everyone wants cheap long distance service. Unfortunately, many find the service provided by the Moscow phone company **ММТ (Моско́вский междугоро́дный телефо́н)** neither cheap nor reliable. The article below provides some ideas for alternative services.

1. **Отве́тьте на вопро́сы.** Read the article to find answers to these questions.
   a. Why can't everyday phone customers use services provided by Rostelecom?
   b. To make a long distance call in North America, you dial "1". What number do you dial to start a long distance call in Russia?
   c. Which customers have the most to save by avoiding the local phone company?
   d. How do foreign firms rate in terms of price and service compared to the local phone company?
   e. How do calling cards work?
   f. According to this material, what is the cheapest way to make international calls from Russia? How does that system work? What sort of savings can be realized?

### Отечественные[1] провайдеры междугородной и международной связи[2]

"РОСТЕЛЕКОМ" — крупнейшая[3] компания связи в РФ. Но "РОСТЕЛЕКОМ" предлагает[4] свои услуги[5] только через реселлеров, которые берут в аренду каналы[6]. Таким реселлером является[7] Московский Междугородный Телефон (ММТ), чья услуга нам хорошо известна[8]: набираем "8" и выходим на междугородные линии. Конечно, за такие услуги нам приходится[9] платить. Если вы разговариваете редко — то дальше можете не читать. Чтобы[10] позвонить раз в год в другую страну в качестве[11] телефонной компании можно оставить[12] и ММТ. Но если вам приходится говорить часто и много — то читайте дальше.

[1]*domestic* [2]*communications* [3]са́мая больша́я [4]*offers* [5]*services* [6]беру́т ... кана́лы — *lease lines* [7]*is* [8]*famous* [9]на́до [10]*in order to* [11]в ка́честве — *as* [12]*keep*

### Иностранные телефонные компании

В Москве (да и в России) действует[1] множество иностранных телефонных компаний. Правда, стоимость услуг[2] у них ещё выше[3], чем у отечественных, хотя уровень[4] сервиса намного выше. В основном[5] они предлагают **calling cards,** т.е.[6] телефонные карточки. Вы покупаете карточку определённого номинала[7] или переводите[8] определённую сумму в качестве депозита за телефонные разговоры. Затем[9] ежемесячно[10] на вашу кредитную карточку или ваш банковский счёт[11] будут приходить счета[12]. Такие услуги предлагают фирмы AT&T и Sprint.

[1]*operate* [2]*cost of services* [3]*higher* [4]*level* [5]в основно́м — *for the most part* [6]то есть [7]*denomination* [8]*transfer* [9]пото́м [10]ка́ждый ме́сяц [11]*account* [12]*bills*

**Call-back**

Сэкономить на телефонных переговорах можно. Странно[1], что услуга call-back не получила большого внимания[2], хотя[3] экономия обычно от 30% до 70%.

**Что такое call-back или dial-back?** Это простой и легальный способ[4] уменьшить[5] плату за междугородные телефонные переговоры на 30%-70%!

Как это работает? Вы звоните по определённому номеру на компьютер в США (за звонок вы не платите, т.к.[6] компьютер не поднимает трубку[7]). Вы слышите звонок и сразу же[8] кладёте трубку. Через несколько секунд компьютер вам перезванивает, вы поднимаете трубку и слышите гудок. Теперь можно набирать номер как будто[9] вы находитесь в США.

**Сколько это стоит?** Сравните[10] стоимость разговоров: с США через МГТС[11] — 1,8$, через call-back — 0,78$ — т.е. экономия в два с лишним[12] раза!

[1]*strange* [2]*attention* [3]*even though* [4]*method* [5]*lessen* [6]так как = потому́ что [7]поднимает ... *pick up the reciever* [8]*immediately* [9]*as if* [10]*compare* [11]Моско́вская городска́я телефо́нная сеть — *Moscow city telephone network* [12]с ли́шним — *plus some*

## Словарь

**аре́нда** — *leasing;* **брать/взять в аре́нду** — *to lease*
**внима́ние** — *attention*
**вы́ше** — *higher*
**де́йствовать** — *act; operate*
**ежеме́сячно** — *monthly*
**изве́стен, изве́стно, изве́стна, изве́стны** — short form of **изве́стный** — *famous*
**как бу́дто** — *as if*
**ка́чество: в ка́честве чего́** — *as:* **Мо́жно по́льзоваться ММТ в ка́честве телефо́нной компа́нии** — *You can use MMT as your phone company.*
**крупне́йший** — *largest*
**мно́жество** — *multitude*
**определённый** — *(a) certain*
**оста́вить** — *to leave (as is); to keep*
**оте́чественный** — *domestic*
**предлага́ть/предложи́ть** — *to offer*
**приходи́ться = на́до: Нам прихо́дится плати́ть = Нам на́до плати́ть** — *We have to pay.*
**раз** — *once:* **раз в год** — *once a year*
**связь** (fem.) — *connection; communication*
**сеть** (fem.) — *network*
**спо́соб** — *method*
**сравни́ть** — *to compare*
**сра́зу же** — *immediately*
**сто́имость** — *cost*
**стра́нно** — *strange*
**счёт** — *account; bill;* **счета́** — *bills*

**т.к. = так как = потому́ что**
**тру́бку: класть (клад-у́, -ёшь, -у́т) тру́бку** — *to hang up the receiver;*
**поднима́ть тру́бку** — *to pick up the receiver, to answer the phone*
**уме́ньшить** — *to lessen*
**у́ров(е)нь** — *level*
**услу́га** — *service*
**хотя́** — *even though*
**что́бы** + infinitive — *in order to*
**эконо́мить/с-** — *to economize, to save money*
**явля́ться (чем)** — *to be*

2. **Но́вые слова́.** Read the following short text about telephone companies in the U.S., filling in the blanks as needed with phrases from the box. One phrase is used twice.

междунаро́дные ли́нии - мно́жество - набира́ете - определённые - предлага́ют - сэконо́мить - так как - услу́ги - уме́ньшить - услу́гами - что́бы - явля́ется

Американская фирма AT&T — _______________ крупнейшей телефонной компанией в США. Тем не менее, рядом с ней действует _______________ телефонных компаний. Они _______________, такие как телефонные карточки, каналы компютерной связи и т.д. Если вы пользуетесь _______________ больших телефонных компаний как AT&T, MCI, Спринт и т.д., тогда для того, чтобы позвонить в другой город в США или в Канаде, вы _______________ "1", а _______________ выйти на _______________, надо набрать "011". Конечно, можно _______________ стоимость разговора, если вы звоните только в _______________ часы, например поздно ночью или рано утром. Есть и другие способы _______________ на междугородных звонках, _______________ телефонные компании всегда _______________ большие скидки.*

*__ски́дки__ — *discounts*

3. **Похо́жие слова́.** The following sentences contain many words related to those in the texts about telephone companies. How much can you understand?
   а. — Ско́лько сто́ит арендова́ть о́фис в кру́пном го́роде в Росси́и?
   — Тру́дно сказа́ть определённо. Но е́сли э́то о́фис в це́нтре Москвы́, да́же небольшо́й, то прихо́дится плати́ть от 1000$ до 5000$ в ме́сяц. Если вам на́до сра́зу арендова́ть ме́сто, то я сове́тую связа́ться с мои́м дру́гом. Он хорошо́ зна́ет э́тот би́знес.
   б. Ра́ньше мы плати́ли 3 ты́сячи за тра́нспортные услу́ги ежедне́вно. Пото́м повы́сили це́ны на авто́бус и метро́. Сейча́с ежедне́вно мы пла́тим 5 ты́сяч, и́ли 35 ты́сяч, е́сли счита́ть еженеде́льно.
   в. По сравне́нию с други́ми города́ми США, Нью-Йорк, коне́чно, са́мый большо́й. В нём живёт о́коло восьми́ миллио́нов жи́телей. Но Нью-Йорк ме́ньше, чем таки́е кру́пные города́ ми́ра как Ме́хико (18 миллио́нов жи́телей), Сан-Па́улу (10 миллио́нов жи́телей) и́ли То́кио (28 миллио́нов жи́телей).
   г. Неда́вно мы получи́ли интере́сное предложе́ние от фи́рмы «Интерфон». Нам сказа́ли, что е́сли мы бу́дем по́льзоваться услу́гами их фи́рмы, мы мо́жем ежего́дно сэконо́мить на телефо́нных счета́х на 60 проце́нтов.

## Давайте послушаем

**Радионя́ня**

The children's radio program **Радионя́ня** was very popular in the 1960s and 1970s. **Радионя́ня** taught everything from proper spelling and speech habits to the rules of etiquette. The format was always the same: An overly pedantic teacher, Nikolai Vladimirovich, challenged two childlike adults, Sasha and Alik, to make a proper invitation, accept a gift politely, or use words correctly. Sasha and Alik would bumble through each assignment, trying again and again, until they finally got it all right.

In this episode, Nikolai Vladimirovich asks Sasha and Alik to make a telephone call. In the course of the lesson, the two stooges show how *not* to do everything they are supposed to do: asking for someone on the phone, excusing oneself after dialing a wrong number, and limiting one's use of the phone lines (many of which are shared party lines) to short, essential conversations.

You will need these expressions:

> **уме́ть (уме́-ю, -ешь, -ют)** + infinitive — *to know how*
> **(не)ве́жливо** — *(im)politely*

1. Nikolai Vladimirovich tells Sasha to show how to use the telephone. Sasha makes six telephone calls, and does something wrong in every call except the fifth. Listen to the recording and determine what sorts of mistakes he makes.
2. Listen to the episode again. Use context to determine the meanings of these words. They are given in the order you hear them.

   **брать тру́бку**
   **набира́ть но́мер**
   **телефо́н за́нят**
   **Подождём мину́тку...**

3. Listen once again and determine the most likely meaning for the following words and phrases.
   а. **назва́ть себя́**
      i. answer the phone
      ii. hang up the phone
      iii. give one's number
      iv. give one's name

   б. **угада́ть**
      i. to make a guess
      ii. to take a message
      iii. to dial the operator
      iv. to call back

   в. **Тем бо́лее!**
      i. All the more reason!
      ii. Not at all!
      iii. Never mind!
      iv. That's a good question!

   г. **пыта́ются дозвони́ться**
      i. are unable to get to sleep at night
      ii. are trying to get through on the phone
      iii. are getting more and more worried
      iv. are beginning to feel put upon

4. At the end of the recording Nikolai Vladimirovich gives some general advice about tying up the phone lines. Summarize what he has to say. Be as specific as you can.

# В помощь учащимся

## 3.1 Cardinal Numbers 1 to 9999

Not every number has a **ь,** but *no number has more than one* **ь**! Where to put the **ь**? All numbers before 40 have the **ь** at the end; all numbers after 40 have it in the middle.

Write compound numbers as separate words, without hyphens. Each individual word can have its own **ь**: 857 = **восемьсо́т пятьдеся́т семь.**

| ONES | TEENS | TENS | HUNDREDS | THOUSANDS |
|---|---|---|---|---|
| 1<br>оди́н | 11<br>оди́ннадцать | 10<br>де́сять | 100<br>сто | 1000<br>ты́сяча |
| 2<br>два | 12<br>двена́дцать | 20<br>два́дцать | 200<br>две́сти | 2000<br>две ты́сячи |
| 3<br>три | 13<br>трина́дцать | 30<br>три́дцать | 300<br>три́ста | 3000<br>три ты́сячи |
| 4<br>четы́ре | 14<br>четы́рнадцать | 40<br>со́рок | 400<br>четы́реста | 4000<br>четы́ре ты́сячи |
| 5<br>пять | 15<br>пятна́дцать | 50<br>пятьдеся́т | 500<br>пятьсо́т | 5000<br>пять ты́сяч |
| 6<br>шесть | 16<br>шестна́дцать | 60<br>шестьдеся́т | 600<br>шестьсо́т | 6000<br>шесть ты́сяч |
| 7<br>семь | 17<br>семна́дцать | 70<br>се́мьдесят | 700<br>семьсо́т | 7000<br>семь ты́сяч |
| 8<br>во́семь | 18<br>восемна́дцать | 80<br>во́семьдесят | 800<br>восемьсо́т | 8000<br>во́семь ты́сяч |
| 9<br>де́вять | 19<br>девятна́дцать | 90<br>девяно́сто | 900<br>девятьсо́т | 9000<br>де́вять ты́сяч |

Pay attention to **два** vs. **две.**

Review vowel reduction rules:
unstressed о → [a] or [ə]
unstresssed я → [ɪ]
unstressed е → [ɪ]

## *Упражнения*

**А.** **Где ь?** For each of the numbers below, indicate whether or not it has a **ь.** If it does, is the **ь** in the middle or at the end?

| | | | | | | | |
|---|---|---|---|---|---|---|---|
| 600 | 20 | 16 | 70 | 200 | 30 | 50 | 1 |
| 18 | 4 | 100 | 90 | 80 | 40 | 8 | 900 |

**Б.** Indicate the stress in each word. Then read the numbers out loud, paying special attention to stress and vowel reduction.

1. четырнадцать
2. восемнадцать
3. девятнадцать
4. двадцать
5. пятьдесят
6. шестьдесят
7. семьдесят
8. восемьдесят
9. триста
10. пятьсот
11. восемьсот
12. девятьсот

**В.** Say the following telephone numbers. Then write them out as words.

| | | | |
|---|---|---|---|
| 1. 167-58-32 | 4. 424-49-17 | 7. 891-18-12 | 10. 619-24-58 |
| 2. 346-72-96 | 5. 686-10-03 | 8. 294-11-53 | 11. 120-91-18 |
| 3. 521-43-84 | 6. 974-69-19 | 9. 752-36-14 | 12. 465-52-80 |

➤ *Complete Oral Drill 3 and Written Exercise 2 in the Workbook.*

## 3.2 Звони́ть/позвони́ть кому́ куда́

The Russian word for *to call, to telephone* is **звони́ть/позвони́ть.**

With this verb, use the dative case (**кому́**) of the person being called. Example: Ло́ра Кро́сби сказа́ла, что я могу́ **вам** позвони́ть.

With this verb, use **в** or **на** followed by the accusative case (**куда́**) of the place being called. Example:

— Мо́жно отсю́да позвони́ть **в США**?
— Снача́ла на́до позвони́ть **на междунаро́дную ста́нцию.**

| VERB | PERSON BEING CALLED | PLACE BEING CALLED |
|---|---|---|
| звони́ть/по- | кому́<br>(*dative*) | куда́<br>(в / на + *accusative*) |
| | но́вому сосе́ду Вади́му<br>на́шему преподава́телю<br>интере́сной студе́нтке<br>на́шей сосе́дке Мари́и<br>но́вым студе́нтам<br>на́шим друзья́м | в Санкт-Петербу́рг<br>в Москву́<br>в кино́<br>на рабо́ту<br>домо́й |

### *Упражнения*

**A. Отве́тьте на вопро́сы.** Answer the questions, following the model. Be sure to put the people called in the dative case.

Образе́ц: **Вади́м звони́л Ни́не?** → *Нет, Ни́на звони́ла Вади́му.*

1. Бори́с звони́л Вадиму?
2. Вади́м звони́л но́вому сосе́ду?
3. Этот студе́нт звони́л Ма́ше?
4. Ка́тя звони́ла но́вому сосе́ду?
5. Михаи́л Ива́нович звони́л Кса́не Петро́вне?
6. Лари́са звони́ла на́шим сосе́дям?
7. Ива́н Петро́вич звони́л на́шей сосе́дке?
8. Но́вые студе́нты звони́ли преподава́телям?
9. На́ши друзья́ звони́ли Алекса́ндру Миха́йловичу?
10. Мари́я звони́ла Васи́лию?

**Б. Соста́вьте предложе́ния.** How would you say you called the following places?

Образе́ц: **Ки́ев** → *Я звони́л(а) в Ки́ев.*

1. Москва́
2. но́вая библиоте́ка
3. Гру́зия
4. Санкт-Петербу́рг
5. истори́ческий музе́й
6. кино́
7. Колора́до
8. наш университе́т
9. э́та шко́ла
10. дом

**В. Как по-ру́сски?**

1. On Saturday we will call our friend Rick in New York.
2. Usually Rick calls us on Wednesday.

**Г. Соста́вьте предложе́ния.** Make sentences by combining elements from the columns below. You will need to make the verb agree with the subject, add needed prepositions, and put the person or place called in the correct case.

| | | | Росси́я |
|---|---|---|---|
| я | | | Ки́ев |
| студе́нты | ча́сто | | рабо́та |
| на́ши друзья́ | ре́дко | звони́ть | дом |
| мы | ка́ждый день | | наш преподава́тель |
| ты | никогда́ не | | ма́ма |
| вы | | | но́вая сосе́дка |
| | | | вра́ч |

➤ *Complete Oral Drill 4 and Written Exercise 3 in the Workbook.*

## 3.3 Listening vs. Hearing, Seeing vs. Watching — **слы́шать** vs. **слу́шать**, **ви́деть** vs. **смотре́ть**

The verbs **слы́шать** and **ви́деть** are often equivalent to the English verbs *to hear* and *to see.*

The verbs **слу́шать** and **смотре́ть** are often equivalent to the English verbs *to listen* and *to watch.*

Я **слы́шала,** что э́тот фильм хоро́ший.

Да, **слу́шаю.**

Как вы сказа́ли? Я вас не **слы́шу.**

Аня **слу́шает** му́зыку.

Я не **ви́жу.**

Они́ **смо́трят** фильм.

English uses "I *can't* hear," and "I *can't* see," but Russians eliminate the word *can't* and say only **Я не слы́шу** and **Я не ви́жу.**

Use the verbs **слу́шать** and **смотре́ть** for concerts, movies, television programs, and other activities to which one pays conscious attention, even if English uses *hear* and *see*. Examples: Вы **слу́шали** конце́рт? Вы **смотре́ли** фильм? Вы **смотре́ли** фотогра́фии?

| **ви́деть/у- (to see)** |
|---|
| ви́ж - **у** |
| ви́д - **ишь** |
| ви́д - **ит** |
| ви́д - **им** |
| ви́д - **ите** |
| ви́д - **ят** |

| **смотре́ть/по- (to watch)** |
|---|
| смотр - **ю́** |
| смо́тр - **ишь** |
| смо́тр - **ит** |
| смо́тр - **им** |
| смо́тр - **ите** |
| смо́тр - **ят** |

| **слы́шать/у- (to hear)** |
|---|
| слы́ш - **у** |
| слы́ш - **ишь** |
| слы́ш - **ит** |
| слы́ш - **им** |
| слы́ш - **ите** |
| слы́ш - **ат** |

| **слу́шать/по-, про- (to listen)** |
|---|
| слу́ша - **ю** |
| слу́ша - **ешь** |
| слу́ша - **ет** |
| слу́ша - **ем** |
| слу́ша - **ете** |
| слу́ша - **ют** |

## *Упражнения*

**А. Вы́берите ну́жный глаго́л.** Pick the correct verb.

1. Я обы́чно (слы́шу/слу́шаю) прогно́з пого́ды по ра́дио.
2. Я (слы́шал/слу́шал), что за́втра бу́дет дождь.
3. Вы (слы́шали/слу́шали) прогно́з сего́дня?
4. Вы (слы́шали/слу́шали), кака́я за́втра бу́дет пого́да?
5. — Дава́йте (уви́дим/посмо́трим) фильм.
   — Дава́йте лу́чше (услы́шим/послу́шаем) конце́рт.
6. — Вы вчера́ (слы́шали/слу́шали) конце́рт в клу́бе?
   — Что вы сказа́ли? Я вас не (слы́шу/слу́шаю)!
   — Я спроси́л, вы бы́ли на конце́рте?
   — Нет, не была́. Но я (слы́шала/слу́шала), что конце́рт был хоро́ший.
7. — Вы ча́сто (ви́дите/смо́трите) фи́льмы?
   — Да, я всегда́ (ви́жу/смотрю́) фи́льмы по телеви́зору.
8. Я вообще́ люблю́ (ви́деть/смотре́ть) телеви́зор.
9. — Вы вчера́ (ви́дели/смотре́ли) бра́та?
   — Нет, но я (ви́дел/смотре́л) сестру́.

**Б. Как по-ру́сски?**

1. Vanya heard an interesting concert on Sunday.
2. Sonya heard that Vanya went to the concert.
3. Sonya and Vanya saw a movie on Tuesday.
4. Grisha saw the movie too, but he didn't see Sonya and Vanya.

➤ *Complete Oral Drills 5–8 and Written Exercises 4–5 in the Workbook.*

## 3.4 Expressing Ability—мочь/с-

Ло́ра Кро́сби сказа́ла, что я **могу́** вам позвони́ть.

— Не хо́чешь пойти́ в кино́ за́втра?
— Не **могу́.** Мне на́до рабо́тать. Пойдём лу́чше в пя́тницу?
— Договори́лись.

The Russian equivalent of the English *can* is conjugated as follows:

| мочь/с- (can, to be able to) |
|---|
| мог - **у́** |
| мо́ж - **ешь** |
| мо́ж - **ет** |
| мо́ж - **ем** |
| мо́ж - **ете** |
| мо́г - **ут** |
| *past:* |
| мог, могла́, могли́ |

Always use an infinitive after this verb: **Мы мо́жем прочита́ть кни́гу.**

### *Упражнения*

**А. Запо́лните про́пуски.** Fill in the correct form of **мочь.**

1. — Кто сейча́с _____ пойти́ на по́чту ?
   — Я не _____, а Ди́ма и Си́ма свобо́дны. Они́ _____ пойти́.
2. — Аня, у меня́ к тебе́ про́сьба. Я _____ от тебя́ позвони́ть?
   — Коне́чно, _____.

**Б.** **Запо́лните про́пуски.** Use the correct form of the past tense of *could.*

— Со́ня не ______ найти́ дом Алексе́я.
— Мы то́же не _____ его́ найти́.

➤ *Complete Oral Drill 9 and Written Exercise 6 in the Workbook.*

## 3.5 Review of Short-Form Adjectives

You have seen several adjectives with short-form endings: **до́лжен** — *obligated;* **свобо́ден** — *free, not busy;* **за́нят** — *occupied, busy;* **закры́т** — *closed;* **открыт** — *open;* **похо́ж** — *look like.*

Short-form adjectives differ from long-form adjectives in the following ways:

1. They occur only in the predicate adjective position, that is, in connection with the verb *to be.* This also means that they appear only in the nominative case.
   **Мы за́няты.** — We (are) *busy.*

2. Their endings are shorter. Short-form-adjective endings look like noun endings:
   -∅ for masculine singular
   -**а** for feminine
   -**о** for neuter
   -**ы** for plural

3. The plural form is always used with **вы,** even if **вы** refers to only one person.
   Анна Петро́вна, вы **за́няты?**
   Михаи́л Петро́вич, вы **за́няты?**

This chart gives all the forms of the short-form adjectives you know.

| Singular | | Plural | |
|---|---|---|---|
| он | до́лжен, свобо́ден, за́нят, закры́т, откры́т, похо́ж | мы, вы, они́ | должны́, свобо́дны, за́няты, закры́ты, откры́ты, похо́жи |
| она́ | должна́, свобо́дна, занята́, закры́та, откры́та, похо́жа | | |
| оно́ | должно́, свобо́дно, за́нято, закры́то, откры́то, похо́же | | |

The form used with **я** or **ты** depends on the gender of the person referred to.

The form used with **вы** is always plural, even if only one person is referred to.

## *Упражнения*

**А. О себе́.** Отве́тьте на вопро́сы.

1. Сего́дня вы свобо́дны и́ли за́няты?
2. А за́втра, вы бу́дете свобо́дны и́ли за́няты?
3. Что вы должны́ де́лать сего́дня?
4. Что вы должны́ бы́ли де́лать вчера́?
5. Магази́ны в ва́шем го́роде откры́ты и́ли закры́ты в воскресе́нье?
6. В каки́е дни откры́та библиоте́ка ва́шего университе́та?
7. Вы похо́жи на мать?
8. Вы похо́жи на отца́?
9. Ва́ши бра́тья и сёстры похо́жи на роди́телей?
10. Ва́ши де́ти похо́жи на вас?

**Б. Запо́лните про́пуски.** Supply the correct forms of the words indicated.

1. **свобо́ден/за́нят**
   — Аня, дава́й встре́тимся в во́семь часо́в. Ты ___?
   — Нет, я ___. Мо́жет быть, мы встре́тимся за́втра?
   — Хорошо́, за́втра я бу́ду ___.

2. **до́лжен/за́нят**
   — Хоти́те пойти́ в кино́ сего́дня ве́чером?
   — Не мо́жем. Мы ___ занима́ться. Ведь за́втра контро́льная рабо́та.
   Мо́жет быть, пойдём за́втра?
   — За́втра я ___, я ___ рабо́тать.

3. **до́лжен/закры́т**
   Юлия и Игорь ___ занима́ться сего́дня, но библиоте́ка ___. Поэ́тому они́ занима́ются до́ма.

4. **похо́ж**
   — Эти де́ти ___ на роди́телей?
   — Да. Сын ___ на отца́, а дочь ___ на мать.

5. **свобо́ден/за́нят/до́лжен**
   Кто ___? Кто ___?
   Шу́ра и Алла не ___. Они́ ___ занима́ться.
   Дми́трий ___. Он ___ пойти́ на ры́нок.
   Ки́ра то́же ___. Она́ ___ рабо́тать.
   Алекса́ндра Бори́совна не ___. Она́ ___ пригото́вить обе́д.
   То́лько Бори́с Серге́евич ___. Он отдыха́ет.

6. **откры́т/закры́т**
   — Кни́жный магази́н ___ (open) сего́дня?
   — Нет, он ___.
   — А кни́жный ры́нок ___?
   — Он то́же ___. Но библиоте́ка ___. Пойди́те туда́.

**В. Как по-ру́сски?**

1. "Are you (formal) free today?"
   "No, I'm busy. I should study."
   "But the library is closed."
2. "Is this place free?"
   "No, it's taken. But these places are free."

➤ *Complete Oral Drills 10–11 and Written Exercise 6 in the Workbook.*

## 3.6 Review of Russian Verb Conjugation

All Russian verb forms consist of a *stem* and an *ending*. The *stem* carries the basic meaning of the verb; the *ending* indicates the verb's grammatical function in the sentence. The process of changing verb endings to make a verb agree with its grammatical subject is called *conjugation*. Russian verbs *always* agree with their grammatical subjects.

### CONJUGATION

**Conjugation patterns.** There are two basic *conjugation patterns* for Russian verbs. Endings are added to the present-future stem. To find this stem, remove the ending (**-ут, -ют, -ят,** or **-ат**) from the **они́** form of the verb.

FIRST CONJUGATION

| чита́ть (to read) |
|---|
| чита́-**ю** |
| чита́-**ешь** |
| чита́-**ет** |
| чита́-**ем** |
| чита́-**ете** |
| чита́-**ют** |

**е** or **ё**
These endings are spelled **ё** when stressed, **е** when unstressed.

| идти́ (to go, walk) |
|---|
| ид-**у́** |
| ид-**ёшь** |
| ид-**ёт** |
| ид-**ём** |
| ид-**ёте** |
| ид-**у́т** |

For first-conjugation verbs, the endings for the **я** and the **они́** forms are spelled **-ю** and **-ют** after vowel letters and after **ь.** Otherwise they are spelled **-у** and **-ут.**

SECOND CONJUGATION

| говори́ть (to speak) |
|---|
| говор-**ю́** |
| говор-**и́шь** |
| говор-**и́т** |
| говор-**и́м** |
| говор-**и́те** |
| говор-**я́т** |

**и**
These endings are spelled **и** throughout.

| слы́шать (to hear) |
|---|
| слы́ш-**у** |
| слы́ш-**ишь** |
| слы́ш-**ит** |
| слы́ш-**им** |
| слы́ш-**ите** |
| слы́ш-**ат** |

For second-conjugation verbs, the ending for the **я** form is **-ю** and for the **они́** form is **-ят,** *unless* these endings would break the 8-letter spelling rule: after the letters **г к х ш щ ж ч ц**
do not write **-ю,** write **-у** instead
do not write **-ят,** write **-ат** instead

All verbs ending in **-овать** are first-conjugation verbs. The **-ова-** from the infinitive is replaced with **-у-** in the conjugated forms:

| **сове́товать/по - (to advise)** |
|---|
| сове́ту - **ю** |
| сове́ту - **ешь** |
| сове́ту - **ют** |

| **танцева́ть* (to dance)** |
|---|
| танцу́ - **ю** |
| танцу́ - **ешь** |
| танцу́ - **ют** |

* Suffix spelled **-ева-** rather than **-ова-** so as not to break the 5-letter spelling rule.

All verbs ending in **-авать** are first-conjugation verbs. The **-ава-** from the infinitive is replaced with **-а-** in the conjugated forms:

| **встава́ть (to get up)** |
|---|
| вста - **ю́** |
| вста - **ёшь** |
| вста - **ю́т** |

For other verbs whose conjugated stem differs from their infinitive stem, you must simply learn the forms:

| **жить (to live)** |
|---|
| жив - **у́** |
| жив - **ёшь** |
| жив - **у́т** |

| **пить (to drink)** |
|---|
| пь - **ю** |
| пь - **ёшь** |
| пь - **ют** |

| **быть (to be)** |
|---|
| бу́д - **у** |
| бу́д - **ешь** |
| бу́д - **ут** |

| **е́хать/по- (to go, drive)** |
|---|
| е́д - **у** |
| е́д - **ешь** |
| е́д - **ут** |

| **идти́/пойти́ (to go, walk)** |
|---|
| ид - **у́** |
| ид - **ёшь** |
| ид - **у́т** |

Verbs with the **-ся** particle take either first-conjugation endings (like **занима́ться**) or second-conjugation endings (like **учи́ться**), with the addition of **-сь** after endings that end in a vowel and **-ся** after endings that end in a consonant.

| занима́ться (to study, do homework) |
|---|
| занима́ - **ю - сь** |
| занима́ - **ешь - ся** |
| занима́ - **ет - ся** |
| занима́ - **ем - ся** |
| занима́ - **ете - сь** |
| занима́ - **ют - ся** |

| учи́ться (to study, be a student) |
|---|
| уч - **у́ - сь** |
| у́ч - **ишь - ся** |
| у́ч - **ит - ся** |
| у́ч - **им - ся** |
| у́ч - **ите - сь** |
| у́ч - **ат - ся** |

**Stress patterns.** There are three possible *stress patterns* for Russian verbs:

1. The stress is *stable* on the *stem.*
2. The stress is *stable* on the *ending.*
3. The stress is *shifting.* If there is shifting stress, the stress is on the ending in the infinitive and **я** forms, and one syllable closer to the beginning of the word in the other conjugated forms.

| Stable Stress: Stem Stress | Stable Stress: End Stress | Shifting Stress |
|---|---|---|
| **чита́ть/про- (to read)** | **идти́/пойти́ (to go, walk)** | **писа́ть/на- (to write)** |
| **чита́** - ю | ид - **у́** | пиш - **у́** |
| **чита́** - ешь | ид - **ёшь** | **пи́ш** - ешь |
| **чита́** - ет | ид - **ёт** | **пи́ш** - ет |
| **чита́** - ем | ид - **ём** | **пи́ш** - ем |
| **чита́** - ете | ид - **ёте** | **пи́ш** - ете |
| **чита́** - ют | ид - **у́т** | **пи́ш** - ут |
| **слы́шать/у- (to hear)** | **говори́ть/по- (to speak)** | **учи́ться/на- (to study)** |
| слы́ш - у | говор - **ю́** | уч - **у́сь** |
| **слы́ш** - ишь | говор - **и́шь** | **у́ч** - ишься |
| **слы́ш** - ит | говор - **и́т** | **у́ч** - ится |
| **слы́ш** - им | говор - **и́м** | **у́ч** - имся |
| **слы́ш** - ите | говор - **и́те** | **у́ч** - итесь |
| **слы́ш** - ат | говор - **я́т** | **у́ч** - атся |

**Consonant mutation.** Some verbs display *consonant mutation.* So far we have seen the following mutations:

| | | |
|---|---|---|
| г, д, з | → ж | **мочь/с-** — *to be able:* могу́, мо́жешь, мо́жет, мо́жем, мо́жете, мо́гут |
| | | **ви́деть/у-** — *to see:* ви́жу, ви́дишь, ви́дят |
| | | **сказа́ть** — *to say:* скажу́, ска́жешь, ска́жут |
| т | → ч | **плати́ть/за-** — *to pay:* плачу́, пла́тишь, пла́тят |
| с | → ш | **писа́ть/на-** — *to write:* пишу́, пи́шешь, пи́шут |

For second-conjugation verbs only:

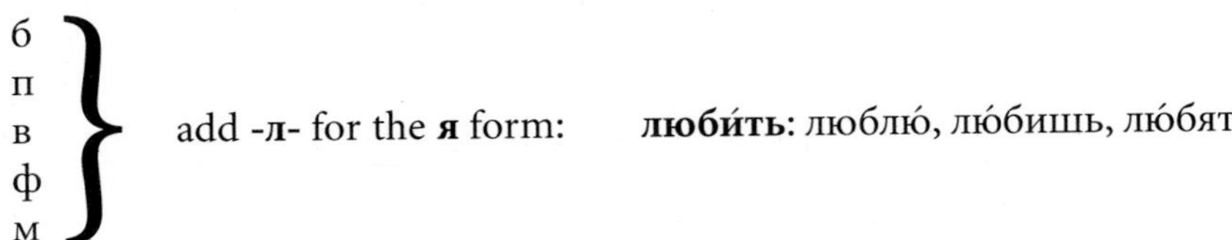

б, п, в, ф, м — add **-л-** for the **я** form: **люби́ть**: люблю́, лю́бишь, лю́бят

In *first-conjugation* verbs with consonant mutation, the mutations **з** → **ж** and **с** → **ш** may occur in all the conjugated forms:

| **заказа́ть** | **показа́ть** | **рассказа́ть** | **писа́ть** |
|---|---|---|---|
| зака**ж** - у́ | пока**ж** - у́ | расска**ж** - у́ | пи́**ш** - у́ |
| зака́**ж** - ешь | пока́**ж** - ешь | расска́**ж** - ешь | пи́**ш** - ешь |
| зака́**ж** - ет | пока́**ж** - ет | расска́**ж** - ет | пи́**ш** - ет |
| зака́**ж** - ем | пока́**ж** - ем | расска́**ж** - ем | пи́**ш** - ем |
| зака́**ж** - ете | пока́**ж** - ете | расска́**ж** - ете | пи́**ш** - ете |
| зака́**ж** - ут | пока́**ж** - ут | расска́**ж** - ут | пи́**ш** - ут |

or the consonant mutation may occur in only some forms:

| **мочь** |
|---|
| мог - у́ |
| мо́**ж** - ешь |
| мо́**ж** - ет |
| мо́**ж** - ем |
| мо́**ж** - ете |
| мо́г - ут |

The “middle forms” (**ты, он/она́, мы, вы**) always have the same consonant at the end of the stem (and the same vowel in the ending).

In *second-conjugation* verbs with consonant mutation, the mutation occurs *only* in the **я** form:

| люби́ть |
|---|
| лю**бл**ю́ |
| лю́бишь |
| лю́бит |
| лю́бим |
| лю́бите |
| лю́бят |

| купи́ть |
|---|
| ку**пл**ю́ |
| ку́пишь |
| ку́пит |
| ку́пим |
| ку́пите |
| ку́пят |

| гото́вить |
|---|
| гото́**вл**ю |
| гото́вишь |
| гото́вит |
| гото́вим |
| гото́вите |
| гото́вят |

For stems that end in a labial consonant (**б, п, в, ф, м**), add **л** to the **я** form.

| ви́деть |
|---|
| ви́**ж**у |
| ви́дишь |
| ви́дит |
| ви́дим |
| ви́дите |
| ви́дят |

| плати́ть |
|---|
| пла**ч**у́ |
| пла́тишь |
| пла́тит |
| пла́тим |
| пла́тите |
| пла́тят |

## PRESENT OR FUTURE?

When you conjugate an imperfective verb, you get present tense (**гото́вить: Я гото́влю пи́ццу** — *I am making pizza.*)

When you conjugate a perfective verb, you get perfective future (**пригото́вить: Я пригото́влю пи́ццу** — *I will make a pizza*). Use the perfective future to refer to a single, complete event in the future when you want to emphasize the result.

When you conjugate the verb **быть** and use it with an imperfective infinitive, you get imperfective future: (**гото́вить: Я бу́ду гото́вить пи́ццу** — *I will make pizza*). Use the imperfective future to refer to future events that extend over a long duration, that are repeated, or for which you do not want to emphasize the result.

## PAST TENSE

To form the past tense of verbs with infinitives in **-ть,** replace **-ть** with **-л** plus the appropriate gender/number ending: -∅ **-а, -о, -и.**

| | **жить** | **сове́товать** | **слы́шать** | **пить** |
|---|---|---|---|---|
| я, ты, он | жил | сове́товал | слы́шал | пил |
| я, ты, она́ | жила́ | сове́товала | слы́шала | пила́ |
| оно́ | жи́ло | сове́товало | слы́шало | пи́ло |
| вы, они́ | жи́ли | сове́товали | слы́шали | пи́ли |

For other verbs, learn the past-tense forms.

| | **пойти́** | **мочь** |
|---|---|---|
| я, ты, он | пошёл | мог |
| я, ты, она́ | пошла́ | могла́ |
| оно́ | пошло́ | могло́ |
| вы, они́ | пошли́ | могли́ |

*Stress patterns* are either *stable* or *unstable.* If *unstable,* the instability occurs in the feminine ending, which, unlike the others, is *stressed.* This often happens in single-syllable verbs such as **жить, быть,** and **пить.**

## IRREGULAR VERBS

Review the two irregular verbs you know:

| есть/съ- (to eat) | хоте́ть/за- (to want) |
|---|---|
| ем | хочу́ |
| ешь | хо́чешь |
| ест | хо́чет |
| еди́м | хоти́м |
| еди́те | хоти́те |
| едя́т | хотя́т |
| *past:* | *past:* |
| е́л, -а, -и | хоте́л, -а, -и |

## *Упражнения*

**А. Соста́вьте предложе́ния.** Make present-tense sentences by combining elements from the columns below.

| | | |
|---|---|---|
| | | чита́ть газе́ту |
| | | идти́ в кино́ |
| | | мочь идти́ в кино́ |
| я | | смотре́ть телеви́зор |
| мы | | занима́ться |
| роди́тели | ча́сто | зака́зывать стол в рестора́не |
| ты | ре́дко | писа́ть пи́сьма |
| наш преподава́тель | всегда́ | расска́зывать о семье́ |
| вы | не | гото́вить пи́ццу |
| америка́нцы | | пить ко́фе |
| ру́сские | | есть фру́кты |
| | | встава́ть в шесть часо́в |
| | | сове́товать сосе́ду, что де́лать |
| | | хоте́ть отдыха́ть |

**Б. Я за́втра э́то сде́лаю.** You are asked if you have completed several tasks you were supposed to do. In each case, respond that you will do it tomorrow.

Образе́ц: **Вы прочита́ли уро́к?** → *Я за́втра его́ прочита́ю.*

1. Вы написа́ли письмо́?
2. Вы показа́ли фотогра́фии?
3. Вы рассказа́ли о семье́?
4. Вы купи́ли кни́ги?
5. Вы пригото́вили пи́ццу?
6. Вы посмотре́ли фильм?
7. Вы позвони́ли дру́гу?
8. Вы заказа́ли стол в рестора́не?
9. Вы поговори́ли с знако́мыми?
10. Вы прочита́ли рома́н?

**В. О себе́.** Отве́тьте на вопро́сы.

1. Что вы обы́чно де́лаете у́тром? Днём? Ве́чером?
2. Каки́е у вас пла́ны на за́втра? Что вы бу́дете де́лать?
3. Что вы де́лали в суббо́ту?
4. Как вы отдыха́ете ле́том? О́сенью? Зимо́й? Весно́й?
5. Как вы отдыха́ете, когда́ пого́да чуде́сная? А как вы отдыха́ете, когда́ о́чень хо́лодно?
6. Где вы у́читесь? Что вы изуча́ете? Вы ещё рабо́таете?
7. Вы должны́ мно́го занима́ться? Где вы обы́чно занима́етесь?
8. Где вы живёте?
9. Где живёт ва́ша семья́? Вы всегда́ там жи́ли? Если нет, где вы жи́ли ра́ньше?
10. Где вы хоти́те жить че́рез де́сять лет? Почему́?

➤ *Complete Oral Drills 12–16 and Written Exercises 7–14 in the Workbook.*

# Обзорные упражнения

**A. Запи́ски.** It is Saturday afternoon and you have just returned from a five-day trip. While you were away, your Russian roommate took the following telephone messages.

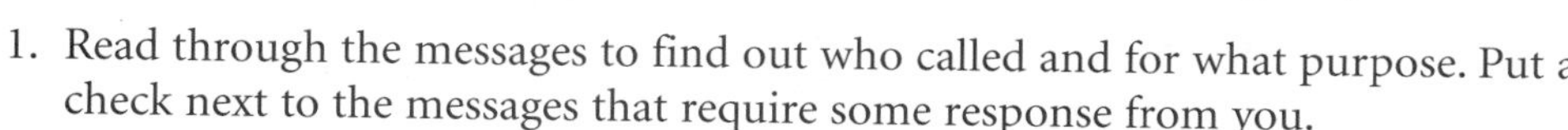

1. Read through the messages to find out who called and for what purpose. Put a check next to the messages that require some response from you.
2. Make a list of the people you need to call back.
3. Two of the callers invite you to do something at the same time. Who? Which of the invitations will you accept?
4. Act out situations in which you return the calls.
5. Write a short note to your roommate to offer thanks for the great job of taking messages for you.

во вторник, в 3ч.
Звонила Лара. Хочет знать, когда будет контрольная по русскому языку.

В среду, в 4 часа
Звонил Саша. Ты не хочешь пойти в кино в субботу днём? 542-22-12

в четверг, в 4ч.
Звонила Лара. Когда будет контрольная?

во вторник, в 7ч
Звонил Петя. Позвони ему в воскресенье.
542-47-29

в четверг, в 2 ч
Таня сообщила, что не может пойти в музей в воскресенье, как вы договорились. Может быть в субботу днём?
555-89-38

в пятницу, в 6ч.
Женя звонила. Не хочешь пойти в ресторан в субботу? Позвони до 6-ти в субботу.
566-98-03

в четверг, в 8ч.
Звонили Лена и Боря. Они не могут пойти на футбол в воскресенье.

**Б. Запи́ска дру́гу.** You have been house-sitting for your friend Anton. He has asked you to keep track of the messages left on his answering machine. You have been keeping notes to yourself in English. Organize your notes and write a note to Anton in Russian detailing his messages. This is not a translation exercise. Do not try to render your notes word for word. The point is to convey the pertinent information while staying in the bounds of the Russian you know.

1. Dima — 6:00 Monday evening — wants to go see a new movie on Saturday — call him back and let him know
2. Natasha — 3:00 Tuesday afternoon — she waited for you at the library at the usual time — where were you?
3. Your mother — Tuesday night— didn't know you were in St. Petersburg — just wanted to say hi
4. Ilya — Wednesday morning — wants to know when you can help him move — call when you get back — he's at Marina's house (154-98-65)
5. Anna — Wednesday afternoon — do you want to go to the dacha on Saturday if the weather is nice?

**В. Разгово́р.** **Хочу́ заказа́ть разгово́р с США.**
Разгова́ривают Лю́ба, Дже́йсон и телефони́стка.

Как вы зна́ете, во мно́гих провинциа́льных места́х в Росси́и мо́жно позвони́ть заграни́цу то́лько че́рез опера́тора. Бе́дный америка́нский студе́нт Дже́йсон до́лжен позвони́ть домо́й, но заказа́ть э́тот разгово́р ему́ о́чень тру́дно. Ему́ помога́ет его́ знако́мая Лю́ба. Прослу́шайте разгово́р и отве́тьте на вопро́сы.

ДА и́ли НЕТ?

1. Дже́йсон хо́чет позвони́ть свои́м друзья́м.
2. Лю́ба объясня́ет, что междунаро́дный разгово́р на́до заказа́ть зара́нее.
3. Этот разгово́р мо́жно заказа́ть на за́втра, в во́семь часо́в.
4. Дже́йсон зака́зывает разгово́р на за́втра ве́чером, в де́сять часо́в.
5. Когда́ вы зака́зываете телефо́нный разгово́р че́рез опера́тора, на́до сказа́ть зара́нее, как до́лго вы бу́дете разгова́ривать.
6. Когда́ опера́тор спра́шивает, «Кого́ вы́звать?», нельзя́ отвеча́ть «Кто подойдёт».
7. При зака́зе телефо́нного разгово́ра че́рез опера́тора на́до назва́ть свой но́мер телефо́на.

**Г. Ва́ша о́чередь!** Now it's your turn. Maybe you can do what Jason had so many problems doing! Role-play ordering one or more telephone calls to friends or family in the U.S. from a small town in Russia. Your teacher will play the operator. (*Hint:* To do this successfully, write down the phone numbers you need, plus the time and date you would like to call in advance.)

# Новые слова и выражения

## NOUNS

| | |
|---|---|
| го́род (*pl.* города́) | city |
| код го́рода | area code |
| знако́мый (*declines like adj.*) | friend |
| контро́льная рабо́та | quiz, test |
| по́чта | mail |
| электро́нная по́чта | electronic mail |
| про́сьба | request |
| разгово́р | conversation; telephone call |
| сообще́ние | message |
| телефо́н | telephone; telephone number |
| телефони́ст(-ка) | telephone operator |
| факс | fax |
| штат | state |

## PRONOUNS

| | |
|---|---|
| сам (сама́, са́ми) | (one's) self |

## ADJECTIVES

| | |
|---|---|
| америка́нский | American |
| беспла́тный | free of charge |
| за́нят, занята́, за́нято, за́няты | busy |
| междунаро́дный | international |
| свобо́ден, свобо́дна, свобо́дно, свобо́дны | free (not busy) |
| то́т же (та́ же, то́ же, те́ же) | the same |

## VERBS

| | |
|---|---|
| ви́деть/у- (ви́ж-у, ви́д-ишь, -ят) | to see |
| зака́зывать/заказа́ть<br>(зака́зыва-ю, -ешь, -ют)<br>(закаж-у́, зака́ж-ешь, -ут) | to order |
| звони́ть/по- (*кому́ куда́*)<br>(звон-ю́, -и́шь, -я́т) | to call |
| мочь/с- (мог-у́, мо́ж-ешь, мо́г-ут;<br>мог, могла́, могли́) | to be able |
| посыла́ть/посла́ть<br>(посыла́-ю, -ешь, -ют)<br>(пошл-ю́, -ёшь, -ю́т) | to send |
| слы́шать (слы́ш-у, -ишь, -ат) | to hear |

*Verbs to be learned only in these forms:*

| | |
|---|---|
| встре́тимся | we will meet (each other) |
| дал, дала́, да́ли | gave |
| (я) жду | I'm waiting |
| Переда́йте, что... | Pass on that . . . |
| Перезвони́те | Call back |
| (я) подойду́ | I will approach |

### ADVERBS

| | |
|---|---|
| за́втра | tomorrow |
| отсю́да | from here |
| сло́жно | complicated |

### PREPOSITIONS

| | |
|---|---|
| к (+ *dative*) | toward |
| че́рез (+ *accusative*) | after, in (a certain amount of time) |

### PHRASES

| | |
|---|---|
| ага́ | Um-hmm. |
| Алло́! | Hello (*on the telephone*) |
| Бу́дьте добры́ | Be so kind as to . . . |
| всё-таки | nevertheless |
| Вы не туда́ попа́ли. | You have the wrong number. |
| Извини́те за беспоко́йство. | Sorry to bother you. |
| Кого́ вы́звать? | Who should be asked for? (*person-to-person?*) |
| Кто подойдёт. | Anyone. (*station-to-station*) |
| на вся́кий слу́чай | just in case |
| на како́е вре́мя | for what time |
| Ничего́. | It's no bother. |
| по како́му телефо́ну | at what number |
| Сейча́с позову́. | I'll call [him, her] to the phone. |
| ско́лько мину́т | how many minutes |
| хотя́ бы по телефо́ну | even if only by phone |
| У меня́ к тебе́ больша́я про́сьба. | I have a big favor to ask you. |
| Что (кому́) переда́ть? | What should I pass on (to whom)? (Any message?) |
| я бы хоте́л(а)... | I would like . . . |
| Я к вам подойду́. | I'll come to see you. |

**NUMBERS 1–9999 — See p. 67.**

## PERSONALIZED VOCABULARY

# Как попасть?

## Коммуникативные задания

- Describing your city
- Getting around town in Russia
- Giving and understanding simple directions
- Reading maps and directions
- Reading about a city's transportation system

## В помощь учащимся

- **В го́роде есть...**
- Having: overview
- Asking for directions
- Telling where something is located: **спра́ва от чего́, сле́ва от чего́, напро́тив чего́, (не)далеко́ от чего́, бли́зко от чего́, ря́дом с чем, на ю́ге, на се́вере, на восто́ке, на за́паде, в це́нтре**
- Giving simple directions
- Means of transportation: **е́здить~е́хать/по- на чём**
- How long does it take?
- Going verbs: **ходи́ть~идти́/пойти́; е́здить~е́хать/пое́хать**
- Giving commands: forming and using the imperative
- Short-form past passive verbal adjectives for reading
- **Workbook:** Hard consonants **ц ш ж**<br>IC–3 and pauses

## Между прочим

- **Москва́, Санкт-Петербу́рг**
- Public transportation in Russian cities

# Точка отсчёта

## О чём идёт речь?

**А.** **Достопримеча́тельности го́рода.** Посмотри́те на фотогра́фии достопримеча́тельностей Москвы́ и Санкт-Петербу́рга. Каки́е места́ вы бы хоте́ли посмотре́ть?

Москва́

Это Кра́сная пло́щадь и Кремль. Это географи́ческий центр го́рода.

Это Арба́т. Этот истори́ческий райо́н го́рода нахо́дится недалеко́ от це́нтра.

Это Третьяко́вская галере́я. В ней мо́жно уви́деть шеде́вры ру́сского иску́сства.

Это Моско́вский университе́т. Здесь у́чится бо́лее 24.000 студе́нтов. Он нахо́дится на Воробьёвых гора́х.

Санкт-Петербу́рг

Это Эрмита́ж. Здесь ра́ньше жил царь. Тепе́рь э́то музе́й.

Это Петропа́вловская кре́пость. Здесь Пётр I на́чал стро́ить своё «Окно́ в Евро́пу».

Это Спас на крови́. Здесь в 1881 году́ был уби́т импера́тор Алекса́ндр II.

Это Мари́инский теа́тр. Здесь ра́ньше танцева́л Михаи́л Бары́шников.

**Б. Что есть у вас в го́роде?**

высо́кое зда́ние — парк — па́мятник — пло́щадь

бассе́йн — гости́ница

1. У вас в го́роде есть высо́кие зда́ния? Они́ но́вые и́ли ста́рые? В како́м го́роде ва́шей страны́ нахо́дится са́мое высо́кое зда́ние? Как оно́ называ́ется?
2. Каки́е у вас па́рки? Они́ больши́е и́ли ма́ленькие? Они́ краси́вые? У вас есть люби́мый парк? Как он называ́ется?
3. У вас в це́нтре го́рода стои́т па́мятник? Он но́вый и́ли ста́рый?
4. В ва́шем го́роде есть пло́щадь? Она́ больша́я и́ли ма́ленькая? Вы лю́бите туда́ ходи́ть?
5. У вас в го́роде и́ли в университе́те есть бассе́йн? Мо́жно купа́ться весь год, и́ли то́лько ле́том?
6. Каки́е у вас в го́роде гости́ницы? (Больши́е, ма́ленькие, дороги́е, дешёвые, ую́тные, знамени́тые, ... ?)

ботани́ческий сад

зоологи́ческий сад (зоопа́рк)

музе́й

галере́я

по́чта

ры́нок

це́рковь

синаго́га

7. У вас в го́роде есть ботани́ческий сад? Он большо́й и́ли ма́ленький? Как он называ́ется? Он нахо́дится в це́нтре го́рода? Вы там бы́ли?
8. Зоологи́ческий сад есть у вас? Он большо́й и́ли ма́ленький? Ва́ша семья́ лю́бит туда́ ходи́ть?
9. В ва́шем го́роде есть музе́и и галере́и? Вы лю́бите туда́ ходи́ть? Что мо́жно там посмотре́ть? (Америка́нское иску́сство, африка́нское иску́сство, ру́сское иску́сство, европе́йское иску́сство, совреме́нное иску́сство, класси́ческое иску́сство, ... ?)
10. По́чта у вас но́вая и́ли ста́рая? Она́ больша́я и́ли ма́ленькая? Вы ча́сто и́ли ре́дко хо́дите на по́чту?
11. У вас в го́роде есть ры́нок? Что там продаю́т?
12. У вас в го́роде есть ста́рые це́ркви и синаго́ги? Но́вые?

## В. Ви́ды тра́нспорта.

метро́ авто́бус трамва́й

тролле́йбус такси́ маши́на велосипе́д

1. Каки́е ви́ды тра́нспорта есть в ва́шем го́роде? Каки́х ви́дов тра́нспорта нет у вас?
2. В больши́х города́х Росси́и есть метро́. В каки́х города́х ва́шей страны́ есть метро́?
3. В больши́х и ма́леньких города́х в Росси́и есть авто́бусы, тра́мваи и тролле́йбусы. В каки́х города́х ва́шей страны́ есть авто́бусы, трамва́и и тролле́йбусы?
4. В Москве́ мно́гие лю́ди е́здят на рабо́ту на метро́. В каки́х города́х ва́шей страны́ мно́гие лю́ди е́здят на рабо́ту на метро́? У вас в го́роде мно́гие е́здят на рабо́ту на метро́?
5. У вас в го́роде мно́гие е́здят на рабо́ту на авто́бусе? На маши́не? На велосипе́де? На такси́?
6. Вы е́здите на заня́тия на авто́бусе? На велосипе́де? На метро́? Или вы хо́дите на заня́тия пешко́м?

## Г. Куда́ идти́?

1. **Вопро́сы о карти́не.** Что́бы купи́ть газе́ту, де́вушка должна́ пойти́ напра́во и́ли нале́во? Что́бы попа́сть в це́рковь, де́вушка должна́ пойти́ напра́во и́ли пря́мо?

2. **Пра́ктика.** Tell a partner to go in various directions as quickly as you can until it becomes automatic. Use the phrases: **Иди́ пря́мо, Иди́ нале́во, Иди́ напра́во**.

**Д. Далеко́ и́ли недалеко́?** Look at the metro map of Moscow to the right. Imagine that you are at the **Дина́мо** station. Ask a partner where various stations are located. Your partner will find the stations and tell you whether they are nearby or far away.

— Вы не зна́ете, как попа́сть на Моско́вский проспе́кт?
— Это **далеко́.**

— Вы не зна́ете, где нахо́дится Макдо́налдс?
— Это **недалеко́**. [*и́ли* Это **ря́дом.** *и́ли* Это **бли́зко.**]

 **Е. Разгово́ры.**

**Разгово́р 1: Как попа́сть на пло́щадь Маяко́вского?**
Разгова́ривают Ме́ган и прохо́жий.*

*__прохо́жий__ — *passerby*

1. Куда́ Ме́ган хо́чет пое́хать?
   а. в Кремль
   б. на пл. Пу́шкина
   в. на пл. Маяко́вского
   г. в университе́т
2. Каки́е авто́бусы туда́ иду́т?
   а. 1-й
   б. 3-й
   в. 25-й
   г. 29-й
3. Како́й тролле́йбус идёт в э́то ме́сто?
   а. 1-й
   б. 3-й
   в. 25-й
   г. 29-й
4. Где мо́жно купи́ть тало́ны на городско́й тра́нспорт?
   а. в кио́ске
   б. у води́теля
   в. на ста́нции метро́
   г. в магази́нах

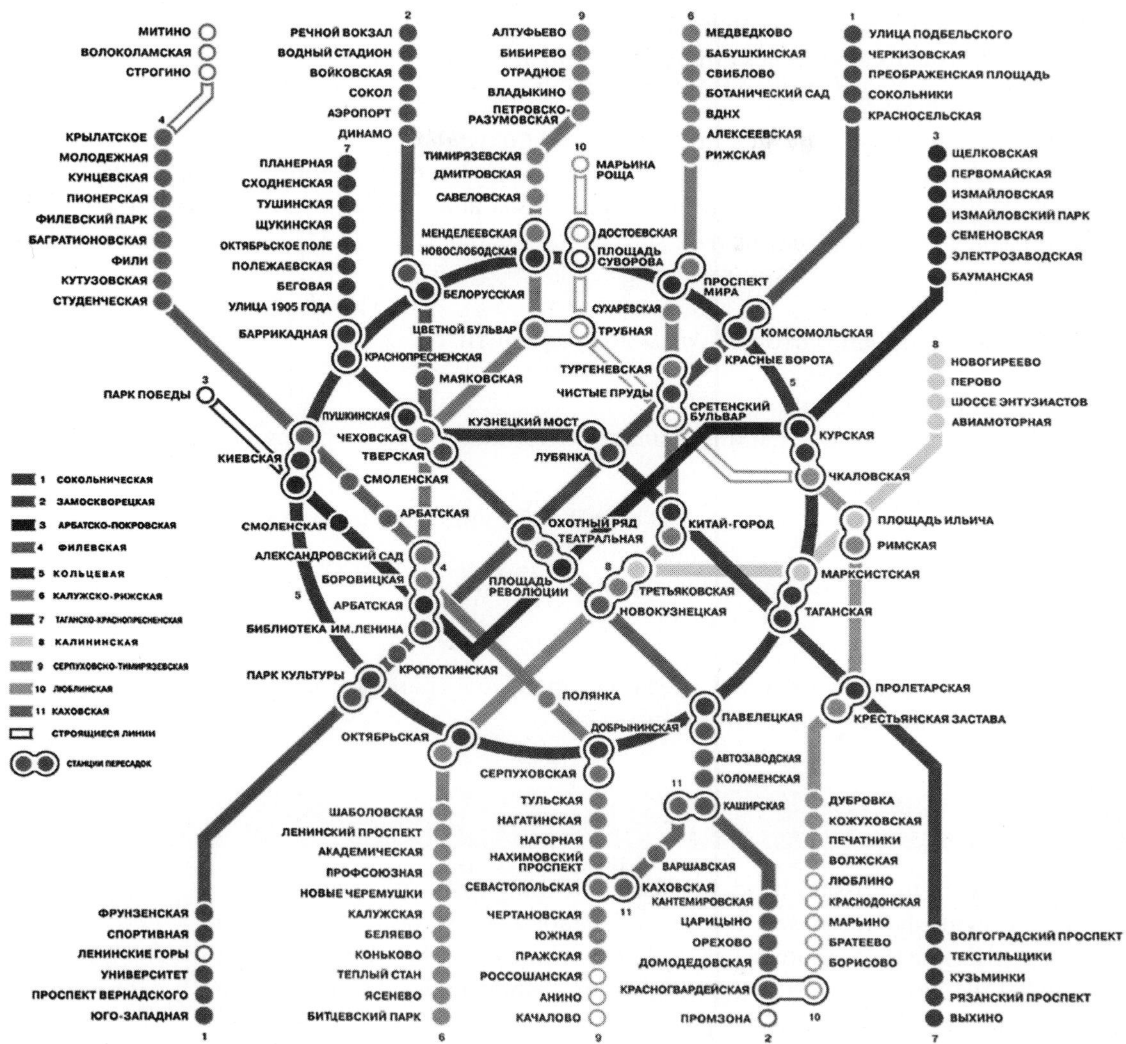


## Между прочим

### Биле́ты на тра́нспорт

Major Russian cities have an extensive public transportation system consisting of a **метро́**—*subway*, **авто́бусы**—*buses*, **тролле́йбусы**—*trolleys*, or *electric buses*, and **трамва́и**—*trams*, or *electric streetcars on rails*. Fares are low by North American standards. Passengers buy **тало́ны** in advance at kiosks, or from the bus driver.

**Разгово́р 2:** **Где нахо́дится Макдо́налдс?**
Разгова́ривают Ада́м, прохо́жий* и милиционе́р*.

*прохо́жий — *passerby;*
*милиционе́р — *policeman;*
*обраща́ться — *to turn to;*
*найти́ — *to find*

1. Куда́ хо́чет идти́ Ада́м?
2. Ада́м спра́шивает прохо́жего, как попа́сть, но не получа́ет отве́та. Почему́?
3. Пото́м Ада́м обраща́ется* к милиционе́ру. На како́м ви́де тра́нспорта он сове́тует Ада́му е́хать?
4. На како́й остано́вке до́лжен Ада́м вы́йти?
5. Кака́я у́лица ему́ нужна́?
6. Как называ́ется пло́щадь, кото́рую Ада́м до́лжен найти́*?

**Разгово́р 3:** **Вы не туда́ е́дете.**
Разгова́ривают Тим и пожила́я* же́нщина.

*пожила́я — *elderly*

1. Куда́ хо́чет пое́хать Тим?
2. Пассажи́р говори́т Ти́му, что он не туда́ е́дет. Како́й вид тра́нспорта ему́ ну́жен?
3. На како́й ста́нции метро́ ну́жно сде́лать переса́дку?
4. На како́й остано́вке он до́лжен вы́йти?
5. Како́й ему́ ну́жен тролле́йбус?
6. Тим ду́мает, что дое́хать до университе́та на городско́м тра́нспорте о́чень сло́жно. Как он реша́ет е́хать в университе́т?

## Между прочим

**Пробе́йте биле́т!** On Russian buses, trolleys, and trams you ordinarily have to take out a previously purchased **тало́н** and validate it by punching it in a **компо́стер** (a device that is somewhat similar to a parking ticket validator). If it is so crowded that you can't reach the **компо́стер,** hand the ticket to the closest passenger and say **Переда́йте** — *pass it on* and **пробе́йте** — *punch it.* **Контролёры** occasionally spot-check tickets. Passengers with improperly validated tickets are fined.

**Вы сейча́с выхо́дите?** Public transportation is often crowded. If you find yourself far from the door and you want to get off, ask the person in front of you, **Вы сейча́с выхо́дите?** — *Are you getting out now?* If the answer is no, he or she will stand aside to let you pass.

# Язык в действии

## Диалоги

**1. Мо́жно пройти́ пешко́м?**

— Скажи́те, пожа́луйста, как попа́сть на проспе́кт Ста́чек?
— Проспе́кт Ста́чек? А что вам там ну́жно?
— Кинотеа́тр «Зени́т».
— Это недалеко́. Вам на́до сесть на метро́ и прое́хать одну́ ста́нцию. На́до вы́йти на ста́нции «Автово».
— И кинотеа́тр ря́дом?
— Да. Иди́те пря́мо и нале́во.
— А мо́жно пройти́ пешко́м?
— Мо́жно. Как хоти́те.
— Спаси́бо.

**2. Как туда́ попа́сть?**

— Я слу́шаю.
— Са́ра, здра́вствуй! Это Лари́са говори́т. Ты сего́дня не хо́чешь пойти́ в кино́?
— Сего́дня не могу́.
— А за́втра в семь часо́в?
— Хорошо́.
— Ты зна́ешь, где нахо́дится кинотеа́тр «Экра́н»?
— Нет, не зна́ю. А как туда́ попа́сть?
— Это недалеко́ от институ́та. Ну́жно сесть на пя́тый трамва́й и прое́хать одну́ остано́вку.
— Одну́ остано́вку? А мо́жно пешко́м?
— Коне́чно мо́жно. Туда́ идти́ де́сять мину́т.

**3. Вы не туда́ е́дете.**

— Пробе́йте, пожа́луйста, биле́т.
— Пожа́луйста.
— Скажи́те, пожа́луйста, а ско́ро бу́дет «Гости́ный двор»?
— Молодо́й челове́к, вы не туда́ е́дете. Вам на́до вы́йти че́рез одну́ остано́вку и сесть на пе́рвый тролле́йбус.
— Зна́чит, на сле́дующей остано́вке?
— Нет, че́рез одну́, на второ́й.
— Вы сейча́с выхо́дите?
— Нет.
— Разреши́те пройти́.

**4. До университе́та не довезёте?**

— До университе́та не довезёте?
— Куда́ и́менно вам ну́жно?
— Гла́вный вход.
— Сади́тесь.
— А ско́лько э́то бу́дет сто́ить?
— Два́дцать пять.
— Так до́рого?!
— Не хоти́те — не на́до.

**5. Я не могу́ найти́ ва́шу у́лицу.**

— Алло́, Аня?
— Нет, её здесь нет. Это Ве́ра.
— Ве́ра, э́то Ке́лли.
— Ке́лли? Где ты?
— На ста́нции метро́ «Петрогра́дская». Ника́к не могу́ найти́ ва́шу у́лицу.
— Хорошо́. Слу́шай внима́тельно. Ты ви́дишь Каменноостро́вский проспе́кт?
— Ви́жу.
— Иди́ пря́мо по Каменноостро́вскому проспе́кту до у́лицы Рентге́на и поверни́ нале́во. Наш а́дрес — у́лица Рентге́на, дом 22, кварти́ра 47.

## Между прочим

### Ско́лько сто́ит прое́хать на такси́?

Despite the presence of taxi meters, fares in some cities are negotiable between driver and passenger. Many ordinary citizens use their own cars as unregistered taxis to supplement their income.

**Вопро́сы к диало́гам.**

Диало́г 1

1. Эти мужчи́ны говоря́т на у́лице и́ли по телефо́ну?
2. Они́ в Росси́и и́ли в Аме́рике? Как вы зна́ете э́то?
3. О чём спра́шивает пе́рвый мужчи́на, о кинотеа́тре и́ли о музе́е?
4. Он далеко́ и́ли недалеко́?
5. Мо́жно туда́ прое́хать на тролле́йбусе?

Диало́г 2

1. Эти де́вушки разгова́ривают по телефо́ну. Кто кому́ звони́т?
2. Почему́ де́вушки не иду́т в кино́ сего́дня ве́чером?
3. Когда́ они́ пойду́т в кино́?
4. В како́й кинотеа́тр они́ иду́т?
5. Где нахо́дится э́тот кинотеа́тр?
6. Ско́лько вре́мени идти́ из институ́та в кинотеа́тр?

Диало́г 3

1. Этот разгово́р происхо́дит на у́лице и́ли в авто́бусе?
2. Куда́ молодо́й челове́к хо́чет пое́хать?
3. Он туда́ е́дет?
4. Что ему́ на́до сде́лать?

Диало́г 4

1. Этот разгово́р происхо́дит на у́лице и́ли в авто́бусе?
2. Куда́ молодо́й челове́к хо́чет пое́хать?
3. Ско́лько э́то бу́дет сто́ить?

Диало́г 5

1. Аня звони́т Ке́лли, и́ли Ке́лли звони́т Ане?
2. Почему́ Ке́лли не разгова́ривает с Аней?
3. С кем она́ разгова́ривает?
4. Где Ке́лли сейча́с нахо́дится?
5. Кака́я у неё пробле́ма?
6. Како́й а́дрес у Ве́ры и Ани?

# Давайте поговорим

### А. Как попа́сть... ?

1. With a partner, read the following dialogs out loud.

а.

— Как попа́сть на проспе́кт Ста́чек?
— Вам на́до сесть на метро́... и прое́хать одну́ ста́нцию. На́до вы́йти на ста́нции «Автово».

б.

— Где нахо́дится кинотеа́тр «Росси́я»?
— Вам на́до сесть на трамва́й.
— А мо́жно пешко́м?
— Коне́чно. Туда́ идти́ де́сять мину́т.

в.

— Я ника́к не могу́ найти́ твой дом.
— Иди́ пря́мо по проспе́кту Смирно́ва до Каха́новской у́лицы и поверни́ напра́во.

2. Now read the following dialogs, filling in the blanks with appropriate words and phrases.

   а. — Скажи́те, пожа́луйста, ___ ___ на пло́щадь Ми́ра?
   — Вам на́до ___ на пя́тый авто́бус и ___ одну́ остано́вку.
   — А мо́жно ___ ?
   — Коне́чно. Туда́ идти́ де́сять мину́т.

   б. — Вы не зна́ете, где ___ Ру́сский музе́й?
   — Вам на́до ___ на метро́ и ___ одну́ ___ . На́до ___ на ста́нции «Не́вский проспе́кт». Иди́те ___ по кана́лу Грибое́дова до Театра́льной пло́щади и ___ напра́во. Сра́зу уви́дите музе́й.
   — Спаси́бо большо́е.

**Б. Подгото́вка к разгово́ру.** Review the dialogs. How would you do the following?

1. Ask how to get to Stachek Avenue (McDonald's, the Zenith movie theater, the Hermitage, Red Square).
2. Tell someone to get on the metro (bus, tram).
3. Tell someone to go one stop on the metro (trolley).
4. Tell someone to get off at the Avtovo metro station.
5. Ask where the Ekran movie theater (the Mariinsky Theater, the Bolshoi Theater, the Tretiakov Gallery) is located.
6. Ask if you can get somewhere by walking.
7. Say it takes ten minutes (20 minutes, 5 minutes) to walk there.
8. Ask someone to punch your bus ticket.
9. Ask if the Gostinyi Dvor stop is coming up.
10. Tell someone that s/he is going the wrong way.
11. Tell someone to get off in two stops.
12. Ask someone if s/he will be getting off at the next stop.
13. Ask someone in a crowded bus to let you pass.
14. Ask a taxi driver to take you to the university.
15. Ask how much the fare will be.
16. Tell someone you can't find his/her street (house, apartment).
17. Tell someone to listen carefully.
18. Tell someone to go straight (turn right, turn left).

**В. Игровы́е ситуа́ции.**

1. In Moscow stop someone on the street and ask him/her if you are far from the Rossiya movie theater. Find out how to get there.
2. In Moscow ask a taxi driver to take you to Red Square. Find out how much the fare is.
3. You are on a tram in Moscow. Another passenger asks you if the University stop is coming up soon. Explain that s/he is going the wrong way. S/he will need to get off at the next stop and get on the metro. S/he should look for the **Воробьёвы го́ры** station.
4. You have gotten lost on the way to a friend's house in St. Petersburg. You are on Nevsky Prospect, not far from Dom Knigi. Call up your friend, explain where you are, and find out how to get to his/her house.
5. You are on a crowded bus in St. Petersburg. Find out if your stop (**гости́ница «Прибалти́йская»**) is coming up soon. Find out when you need to get off. Then make your way toward the front of the bus.
6. From your own town, telephone your Russian-speaking friends Viktor and Lara. Invite them to a party at your place for Saturday night. Be sure to tell them when the party starts, and to tell them how to get there.
7. With a partner, prepare and act out a situation of your own using the topics of this unit.

**Г. Устный перево́д.** You are the group leader for some American tourists in St. Petersburg. One of your charges wants to go to the Russian Museum. You don't know how to get there from the hotel, so the two of you ask someone at the front desk. You are the interpreter.

ENGLISH SPEAKER'S PART

1. Can you tell me how to get to the Russian Museum?
2. Is the museum far from the metro stop?
3. It all seems very complicated. I think I'll go by cab.

**Д. Интервью́.** Find out as much as you can about the town where a classmate, your teacher, or a Russian-speaking guest was born.

**Е. Моноло́г.** Расскажи́те как мо́жно бо́льше о ва́шем го́роде. Он большо́й и́ли ма́ленький? Где он нахо́дится? Каки́е зда́ния, па́рки, па́мятники, музе́и, сады́ и други́е интере́сные места́ есть у вас в го́роде?

## Давайте почитаем

**А. Объясне́ние схе́мы.** Below you see the description of a map (but not the map itself). Look over the description to find answers to the following questions.

1. According to the text, what is the main purpose of the map?
   a. to show metro stops
   b. to show the entire transportation system
   c. to show how to get to large stores
   d. to show tourist attractions
2. For what city is this map?
3. Which of the following information is not included in the text that accompanies the map?
   a. the stores' addresses
   b. the stores' telephone numbers
   c. the stores' average prices
4. What color are the numbers and letters that are used to label the map's quadrants?
5. The telephone numbers listed were accurate as of a certain date. What was it?

> На схеме показаны крупные универсальные магазины Москвы, а также наиболее удобный проезд к ним на пассажирском транспорте от ближайшей станции метро. В тексте схемы указаны адреса магазинов и номера телефонов.
> Схема разбита на квадраты, обозначенные по горизонтали синими цифрами, по вертикали — синими буквами. В тексте после названия каждого магазина даются буквы и цифры (индексы), определяющие квадраты, в которых находятся магазины.
> Номера телефонов даны по состоянию на 03.05.98 г.

6. Find the Russian equivalents for the following English words and phrases.
   a. map
   b. most convenient route
   c. from the nearest metro station
7. What are the plurals of the following words?
   а. магази́н
   б. а́дрес
   в. но́мер
   г. квадра́т
8. To what verbs are the following words from the text related?
   а. пока́заны
   б. даны́

9. The words **пока́заны** and **даны́** are clearly related to verbs that you know (see question 8, above). Note that they have short-form adjective endings rather than verb endings. Such verbal adjectives (adjectives formed from verbs) are commonly used in official, written language. They have the ending **-н-** or **-т-** before short-form adjective endings. They produce passive constructions.

   | | |
   |---|---|
   | На схе́ме **пока́заны** магази́ны. | Stores *are shown* in the map. |
   | Номера́ телефо́нов **даны́.** | Telephone numbers *are given.* |

   Given this information, what do the following phrases from the article mean?

   а. В те́ксте схе́мы **ука́заны** адреса́ магази́нов и номера́ телефо́нов. (**указа́ть** — *to indicate*)
   б. Схе́ма **разби́та на квадра́ты. (разби́ть —** *to lay out*)

**Б. Об америка́нских такси́.** The Russian press often carries stories that contrast life at home with that in the United States. This article about Kansas City taxis is from **Аргуме́нты и фа́кты** [№. 48(5-9), 12-90, стр. 4].

1. Before reading the article, jot down several points about American taxis you would expect to see discussed in a Russian article on taxi service.
2. Now give some thought to what you know about Russian taxi service. Write down three outstanding points.

## С ветерком по Канзас-Сити

Из «Аргументов и фактов», перепечатано с сокращениями.

Такси в Канзас-Сити, как правило[1], заказывают по телефону. Даже если человек находится на улице, выходить на проезжую часть с поднятой рукой (так, как это делается у нас) не принято[2]. Да это и не нужно: можно зайти в ближайшую телефонную будку, опустить 25-центовую монетку и набрать телефон любой таксомоторной компании. Такси прибудет[3] не позднее чем через 15 минут в любое время суток[4].

Подробно ознакомиться с работой такси в Канзас-Сити мне помог У. Джордж, президент крупнейшей в городе авто-транспортной корпорации «Метрополитэн транспортейшн сервис». Его корпорация включает в себя[5] 5 таксомоторных компаний с парком в 350 легковых автомашин.

Стоянок[6] такси, обозначенных специальными знаками, в Канзас-Сити нет. Однако вся территория города на карте в диспетчерских[7] разделена на несколько десятков зон. Все машины радиофицированы. Высадив пассажира, каждый таксист сообщает[8] о своем местонахождении диспетчеру и остается в машине, ожидая указаний[9]. Диспетчер, приняв вызов, посылает клиенту машину из ближайшей зоны.

Плата за проезд складывается[10] из платы за посадку (в размере 1,3 долл.) и оплаты по счетчику (от 1 до 1,7 долл. за одну милю). Счетчик отсчитывает только мили пробега, но в то же время на нем постоянно горят цифры, указывающие расценки[11].

Пассажиры часто дают чаевые — 10-15% от конечной суммы.

Система оплаты труда таксистов построена следующим образом. В среднем[12] за смену[13] (12 часов) таксист зарабатывает от 120 до 300 долл. Поскольку он по сути[14] арендует автомашину у компании, из этой суммы уходит 40-45 долл. за аренду, а также 15 долл. за бензин. Все, что заработано свыше[15] этой суммы, принадлежит[16] таксисту.

[1]**как пра́вило**—*as a rule* [2]**не при́нято**—*is not done* [3]**прие́дет** [4]**дня и́ли но́чи** [5]**включа́ет**... *includes* [6]*stands* [7]*dispatcher's booth* [8]*reports* [9]**ожида́я**... *awaiting instructions* [10]*is based on* [11]**цена́** [12]*on average* [13]*shift* [14]**по су́ти**—*in fact* [15]*above* [16]*belongs*

3. Now examine the structure of the article. How is it laid out? Place the headings below into the correct order.
   a. Tipping
   b. Taxi drivers' wages
   c. How someone gets a cab
   d. Payment
   e. How cabbies and passengers find each other
   f. Some general facts about the Kansas City taxi system
4. Does the article contain any of the information you expected (see question 1, above)?
5. Now look for the following specific information.
   a. According to the author, how do passengers usually get a cab in Kansas City?
   b. According to the article, how does one get a cab in Russia? What is said about that practice in Kansas City?
   c. What is said about the cost of phone calls in Kansas City?
   d. What does the author say about the fleet of the company mentioned?
   e. How does the driver find passengers?
   f. What are fares like?
   g. How long is a usual cabby's shift? What is the average pay for one shift of driving? How much of that does the driver take home after paying off the lease on the cab and gas?
6. Determine the meaning of these new words from context.
   а. телефóнная бýдка
   б. монéтка
   в. радиофици́рован, -а, -о, -ы
   г. местонахождéние (мéсто + находи́ться)
   д. счётчик
   е. давáть чаевы́е
   ж. бензи́н

7. Past passive verbal adjectives (made by adding **-н-** or **-т-** plus short-form adjective endings to verbs) are commonly used in official, written language.

   In the following sentences, find the noun modified by the past passive verbal adjective, and indicate the meaning of the adjective. The first one is done for you.

   а. Вся террито́рия го́рода **разделена́** на не́сколько деся́тков зон. (**раздели́ть** — *to divide*)
   The entire territory of the city *is divided* into several dozen zones.
   б. Все маши́ны **радиофици́рованы**. (**радиофици́ровать** — *to equip with a radio*)
   All the cars are ________________.
   в. Систе́ма опла́ты **постро́ена** сле́дующим о́бразом... (**постро́ить** — *to build*)
   The system of payment is ________________ on the following method...
   г. Всё, что **зарабо́тано** свы́ше э́той су́ммы, принадлежи́т такси́сту. (**зарабо́тать** — *to earn*)
   Everything that ________________ above that sum belongs to the cab driver.

**Словарь**

**аре́нда** — *lease* → **арендова́ть**
**вы́садив** — *having dropped off (a passenger)*
**легкова́я автомаши́на** — *passenger car* (i.e., not a truck)
**любо́й** — *any*
**не́сколько деся́тков** — *several dozen* (literally, *several 10's*)
**от ... до** — *from ... to* (or *between ... and ...*)
**парк** — *taxi fleet*
**пла́та, опла́та** — *pay*
**по́днятая рука́** — *raised hand*
**помо́г, помогла́, помогли́** — *helped* (past of **помо́чь**)
**принима́ть/приня́ть вы́зов** — *to accept a call (for something)*
**сообща́ть/сообщи́ть** — *to inform*
**табли́чка** — *placard*

# Давайте послушаем

**Добро́ пожа́ловать в Москву́!** Предполо́жим, что вы в гру́ппе иностра́нных студе́нтов. Вы то́лько что прие́хали в Москву́, где вы бу́дете учи́ться в одно́м из институ́тов. Ва́шу гру́ппу встреча́ет представи́тель* институ́та Серге́й База́ров. По доро́ге в общежи́тие, где вы бу́дете жить, он вам расска́зывает немно́го о ме́сте, где вы бу́дете жить, и о городско́м тра́нспорте в Москве́.

* **представи́тель** — *representative*

1. **Пе́ред прослу́шиванием. Before listening.** Как вы ду́маете, что ска́жет Серге́й База́ров?
   - ✓ Да, он э́то ска́жет!
   - ? Мо́жет быть, он э́то ска́жет.
   - ✗ Нет, он э́того не ска́жет!

   а. ☐ Общежи́тие, где бу́дут жить студе́нты, нахо́дится далеко́ от институ́та. Ка́ждый день на́до бу́дет е́здить на метро́.
   б. ☐ От институ́та до це́нтра го́рода не о́чень далеко́. Мо́жно пройти́ пешко́м.
   в. ☐ В Москве́ лу́чше не по́льзоваться такси́. Это о́чень до́рого.
   г. ☐ В Москве́ есть муниципа́льные такси́, а та́кже неофициа́льные ча́стные такси́.
   д. ☐ Когда́ вы догова́риваетесь с такси́стом о прое́зде, лу́чше говори́ть с иностра́нным акце́нтом.
   е. ☐ До институ́та мо́жно дое́хать ещё на авто́бусе.
   ж. ☐ Для студе́нтов есть специа́льный авто́бус, кото́рый регуля́рно хо́дит ме́жду общежи́тием и институ́том.
   з. ☐ За́втра пе́рвый день заня́тий. Студе́нты бу́дут о́чень за́няты.

   Тепе́рь прослу́шайте за́пись, что́бы узна́ть бы́ли ли ва́ши прогно́зы пра́вильны.
2. Посмотри́те на план моско́вского метро́ на стр. 99. Укажи́те, где нахо́дятся но́вый ко́рпус институ́та и общежи́тие.

3. В э́том те́ксте вы узна́ли но́вые слова́. Что соотве́тствует чему́?

а. еди́ный биле́т
б. ко́рпус
в. счётчик
г. жето́н
д. муниципа́льное такси́
е. такси́ст
ж. ча́стник

i.

ii.

iii.

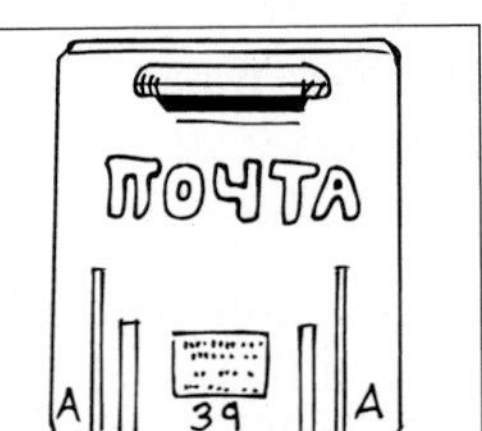


iv.

v.

vi.

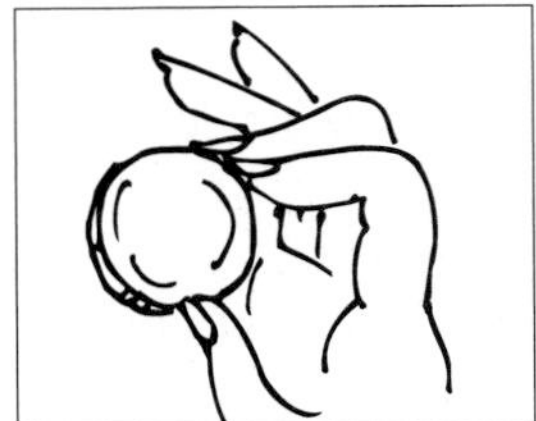

vii.

4. На каки́е ви́ды тра́нспорта годи́тся «еди́ный биле́т»?

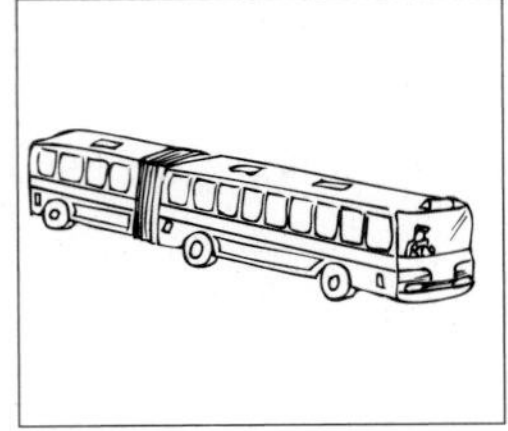

а.

б.

в.

г.

5. Серге́й База́ров дал студе́нтам не́сколько сове́тов*. Посмотри́те на карти́нки. Что он бы сказа́л? What would Bazarov say about each of these pictures?

* **не́сколько сове́тов** — *several bits of advice*

**Хорошо́ и́ли пло́хо?**

а.

б.

в.

г.

# В помощь учащимся

## 4.1 В го́роде есть...

To name points of interest in your city, use this structure:

| | | | | |
|---|---|---|---|---|
| **В на́шем го́роде**<br>*или*<br>**У нас в го́роде** | + | **есть** | + | nominative case |

В на́шем го́роде есть интере́сный музе́й. *Our city has an interesting museum.*

У нас в го́роде есть большо́й университе́т. *Our city has a big university.*

To say that your city does not have something, use this structure:

| | | | | |
|---|---|---|---|---|
| **В на́шем го́роде**<br>*или*<br>**У нас в го́роде** | + | **нет** | + | genitive case |

В на́шем го́роде нет библиоте́ки. *Our city does not have a library.*

У нас в го́роде нет пло́щади. *Our city does not have a square.*

### *Упражнение*

**А.** **Соста́вьте предложе́ния.** Create sentences, following the model, indicating whether or not your town has these things.

Образе́ц: **теа́тр** → *В на́шем го́роде есть теа́тр.*
or *У нас в го́роде есть теа́тр.*
or *В на́шем го́роде нет теа́тра.*
or *У нас в го́роде нет теа́тра.*

1. больша́я центра́льная пло́щадь
2. кафе́
3. ста́рая ма́ленькая библиоте́ка
4. знамени́тый университе́т
5. хоро́ший музе́й
6. большо́й спорти́вный зал
7. но́вая по́чта

➤ *Complete Oral Drills 1–2 in the Workbook.*

## 4.2 Having: Overview

To say that a *thing* has something, use the structure **где + есть + что** (literally, *In this place there is . . .*):

| | |
|---|---|
| В го́роде есть библиоте́ка. | *The city has a library.* |
| В библиоте́ке есть интере́сные кни́ги. | *The library has interesting books.* |
| В э́тих кни́гах есть цветны́е фотогра́фии. | *These books have color photographs.* |

To say that a person has something, use the structure **у кого + есть + что** (literally, *Near this person there is . . .*):

| | |
|---|---|
| У меня́ есть брат. | *I have a brother.* |
| У бра́та есть но́вая сосе́дка. | *My brother has a new neighbor.* |
| У его́ но́вой сосе́дки есть соба́ка. | *His new neighbor has a dog.* |

To say that a thing or person does not have something, use **где** (for places) or **у кого́** (for people) + **нет + чего́:**

| | |
|---|---|
| В го́роде нет библиоте́ки. | *The town does not have a library.* |
| У меня́ нет бра́та. | *I do not have a brother.* |

### *Упражнения*

**A. Соста́вьте предложе́ния.** Make positive sentences, following the models.

Образцы́:

**наш университе́т — больши́е общежи́тия** → *В на́шем университе́те есть больши́е общежи́тия.*

**наш преподава́тель — но́вая маши́на** → *У на́шего преподава́теля есть но́вая маши́на.*

1. мой друг — два бра́та
2. на́ше общежи́тие — кафе́
3. библиоте́ка — чита́льный зал и буфе́т
4. я — велосипе́д
5. наш университе́т — библиоте́ка, музе́й и спорти́вный зал
6. на́ша кварти́ра — СД-пле́ер и телеви́зор
7. мы — СД-пле́ер и телеви́зор
8. э́та кни́га — краси́вые фотогра́фии
9. мы — краси́вые фотогра́фии
10. наш го́род — больши́е па́рки

**Б. Соста́вьте предложе́ния.** Make negative sentences, following the models.

Образцы́:
**э́то общежи́тие — лифт** → *В э́том общежи́тии нет ли́фта.*
**э́та студе́нтка — но́вая кни́га** → *У э́той студе́нтки нет но́вой кни́ги.*

1. наш го́род — метро́
2. на́ша библиоте́ка — буфе́т
3. наш преподава́тель — маши́на
4. мой друг — ко́шка
5. э́тот ма́ленький го́род — зоологи́ческий сад
6. я — сын
7. моя́ сосе́дка — дочь
8. на́ша кварти́ра — ковёр
9. ты — телеви́зор
10. вы — СД-пле́ер

**В. Как по-ру́сски?**

1. The university has a new dormitory.
2. The new dormitory has a store and a cafeteria.
3. The new dormitory doesn't have a television.
4. My neighbor doesn't have a television.
5. Who has a television?

➤ *Review Oral Drills 1–2 and complete Written Exercises 1–2 in the Workbook.*

## 4.3 Asking for Directions

To request simple directions, use one of the following phrases:

**Где нахо́дится (что)?** (кинотеа́тр «Экра́н», Эрмита́ж, Не́вский проспе́кт, библиоте́ка, ближа́йшая ста́нция метро́, ближа́йшая остано́вка авто́буса, ...)
*Where is . . . ?* (the Ekran movie theater, the Hermitage, Nevsky Avenue, the library, the nearest metro station, the nearest bus stop, . . .)

**Где нахо́дятся (что)?** (кинотеа́тры, са́мые вку́сные рестора́ны, музе́и, теа́тры, ...)
*Where are . . . ?* (the movie theaters, the best restaurants, the museums, the theaters, . . . )

**Как попа́сть (куда́)?** (в кинотеа́тр «Экра́н», в Эрмита́ж, на Не́вский проспе́кт, в библиоте́ку, на ближа́йшую ста́нцию метро́, на ближа́йшую остано́вку авто́буса, ...)
*How can I get to . . . ?* (the Ekran movie theater, the Hermitage, Nevsky Avenue, the library, the nearest metro station, the nearest bus stop, . . . )

It is polite to begin such questions with a phrase such as **Скажи́те, пожа́луйста, ...** or **Вы не ска́жете, ....**

## *Упражнения*

**А. Где нахо́дится... ?** Ask where exactly the following St. Petersburg sites are.

1. Петропа́вловская кре́пость
2. Гости́ный двор
3. Эрмита́ж
4. Ру́сский музе́й
5. Спас на крови́
6. Исаа́киевский собо́р
7. Каза́нский собо́р
8. Театра́льная пло́щадь
9. Санкт-Петербу́ргский университе́т
10. Дворцо́вая пло́щадь

**Б. Как попа́сть... ?** Ask how to get to the following places in Moscow. The phrase following the verb **попа́сть** answers the question **куда́** (**в** or **на** plus the accusative case).

1. Большо́й теа́тр
2. Моско́вский университе́т
3. Третьяко́вская галере́я
4. Кремль
5. Кра́сная пло́щадь
6. Арба́т
7. ста́нция метро́ «Юго-За́падная»
8. ГУМ
9. гости́ница «Междунаро́дная»
10. ботани́ческий сад

➤ *Complete Oral Drills 3–5 and Written Exercise 3 in the Workbook.*

## 4.4 Telling Where Something Is Located

Кинотеа́тр «Заря́» нахо́дится **спра́ва от** библиоте́ки и **сле́ва от** гастроно́ма. Он нахо́дится **напро́тив** по́чты.

Кинотеа́тр «Луч» нахо́дится **недалеко́** от па́рка, но **далеко́ от** це́нтра го́рода. Он **бли́зко от** парка.

To tell where something is located, it is helpful to relate it to a location already known to the person with whom you are speaking.

After the spatial adverbs **спра́ва от** — *to the right of,* **сле́ва от** — *to the left of,* **напро́тив** — *across from,* **бли́зко о́т** — *near to,* **далеко́ от** — *far from,* and **недалеко́ от** — *not far from,* use a noun or noun phrase in the genitive case.

After the spatial adverb **ря́дом с** — *next to,* use a noun or noun phrase in the instrumental case:

| | |
|---|---|
| Библиоте́ка ря́дом с но́вым кинотеа́тром. | *The library is next to the new movie theater.* |
| Кинотеа́тр ря́дом с но́вой библиоте́кой. | *The movie theater is next to the new library.* |
| Кремль нахо́дится ря́дом с Кра́сной пло́щадью. | *The Kremlin is next to Red Square.* |

You can also indicate what street something is on (**Кинотеа́тр нахо́дится на Тверско́й у́лице** — *The movie theater is on Tverskaya Street*) or what area of the city it's in (**Кинотеа́тр нахо́дится на се́вере [на ю́ге, на восто́ке, на за́паде, в це́нтре] го́рода** — *The movie theater is in the north [south, east, west, center] of town*).

## *Упражнения*

**А. Отве́тьте на вопро́сы.**

1. Вы живёте далеко́ и́ли недалеко́ от университе́та?
2. Вы живёте далеко́ и́ли недалеко́ от университе́тской библиоте́ки?
3. Что нахо́дится спра́ва от университе́тской библиоте́ки?
4. Что нахо́дится сле́ва от университе́тской библиоте́ки?
5. Что нахо́дится напро́тив университе́тской библиоте́ки?
6. Университе́тская библиоте́ка нахо́дится бли́зко от спорти́вного за́ла?
7. Что нахо́дится ря́дом со спорти́вным за́лом?
8. Ваш университе́т нахо́дится в це́нтре го́рода?
9. Каки́е достопримеча́тельности нахо́дятся на ю́ге ва́шего го́рода? На се́вере? На восто́ке? На за́паде? В це́нтре?

**Б. Запо́лните про́пуски.**

— Наш дом нахо́дится недалеко́ _____ университе́та.
— Зна́чит, вы живёте совсе́м _______ от библиоте́ки!
— Да, как раз спра́ва _____ библиоте́ки!

**В. Как по-ру́сски?**

1. Nastya lives across the street from a school.
2. She lives to the left of the post office.
3. Her apartment is not far from downtown.
4. It is far away from the university.
5. Nastya's apartment is close to a movie theater.
6. It is to the right of a store.

**Г.** Indicate in Russian the location of five buildings in your town or on your campus.

➤ *Complete Oral Drills 6–9 and Written Exercises 4–6 in the Workbook.*

## 4.5 Giving Simple Directions

The Russian word **на́до** (or its synonym **ну́жно**), used to express necessity, is often used in giving directions. As always with the words **на́до** and **ну́жно,** if a person is mentioned, the person will be in the dative case.

| | |
|---|---|
| — Скажи́те, пожа́луйста, как попа́сть на проспе́кт Ста́чек? | "Please tell me how to get to Stachek Avenue." |
| — **Вам на́до** сесть на метро́ и прое́хать одну́ ста́нцию. | "*You need* to get on the subway and go to the second station." |

To tell someone what means of transportation to take:

на́до сесть на метро́ (авто́бус, трамва́й, тролле́йбус)
на́до взять такси́

To tell someone how many stops (stations) to pass before getting out:

на́до прое́хать одну́ остано́вку (ста́нцию)
на́до прое́хать две (три, четы́ре) остано́вки (ста́нции)
на́до прое́хать пять (шесть...) остано́вок (ста́нций)

To tell someone what stop (station) to get out at:

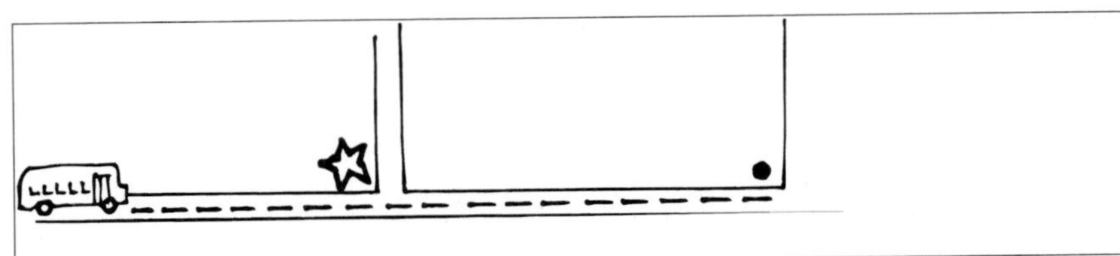

на́до вы́йти на сле́дующей остано́вке

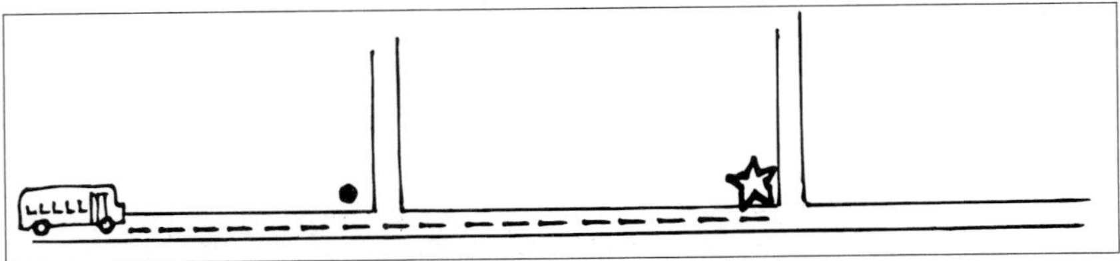

на́до вы́йти че́рез одну́ остано́вку (на второ́й остано́вке)

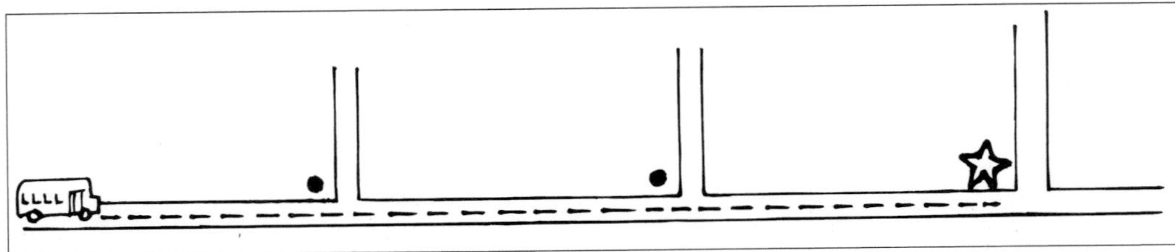

на́до вы́йти че́рез две остано́вки (на тре́тьей остано́вке)

The following short dialog contains the basic expressions needed to tell someone how to get somewhere on foot:

— Скажи́те, пожа́луйста, как попа́сть в библиоте́ку?

"Please tell me how to get to the library."

— **Иди́те пря́мо** до кинотеатра, пото́м **иди́те нале́во.** Когда́ уви́дите шко́лу, **иди́те напра́во.** А пото́м вы уви́дите библиоте́ку.

"*Walk straight* until you get to the movie theater, then *go to the left.* When you see the school, *go right.* Then you'll see the library."

## *Упражнение*

**А. Как по-ру́сски?**

"Please tell me how to get to the university."
"You have to get on the second bus."
"Is it possible to walk there?"
"Yes, go straight until you get to the library, then turn right."

➤ *Complete Oral Drill 10 in the Workbook.*

1. Вам надо сесть на ... (mode of transportation)
(Вам надо идти пешком.)
(Вам надо взять такси.)
2. Вам надо проехать ... (how many stops)
метро одну станцию
~~[illegible]~~ станции
одну остановка
(2-4) (ки)
(5+) (ок)
3. Вам надо выйти ...
На следующей станции
" " остановке
через ...

## 4.6 Means of Transportation: е́здить~е́хать/по- на чём

To indicate means of transportation in Russian, use **на** followed by the name of the vehicle in the prepositional case.

Влади́мир Петро́вич е́дет на рабо́ту **на авто́бусе.**

На́талья Па́вловна е́дет на рабо́ту **на метро́**

Ле́на и Са́ша е́дут на рабо́ту **на маши́не.**

### *Упражнение*

**А. Как они́ е́дут на рабо́ту?**

Образе́ц:

*Она́ е́дет на рабо́ту на трамва́е.*

1. 

2. 

3. 

4. 

5. 

6. 

➤ *Complete Oral Drill 11 in the Workbook.*

## 4.7 How Long Does It Take?

To find out how long it takes to get somewhere, use the following expressions.

| | | |
|---|---|---|
| Ско́лько вре́мени **идти́** в Эрмита́ж (в кино́, в библиоте́ку, на рабо́ту, домо́й)? | *How long does it take to get (walk) to the Hermitage (the movie theater, the library, work, home)?* | Within city, on foot. |
| Ско́лько вре́мени **е́хать** в Эрмита́ж на авто́бусе (на трамва́е, на маши́не, на метро́, на такси́)? | *How long does it take to get (ride) to the Hermitage by bus (by tram, by car, by metro, by taxi)?* | Within city, via transport. |
| Ско́лько вре́мени **е́хать** в Санкт-Петербу́рг (в Колора́до, в Москву́, на Аля́ску)? | *How long does it take to get to St. Petersburg (Colorado, Moscow, Alaska)?* | To another city or country, via transport. |
| Ско́лько вре́мени **лете́ть** в Санкт-Петербу́рг (в Колора́до, в Москву́, на Аля́ску)? | *How long does it take to get (fly) to St. Petersburg (Colorado, Moscow, Alaska)?* | Fly. |

Possible answers include:

| | | |
|---|---|---|
| **Идти́** в Эрмита́ж 10 мину́т. | *It takes 10 minutes to get (walk) to the Hermitage.* | Within city, on foot. |
| **Ехать** в Эрмита́ж на авто́бусе 3 мину́ты. | *It takes 3 minutes to get (ride) to the Hermitage by bus.* | Within city, via transport. |
| **Ехать** в Санкт-Петербу́рг 10 часо́в. | *It takes 10 hours to get to St. Petersburg.* | To another city or country, via transport. |
| **Лете́ть** в Санкт-Петербу́рг 2 часа́. | *It takes 2 hours to get (fly) to St. Petersburg.* | Fly. |

## *Упражнения*

**А.** **О себé. Ответьте на вопрóсы.** Tell how long it takes to get from where you live to the following places.

1. Скóлько врéмени идти́ в библиотéку?
2. Скóлько врéмени идти́ на пóчту?
3. Скóлько врéмени éхать на пóчту на маши́не?
4. Скóлько врéмени éхать в бассéйн на маши́не?
5. Скóлько врéмени идти́ в шкóлу?
6. Скóлько врéмени идти́ в парк?
7. Скóлько врéмени éхать в Канáду?
8. Скóлько врéмени éхать в Мéксику?
9. Скóлько врéмени летéть в Росси́ю?
10. Скóлько врéмени летéть в Япóнию?

**Б.** **Скóлько врéмени...?** First, ask how long it takes to walk to the following places in Moscow. Then ask how long it takes to get to the same places on a bus.

1. Большóй теáтр
2. Москóвский университéт
3. Третьякóвская галерéя
4. парк Гóголя
5. Крáсная плóщадь
6. Макдóналдс
7. ГУМ
8. Кремль
9. библиотéка
10. Истори́ческий музéй

➤ *Complete Oral Drill 12 in the Workbook.*

## 4.8 Going Verbs: е́здить~е́хать/пое́хать, ходи́ть~идти́/пойти́

The verbs **ходи́ть** and **е́здить** are called *multidirectional,* because they refer to motion there and back, as opposed to the *unidirectional* verbs **идти́** and **е́хать,** which refer to motion in one direction only.

Use **ходи́ть** and **е́здить** to refer to single round trips in the past.

| | |
|---|---|
| В про́шлом году́ мы **е́здили** в Москву́. Когда́ мы там бы́ли, мы **ходи́ли** в Большо́й теа́тр. | Last year we *went* to Moscow. While we were there, we *went* to the Bolshoi Theater. |

Use **ходи́ть** and **е́здить** to refer to repeated round trips in the past, present, or future.

| | |
|---|---|
| В про́шлом году́ мы **е́здили** в Москву́ три ра́за. Тепе́рь мы туда́ **е́здим** ка́ждый ме́сяц. В бу́дущем году́ мы **бу́дем е́здить** в Москву́ ка́ждую неде́лю. | Last year we *went* to Moscow three times. Now we *go* there every month. Next year we *will go* to Moscow every week. |
| В про́шлом году́ мы ре́дко **ходи́ли** в кино́. Тепе́рь мы ча́сто **хо́дим** в кинотеа́тры. В бу́дущем году́ мы **бу́дем ходи́ть** туда́ ча́ще. | Last year we rarely *went* to the movies. Now we *go* to movie theaters often. Next year we *will go* their more frequently. |

The use of future-tense multidirectional verbs (such as **бу́дем ходи́ть, бу́дем е́здить**) is rare.

The multidirectional **ходи́ть** and **е́здить** and the unidirectional **идти́** and **е́хать** are all *imperfective* verbs. You will learn more about Russian verbs of motion later. For the time being, this table summarizes which verbs to use to say "go" in all three tenses.

| | You want to say . . . | By foot | By vehicle |
|---|---|---|---|
| **Future** | *They will go* | пойду́т | пое́дут |
| **Present** | *They are going*<br>*They set out for . . .* | иду́т | е́дут |
| | *They make trips to . . .* | хо́дят | е́здят |
| **Past** | *They went* (set out for) | пошли́ | пое́хали |
| | *They went* (made one round trip or several round trips) | ходи́ли | е́здили |

### *Conjugation*

| Going by foot | | | Going by vehicle | | |
|---|---|---|---|---|---|
| ходи́ть | идти́ | пойти́ | е́здить | е́хать | пое́хать |
| *multidirectional imperfective present tense* | *unidirectional imperfective present tense* | *unidirectional perfective future tense* | *multidirectional imperfective present tense* | *unidirectional imperfective present tense* | *unidirectional perfective future tense* |
| хож - у́<br>хо́д - ишь<br>хо́д - ит<br>хо́д - им<br>хо́д - ите<br>хо́д - ят | ид - у́<br>ид - ёшь<br>ид - ёт<br>ид - ём<br>ид - ёте<br>ид - у́т | пойд - у́<br>пойд - ёшь<br>пойд - ёт<br>пойд - ём<br>пойд - ёте<br>пойд - у́т | е́зж - у<br>е́зд - ишь<br>е́зд - ит<br>е́зд - им<br>е́зд - ите<br>е́зд - ят | е́д - у<br>е́д - ешь<br>е́д - ет<br>е́д - ем<br>е́д - ете<br>е́д - ут | пое́д - у<br>пое́д - ешь<br>пое́д - ет<br>пое́д - ем<br>пое́д - ете<br>пое́д - ут |
| *Past tense*<br>ходи́л, -а, -и | *Avoid past tense for now* | *Past tense*<br>пошёл<br>пошла́<br>пошли́ | *Past tense*<br>е́здил, -а, -и | *Avoid past tense for now* | *Past tense*<br>пое́хал, -а, -и |

## *Упражнения*

**А. Вы́берите ну́жный глаго́л.** Pick the correct verb for the following dialogs.

1. Going by foot in the present tense:

   "Do you usually *walk* to work?" (хо́дите пешко́м/идёте пешко́м)
   "No, but I'm *walking* to work today because my car is broken." (хожу́/иду́)

2. Going by vehicle in the present tense:

   "I usually *go* to campus by bus, but today I'm *going* by taxi." (е́зжу/е́ду)
   "We're also *going* by cab." (е́здим/е́дем)

**Б.** Which verb will you use for *go* in the following dialog? Use context to determine which verb is needed.

"Did Natasha *go* to Pskov last week?"
"Yes. She often *goes* to Pskov. Her parents live there. She is *going* again today."
"Does she usually *go* by train?"
"Usually, but today she's *going* by bus."

**В.** **Вы́берите ну́жный глаго́л.** Pick the correct verb to express *going* in the following dialog. Pay attention to context.

"Are you *going* to class today?" (хо́дите/идёте)
"I don't *go* to class on Fridays." (хожу́/иду́)
"Did you *go* to class yesterday?" (ходи́ли/пошли́)
"First we *went* to class. Then we *went* to the library. Then we *went* to the store. Then we *went* home." (ходи́ли/пошли́ for all the verbs)

**Г.** **Как по-ру́сски?**

Vasily Petrovich will walk to work today. Tomorrow he'll go to work on the subway.

➤ *Complete Oral Drills 13–14 and Written Exercises 7–10 in the Workbook.*

## 4.9 Forming the Imperative

When giving directions or issuing commands, it is often possible to use either the expression of necessity you already know (**Вам на́до прое́хать одну́ остано́вку**) or the imperative (command) form of the verb (**Проезжа́йте одну́ остано́вку**).

You have already learned a number of imperatives as vocabulary items: **Скажи́те! Извини́те! Прости́те! Иди́те!** The following steps show how to find the imperative form of other verbs.

1. Find the third-person plural stem of the verb by removing the ending from the **они́** form of the verb.

   | | | |
   |---|---|---|
   | прочита́ - ~~ют~~ | говор - ~~я́т~~ | отве́т - ~~ят~~ |
   | сове́ту - ~~ют~~ | напи́ш - ~~ут~~ | гото́в - ~~ят~~ |

2. If the stem ends in a vowel, add **-й.** The stress will be the same as in the **они́** form.

   прочита́ + й = прочита́й

   сове́ту + й = сове́туй

3. If the stem ends in a consonant and the accent *in the first-person singular* (**я** form) is on the ending, add stressed **-и́.**

   | | |
   |---|---|
   | (говоря́т, говорю́) | (напи́шут, but напишу́) |
   | говор + и́ = говори́ | напиш + и́ = напиши́ |

4. If the stem ends in a consonant and the stress is not on the ending in the first-person singular (**я** form), add **-ь.**

| | |
|---|---|
| (отве́тят, отве́чу) | (гото́вят, гото́влю) |
| ответ + ь = отве́ть | готов + ь = гото́вь |

5. The commands given above (2–4) are familiar (**ты** forms). To make them formal or plural (**вы** forms), simply add **-те**.

| | | |
|---|---|---|
| прочита́йте | говори́те | отве́тьте |
| сове́туйте | напиши́те | гото́вьте |

6. To form the imperative of verbs with the **-ся** particle, follow steps 1–5 as if the verb did not have the particle. Then add **-ся** after a consonant, **-сь** after a vowel.

| | | | |
|---|---|---|---|
| занима́ - ~~ют~~ - ся | занима́ + й + ся | → | занима́йся |
| | занима́ + й + те + сь | → | занима́йтесь |
| у́ч - ~~ат~~ - ся | уч + и́ + сь | → | учи́сь |
| (у́чатся, but учу́сь) | уч + и́ + те + сь | → | учи́тесь |

7. Learn the following forms:
   вы́йти → вы́йди(те) — *Exit.*
   проби́ть → пробе́й(те) — *Punch [the ticket].*
   пое́хать → поезжа́й(те) — *Go.* (This model used for all verbs with -**ехать**)
   дава́ть → дава́й(те) — *Let's . . . .* (This model used for all verbs with -**ава**-)
   дать → да́й(те) — *Give.*
   есть → е́шь(те) — *Eat.*

## *Упражнение*

**A.** Give the imperatives in both the **ты** and the **вы** forms for the following verbs.

| | | |
|---|---|---|
| 1. прочита́ть | 7. написа́ть | 13. пригото́вить |
| 2. отвеча́ть | 8. посмотре́ть | 14. идти́ |
| 3. игра́ть | 9. сказа́ть | 15. е́хать |
| 4. де́лать | 10. показа́ть | 16. пое́хать |
| 5. отдыха́ть | 11. купи́ть | 17. дать |
| 6. посове́товать. | 12. отве́тить | 18. дава́ть |

➤ *Complete Oral Drills 15–16 and Written Exercise 11 in the Workbook.*

## 4.10 Verb Aspect and the Imperative

1. To tell someone to perform a single complete action *one time*, use a *perfective* verb.

| | |
|---|---|
| Извини́те! | *Excuse me.* |
| Прости́те! | *Excuse me.* |
| Скажи́те, пожа́луйста, ... | *Tell me, please, . . .* |
| Пройди́те! | *Pass through.* |
| Вы́йдите че́рез одну́ остано́вку. | *Get out at the second stop.* |
| Пробе́йте биле́т! | *Punch the ticket.* |
| Принеси́те суп, пожа́луйста. | *Bring soup, please.* |
| Прочита́йте уро́к №. 12. | *Read lesson 12.* |
| Напиши́те упражне́ние 8. | *Write exercise 8.* |

2. To tell someone to do something *continuously* or *repeatedly*, use an *imperfective* verb.

| | |
|---|---|
| Всегда́ говори́те пра́вду! | *Always tell the truth.* |
| Говори́те по-ру́сски на заня́тиях ру́сского языка́. | *Speak Russian in Russian class.* |
| Занима́йтесь три часа́ ка́ждый день. | *Study three hours every day.* |
| Чита́йте немно́го ка́ждый день. | *Read a little every day.* |
| Пиши́те упражне́ния аккура́тно. | *Write the exercises carefully.* |

3. To tell someone *not* to do something, use an *imperfective* verb.

| | |
|---|---|
| Не говори́те об э́том. | *Don't talk about that.* |
| Не смотри́те э́тот фильм. | *Don't see that movie.* |
| Не чита́йте э́ту газе́ту. | *Don't read this newspaper.* |
| Не пиши́те пи́сьма на ле́кции. | *Don't wrote letters in class.* |

4. A few commands, usually polite invitations, are almost always given in the imperfective.

| | |
|---|---|
| Сади́тесь! | *Have a seat.* |
| Входи́те! | *Come in.* |
| Приезжа́йте! | *Come for a visit* [from out of town]. |
| Приходи́те! | *Come for a visit* [from within town]. |

## *Упражнения*

**А. Соста́вьте предложе́ния.** Make these **на́до** sentences into direct commands. Assume you are on **ты.**

1. На́до прочита́ть э́тот журна́л!
2. На́до написа́ть письмо́!
3. На́до посове́товать ему́, что де́лать!
4. На́до спроси́ть о контро́льной рабо́те!
5. На́до отве́тить на вопро́с!
6. На́до пригото́вить у́жин!
7. На́до сказа́ть пра́вду!
8. На́до заказа́ть разгово́р с США!
9. На́до рассказа́ть всё!
10. На́до показа́ть э́ту кни́гу преподава́телю!

**Б. Соста́вьте предложе́ния.** Negate the commands you made in Exercise A, above.

**В. Как по-ру́сски?**

1. (To a child) Write a letter to Grandma.
2. (To an adult) Don't write exercise twelve.
3. (To a number of people) Always speak Russian in class.
4. (To a child) Look at this book
5. (To an adult) Don't watch the film.

➤ *Complete Oral Drills 17–18 and Written Exercises 12–13 in the Workbook.*

# Обзорные упражнения

**А. Как добра́ться до МГУ.**

1. **Отве́тьте на вопро́сы.** Read the following directions to MGU, and answer these questions.
   a. Where is the main campus? Find its approximate location on the metro map on p. 99.
   b. Where is the old campus? Find its approximate location on the subway map. Are the old and new campuses relatively close to each other?
   c. How is the building in this picture referred to?

Основной кампус МГУ расположен на Воробьевых (Ленинских) горах на Юго-Западе Москвы. Здесь расположены

- Ректорат и центральные службы университета
- Факультет вычислительной математики и кибернетики
- Химический факультет
- Факультет фундаментальной медицины
- Геологический факультет
- Исторический факультет
- Факультет иностранных языков
- Социологический факультет
- Научно-исследовательский институт механики
- Государственный астрономический институт им. П. К. Штернберга
- Музей землеведения
- Механико-математический факультет
- Физический факультет
- Биологический факультет
- Факультет почвоведения
- Географический факультет
- Филологический факультет
- Философский факультет
- Экономический факультет
- Научно-исследовательский институт ядерной физики
- Научно-исследовательский институт физико-химической биологии им. А. Н. Белозерского
- Научно-исследовательский вычислительный центр

Чтобы добраться до Главного здания МГУ и остальных корпусов центрального кампуса, необходимо доехать на метро до станции «Университет» (15 мин от центра Москвы), а затем пешком 15 мин. в сторону высотного здания МГУ, которое хорошо видно от выхода из метро. Можно доехать на автобусе до остановки «Дом культуры МГУ». Автобусы 1, 113, 119, 661.

Старый комплекс зданий МГУ расположен на перекрестке ул. Герцена и Охотного Ряда в центре Москвы. Здесь расположены:

- Факультет журналистики
- Факультет психологии
- Институт стран Азии и Африки
- Издательство МГУ

Добраться до старого комплекса можно пешком (5 мин.) от станций метро «Библиотека им. Ленина» или «Охотный ряд».

2. **Но́вые слова́.** Find synonyms in the text for these words you already know.
    а. **попа́сть:** Как попа́сть в МГУ?
    б. **находи́ться:** Здесь нахо́дится (нахо́дятся ...)
    в. **ну́жно:** Ну́жно дое́хать на метро́ до ста́нции «Университе́т».

**Словарь**

**высо́тный** — *tall* (said of buildings)
**зате́м** = пото́м
**изда́тельство** — *publishers*
**нау́чно-иссле́довательский институ́т** — *research institute*
**основно́й** — *main*
**остально́й** — *remaining; rest*
**перекрёст(о) к** — *intersection*
**слу́жба** — *service*

**Б. Разгово́р с такси́стом.**
Разгова́ривают пассажи́р и такси́ст. A visitor to MGU is in too much of a hurry to go on public transportation and takes a taxi instead. Listen to the conversation to answer these questions.

1. Where exactly does the passenger want to go?
2. How much is the trip going to cost? Does the passenger think the amount charged is reasonable?
3. Why does the passenger begin to "back-seat drive"? What phrases led you to your conclusions?
4. What does the passenger say at the end of the conversation?

**В. Ника́к не мог(ла́) найти́ твой дом.** You were supposed to go to Tanya's house yesterday, but you got lost on the way and never made it. She doesn't have a phone, so you couldn't call to get directions or even explain why you never came. Write a note to her explaining what happened. Tell exactly how you went and ask if her address is really 6 Potyomkinskaya St., apartment 25. Then suggest meeting in the institute cafeteria at 1:00 today. Below you will find a map that retraces your steps. Here is a suggested beginning for your note: Та́ня! Извини́, что я вчера́ не пришёл (пришла́). Я ника́к не мог(ла́) найти́ твой дом...

**Г. Как попа́сть.** Imagine that you have invited several people from your Russian class to dinner on Friday evening. Give them directions to your place in Russian. Use your classroom as the starting point.

# Новые слова и выражения

**NOUNS**

| | |
|---|---|
| авто́бус | bus |
| а́дрес (*pl.* адреса́) | address |
| бассе́йн | swimming pool |
| ботани́ческий сад | botanical garden |
| велосипе́д | bicycle |
| вид тра́нспорта | means of transportation |
| вход | entrance |
| галере́я | gallery |
| го́род (*pl.* города́) | city |
| гости́ница | hotel |
| достопримеча́тельность *(fem.)* | sight, place, object of note |
| заня́тие (*usually plural:* заня́тия) | class(es) *(in college, institute, university)* |
| зда́ние | building |
| зоологи́ческий сад | zoo |
| зоопа́рк | zoo |
| иску́сство | art |
| кинотеа́тр | movie theater |
| Кремль *(ending always stressed)* | Kremlin |
| магази́н | store |
| кни́жный магази́н | bookstore |
| маши́на | car |
| метро́ *(indecl.)* | metro, subway |
| музе́й | museum |
| общежи́тие | dormitory |
| остано́вка (авто́буса, трамва́я, тролле́йбуса) | (bus, tram, trolley) stop |
| па́мятник | monument |
| парк | park |
| пло́щадь (на) (*fem.*) | square |
| по́чта (на) | post office |
| проспе́кт (на) | avenue |
| река́ | river |
| ры́н(о)к (на) | market |
| синаго́га | synagogue |
| собо́р | cathedral |
| ста́нция (метро́) (на) | (metro) station |
| стоя́нка (такси́) (на) | (taxi) stand |
| страна́ | country, nation |
| такси́ *(neuter; indecl.)* | taxi |
| трамва́й | tram |
| тролле́йбус | trolley |
| у́лица (на) | street |

| | |
|---|---|
| центр | center; downtown |
| це́рк(о)вь (*fem.*) | church |

## ADJECTIVES

| | |
|---|---|
| ближа́йший | nearest |
| высо́кий | tall |
| гла́вный | main |
| знамени́тый | famous |
| истори́ческий | history |
| публи́чный | public |
| сле́дующий | next |
| совреме́нный | modern |
| студе́нческий | student |
| университе́тский | university |
| центра́льный | central |

## VERBS

| | |
|---|---|
| выходи́ть/вы́йти<br>(выхож-у́, выхо́д-ишь, -ят)<br>(вы́йд-у, вы́йд-ешь, вйы́д-ут;<br>*imperative* вы́йди, вы́йдите) | to exit |
| е́здить (*multidirectional*)<br>(е́зж-у, е́зд-ишь, -ят) | to ride |
| лете́ть (*unidirectional*)<br>(леч-у́, лет-и́шь, -я́т) | to fly |
| находи́ть/найти́<br>(нахож-у́, нахо́д-ишь, -ят)<br>(найд-у́,-ёшь, -у́т;<br>нашёл, нашла́, нашли́) | to find |
| отвеча́ть/отве́тить (*на что*)<br>(отвеча́-ю, -ешь, -ют)<br>(отве́ч-у, отве́т-ишь, -ят) | to answer *(something)* |
| попа́сть (*perf.*)<br>(попад-у́, -ёшь, -у́т;<br>*past:* попа́л) | to get to |
| прое́хать (*perf.*)<br>(прое́д-у, -ешь, -ут) | to go past |
| пройти́ (*perf.*)<br>(пройд-у́, -ёщь, -у́т) | to go (a certain distance) |
| сади́ться/сесть (*lit.* to sit down)<br>(саж-у́сь, сад-и́шься, -я́тся)<br>(ся́д-у, -ешь, -ут) | to get onto *(a bus, tram, trolley, subway)* |
| ходи́ть (*multidirectional*)<br>(хож-у́, хо́д-ишь, -ят) | to walk |

*Verbs to be learned only in these forms:*

| | |
|---|---|
| называ́ться *(imperfective)* (называ́-ется, -ются) | to be called *(used for things, not people or animals)* |
| находи́ться (нахо́д-ится, -ятся) | to be located |
| Пробе́йте! | Punch. |

### ADVERBS

| | |
|---|---|
| бли́зко (*от чего́*) | close (*to something*) |
| внима́тельно | carefully |
| (не)далеко́ (*от чего́*) | (not) far (*from something*) |
| до́рого | expensive |
| и́менно | exactly |
| нале́во | (to the) left |
| напра́во | (to the) right |
| напро́тив (*чего́*) | opposite (*something*) |
| отсю́да | from here |
| пешко́м | on foot |
| пря́мо | straight ahead |
| ря́дом (*с чем*) | adjacent, next (*to something*) |
| ско́ро | soon |
| сле́ва (*от чего́*) | on the left (*of something*) |
| спра́ва (*от чего́*) | on the right (*of something*) |
| туда́ | (to) there |

### PREPOSITIONS

| | |
|---|---|
| до + *genitive case* | until, up to |
| по + *dative case* | along |

### PHRASES AND OTHER EXPRESSIONS

| | |
|---|---|
| Вы не туда́ е́дете. | You're going the wrong way. |
| Вы сейча́с выхо́дите? | Are you getting off now? |
| До (*чего́*) не довезёте? | Would you take me to . . . ? |
| Как попа́сть (*куда́*)? | How does one get to . . . ? |
| ника́к не могу́... | I just can't . . . |
| ника́к не мог (могла́)... | I just couldn't . . . |
| Поверни́(те) (напра́во, нале́во). | Turn (right, left). |
| Разреши́те пройти́. | Please allow me to pass. |
| Сади́тесь. | Have a seat. |
| Ско́лько вре́мени туда́ идти́ (е́хать)? | How long does it take to get there? |
| Ско́лько э́то бу́дет сто́ить? | How much will it cost? |

## PERSONALIZED VOCABULARY

# Гостиница

## Коммуникативные задания

- Making hotel and travel arrangements
- Dealing with common travel problems
- Reading ads for hotel and travel services

## В помощь учащимся

- Expressing dates
- Genitive plural of modifiers and nouns
- Adjectives following numbers
- Accusative plural of animate nouns and their modifiers
- Prefixed verbs of motion

## Между прочим

- Russian hotels
- Arranging travel in Russia

# Точка отсчёта

## О чём идёт речь?

**А. Гости́ница.**

**В бюро́ обслу́живания** мо́жно заказа́ть биле́ты в теа́тр.

**Администра́тор** про́сит ваш па́спорт, что́бы зарегистри́ровать вас.

Ну́жно обрати́ться **к па́спортному столу́,** е́сли вы потеря́ли па́спорт, и́ли е́сли вы хоти́те продли́ть ви́зу.

Это **обме́н валю́ты.** Здесь мо́жно обменя́ть до́ллары на рубли́.

Драгоце́нности мо́жно оста́вить **в ка́мере хране́ния.**

Вот **по́чта-телегра́ф.** Отсю́да мо́жно посла́ть пи́сьма, откры́тки, бандеро́ли и телегра́ммы.

**В гардеро́бе** на́до оста́вить пальто́.

На эта́ж мо́жно подня́ться **на ли́фте.**

**В но́мере** есть крова́ть, пи́сьменный стол и телеви́зор.

Вот **буфе́т.** Здесь мо́жно заказа́ть чай и бутербро́д.

Газе́ты и журна́лы мо́жно купи́ть **в газе́тном кио́ске.**

**В рестора́не** мо́жно пообе́дать.

**В магази́не «Сувени́ры»** мо́жно купи́ть матрёшки, шкату́лки и други́е сувени́ры.

**Б.** **Куда́ идти́?** Предста́вьте себе́, что вы в ру́сской гости́нице. Куда́ ну́жно идти́ в э́тих ситуа́циях?

1. Вы то́лько что прие́хали. На́до зарегистри́роваться.
2. Вы голодны́. Вам хо́чется пое́сть.
3. Вы не хоти́те оставля́ть драгоце́нности в но́мере.
4. Вы написа́ли откры́тку роди́телям и хоти́те её посла́ть.
5. У вас есть ви́за на одну́ неде́лю, но вы хоти́те жить здесь две неде́ли.
6. Вам нужны́ рубли́.
7. Вы хоти́те купи́ть ма́ленький пода́рок.
8. Вы хоти́те пойти́ в буфе́т на деся́тый эта́ж.
9. Вы хоти́те пойти́ в теа́тр.
10. Вы то́лько что вошли́ с у́лицы. Вы в пальто́. Вы идёте в рестора́н и не хоти́те поднима́ться в но́мер, что́бы оста́вить пальто́.
11. В ва́шем но́мере о́чень хо́лодно.
12. Вы хоти́те купи́ть газе́ту.
13. Вы с друзья́ми хоти́те вку́сно пою́жинать.
14. Вы гото́вы уе́хать и должны́ получи́ть докуме́нты.

## Между прочим

# Гости́ница

Even before the breakup of the Soviet Union, Western firms had begun to invest in hotels in Russia. Nevertheless, most Russian hotels share a number of features not commonly found in a standard Holiday Inn or Ramada.

The sign saying **Администра́тор** — *Manager* directs you to the registration desk. There the receptionist will ask for your passport for registration. In many hotels, other passport operations, such as requests for visa extensions, are handled through the **па́спортный стол.**

**Бюро́ обслу́живания,** also called **се́рвис-бюро́,** books tickets for travel and for local theaters.

Like most other public places, hotels have a **гардеро́б,** a coat-check for those using facilities such as the restaurants and bars. In nearly all places, use of the **гардеро́б** is not optional. It is considered uncouth to run around inside a building in a heavy coat.

In many hotels a **дежу́рная** is responsible for the comings and goings on each floor, making sure that only registered guests are sleeping there.

**Междунаро́дный телефо́н.** The most modern hotels have direct international telephone and data links. However, in most hotels all long distance calls must be booked in advance with the hotel operator.

**Удо́бства.** Creature comforts vary widely from place to place. Only the most expensive hotels catering to foreign tourists approach "all the comforts of home." Most places feature dormitory-style accommodations: shared bathrooms for all the rooms on a floor, spotty hot water, and televisions in common lounges.

## В. Разгово́ры.

**Разгово́р 1. У нас заброни́ровано 30 мест.**
Разгова́ривают Джеф и рабо́тники гости́ницы.

ДА и́ли НЕТ. Если НЕТ, то почему́?

1. Руководи́тель америка́нской гру́ппы говори́т, что он заброни́ровал два́дцать мест.
2. В э́той гру́ппе 10 мужчи́н и 10 же́нщин.
3. Руководи́тель гру́ппы заброни́ровал места́ на пять дней.
4. Джеф ра́ньше разгова́ривал с Зинаи́дой Соколо́вой.
5. Администра́тор говори́т, что америка́нцы заброни́ровали места́ то́лько на три дня.
6. Америка́нцы полу́чат свои́ номера́, когда́ уе́дет неме́цкая гру́ппа.

**Разгово́р 2. Пробле́мы с номера́ми.**
Разгова́ривают Джеф и рабо́тница гости́ницы.

1. В како́м но́мере не закрыва́ется фо́рточка?
2. Что говоря́т о со́рок тре́тьем но́мере?
3. Что говори́т администра́тор о горя́чей воде́ в гости́нице?
4. Что говоря́т о пятьдеся́т четвёртом но́мере?
5. Что объясня́ет администра́тор гости́ницы о тре́тьем этаже́?

**Разгово́р 3. Я потеря́л докуме́нты...**
Разгова́ривают тури́ст и рабо́тник гости́ницы.

1. Како́й докуме́нт потеря́л тури́ст?
2. Что ещё он потеря́л?
3. Когда́ он по́нял, что он потеря́л всё?
4. Где рабо́тница гости́ницы сове́тует тури́сту иска́ть поте́рянные ве́щи?
5. Где тури́ст нахо́дит свои́ ве́щи?

# Язык в действии

## Диалоги

**1. Для нас заброни́ровано 30 мест.**

— Здра́вствуйте!
— Здра́вствуйте! Я руководи́тель америка́нской гру́ппы студе́нтов. Мы то́лько что прие́хали. Для нас заброни́ровано 30 мест.
— Гру́ппа США? У меня́ на вас нет никако́й бро́ни.
— Как нет? Мы с ва́ми ра́ньше договори́лись по телефо́ну: 12 мужчи́н, 18 же́нщин на 5 дней.
— Не зна́ю. Я ли́чно ни с кем не догова́ривалась.
— Мину́точку! Я записа́л и́мя. Сейча́с найду́. Вот. Соколо́ва Зинаи́да Бори́совна.
— Сейча́с я её позову́. Мы всё вы́ясним.

**2. Не волну́йтесь.**

— Здра́вствуйте! Мы заброни́ровали 30 мест на пять дней.
— Есть. То́лько не на пять дней, а на четы́ре дня. Вы же уезжа́ете 15-го?
— Соверше́нно ве́рно. Всё пра́вильно.
— Не волну́йтесь. Мы всё реши́м.
— Не по́нял. В чём де́ло?
— Де́ло в том, что у нас пока́ живёт гру́ппа неме́цких тури́стов.
— Да, но...
— Они́ уезжа́ют че́рез не́сколько часо́в. Они́ уе́дут, и вы полу́чите свои́ номера́.
— По́нял.

### 3. У нас не́сколько пробле́м с номера́ми.

— До́брый день!
— Здра́вствуйте!
— Я руководи́тель гру́ппы америка́нских студе́нтов. У нас не́сколько пробле́м с номера́ми.
— Я вас слу́шаю.
— Зна́чит так, в три́дцать пе́рвом но́мере фо́рточка не закрыва́ется, хо́лодно.
— Так, а да́льше?
— Да́льше. В со́рок тре́тьем но́мере нет горя́чей воды́.
— Так, что каса́ется фо́рточки, я сра́зу вы́зову ма́стера. А горя́чая вода́ у нас быва́ет то́лько ве́чером.
— Гмм. Ясно.

Most Russian windows have a mini-window, a **фо́рточка,** that airs a room without chilling it.

### 4. Я потеря́л докуме́нты.

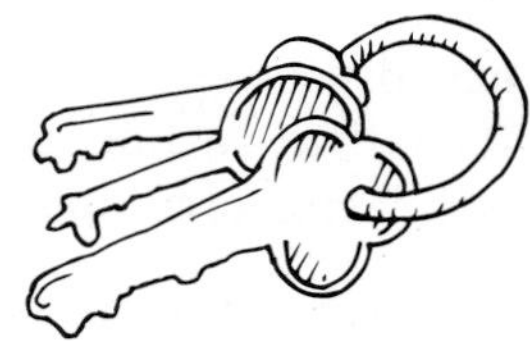

— До́брое у́тро! Вы не помо́жете мне?
— В чём де́ло?
— Я бою́сь, что я потеря́л докуме́нты и ключи́.
— Каки́е и́менно докуме́нты?
— Па́спорт и ви́зу. Ой, и ещё биле́т на самолёт!
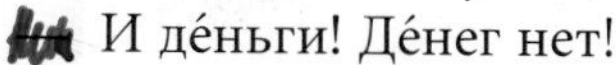
И де́ньги! Де́нег нет!
— Мо́жет быть, вы их забы́ли в но́мере? Иди́те поищи́те!
— Да в то́м-то и де́ло! Ключе́й от но́мера у меня́ нет. Я не могу́ войти́!
— Сейча́с я вам откро́ю э́тот но́мер и мы с ва́ми пои́щем.
— Спаси́бо. Но понима́ете, у меня́ же рейс че́рез четы́ре часа́.
— Ничего́. Не волну́йтесь. Мы всё найдём.
— Я наде́юсь.

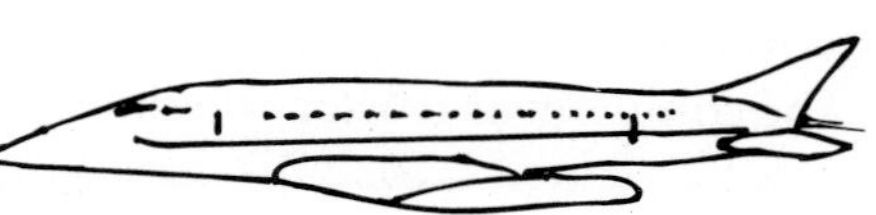

### 5. Я бы хоте́л подтверди́ть биле́т.

— Здра́вствуйте! Я бы хоте́л подтверди́ть свой биле́т. Я за́втра лечу́ в Москву́.
— Так... Рейс 2354. К сожале́нию, э́тот рейс аннули́рован. Сле́дующий рейс бу́дет 23-го.
— А ра́ньше никаки́х ре́йсов нет?
— Нет.
— А по́ездом?
— По́ездом мо́жно. Вот «Кра́сная стрела́» отхо́дит в по́лночь, а к восьми́ утра́ вы в Москве́.
— Прекра́сно!
— Хорошо́. Я позвоню́ на вокза́л, всё узна́ю. Подойди́те че́рез час и всё бу́дет гото́во.

## Между прочим

### Сре́дства сообще́ния

**Желе́зные доро́ги.** The backbone of Russia's transportation infrastructure is its railroads. Trains (**По́езд,** *pl.* **поезда́**) are comfortable and punctual. Most passengers travel from one city to another on overnight sleepers. A train car or **ваго́н** is divided into **купе́** (*indeclinable neuter and pronounced* [купэ́] — *compartments*), with two upper bunks (**ве́рхние места́**), and two lower bunks (**ни́жние места́**). Those who prefer a bit more privacy and are willing to pay double fare can travel in a **спа́льный ваго́н,** with two passengers per **купе́.** On most trains, passengers pay a nominal charge for bed linens (**посте́ль**) and **чай.** Non-sleeper cars (**плацка́рта**) are also available, most commonly on intercity day trains. Travel by train should be thought out in advance. Last minute tickets can be hard to come by, especially in the summer.

**Самолёт.** Plane tickets are easier to get than train tickets, but air travel within Russia is more expensive and less reliable. Delays and cancellations are common. One must confirm and reconfirm airline tickets for non-international flights after each stop-over. The verb is **подтвержда́ть/подтверди́ть биле́т.**

**Междугоро́дный авто́бус.** Intercity bus routes exist, but bad roads often render long-distance bus travel undependable.

**Автосто́п.** Intercity hitchhiking is a risky operation, especially for foreigners traveling without the company of trusted Russian friends.

**Вопро́сы к диало́гам.**

Диало́г 1

1. Где происхо́дит э́тот разгово́р?
2. Кто разгова́ривает?
3. Когда́ прие́хала гру́ппа америка́нских студе́нтов?
4. Ско́лько челове́к в гру́ппе америка́нских студе́нтов?
5. Ско́лько мужчи́н в гру́ппе?
6. Ско́лько же́нщин в гру́ппе?

Диало́г 2

1. Зинаи́да Бори́совна разгова́ривает с руководи́телем америка́нских студе́нтов. Она́ зна́ет, что они́ заброни́ровали 30 мест?
2. У америка́нцев бро́ня на пять дней и́ли на четы́ре дня?
3. Гру́ппа америка́нских студе́нтов уезжа́ет четы́рнадцатого и́ли пятна́дцатого?
4. Гру́ппа неме́цких тури́стов уезжа́ет че́рез не́сколько мину́т и́ли че́рез не́сколько часо́в?
5. Америка́нские студе́нты полу́чат свои́ номера́ сейча́с и́ли когда́ не́мцы уе́дут?

Диало́г 3

1. Кто разгова́ривает с администра́тором гости́ницы?
2. У них не́сколько пробле́м с биле́тами и́ли с номера́ми?
3. Почему́ хо́лодно в три́дцать пе́рвом но́мере?
4. Кого́ вы́зовет администра́тор?
5. Кака́я пробле́ма в со́рок тре́тьем но́мере?
6. Когда́ в э́той гости́нице быва́ет горя́чая вода́?

Диало́г 4

1. Что потеря́л молодо́й челове́к?
2. Почему́ он не мо́жет иска́ть их в но́мере?
3. Когда́ у него́ рейс?

Диало́г 5

1. Молодо́й челове́к хо́чет подтверди́ть свой биле́т. Куда́ он до́лжен лете́ть за́втра?
2. Почему́ он не смо́жет полете́ть туда́ за́втра?
3. Он реша́ет полете́ть послеза́втра и́ли пое́хать на по́езде?

## Давайте поговорим

**А.** **Но́вые слова́ и конте́кст.** Review the dialogs and find the words in the column on the left. Then, using context to help you, pick the definition from the column on the right that best suits each word.

1. бро́ня
2. но́мер
3. ма́стер
4. фо́рточка
5. вокза́л

а. часть окна́
б. меха́ник
в. зда́ние для обслу́живания пассажи́ров поездо́в
г. ко́мната в гости́нице
д. зарезерви́рованное ме́сто в гости́нице

**Б.** **Но́вые слова́ и ко́рни.** You can guess the general meaning of many Russian verbs if you recognize the root. We have highlighted the root in the verbs below. In each case jot down a word you know that looks like the highlighted part of the verb.

1. вы́**ясн**ить
2. за**брон**и́ровать
3. у**зна́ть**
4. под**тверд**и́ть (**твёрд**ый знак)

Now review the use of these verbs in the dialogs and match each verb with the appropriate English translation.

a. to clear up
b. to confirm
c. to find out
d. to reserve

**В.** **Глаго́лы с части́цей -ся.** Review the dialogs and find six verbs with the reflexive ending **-ся (-сь).** Then use context to help you match each verb with one of the definitions below.

1. agree
2. close
3. concern
4. fear
5. hope
6. worry

**Г.** **Подгото́вка к разгово́ру.** Review the dialogs. How would you do the following?

1. Say that you have just arrived in town.
2. Say that you jotted down someone's name.
3. Say that you have reserved a room for five (two, ten) days.
4. Say you are leaving on the 15th (22nd, 10th).
5. Ask what is the matter.
6. Complain that the window doesn't close (there's no hot water, your TV doesn't work, the elevator is not working).
7. Ask someone to help you.
8. Say that you have lost your documents (passport, visa, money, keys, plane ticket).
9. Say that your flight leaves in four hours (25 minutes, 2 hours).
10. Say that you want to confirm your plane ticket.
11. Ask if your flight has been canceled.
12. Ask if there are any earlier flights.
13. Ask if you can go to Moscow by train.
14. Say that your train leaves at midnight (in 4 hours, tomorrow).

**Д.** **Игровы́е ситуа́ции.**

1. You are leading a group of foreign students in Russia. You are arranging travel for the group through a private travel agency. There are 9 men in the group and 21 women. Tell the agent how many people are in the group and that you want only single and double rooms. Also find out if there are TVs in the rooms.
2. You have arrived at the hotel the agent booked only to find out that the hotel does not have a record of your reservation. The agent gave you the name of the person she talked to: **Мари́я Льво́вна Воскресе́нская.** Get the situation straightened out.
3. You have just checked into your hotel room and discovered the TV doesn't work. Ask the hotel staff to call a repairman or put you in a different room.
4. You have just checked out of your hotel and find that your passport is missing. You may have left it in your room. Explain the situation and get the staff to let you into the room.
5. It is May 9. Go to an airline office to confirm your flight to **Ни́жний Но́вгород** on May 12. Find out when you should arrive at the airport and how much luggage you can take on board with you.
6. With a partner, prepare and act out a situation of your own that deals with the topics of this unit.

**Е. Устный перево́д.** You are living and studying in Russia. Another English speaker, whose Russian is considerably worse than yours, is very unhappy with her/his room and would like to talk it over with the dormitory director. You have agreed to interpret for them.

ENGLISH SPEAKER'S PART

1. Good afternoon. I'd like to talk to you about my room.
2. Well, the thing is, I was told I would have a TV and a refrigerator.
3. I made the arrangements with Ivan Semyonovich. He told me I would have two rooms, a refrigerator, and a TV. I've got a letter from him here to that effect.
4. Well, I can do without a second room. Can't you just move a TV and refrigerator into my room? I see them in the hallways on every floor.
5. Well, what do you suggest then? As you can see from the letter, I paid extra for a TV and a refrigerator.
6. All right. I guess I'll have to live with that. Thanks for your time.

**Ж. Моноло́г.** Tell about a memorable trip you have taken. Talk about how you got there, where you stayed, and what you did. Make your talk as interesting as possible, while still staying within the bounds of the Russian you know.

## Давайте почитаем

**Знако́мство с Califóрнией.**

**А. О чём идёт речь?** Ва́ши знако́мые Ко́ля и Ма́ша пришли́ к вам посове́товаться. Они́ вам даю́т э́ту рекла́му и спра́шивают, сто́ит ли записа́ться на э́ту экску́рсию. Пре́жде чем отве́тить, прочита́йте информа́цию. Узна́йте:

1. Ско́лько дней тури́сты бу́дут в США?
2. В каки́х города́х побыва́ют тури́сты?
3. Каки́е достопримеча́тельности* они́ смо́гут посмотре́ть в ка́ждом го́роде?
4. Что бу́дут де́лать тури́сты в го́роде Бо́рстоу?
5. Что плани́руется для тури́стов в Сан-Франци́ско?
6. Ва́ши знако́мые Ко́ля и Ма́ша хотя́т поеха́ть в ма́ленькой гру́ппе. Они́ гото́вы жить вме́сте в одно́м но́мере. Ско́лько им на́до бу́дет заплати́ть за экску́рсию?
7. За что на́до заплати́ть дополни́тельно*?

* **достопримеча́тельности** — *sights;* **дополни́тельно** — *additionally*

## ЗНАКОМСТВО С КАЛИФОРНИЕЙ
## 11 ДНЕЙ / 10 НОЧЕЙ

Турагентство "ИНГЕОКОМ ТУР КОНСАЛТИНГ"

**1 день.** Воскресенье. ЛОС-АНДЖЕЛЕС. Прибытие в аэропорт, встреча с русскоговорящим сопровождающим. Трансфер в отель "PACIFIC SHORE". Размещение в отеле.

**2 день.** Понедельник. Завтрак в ресторане отеля. Обзорная экскурсия по городу, с посещением[1] "UNIVERSAL STUDIOS" в сопровождении русскоговорящего гида.

**3 день.** Вторник. Завтрак в ресторане отеля. Посещение "DISNEY LAND".

**4 день.** Среда. ЛАС-ВЕГАС. Завтрак в ресторане отеля. Переезд из ЛОС-АНЖЕЛЕСА в город-казино ЛАС-ВЕГАС, с остановкой в городе БОРСТОУ в шоппинг-центре, где расположены филиалы[2] 95 самых известных[3] магазинов. Прибытие в ЛАС-ВЕГАС. Размещение в отеле "EXCALIBUR & CASINO".

**5 день.** Четверг. ГРАНД КАНЬОН. Завтрак в ресторане отеля. Экскурсия на целый день в ГРАНД КАНЬОН (это захватывающее однодневное путешествие, включающее полёт над ГРАНД КАНЬОНОМ на самолете на расстояние 400 миль, приземление в аэропорту ГРАНД-КАНЬОНА и автобусная экскурсия по южному кольцу (SOUTH RIM) и индейским поселениям[4]. Возвращение[5] в отель.

**6 день.** Пятница. ФРЕСНО, "КАЛИКО ГОУСТ ТАУН" Завтрак в ресторане отеля. Переезд из ЛАС-ВЕГАСА в город ФРЕСНО, с посещением "КАЛИКО ГОУСТ ТАУН" — маленького городка построенного на старых золотоносных шахтах, восстановленных под старину[6] с театрализованным представлением. Прибытие в г. ФРЕСНО. Размещение в отеле "HOLIDAY INN CENTRE PLAZA".

**7 день.** Суббота. САН-ФРАНЦИСКО. Завтрак в ресторане отеля. Переезд из ФРЕСНО в САН-ФРАНЦИСКО через национальный парк "ЙОЗЕМИТ". Прибытие в САН-ФРАНЦИСКО. Размещение в отеле "SHANNON COURT HOTEL".

**8 день.** Воскресенье. Завтрак в ресторане отеля. Обзорная экскурсия по городу с русскоговорящим гидом. Экскурсия закончится на знаменитом[7] 39-ом пирсе, где Вашему вниманию будет предложен[8] широкий выбор экзотических блюд в рыбных ресторанах. Те, кто не проголодался, могут совершить прогулку[9] по маленьким сувенирным магазинчикам, посмотреть красивые окрестности[10]. Через два часа все желающие поужинают в китайском ресторане отеля.

**9 день.** Понедельник. Завтрак в отеле. Свободное время.

**10 день.** Вторник. ГАМБРИЯ. Завтрак в ресторане отеля. Переезд из САН-ФРАНЦИСКО в город ГАМБРИЯ (город художественных галерей, магазинов и ресторанов, парков и пляжей) по знаменитой "дороге длиной в 17 миль" через город МОНТЕРЕЙ (бывшая столица Калифорнии). Размещение в отеле "CAMBRIA PINES LODGE".

**11 день.** Среда. САНТА-БАРБАРА. Завтрак в ресторане отеля. Переезд из ГАМБРИИ в САНТА-БАРБАРУ. Обзорная экскурсия по городу. Трансфер в аэропорт г. ЛОС-АНДЖЕЛЕС. Вылет в Москву.

[1]*visit* [2] *branch (of a store)* [3]*well-known* [4]*settlement* [5]*return* [6]восстанóвленных под старинý — *restored to look like olden times* [7]*famous* [8]вáшему внимáнию бýдет предлóжен — *you will be offered* [9]совершúть прогýлку — *to take a stroll* [10]*surrounding areas*

| Тип номера | ЦЕНА С ЧЕЛОВЕКА: При группе от 10 человек | При группе от 20 человек |
|---|---|---|
| Одноместный номер | $ 3.160,00 | $ 2.810,00 |
| Двухместный номер | $ 2.830,00 | $ 2.475,00 |
| Дети до 12 лет с двумя родителями | $ 1.385,00 | $ 1.385,00 |

**В ЦЕНУ ВКЛЮЧЕНО:**

- Проживание в двухместных номерах в ★★★ отелях
- Завтраки
- Ужин в китайском ресторане в Сан-Франциско
- Все переезды, трансферы и экскурсии на современных автобусах
- Входные билеты на все вышеперечисленные экскурсии
- Ассистент/переводчик/координатор на протяжении всей поездки
- Авиаперелёт по маршруту Москва—Лос-Анджелес—Москва прямым рейсом авиакомпании "Трансаэро"

**НЕ ВКЛЮЧЕНО В ПРОГРАММУ:**

- Стоимость визы в цену не включена, на год она составляет $170,00. Мы поможем в получении визы и консультации
- Медицинская страховка на этот период составит $22,50

**Б. Ва́ше мне́ние.** Да́йте ва́ше мне́ние об э́той экску́рсии. Каки́е предложе́ния соотве́тствуют ва́шему мне́нию? Почему́ вы так ду́маете?

ДА и́ли НЕТ?

1. Тури́стам, наве́рное, бу́дет интере́сно посмотре́ть, как де́лают фи́льмы в США.
2. Это хоро́шая пое́здка, потому́ что тури́сты пое́дут в Диснейле́нд.
3. Тури́сты в э́той гру́ппе, наве́рное, бу́дут игра́ть в руле́тку.
4. Гру́ппа познако́мится с америка́нскими инде́йцами.
5. Восьмо́й день (Сан-Франци́ско) — са́мый интере́сный.
6. Наве́рное, бу́дет вре́мя для се́рфинга.
7. Тури́сты бу́дут жить в о́чень комфорта́бельных гости́ницах.
8. Эта пое́здка о́чень дёшево сто́ит.
9. У тури́стов в э́той гру́ппе бу́дет мно́го свобо́дного вре́мени.
10. На э́той экску́рсии мо́жно посмотре́ть почти́ всё, что в Калифо́рнии сто́ит посмотре́ть.

**В. Words from roots.**

**бы́вший** — *former* ← **был**
**вы́лет** — *departure by plane.* The root **лёт** has to do with flying (cf. **самолёт** — *plane*). The prefix **вы-** usually means *out.* See **полёт** below.
**золотоно́сный** — *gold-bearing.* What then are **золотоно́сные ша́хты**?
**пое́здка** ← **по + е́здить**
**прожива́ние** ← **жив.** What then does the phrase **прожива́ние в оте́ле** mean?
**полёт** — *flight.* The root **лёт** has to do with flying. Cf. **самолёт** — *plane.* Note above **вы́лет** — *plane departure.*
**приземле́ние** — *landing* ← **при** — *arriving;* **земля́** — *land* or *earth.*
**проголода́ться** ← **голо́дный** — *hungry.* What then does the verb mean?
**размеще́ние** ← ме́сто What then does the phrase **размеще́ние в оте́ле** mean?
**расстоя́ние** — *distance:* **рас** — *apart* (*dis-*); **стоя́ть** — *stand;* **стоя́ние** — *stance*
**совреме́нный** ← **со + вре́мя** — *con + temp* What is the English equivalent?

**Г. Сино́нимы.**

сто́имость = цена́
прибы́тие = прие́зд
перее́зд = трансфе́р
це́лый = весь
городо́к (чего́ — городка́) = небольшо́й го́род
оте́ль = гости́ница. Find the word **оте́ль** in the text. What gender is it and how can you tell?
располо́жен, располо́жена, располо́жено, располо́жены = нахо́дится, нахо́дятся

**Д. Number compounds.**

1. **однодне́вный** — In what context is **однодне́вная экску́рсия** used?
2. **двухме́стный** — What is **прожива́ние в двухме́стных номера́х?** (*Hint:* Would it be more desirable/expensive to feature **прожива́ние в одноме́стных номера́х** or **трёхме́стных номера́х?** Is there even such a thing as **трёхме́стные номера́** in American hotels?)

**Е. Но́вые слова́ по конте́ксту.** In which contexts did you find these new words?

1. **включено́** (and other forms) — Judging from what is talked about, what does this word mean? *Hint:* the word begins with the prefix **в-**. What does the English equivalent start with?
2. **маршру́т** — It may look like "march route," but look at the context. What is a better English equivalent?
3. **рейс: прямо́й рейс** — You know that **пря́мо** means *straight* or *direct*. By what means are you traveling if your plane is going **прямы́м ре́йсом**?
4. **составля́ть/соста́вить** shows up twice in the last section of this announcement. What does the context suggest about its meaning?
5. **страхо́вка** — Before going on a foreign trip, it is wise to get **медици́нская страхо́вка.** If you plan to drive, you should get **автомоби́льная страхо́вка.** What then is **страхо́вка**?

**Ж. Verbal adjectives** are adjectives made from verbs. The forms in the phrases below are **present active verbal adjectives.** They often correspond to English verbal adjectives ending in *-ing* and mean *who* or *which does something*.

| | |
|---|---|
| встре́ча с **русскоговоря́щим** ги́дом | a meeting with a *Russian-speaking* guide (a guide who speaks Russian) |
| путеше́ствие, **включа́ющее** полёт... | travel *including* a flight (travel which includes a flight) |

As you can see, these verbal adjectives can precede or follow the noun they modify. Like all adjectives, these forms agree in gender, number, and case with the noun they modify.

**Verbal adjectives that function as nouns.** Many verbal adjectives are used alone. You can assume that the missing noun is **челове́к:**

| | |
|---|---|
| В гости́нице бы́ло мно́го **отдыха́ющих.** | There were many *vacationing [people]* (vacationers) in the hotel. |
| Мы с сестро́й **ве́рующие.** | My sister and I are *believers* (**ве́ровать** — *to believe in*) |

Knowing this, figure out what the following expressions mean.

1. ... встре́ча с ру́сскоговорящим **сопровожда́ющим** (**сопровожда́ть** — *to accompany*)
2. Все **жела́ющие** поу́жинают в кита́йском рестора́не оте́ля́. (**жела́ть** — *to desire*)

**Formation.** Replace **-т** in the **они́** form of the verb with **-щ-** and add the appropriate adjectival ending.

Now return to the text and find the present active verbal adjectives for these verbs.

3. **говори́ть** — *to speak*
4. **сопровожда́ть** — *to accompany*
5. **захва́тывать** — *to grip*
6. **включа́ть** — *to include*
7. **жела́ть** — *to wish, to desire*

**3. Обзо́рное упражне́ние по словарю́.** Now see if you can use some of the new expressions from this text to ask some questions pertinent to a typical tour. You may have to recombine some of the elements from the brochure.

1. Will we have a Russian-speaking guide?
2. Is the cost of a visa included in the price?
3. How much does medical insurance come to?
4. How much does a stay in a double-room cost? How much does a single cost?
5. Is there a wide assortment of dishes on the menu at the hotel restaurant?
6. When is the plane departure?
7. Do we have a direct flight?
8. Is our itinerary San Francisco — New York — Moscow?
9. *What other questions could you ask, based on what you learned in this brochure?*

## Давайте послушаем

**В аэропорту́.** Разгова́ривают два знако́мых.

1. Где происхо́дит э́тот разгово́р?
2. Кто разгова́ривает?
3. Кто э́ти лю́ди по национа́льности?
4. Каки́е у них пла́ны?
5. Посмотри́те карти́ны. Реши́те, что случи́лось в тече́ние разгово́ра и в како́м поря́дке. Now look at the pictures and decide which illustrate things that happen in the course of the conversation. Once you have eliminated the "false" pictures, arrange the remaining pictures in their correct order.

6. Запо́лните про́пуски.

а. | бага́ж - биле́ты - ко́фе - поса́дки - рейс |

— То́лько что объяви́ли наш ___. Мо́жет быть, пойдём регистри́ровать ___.
— Заче́м спеши́ть. До ___ оста́лся час. Пойде́м лу́чше ___ пить.
— Но мы должны́ сдать ___.
— Ты, коне́чно, прав.

б. | за биле́том - после́дний |

— Кто здесь ___?
— Я.
— Вы ___ стои́те?
— Да.

в. | друзе́й - междугоро́дный телефо́н-автома́т - молодо́й челове́к - рейс |

— Ой, рейс заде́рживается[1] на два часа! Я пойду́ звони́ть, что́бы предупреди́ть[2] ___. ___, вы бу́дете стоя́ть?
— Да.
— А вы не зна́ете, где ___?

г. | пройти́ - подхо́дит |

— Как хорошо! ___ на́ша очередь[3]!
— Молодо́й челове́к! У вас америка́нский па́спорт! Вы не в ту о́чередь[3] ста́ли. Вам на́до ___ в зал Интури́ста.

д. | мест - ме́ста |

— Ско́лько у вас ___?
— Я сдаю́ два ___.

е. | шу́тка[4] - шу́тят[5] |

— Молодо́й челове́к! О таки́х веща́х не ___!
— Извини́те, пожа́луйста! Это была́ плоха́я ___.

[1]*is late* [2]*warn* [3]*turn in line;* [4]*joke (noun)* [5]*joke (verb)*

# В помощь учащимся

## 5.1 Expressing Dates

You know how to ask *In which month?* (**В како́м ме́сяце?**) and how to tell in what month an event takes place (the preposition **в** followed by the name of the month in the prepositional case).

| | |
|---|---|
| **В како́м ме́сяце** вы бу́дете в Москве́? | *In what month* will you be in Moscow? |
| На́ша гру́ппа бу́дет в Москве́ **в ма́е.** | Our group will be in Moscow *in May.* |
| Мы уезжа́ем **в ию́не.** | We leave *in June.* |

To ask *On what date?* use the question **Како́го числа́?**

| | |
|---|---|
| **Како́го числа́** вы приезжа́ете? | *On what date* are you arriving? |

To indicate a precise date on which an event takes place, use the genitive case of both the date and the month.

| | |
|---|---|
| Мы приезжа́ем **оди́ннадцатого ма́я** и уезжа́ем **пятна́дцатого.** | We're arriving *on the eleventh of May* and leaving *on the fifteenth.* |

If the year is included, it is also expressed in the genitive case.

| | |
|---|---|
| Мы перее́хали **тре́тьего апре́ля (ты́сяча девятьсо́т) девяно́сто пе́рвого го́да.** | We moved *on April 3, 1991.* |

To give the year alone, though (not after the month or the date and month), use **в** plus the prepositional case.

| | |
|---|---|
| Мы перее́хали **в (ты́сяча девятьсо́т) девяно́сто пе́рвом году́.** | We moved *in 1991.* |

| в како́м ме́сяце? | како́го числа́? | | |
|---|---|---|---|
| в январе́<br>в феврале́<br>в ма́рте<br>в апре́ле<br>в ма́е<br>в ию́не<br>в ию́ле<br>в а́вгусте<br>в сентябре́<br>в октябре́<br>в ноябре́<br>в декабре́ | пе́рвого<br>второ́го<br>тре́тьего<br>четвёртого<br>пя́того<br>шесто́го<br>седьмо́го<br>восьмо́го<br>девя́того<br>деся́того<br>оди́ннадцатого<br>двена́дцатого<br>↓<br>девятна́дцатого<br>двадца́того<br>два́дцать пе́рвого<br>↓<br>два́дцать девя́того<br>тридца́того<br>три́дцать пе́рвого | января́<br>февраля́<br>ма́рта<br>апре́ля<br>ма́я<br>ию́ня<br>ию́ля<br>а́вгуста<br>сентября́<br>октября́<br>ноября́<br>декабря́ | 1972-о́го го́да<br>↓<br>1984-о́го го́да<br>↓<br>1997-о́го го́да<br>↓<br>двухты́сячного го́да<br>↓<br>две ты́сячи пя́того го́да |

## *Упражнения*

**А.** **Бро́ни тури́стов.** Olga Mikhailovna takes the reservations for foreign groups coming to the hotel where she works. Look at her notes below, and create sentences telling when the various groups are scheduled to arrive and to leave.

Образе́ц: **япо́нцы — 20.8-22.8** →
*Япо́нская гру́ппа приезжа́ет двадца́того а́вгуста и уезжа́ет два́дцать второ́го.*

**Б. Ру́сские писа́тели.** Прочита́йте вслух.

1. Никола́й Миха́йлович Карамзи́н роди́лся в 1766 г. Он у́мер в 1826 г.
2. Алекса́ндр Серге́евич Пу́шкин роди́лся в 1799 г. Он у́мер в 1837 г.
3. Ива́н Серге́евич Турге́нев роди́лся в 1818 г. Он у́мер в 1883 г.
4. Фёдор Миха́йлович Достое́вский роди́лся в 1821 г. Он у́мер в 1881 г.
5. Лев Никола́евич Толсто́й роди́лся в 1828 г. Он у́мер в 1910 г.

**В. Ру́сские писа́тели.** Отве́тьте на вопро́сы. Посмотри́те информа́цию в упражне́нии Б.

1. В како́м году́ роди́лся Карамзи́н?
2. В како́м году́ роди́лся Пу́шкин?
3. В како́м году́ роди́лся Турге́нев?
4. В како́м году́ роди́лся Достое́вский?
5. В како́м году́ роди́лся Толсто́й?

**Г. Ру́сские цари́.** Прочита́йте вслух.

1. Импера́тор Иван Гро́зный роди́лся в 1530 г. Он у́мер в 1584 г.
2. Импера́тор Пётр Вели́кий роди́лся 1672 г. Он у́мер в 1725 г.
3. Императри́ца Анна Ива́новна родила́сь в 1693 г. Она́ умерла́ в 1740 г.
4. Императри́ца Елизаве́та Петро́вна родила́сь в 1709 г. Она́ умерла́ в 1762 г.
5. Императри́ца Екатери́на II (Втора́я) родила́сь в 1729 г. Она́ умерла́ в 1796 г.
6. Импера́тор Алекса́ндр II (Второ́й) роди́лся в 1818 г. и у́мер в 1881 г.

**Д. Ру́сские цари́.** Отве́тьте на вопро́сы. Посмотри́те информа́цию в упражне́нии Г.

1. В како́м году́ роди́лся Ива́н Гро́зный?
2. В како́м году́ роди́лся Пётр Вели́кий?
3. В како́м году́ родила́сь Анна?
4. В како́м году́ родила́сь Елизаве́та?
5. В како́м году́ родила́сь Екатери́на II (Втора́я)?
6. В како́м году́ роди́лся Алекса́ндр II (Второ́й)?

**Е. Дни рожде́ния.** Отве́тьте на вопро́сы.

1. Како́го числа́ вы родили́сь?
2. Како́го числа́ родила́сь ва́ша мать?
3. А ваш оте́ц?
4. Когда́ родили́сь ва́ши бра́тья и сёстры?
5. Когда́ родила́сь ва́ша жена́ (роди́лся ваш муж)?
6. Когда́ родили́сь ва́ши де́ти?

**Ж. Погóда.** Отвéтьте на вопрóсы.

1. В какóм мéсяце у вас бывáет сáмая жáркая погóда?
2. В какóм мéсяце у вас бывáет сáмая холóдная погóда?
3. В какóм мéсяце у вас бывáет сáмая чудéсная погóда?
4. В какúх мéсяцах у вас бывает снег?
5. В какúх мéсяцах у вас бывáет дождь?

➢ ***Complete Oral Drill 1 and Written Exercises 1–2 in the Workbook.***

## 5.2 Genitive Plural of Modifiers and Nouns

### USES

1. The genitive case is used after the prepositions **у, без, до, пóсле, из, от, с** (when it means *from*), and **напрóтив**.

| | |
|---|---|
| У **моегó брáта** есть телевúзор. | *My brother has* a television. |
| Мы **из Амéрики.** | We are *from America.* |

2. The genitive case is used after **нет, нé было,** and **не бýдет** to indicate absence or nonexistence.

| | |
|---|---|
| У нас **нет машúны.** | We *don't have a car.* |
| У нас **нé было машúны.** | We *didn't have a car.* |
| У нас **не бýдет машúны.** | We *won't have a car.* |

3. The genitive case is used to express possession (*'s*) or *of.*

| | |
|---|---|
| Это кнúга **нáшей сосéдки.** | This is *our neighbor's* book. |

4. The genitive case is used after numbers.

• genitive *singular* noun after numbers ending in **два (две), три,** or **четы́ре.**

| | |
|---|---|
| У Ивáна **две сестры́.** | Ivan has *two sisters.* |
| Онú купúли **трúдцать четы́ре журнáла.** | They bought *thirty-four magazines.* |

• genitive *plural* after numbers that end in some way other than **одúн (однá, однó), два (две), три,** or **четы́ре.** This includes the numbers 5–20, 25–30, 35–40, and so on, as well as numbers denoting hundreds (100, 200, 300, . . .), thousands (1000, 2000, . . .), etc.

| | |
|---|---|
| У Джóна **пять сестёр.** | John has **five sisters.** |
| Онú купúли **трúдцать журнáлов.** | They bought **thirty magazines.** |

5. The genitive case is used after the words **ско́лько** — *how many, how;* **мно́го** — *many, a lot;* **не́сколько** — *a few;* and **ма́ло** — *a few, too little.*

- genitive *singular* of nouns denoting things that are not counted (e.g., milk, sugar, time); **не́сколько** is not used with such nouns.

| | |
|---|---|
| **Ско́лько молока́** мне купи́ть? | *How much milk* should I buy? |
| Здесь **мно́го воды́.** | There's *a lot of water* here. |
| У нас **ма́ло вре́мени.** | We have *little time.* |

- genitive *plural* of nouns denoting things that can be counted (e.g., books, students, questions).

| | |
|---|---|
| **Ско́лько** у вас **студе́нтов?** | *How many students* do you have? |
| У меня́ **мно́го книг.** | I have *a lot of books.* |
| У нас **не́сколько вопро́сов.** | We have *a few questions.* |
| В э́том го́роде **ма́ло гости́ниц.** | This town has *(too) few hotels.* |

## *Упражнение*

**A.** Reread the dialogs in this unit, and find all the words in the genitive case. In each instance, explain why the genitive case is used, and tell whether the word is singular or plural.

## FORMS: GENITIVE PLURAL OF NOUNS

The genitive plural of nouns involves three possible endings: a zero ending (-∅), **-ей**, and **-ов** (sometimes spelled **-ёв** or **-ев**).

**I.** ***Ending in Nominative Singular*** → ***No Ending in Genitive Plural***

Most nouns that have an ending in the nominative singular have no ending in the genitive plural.

| NOMINATIVE SINGULAR | | GENITIVE PLURAL |
|---|---|---|
| **ending** | → | **no ending** |
| кни́г - а | | книг |
| гости́ниц - а | | гости́ниц |
| мину́т - а | | мину́т |
| библиоте́к - а | | библиоте́к |
| же́нщин - а | | же́нщин |
| мужчи́н - а | | мужчи́н |
| ме́ст - о | | мест |
| о́тчеств - о | | о́тчеств |
| окн - о́ | | о́кон* |
| письм - о́ | | пи́сем* |

* When the resulting word ends in two consonants, sometimes a fill vowel is added. See pp. 161-162.

If the noun in the nominative singular ends in a consonant followed by **я,** the genitive plural form will end in a **-ь.** This indicates that the noun stem remains soft. The exceptions are the genitive plurals of the words **пéсня (пéсен)** and **спáльня (спáлен.)**

| NOMINATIVE SINGULAR | | GENITIVE PLURAL |
|---|---|---|
| **ending** | → | **no ending** |
| недéл - я | | недéль |
| кýхн - я | | кýхонь* |
| дерéвня | | деревéнь* |

* When the resulting word ends in two consonants, sometimes a fill vowel is added. See pp. 161-162.

If the noun in the nominative singular ends in **-ия** or **-ие,** the genitive plural form will end in **-ий.** This indicates that the [y] sound at the beginning of the **я** or **е** is part of the stem, and remains even after the ending (the **а** or **э** sound) is removed:

| NOMINATIVE SINGULAR | | GENITIVE PLURAL |
|---|---|---|
| **ending** | → | **no ending** |
| лéкци - я | | лéкций |
| лабораторúи - я | | лабораторий |
| фотогрáфи - я | | фотогрáфий |
| традúци - я | | традúций |
| здáни - е | | здáний |
| упражнéни - е | | упражнéний |
| произведéни - е | | произведéний |
| занáти - е | | занáтий |

## *Упражнение*

**А. Сколько...?**

Образе́ц: **кни́га** → *Ско́лько здесь книг?*

1. кассе́та
2. ла́мпа
3. газе́та
4. маши́на
5. видеокассе́та
6. ме́сто
7. сло́во
8. фотогра́фия
9. упражне́ние
10. лаборато́рия
11. общежи́тие
12. зда́ние
13. ку́хня
14. же́нщина
15. мужчи́на

➢ *Complete Oral Drill 2 in the Workbook.*

**Fill Vowels.** If dropping the ending to make the genitive plural results in a word that ends in two consonants, a *fill vowel* (**о, е,** or **ё**) is often added.

In most instances, use **о** as the fill vowel.

| NOMINATIVE SINGULAR | | GENITIVE PLURAL |
|---|---|---|
| **ending** | → | **no ending** |
| окн - о́ | | о́кон |
| сосе́дк - а | | сосе́док |
| студе́нтк - а | | студе́нток |
| ма́рк - а | | ма́рок |
| блу́зк - а | | блу́зок |
| ю́бк - а | | ю́бок |
| ша́пк - а | | ша́пок |
| су́мк - а | | су́мок |
| ку́хн - я | | ку́хонь |

Write **е** instead of **о** when necessary in order to avoid breaking the 5-letter spelling rule.

| NOMINATIVE SINGULAR | | GENITIVE PLURAL |
|---|---|---|
| **ending** | → | **no ending** |
| вну́чк - а | | вну́чек |
| ба́бушк - а | | ба́бушек |
| де́душк - а | | де́душек |
| де́вушк - а | | де́вушек |
| де́вочк - а | | де́вочек |
| ру́чк - а | | ру́чек |

Use the fill vowel **е** if the last consonant is preceded by **й** or **ь** (note that **е** *replaces* **й** or **ь**).

| NOMINATIVE SINGULAR | | GENITIVE PLURAL |
|---|---|---|
| **ending** | → | **no ending** |
| копе́йк - а | | копе́ек |
| письм - о́ | | пи́сем |

Some other words take the fill vowel **е** (**ё** when stressed).

| NOMINATIVE SINGULAR | | GENITIVE PLURAL |
|---|---|---|
| **ending** | → | **no ending** |
| сестр - а́ | | сестёр |
| кре́сл - о | | кре́сел |
| дере́вн - я | | дереве́нь |
| пе́сн - я | | пе́сен |

## *Упражнение*

**А. Запо́лните про́пуски: о - е - ё**

1. мно́го сест___р
2. пять пи́с__м
3. шесть кана́д___к
4. ско́лько студе́нт___к
5. не́сколько де́душ___к
6. де́сять руба́ш___к
7. ско́лько ма́___к
8. два́дцать ок___н
9. мно́го де́воч___к
10. ма́ло вну́ч___к

➢ *Complete Oral Drill 3 in the Workbook.*

### II. *No Ending in Nominative Singular* → *Ending in Genitive Plural*

Most nouns that have no ending in the nominative singular have an ending in the genitive plural.

## Genitive Plural Ending -ей

If the nominative singular of the noun ends in **ь, ж, ш, щ,** or **ч,** the genitive plural ending is **-ей.** Drop the **ь** before adding this ending.

| NOMINATIVE SINGULAR | | GENITIVE PLURAL |
|---|---|---|
| **no ending** | → | **ending** |
| **ь, ж, ш, щ, ч** *last letter* | → | **-ей** |
| ру́бль | | рубл - е́й |
| слова́рь | | словар - е́й |
| па́рень | | парн - е́й |
| преподава́тель | | преподава́тел - ей |
| руководи́тель | | руководи́тел - ей |
| за́пись | | за́пис - ей |
| вещь | | вещ - е́й |
| мать | | матер - е́й* |
| дочь | | дочер - е́й* |
| муж | | муж - е́й |
| гара́ж | | гараж - е́й |
| эта́ж | | этаж - е́й |
| каранда́ш | | карандаш - е́й |
| плащ | | плащ - е́й |
| врач | | врач - е́й |

* Recall that the words **мать** and **дочь** have the longer stems **матер**- and **дочер**- everywhere but the nominative singular and the accusative singular.

## *Упражнение*

**А. Здесь нет...**

Образе́ц: **слова́рь** → *Здесь нет словаре́й.*

1. преподава́тель
2. руководи́тель
3. ключ
4. анса́мбль
5. по́весть
6. гара́ж
7. мяч
8. каранда́ш
9. плащ

➢ *Complete Oral Drills 4–5 in the Workbook.*

### Genitive Plural Ending -ов (-ев, -ёв)

If the nominative singular ends in any other consonant, the genitive plural ending is **-ов** (spelled **-ёв** if soft and stressed, **-ев** if soft and not stressed or in order to avoid breaking the 5-letter spelling rule).

| NOMINATIVE SINGULAR | | GENITIVE PLURAL | |
|---|---|---|---|
| **no ending** | → | **ending** | |
| *word ends in consonant other than* **ж, ш, щ, ч** | → | **-ов (-ёв, -ев)** | |
| час | | час - о́в | |
| до́ллар | | до́ллар - ов | |
| студе́нт | | студе́нт - ов | |
| журна́л | | журна́л - ов | |
| магази́н | | магази́н - ов | |
| фильм | | фи́льм - ов | |
| америка́нец | | америка́нц - ев | 5-letter spelling rule |
| ме́сяц | | ме́сяц - ев | 5-letter spelling rule |
| музе́й | | музе́ - ев | soft stem |

## *Упражнение*

**А. Здесь нет...**

Образе́ц: **учéбник** → *Здесь нет учéбников.*

1. телеви́зор
2. кассе́тник
3. докуме́нт
4. фотоаппара́т
5. магнитофо́н
6. костю́м
7. сви́тер
8. га́лстук
9. не́мец
10. америка́нец
11. студе́нт
12. профе́ссор
13. универма́г
14. музе́й
15. ры́нок

➢ ***Complete Oral Drills 6–7 in the Workbook.***

### III. *Special Cases and Exceptions*

For words with no nominative singular form (e.g., **де́ньги, брю́ки**), the genitive plural form cannot be simply predicted. Russian dictionaries always give the genitive plural form of such words (and of many other words as well). Here are the genitive plurals of words you know that usually appear only in the plural.

| NOMINATIVE PLURAL | GENITIVE PLURAL |
|---|---|
| де́ньги | де́нег |
| роди́тели | роди́телей |
| де́ти (*sg.* ребёнок) | детей |
| лю́ди (*sg.* челове́к) | людей |
| брю́ки | брюк |
| джи́нсы | джи́нсов |
| ту́фли (*sg.* ту́фля) | ту́фель |
| носки́ (*sg.* носо́к) | носко́в |
| сапоги́ (*sg.* сапо́г) | сапо́г |
| перча́тки (*sg.* перча́тка) | перча́ток |
| ва́режки (*sg.* ва́режка) | ва́режек |
| очки́ | очко́в |
| кани́кулы | кани́кул |
| о́вощи | овоще́й |
| фру́кты | фру́ктов |

The genitive plural of a number of other words is special and should be memorized.

| NOMINATIVE SINGULAR | NOMINATIVE PLURAL | GENITIVE PLURAL |
|---|---|---|
| и́мя | имена́ | имён |
| семья́ | се́мьи | семе́й |
| сын | сыновья́ | сынове́й |
| дя́дя | дя́ди | дя́дей |
| тётя | тёти | тётей |
| мо́ре | моря́ | море́й |
| друг | друзья́ | друзе́й |
| сосе́д | сосе́ди | сосе́дей |
| брат | бра́тья | бра́тьев |
| стул | сту́лья | сту́льев |
| пла́тье | пла́тья | пла́тьев |
| пе́сня | пе́сни | пе́сен |
| спа́льня | спа́льни | спа́лен |

## *Упражнение*

**A. У нас не́ было…**

Образе́ц: **фру́кты** → *У нас не́ было фру́ктов.*

1. о́вощи
2. пла́тья
3. перча́тки
4. джи́нсы
5. сту́лья
6. де́ньги
7. друзья́
8. сосе́ди
9. очки́
10. брю́ки
11. кани́клы
12. ту́фли

➢ *Complete Oral Drills 8–9 in the Workbook.*

## SUMMARY CHART OF GENITIVE PLURAL NOUNS

| | | |
|---|---|---|
| *ending in nominative singular is* **а, я, о, ё,** *or* **е** | газе́т - ∅<br>неде́ль - ∅<br>лаборато́рий - ∅<br>мест - ∅<br>пи́сем - ∅ | - ∅ |
| *last letter in nominative singular is* **ь, ж, ш, щ,** *or* **ч** | портфе́л - ей<br><br>матер - е́й<br>гараж - е́й | **-ей** |
| *last letter in nominative singular is consonant other than* **ж, ш, щ,** *or* **ч** | журна́л - ов<br>америка́нц - ев<br>трамва́ - ев | **-ов**<br>**-ёв**<br>**-ев** |

Recall that nouns of foreign origin that end in **-о, -и,** or **-у** are indeclinable. They look the same in the genitive plural as in the nominative singular and every other case.

## FORMS: GENITIVE PLURAL OF MODIFIERS

The genitive ending for all plural modifiers is **-ых** (spelled **-их** for soft-stem modifiers and if necessary to avoid breaking the 7-letter spelling rule).

| ADJECTIVES | | NOUNS | |
|---|---|---|---|
| нóв - ых | **-ых** | газéт | - ∅ |
| послéдн - их | **-их** | портфéл - ей | **-ей** |
| | | журнáл - ов | **-ов (ёв, ев)** |

The special modifiers have regular endings, but they do involve soft endings, stress shifts, and application of the 7-letter spelling rule. For this reason, you may wish simply to memorize them:

| GENITIVE PLURAL OF SPECIAL MODIFIERS | | |
|---|---|---|
| мо - **и́х** | нáш - **их** | э́т - **их** |
| тво - **и́х** | чь - **их** | одн - **и́х** |
| вáш - **их** | сво - **и́х** | вс - **ех** |

### *Упражнение*

**А. Как по-ру́сски?**

Elena is the director of a group of Canadian tourists. In the group are 15 young teachers: 7 women and 8 men. They reserved 9 rooms in a large hotel in Moscow. The hotel has 27 floors, several good cafés, and many small stores.

➢ *Complete Oral Drills 9–12 and Written Exercises 3–6 in the Workbook.*

## 5.3 Adjectives Following Numbers

Numbers that end in **оди́н** (**одна́, одно́**) are followed by a nominative singular adjective-noun phrase: **оди́н вку́сный рестора́н, одна́ но́вая гости́ница, одно́ интере́сное письмо́.**

Numbers ending in **два (две), три,** or **четы́ре** are followed by a genitive singular noun. If the noun is masculine or neuter, its modifiers will have the ending **-ых** (**-их** if the noun has a soft stem or if necessary because of the 7-letter spelling rule): **два но́вых преподава́теля, три мла́дших бра́та, два́дцать четы́ре дли́нных письма́.** If the noun is feminine, its modifiers will have the ending **-ые** (**-ие** if the noun has a soft stem or if necessary because of the 7-letter spelling rule): **две мла́дшие сестры́, три́дцать три но́вые гости́ницы, четы́ре тала́нтливые студе́нтки.**
The numbers 5–20, and all other numbers that do not end in **оди́н** (**одна́, одно́**), **два (две), три,** or **четы́ре** are followed by a genitive plural adjective-noun phrase: **пять больши́х гости́ниц, шестна́дцать иностра́нных тури́стов, сто но́вых о́кон.**

### *Упражнения*

**А. О себе́.** Отве́тьте на вопро́сы.

1. Ско́лько у вас мла́дших бра́тьев?
2. Ско́лько у вас ста́рших бра́тьев?
3. Ско́лько у вас мла́дших сестёр?
4. Ско́лько у вас ста́рших сестёр?
5. Ско́лько у вас дочере́й и сынове́й?
6. Ско́лько у вас дя́дей и тётей?
7. Ско́лько у вас англо-ру́сских словаре́й?
8. Ско́лько у вас русско-англи́йских словаре́й?
9. Ско́лько у вас сосе́дей по ко́мнате?
10. Ско́лько пи́сем вы получи́ли на про́шлой неде́ле?

**Б. О ва́шем го́роде и университе́те.** Отве́тьте на вопро́сы.

1. Ско́лько у вас в го́роде библиоте́к?
2. Ско́лько у вас в го́роде школ?
3. Ско́лько у вас в го́роде университе́тов?
4. Ско́лько у вас в го́роде гости́ниц?
5. Ско́лько у вас в университе́те общежи́тий?
6. Ско́лько у вас в университе́те спорти́вных за́лов?
7. Ско́лько у вас в университе́те бассе́йнов?
8. Ско́лько у вас в университе́те студе́нтов?
9. Ско́лько у вас в университе́те аспира́нтов?
10. Ско́лько у вас в университе́те преподава́телей и профессоро́в?

➢ ***Complete Oral Drill 13 in the Workbook.***

## 5.4 Accusative Plural of Modifiers and Nouns

The accusative plural of all *inanimate* nouns and their modifiers looks like the nominative plural.

Мы чита́ем **интере́сные но́вые кни́ги.**

The accusative plural of all *animate* nouns and their modifiers looks like the genitive plural.

Мы зна́ем **интере́сных но́вых студе́нтов.**

### *Упражнения*

**А. О себе́.** Отве́тьте на вопро́сы.

1. Вы чита́ете ру́сские газе́ты?
2. Вы чита́ете америка́нские газе́ты?
3. Вы зна́ете ру́сских студе́нтов?
4. Вы зна́ете други́х иностра́нных студе́нтов?
5. Вы зна́ете америка́нских студе́нтов?
6. Вы лю́бите иностра́нные фи́льмы?
7. Вы лю́бите францу́зские фи́льмы?
8. Каки́е други́е фи́льмы вы лю́бите?
9. Вы зна́ете францу́зских актёров?
10. Каки́х други́х иностра́нных актёров вы зна́ете?

**Б. Как по-ру́сски?**

1. Do you know any businessmen or engineers?
2. Have you seen the Canadian tourists at the hotel?
3. Do you frequently watch American movies?
4. Which movies do you like?
5. Which actors do you like?

➢ ***Complete Oral Drill 14 and Written Exercise 7.***

## 5.5 Prefixed Verbs of Motion

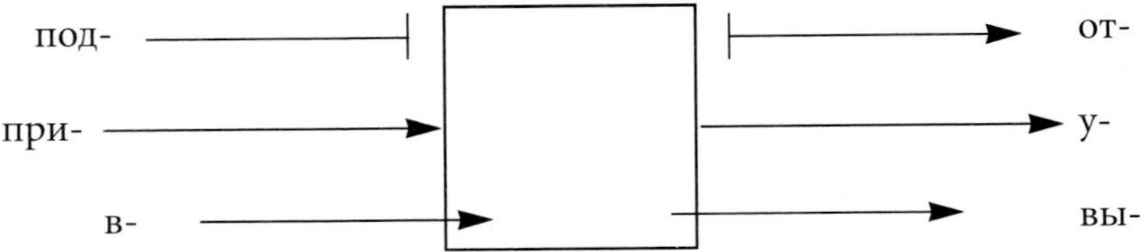


The dialogs in this unit contain several verbs of motion with prefixes:

| | |
|---|---|
| Мы то́лько что **прие́хали.** | We just *arrived.* |
| Вы **уезжа́ете** 15-го? | Are you *leaving* on the 15th? |
| Они́ **уе́дут,** и вы полу́чите свои́ номера́. | They *will leave* and you will get your rooms. |
| Ключе́й от но́мера нет. Я не могу́ **войти́.** | I don't have my room keys. I can't *get in.* |
| Кра́сная стрела́ **отхо́дит** в по́лночь. | The Red Arrow *departs* (moves away from the platform) at midnight. |
| **Подойди́те** че́рез час. | *Come up* [to the desk] in an hour. |

The prefixes give information about the direction and extent of the action. The stems give information about the type of motion.

| PREFIXES | | STEMS | |
|---|---|---|---|
| **при-** | arrival | **-ходи́ть/-йти́** | motion under one's own power |
| **у-** | departure | | |
| **в-** | entrance (into) | | |
| **вы-** | exit (out of) | | |
| **от-** | motion away from something nearby | **-езжа́ть/-е́хать** | motion in some vehicle |
| **под-** | motion toward something nearby | | |

Sometimes **ъ** or **о** is inserted between the prefix and the stem: **въезжа́ть/въе́хать, войти́, подойти́.**

Prefixed verbs of motion with the stems **-ходи́ть** and **-езжа́ть** are imperfective. Prefixed verbs of motion with the stems **-йти́** and **-е́хать** are perfective. The stems look somewhat like the unprefixed imperfective going verbs you have learned: **ходи́ть~идти́** and **е́здить~е́хать.** However, unlike the unprefixed going verbs, prefixed verbs of motion do not have multidirectionality and unidirectionality.

| SUMMARY CHART FOR PREFIXED VERBS OF MOTION | | |
|---|---|---|
| **Verb** | **On foot** | **By vehicle** |
| arrive<br>come | **приходи́ть/прийти́**<br>Я обы́чно прихожу́ домо́й в пять часо́в.<br>*I usually arrive home at five.* | **приезжа́ть/прие́хать**<br>Мы приезжа́ем на юг ка́ждый год.<br>*We come south every year.* |
| leave (to a place out of range of vision) | **уходи́ть/уйти́**<br>Дире́ктора нет. Он ушёл.<br>*The director isn't here. He left.* | **уезжа́ть/уе́хать**<br>Дире́ктора нет. Он уе́хал отдыха́ть.<br>*The director isn't here. He left on vacation.* |
| enter | **входи́ть/войти́**<br>Тури́ст откры́л дверь и вошёл.<br>*The tourist opened the door and went in.* | **въезжа́ть/въе́хать** *<br>Такси́ст въе́хал в гара́ж.<br>*The taxi driver drove into the garage.* |
| exit, step out | **выходи́ть/вы́йти**<br>Это на́ша остано́вка. Вы сейча́с выхо́дите?<br>*This is our stop. Are you getting off now?* | **выезжа́ть/вы́ехать**<br>Такси́ст откры́л дверь гаража́ и вы́ехал.<br>*The taxi driver opened the garage door and drove out.* |
| go up toward, approach | **подходи́ть/подойти́**<br>Ма́льчик подошёл к учи́телю.<br>*The boy walked up to the teacher.* | **подъезжа́ть/подъе́хать**<br>Шофёр подъе́хал к гости́нице.<br>*The driver drove up to the hotel.* |
| go away from (something nearby, such as a train platform) | **отходи́ть/отойти́**<br>По́езд отхо́дит в 12 часо́в.<br>*The train pulls out at twelve o'clock.* | **отъезжа́ть/отъе́хать** *<br>Мы отъе́хали от стены́.<br>*We pulled away from the wall.* |

* Less likely to be used in elementary Russian.

The Workbook for this unit provides practice with some verbs of coming and going. Later you will learn more motion verbs and more prefixes. The above general overview of prefixes on going verbs will help you to recognize them in your reading.

➢ *Complete Oral Drills 15–19 and Written Exercises 9–10 in the Workbook.*

# Обзорные упражнения

**А. Бро́ня.** Look at the advertisement. Then arrange with other students in the class to call for reservations.

## ГОСТИНИЦА ПУЛЬМАН ИРИС — МОСКВА

**НОВАЯ ГОСТИНИЦА В МОСКВЕ ДЛЯ ВАС**

**200 КОМНАТ И НОМЕРОВ-ЛЮКСОВ ★★★★★**

- Французская кухня для гурманов в меню ресторана " Элисейские поля"
- Кофейная-буфет "Французское кафе"
- С воскресенье по пятницу в фойе работает прекрасный бар с джазовой музыкой
- Оборудованные конференц-залы
- Амфитеатр на 300 мест с системой синхронного перевода

Плюс:

- прямое резервирование мест по телексу
- спортивный и тренажерный зал
- сауна
- бассейн
- химчистка
- ресторан
- машины на прокат
- бесплатный маршрут автобуса до центра и обратно 7 дней в неделю с 8.15 до 20.00

"Bienvenue" in Moscow!

Moscow

Гостиница ПУЛЬМАН ИРИС - 12748,. Москва, Коровинское шоссе, 10 Тел: (70 95) 488-80-00 Телекс 413 656 Факс: (70 95) 906-01-05
Спутниковая связь: (7) 502 220 80 00 (От 15ого февраля.)

**Б. Что взять в Москвý?** You are planning a trip to Moscow in September. You'll be living in a hotel and working in the city for three months.

1. Write a letter to your friends Kostya and Nadya asking what you should pack.
2. You receive the following answer from your friends.

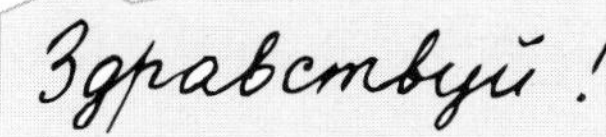

Здравствуй!

Ты хочешь знать, что надо взять с собой в Москву. В сентябре у нас бывает изменчивая погода. Поэтому нужно привезти и теплую, и легкую одежду. И если ты останешься до ноября, обязательно надо взять зимнее пальто.
Позвони, как только приедешь и устроишься в гостинице.

Костя и Надя

3. Make a list of things to pack for your trip. Be specific, and include everything you will take.
4. Discuss your list with a classmate. Perhaps you will decide to add or delete some items after comparing lists.
5. When you unpack your suitcase in Moscow, five of the items you meant to pack are missing. You're not sure whether you forgot to pack them or whether someone opened your suitcase and took your things. Call your friends and tell them what happened.
6. Go to the hotel desk and inquire where you can purchase the items you left behind.

**В. Сочинéние о поéздке.**

1. Write a one-page double-spaced composition about a trip you took. Be sure to tell where you went, who went, where you stayed, when you arrived and when you left.
2. Bring two photocopies of the composition to class.
3. In groups of three, read each other's compositions. Have the writer read the composition out loud, while the others follow along on their photocopies. After each composition, briefly discuss what is most interesting about the composition, how it is organized, and how it might be improved.
4. Based on the feedback from your peers, rewrite your composition. Turn both versions in to your teacher.

**Г. Интервью́ об университе́те.** You have been asked to serve as an interpreter for a journalist's interview with some Russian students.

1. To prepare for the interview, translate these questions that you know the journalist intends to ask.

   a. Where do you study?
   b. How long have you studied there?
   c. How many students study in your institute?
   d. How many men?
   e. How many women?
   f. How many professors work there?
   g. How many courses does a student take (**слу́шать**)?
   h. How many years do Russian students go to an institute?

2. After the interview, you will have a chance to speak with the Russians informally. They will probably want to know the same things about your college or university that they have been asked about. Prepare to tell them about these things by writing a paragraph about your school, including answers to the questions above.

# Новые слова и выражения

## NOUNS

| | |
|---|---|
| бандеро́ль (*fem.*) | parcel |
| бро́ня | reservation |
| вокза́л (на) | railway station |
| гардеро́б | cloakroom |
| гру́ппа | group |
| дежу́рный/дежу́рная (*adj. decl.*) | person on duty in hotel |
| драгоце́нности (*pl.*) | valuables |
| же́нщина | woman |
| ка́мера хране́ния | room for luggage storage |
| ключ (*pl.* ключи́) *от чего* | key *to something* |
| лифт | elevator |
| ма́стер (*pl.* мастера́) | skilled workman |
| ме́сто (*pl.* места́) | place |
| мужчи́на | man |
| но́мер (*pl.* номера́) | room (*in hotel or dormitory*) |
| обме́н валю́ты | currency exchange |
| откры́тка | postcard |
| по́лночь (*fem.*) | midnight |
| пробле́ма | problem |
| рейс | flight |
| руководи́тель | director |
| спи́с(о)к | list |
| стрела́ | arrow |
| телегра́мма | telegram |
| удо́бства (*pl.*) | conveniences (*in living quarters, e.g., utilities, bath, etc.*) |
| фо́рточка | small hinged pane in window |

## ADJECTIVES

| | |
|---|---|
| аннули́рован (-а, -ы) | canceled |
| заброни́рован (-а, -ы) | reserved |
| сле́дующий | next |

## VERBS

| | |
|---|---|
| брони́ровать/за- (брони́ру-ю, -ешь, -ют) | to reserve, to book |
| входи́ть/войти́ *во что* (вхож-у́, вхо́д-ишь, -ят) (войд-у́, -ёшь, -у́т) | to enter |
| выясня́ть/вы́яснить (выясня́-ю, -ешь, -ют) (вы́ясн-ю, -ишь, -ят) | to clarify |

| | |
|---|---|
| догова́риваться/договори́ться *с кем*<br>(догова́рива-юсь, -ешься, -ются)<br>(договор-ю́сь, -и́шься, -я́тся) | to come to an agreement *with someone* |
| запи́сывать/записа́ть<br>(запи́сыва-ю, -ешь, -ют)<br>(запиш-у́, запи́ш-ешь, -ут) | to note in writing, to write down |
| звать/по-<br>(зов-у́, -ёшь, -у́т) | to call (*not by phone*) |
| иска́ть/по-<br>(ищ-у́, и́щ-ешь, -ут) | to search, look for; *perfective* = to find |
| лете́ть/по-<br>(леч-у́, лет-и́шь, -я́т) | to fly |
| находи́ть/найти́<br>(нахож-у́, нахо́д-ишь, -ят)<br>(найд-у́, -ёшь, -у́т) | to find |
| обме́нивать/обменя́ть доллары на рубли́<br>(обме́нива-ю, -ешь, -ют)<br>(обменя́-ю, -ешь, -ют) | to exchange dollars for rubles |
| отходи́ть/отойти́<br>(отхож-у́, отхо́д-ишь, -ят)<br>(отойд-у́, -ёшь, -у́т) | to depart |
| подтвержда́ть/подтверди́ть<br>(подтвержда́-ю, -ешь, -ют)<br>(подтверж-у́, подтверд-и́шь, -я́т) | to confirm |
| подходи́ть/подойти́ *к кому/чему*<br>(подхож-у́, подхо́д-ишь, -ят)<br>(подойд-у́, -ёшь, -у́т) | to approach, to come up toward |
| помога́ть/помо́чь *кому*<br>(помога́-ю, -ешь, -ют)<br>(помог-у́, помо́ж-ешь, помо́г-ут) | to help *someone* |
| приезжа́ть/прие́хать<br>(приезжа́-ю, -ешь, -ют)<br>(прие́д-у, -ешь, -ут) | to arrive (by vehicle) |
| приходи́ть/прийти́<br>(прихож-у́, прихо́д-ишь, -ят)<br>(прид-у́, -ёшь, -у́т) | to arrive (on foot) |
| регистрирова́ть(ся)/за-<br>(регистри́ру-ю, -ешь, -ют) | to register, get registered |
| реша́ть/реши́ть<br>(реша́-ю, -ешь, -ют)<br>(реш-у́, -и́шь, -а́т) | to decide |
| теря́ть/по-<br>(теря́-ю, -ешь, -ют) | to lose |

| | |
|---|---|
| уезжа́ть/уе́хать<br>(уезжа́-ю, -ешь, -ют)<br>(уе́д-у, -ешь, -ут) | to depart (by vehicle) |
| уходи́ть/уйти́<br>(ухож-у́, ухо́д-ишь, -ят)<br>(уйд-у́, -ёшь, -у́т) | to depart (on foot) |

## ADVERBS

| | |
|---|---|
| ве́рно | it's correct; correctly |
| и́менно | precisely, exactly |
| ли́чно | personally |
| ма́ло *чего́* | few, too little |
| мно́го *чего́* | much, many |
| не́сколько *чего́* | a few, several |
| пока́ | for the time being |
| послеза́втра | the day after tomorrow |
| пра́вильно | it's correct, proper; correctly; properly |
| соверше́нно | absolutely, completely |
| сра́зу | immediately |
| я́сно | it's clear; clearly |

## CONJUNCTION

| | |
|---|---|
| пока́ | while |

## PHRASES AND EXPRESSIONS

| | |
|---|---|
| В то́м-то и де́ло. | That's just the point. |
| В чём де́ло? | What's the matter? |
| Де́ло в то́м, что... | The thing is that ... |
| к восьми́ утра́ | by eight a.m. |
| как то́лько | as soon as |
| Мину́точку! | Just a minute! |
| Что каса́ется *чего́*... | With regard to something ... |

## PERSONALIZED VOCABULARY

______________________________

______________________________

______________________________

______________________________

# Кино и телевидение

## Коммуникативные задания

- Talking about movies and television
- Expressing likes and dislikes
- Agreeing and disagreeing
- Reading television and movie schedules and reviews
- Reading for pleasure: **Че́хов, «Ва́нька»**

## В помощь учащимся

- **Нра́виться/понра́виться** vs. **люби́ть**
- Making comparisons
- Reflexive verbs
- Conjugation of **дава́ть/дать** type verbs
- **Кото́рый** for reading
- Past active verbal adjectives for reading

## Между прочим

- Movie theaters in Russia
- Russian cinematography
- Russian television

# Точка отсчёта

## О чём идёт речь

**А. Фи́льмы и их жанр.** The words in bold below are the names of different film genres in Russian. Each is followed by the titles of films exemplifying that genre. Have you seen any of these films? What other films of these genres have you seen?

| Жанр фи́льма | Назва́ния англоязы́чных фи́льмов | Назва́ния русскоязы́чных фи́льмов |
|---|---|---|
| **Худо́жественные фи́льмы** | | |
| коме́дия | «Энни Холл» | «Иро́ния судьбы́» |
| нау́чная фанта́стика | «Две ты́сячи пе́рвый год» | «Соля́рис» |
| мю́зикл | «Моя́ прекра́сная ле́ди» | «Же́нщина, кото́рая поёт» |
| экраниза́ция класси́ческой литерату́ры | «Га́млет» | «Га́млет»<br>«Бра́тья Карама́зовы» |
| детекти́в | «Бегле́ц» | «Транссиби́рский экспре́сс» |
| приключе́нческий фильм/три́ллер | «Психо́з»<br>«Рэ́мбо: пе́рвая кровь» | «Пира́ты XX ве́ка» |
| фильм у́жасов | «Пти́цы» | «Вий» |
| мультфи́льм | «Ми́кки Ма́ус» | «Ну, погоди́!» |
| **Документа́льные фи́льмы** | «Ко́смос» | «Са́харов» |

**Б. Зна́ете ли вы э́ти фи́льмы?** Working in small groups, try to determine which genre best describes each of the following titles.

1. «Анна Каре́нина»
2. «Марс напада́ет»
3. «Вестса́йдская исто́рия»
4. «Индиа́на Джонс и храм ро́ка»
5. «Мальти́йский со́кол»
6. «Побе́да Тарза́на»
7. «Ро́бин Гуд»
8. «Спя́щая краса́вица»
9. «Зву́ки му́зыки»
10. «Кинг Конг»
11. «Се́вер на се́веро-за́пад»
12. «Коро́ль Лир»
13. «Геркуле́с»
14. «Иису́с Христо́с — суперзвезда́»
15. «Покахо́нтас»
16. «Эколо́гия и мы»

**В.** **Кинотеа́тр.** Отве́тьте на вопро́сы.

1. Вы лю́бите ходи́ть в кино́?
2. Когда́ вы обы́чно хо́дите в кино́?
3. С кем вы обы́чно хо́дите в кино́?
4. Вы бо́льше всего́ лю́бите америка́нские и́ли иностра́нные фи́льмы?
5. Вы смотре́ли каки́е-нибудь ру́сские фи́льмы?
6. У вас есть люби́мый режиссёр? Как его́ зову́т? Как называ́ется его́ са́мый знамени́тый фильм?
7. Ско́лько сто́ит биле́т в кино́ у вас в го́роде?
8. Вы лю́бите сиде́ть в пе́рвом ряду́ в кино́?
9. Вы лю́бите сиде́ть побли́же, в середи́не и́ли пода́льше?
10. Вы собира́етесь пойти́ в кино́ ско́ро? Что вы хоти́те смотре́ть?

**Г.** **Разгово́ры.**

**Разгово́р 1.** **Что идёт в кино́?**
Разгова́ривают Бо́ря и Дже́ссика.

1. Каки́е фи́льмы лю́бит Дже́ссика?
2. Где идёт кинофи́льм «Го́род Зеро́»?
3. Что э́то за фильм?
   а. эпи́ческий фильм
   б. мелодра́ма
   в. паро́дия
   г. детекти́в
4. Когда́ бу́дет сле́дующий сеа́нс?
5. Каки́е пла́ны у Бо́ри и Дже́ссики? Что они́ бу́дут де́лать?
6. Ско́лько сто́ят биле́ты в кино́?

## Между прочим

### Сло́во о кино́

Russia has a rich film history. Such post-Revolutionary filmmakers as **Серге́й Эйзенште́йн** (1898–1948) and **Все́волод Пудо́вкин** (1893–1953) turned out films extolling the virtues of the revolution that are universally acclaimed as pioneering masterworks even today.

Films of the forties and fifties showed less creativity. Then in the 1960s Soviet film began to make advances against the strictures imposed by the state. This set film (and theater) apart from other forms of expression: literature, painting, as well as radio and television.

By the 1980s, long before Gorbachev's policies of **гла́сность** and **перестро́йка,** state authorities largely abandoned film as a propaganda vehicle, preferring to concentrate on radio and television.

Among recent Russian films that have enjoyed a warm critical reception (as well as modest box office receipts) in the West are *Moscow Does Not Believe in Tears* (**Москва́ слеза́м не ве́рит,** 1980, Oscar for best foreign film), *Little Vera* (**Ма́ленькая Ве́ра,** 1988), *Taxi Blues* (**Такси-блю́з,** 1990), *Burnt by the Sun* (**Утомлённые со́лнцем,** 1995), and *Prisoner of the Mountains* (**Кавка́зский пле́нник,** 1996).

Serious Russian cinematographers today hold up Italian and French cinema as models for their artistic merits. However, Russian moviegoers have begun to turn away from the box office in favor of renting videocassettes of commercial Hollywood films. That in turn has forced many movie theaters to shut down. Russian studios have reacted by turning to comedy and action-adventure as a way to stave off commercial collapse.

**Разгово́р 2.** **Что пока́зывают по телеви́зору?**
Разгова́ривают Жа́нна и Дже́ссика.

1. Кака́я переда́ча идёт по пе́рвому кана́лу?
2. Что ду́мает Дже́ссика о футбо́ле?
3. Како́й фильм мо́жно посмотре́ть по кана́лу НТВ?
4. Отку́да Дже́ссика зна́ет об э́том фи́льме? Что она́ ду́мает о нём?
5. Как Жа́нна предлага́ет* помо́чь Дже́ссике?
6. Почему́ Дже́ссика ду́мает, что лу́чше посмотре́ть но́вости?

**предлага́ть/предложи́ть* — *to offer*

**Разгово́р 3.** **Что сейча́с передаю́т?**
Разгова́ривают Ве́ра и Кен.

1. Кото́рый час? 21.00 час
2. Что мо́жно посмотре́ть по телеви́зору? новости, концерт Райкина
3. Кто тако́й Ра́йкин? комик
4. Когда́ он у́мер? 1982
5. Что говори́т Кен о ю́море на иностра́нном языке́? очень сложный, не понятный
6. Что ду́мает Ве́ра: ле́гче понима́ть Ра́йкина и́ли Жване́цкого? Жванецкого
7. В кото́ром часу́ бу́дет переда́ча о Ра́йкине? ~~12:40~~ 9:40

## Между прочим

### Что передаю́т по ТВ?

Most communities in Russia proper have access to five national networks and a local channel. Neighborhood cable companies broadcast Western programming. The networks broadcast a mix of foreign soap operas, educational shows, sports, movies, quiz shows, and documentaries. Made-for-TV series also draw large audiences. Foreign shows are particularly popular. News and public affairs take up a large portion of the broadcast schedule, with nightly newscasts running a half hour in prime time on the biggest national networks.

# Язык в действии

## Диалоги

### 1. Каки́е фи́льмы тебе́ нра́вятся?

— Дже́ссика, каки́е фи́льмы тебе́ нра́вятся?
— Бо́льше всего́ мне нра́вятся коме́дии.
— Ты зна́ешь, сейча́с идёт дово́льно интере́сный фильм.
— Пра́вда? А как он называ́ется?
— «Го́род Зеро́». Ты его́ смотре́ла?
— Нет, не смотре́ла. Что э́то за фильм?
— Ну, э́то не совсе́м коме́дия. Скоре́е всего́, э́то паро́дия.
— Тогда́ э́то, наве́рное, серьёзнее, чем про́сто коме́дия.
— Да́, э́то дово́льно сло́жный фильм. Но мне ка́жется, что ты его́ поймёшь.
— Хорошо́. Когда́ начина́ется сеа́нс?
— Сейча́с позвоню́, узна́ю.

### 2. Возьмём биле́ты сейча́с.

Автоотве́тчик: Здра́вствуйте. Вы набра́ли но́мер кинотеа́тра «Ро́дина». Сего́дня на на́шем экра́не вы смо́жете посмотре́ть фильм Каре́на Шахназа́рова «Го́род Зеро́». Сеа́нсы в 18, 20 и 22 часа́. Биле́ты сто́ят 10 рубле́й.

— Дже́ссика, сле́дующий сеа́нс начина́ется в 8 часо́в.
— Мо́жет быть, возьмём биле́ты сейча́с?
— Хорошо́. Пото́м пойдём куда́-нибудь пое́сть, а пото́м на фильм.
— Отли́чно.

### 3. Два биле́та на два́дцать ноль-ноль.

— Де́вушка, бу́дьте добры́, два биле́та на два́дцать ноль-ноль.
— Побли́же, пода́льше?
— В середи́не.
— 12-й ряд годи́тся?
— Годи́тся.
— 20 рубле́й.

## Между прочим

### Кинотеа́тры в Росси́и

**«Разреши́те пройти́».** If getting to your seat in the middle of a row requires passing in front of people who have already taken their seats, etiquette requires that one pass facing toward rather than away from those seated.

**Буфе́т.** Many movie houses have small cafés. They typically sell juice, pastries, and ice cream.

**Тре́тий звоно́к.** A series of bells warns viewers when the feature is about to start. The second bell signals the beginning of previews or other shorts. The third and final bell indicates that the main feature is about to begin. Most theaters close their doors after the third bell.

**4. Что пока́зывают по телеви́зору?**

— Что сего́дня пока́зывают по телеви́зору?
— Сейча́с посмо́трим програ́ммку. Так... По пе́рвой програ́мме виктори́на.
— Ну, е́сли че́стно сказа́ть, таки́е переда́чи мне не о́чень нра́вятся.
— А по тре́тьей програ́мме пока́зывают кинофи́льм «Го́род Зеро́».
— «Го́род Зеро́»? Я то́лько вчера́ смотре́ла э́тот фильм.
— Ну и как? Он тебе́ понра́вился?
— Если че́стно сказа́ть, я его́ не поняла́.
— Да, э́то сло́жный фильм. Поня́ть его́ тру́дно.
— Да, на́до знать бо́льше о ва́шей жи́зни.
— Ты зна́ешь, дава́й лу́чше посмо́трим но́вости. Это гора́здо ле́гче и поня́тнее.

**5. Понима́ть ю́мор — трудне́е всего́.**

— Ве́ра, что сейча́с передаю́т по телеви́зору?
— Сейча́с передаю́т конце́рт Ра́йкина.
— А кто тако́й Ра́йкин?
— Ра́йкин изве́стный наш ко́мик. Он у́мер в 89-ом году́.
— Я бою́сь, что я не пойму́ его́.
— Но у него́ таки́е смешны́е ве́щи!
— По-мо́ему, понима́ть ю́мор — трудне́е всего́.
— Мо́жет быть, ты прав. Но Ра́йкина понима́ть не сло́жно.
— Хорошо́, дава́й посмо́трим вме́сте. Если я что́-нибудь не пойму́, то ты мне всё объясни́шь.

**Вопро́сы к диало́гам.**

Диало́г 1

1. Дже́ссике бо́льше всего́ нра́вятся коме́дии и́ли нау́чная фанта́стика?
2. Её ру́сский знако́мый предлага́ет посмотре́ть «Иро́нию судьбы́» или «Го́род Зеро́»?
3. Это проста́я коме́дия и́ли паро́дия?
4. Фильм просто́й и́ли сло́жный?
5. Друзья́ зна́ют, когда́ начина́ется сле́дующий сеа́нс?

Диало́г 2

1. В како́й кинотеа́тр звони́л знако́мый Дже́ссики?
2. Како́й фильм идёт в э́том кинотеа́тре?
3. Как зову́т режиссёра э́того фи́льма?
4. Ско́лько сто́ит биле́т на фильм?
5. Друзья́ реша́ют пое́сть до нача́ла фи́льма и́ли по́сле него́?

Диало́г 3

1. Ско́лько биле́тов покупа́ет знако́мый Дже́ссики?
2. Они́ бу́дут сиде́ть в деся́том ряду́ и́ли в двена́дцатом ряду́?
3. Ско́лько сто́ят биле́ты?

Диало́г 4

1. На сле́дующий день Дже́ссика разгова́ривает с други́м знако́мым. Они́ ду́мают пойти́ в кино́ и́ли посмотре́ть телеви́зор?
2. Дже́ссике нра́вятся виктори́ны?
3. Что пока́зывают по тре́тьей програ́мме?
4. Когда́ Дже́ссика смотре́ла э́тот фильм?
5. Почему́ он ей не о́чень понра́вился?
6. Что бу́дут смотре́ть э́ти друзья́?

Диало́г 5

1. Разгова́ривают дво́е ру́сских и́ли одна́ ру́сская и оди́н америка́нец?
2. Конце́рт Ра́йкина мо́жно посмотре́ть по телеви́зору и́ли в теа́тре?
3. Кто тако́й Ра́йкин?
4. Кто бои́тся, что понима́ть его́ бу́дет тру́дно?
5. Почему́ он так ду́мает?

## Давайте поговорим

**А. Что э́то за фильм?** Say as much as you can about the following films.

Образе́ц: **«Анна Каре́нина» →**
*«Анна Каре́нина» — экраниза́ция рома́на Льва Толсто́го. Это серьёзный фильм.*

| Назва́ние фи́льма | Режиссёр | В гла́вных роля́х |
|---|---|---|
| «Спи́сок Ши́ндлера» | С. Спи́лберг | Л. Ни́сон |
| «Звёздные во́йны» | Дж. Лу́кас | М. Ха́мил, К. Фи́шер, Х. Форд |
| «Англи́йский пацие́нт» | А. Миге́лла | Р. Финс, К. То́мас |
| «Эви́та» | А. Па́ркер | Мадо́нна, А. Банде́рас |
| «Ночь тру́дного дня» | Р. Ле́стер | Битлз |
| «Коро́ль Лир» | Г. Кози́нцев | Ю. Ярвет |
| «Кинг Ко́нг» | М. Ку́пер | Ф. Рэй, Р. Армстронг |
| «Аладди́н» (мультфи́льм) | Дж. Му́скер | С. Уа́йнгер, Л. Ла́ркин, Р. Уи́льямс |

**Б. Бу́дьте добры́, два биле́та на два́дцать ноль-ноль.** With a partner, take turns ordering two tickets for the following times. Use the 24-hour clock, the norm for all official schedules in Russian.

1:00
2:00
3:00
4:00
5:00
6:00
7:00
8:00
9:00
10:00

**В. Подгото́вка к разгово́ру.** Review the dialogs. How would you do the following?

1. Ask someone what kinds of movies s/he likes best.
2. Say what kinds of movies you like best.
3. Say that there is an interesting (new, funny) movie showing.
4. Ask what the name of a movie is.
5. Ask if someone has seen **«Го́род Зеро́».**
6. Ask someone to describe a movie.
7. Ask when the next showing of a movie starts.
8. Purchase two (four, five) tickets for the 8:00 (10:00) show.
9. Tell the ticket seller that you want seats in the middle (front, back, 12th row, 18th row).
10. Ask what is on TV.
11. Say that you'll take a look at the TV guide.
12. Say that there's a game show (movie, news) on channel one (two, four).
13. Say that you don't like game shows.
14. Ask how someone liked a film.
15. Say that you didn't understand a thing.
16. Say that you're afraid you won't understand a thing.

**Г. Игровы́е ситуа́ции.**

1. In Russia, your Russian friend suggests going to a movie. Consult the movie directory on p. 190 to see what's playing. Talk about what kinds of films you like and find out as much as you can about the movies listed. Then decide what movie you would like to see.
2. At a Russian movie theater, get two tickets to the eight o'clock showing of «**Курье́р**». Your friend likes to sit fairly close to the screen.
3. In Russia, you and a Russian friend are spending the night watching TV. Consult the TV guide on the next page and discuss what you will watch over the course of the evening.
4. A Russian friend has come to visit you in the U.S. You would like to take her to see an American movie, but your friend worries that she won't understand anything. Suggest a film that you think she'll understand, tell her a little bit about it, and try to assuage her fears. (Remember to keep it simple, staying within the bounds of the Russian you know.)
5. With a partner prepare and act out a situation of your own based on the topics of this unit.

# ТВ

## 1 КАНАЛ ОРТ

**6.00** "Доброе утро". **9.00, 15.00, 18.00, 0.05** Новости. **9.15** Тираж "Спортлото". **9.20, 18.20** "Россия молодая". Сериал. **10.00** "Человек и закон". **10.30** "Поле чудес". **11.30** "Угадай мелодию". **12.05** "Кактус и Ко". **12.15** «Люди и манекены». Аркадий Райкин, 1-я серия **14.25** "Служу России!" **14.55, 21.40, 1.10** Программа передач. **15.20** "Волшебные приключения Квазимодо". **15.45** "До-ми-соль". **16.10** "Лего-го!" **16.35** "Гарри - снежный человек". Сериал. **17.00** "...До шестнадцати и старше". **17.30** "Магия: мир сверхъестественного". "Золотые сны". **19.00** Погода. **19.05** "Человек и закон". **19.35** "Футбольное обозрение". **20.00** "В поисках утраченного". **20.45** "Спокойной ночи, малыши!" **21.00** "Время". **21.45** "Полтергейст-2". Сериал. **0.15** "Тина Тернер в Москве". **1.00** "Пресс-экспресс".

## РТР

**7.00, 8.00, 11.00, 14.00** Вести. **7.15, 8.15** "С добрым утром!" **8.00** "Утренний экспресс". **9.00, 21.55** Программа передач. **9.05** "Люди, деньги, жизнь..." **9.35** "Артельные мужички". Телеспектакль. **10.25** "Спаси, Боже, люди твоя..." **11.15** "Русское лото". **11.55** "Без пяти двенадцать". **12.00** "Алитет уходит в горы". Фильм. **13.40** "Ретро-шлягер". **13.55** "Магазин недвижимости". **14.20** "Самбо. Кубок мира-97 в Кстово". **15.05** "Иванов, Петров, Сидоров и другие". **15.45** "Золотая карта России". **16.10** "Ничего, кроме..." **16.30** "Репортаж ни о чем". **16.45** "Довгань-шоу". **17.15** "Горячая тема". **17.40** "Один против всех". **18.00** "Парламентский вестник". **18.25** "L-клуб". **19.00** "Ситуация". **19.10** "Аншлаг" представляет... **19.45** "РТР в гостях у телезрителей". **20.00** "Зеркало". **21.00** "Фрак народа". **22.00** "Клуб знаменитых детективов". **22.30** Киноанонс. **21.25** Баскетбол. Чемпионат НБА. Финал. **23.30** "Кинотавр-97". Торжественная церемония закрытия фестиваля. **0.05** "У Ксюши". **0.35** "Рек-тайм". **0.50** "Гороскоп и видеомедитация".

## TV - "ЦЕНТР"

**7.00, 16.00, 18.30** "Московия". **7.15** Информационно-развлекательная программа. **9.20, 21.05** Программа передач. **9.30, 12.00** "Сказочный альбом". **10.00** "Люди - добрые". Очерки нравов. **10.15** Прогулки с Гиляровским. **10.45, 11.45, 12.45, 13.45, 14.45, 15.45, 16.45, 17.45, 19.50** Новости. **10.50** "Гваделупе". Сериал. **12.30** "Музыка всех поколений". **12.50** "Долгая дорога в дюнах". Сериал. **14.50** "Такова спортивная жизнь". Л. Пахомова. **15.15** "Дни войны". 2-я серия. **16.30** "Бизнес-класс". **16.50** "Вдова Бланко". Сериал. **18.00** "Деловая Москва". **20.00** "День седьмой". **21.10** "Сделка". Мелодрама (США). **23.05** "Живой звук". **23.35** "Козырная карта". **0.00** "Жара в Лос-Анджелесе". Сериал. **1.00** "Телемагазин".

## КАНАЛ НТВ

**8.00, 8.30, 9.00, 9.30, 10.00** "Сегодня утром". **8.15, 9.10, 16.15** "Спорт". **8.20** "Компьютер". **8.30**, 9.15 "Градусник". **8.35** "Я - телохранитель". **8.40** "Среда". **8.50** "Разгуляй". **9.20** "Новости дня". **9.35** "Родом из детства". **10.00** "Доктор Куин, женщина-врач". **11.00** "Воины времени". Сериал. **11.45** "От "Винта!" **12.00** Информационная программа, погода. **12.15** "6 соток". **12.30** "Культпросвет". **12.45** "Капитал". **13.00** "Книжный магазин". **13.30** "Маски-шоу: избранное". **14.00** "Каролина в Нью-Йорке". Сериал. **14.30** "Алло, Фима!" **14.45** "Недотепы" Семена Альтова. **15.00** "Время "Ч" с О. Кучкиной". **15.30** "Своя игра". **16.00** "Сегодня днем". **16.20** "Криминал". **16.40** "Что почем". **17.00** "Рябиновые ночи". Мелодрама. **18.30** "Улица Сезам". **19.00**, 22.00 "Сегодня вечером". **19.40** "Герой дня". **20.05** "В тумане". Триллер (США). **22.45** "Крутой Уокер: правосудие по-техасски". Сериал. **0.00** "Сегодня в полночь". **0.20** Ночное "Времечко". **1.10** "Меломания". "Великие теноры-саксофонисты".

## САНКТ-ПЕТЕРБУРГ

**12.55, 14.55, 16.55, 19.55, 22.55** Информ-ТВ. **13.10**, 20.20 "История любви". Сериал. **14.00** "Срок ответа - сегодня". **14.35** "Советы садоводам". **15.10** Судьба балерины О. Спесивцевой в спектакле Б. Эйфмана. **15.50, 22.05** "Пивные бароны". Сериал. **16.40** "Сокровища Петербурга". **17.10**, 21.50 "Телеслужба безопасности". **17.25** "Наобум". **18.00** "Зебра". **18.30** "Телемагазин". **19.40** "Большой фестиваль". **20.20** Спорт. **21.15** "Звездный розыгрыш". **22.55** Международное обозрение. **23.25** "Парад парадов".

## TV6 МОСКВА

**7.00, 9.00, 14.50, 18.05** "Шесть новостей". **7.10, 23.30** Диск-канал. **7.40** "Ветер в ивах". Мультсериал. **8.10, 19.00** "Дорожный патруль". **8.25, 14.05** "90x60x90". **8.40, 11.15, 18.00** "Аптека". **9.10, 11.30, 13.40, 16.30** Телемагазин. **9.30** "Мое кино". **10.25** "Династия II". Сериал. **12.00** "Центр паутины". Фильм (США). **13.30** "Знак качества". **14.20** Мультфильмы. **15.00** "Крейсер "Варяг". Фильм. **17.05** "Школа разбитых сердец". Сериал. **17.35** "Скандалы недели". **18.15** "Шоу Бенни Хилла". **18.45** "Телеконкретно". **19.20** "Обозреватель". **20.10** "Золотая мина". Детектив. **22.50** "Шоу Бенни Хилла". **23.15** "Династия II". Сериал. **0.15** Дэйвид Боуи в фильме "Человек, который упал на землю".

## REN TV

**14.00** "Боб Дилан: не оглядывайся!" Док. фильм. **14.40** "История в фотографиях". **14.50** "Симпсоны". **15.15** "Дело". **15.45, 21.00** "Закон Лос-Анджелеса". **16.30** "Американские узоры". 5-я серия. **17.30** "Дорога в Эйвонли". **18.20** "Воздушный цирк Монти Пайтона". **18.50** "Мешанина". **18.55** Мультфильмы. **19.25** "Девушки-соседки". **19.55**, 0.30 "Дерзкие и красивые". **20.20** "В компании Миши и Карла". **20.35** "Реноме". **21.50** "Что случилось". Программа А. Иллеша. **22.10** "Дуэнья". Фильм. **23.40** "Чертова служба в госпитале МЭШ". **0.05** "Экстра-спорт".

## КИНО

**Документальные фильмы. «Штрафники», «Линия судьбы», «Успех у мужчин. Краткое руководство»:** Знание. **«Михаил Шемякин. Исповедь художника», «Другие и Сталин»:** Свет.

**Видеозал. «Назад в будущее»** (часть 2-я): Ленинград.

**Предварительный показ. «Псы»: ДК им. Ильича.**

**Новые фильмы. «Курьер»:** Баррикада, Прометей, Родина, Спутник, Руслан. **«Звездные войны: возращение джидая»:** Аврора. **«Допинг для ангелов»:** Космонавт, Охта, Художественный, Балканы. **«Попугай, говорящий на идиш»:** Москва. **«Никогда не говори "никогда"»:** Дружба. **«Терминатор»:** Нева. **«Делай раз»:** Молния, Нарвский. **«Охота на единорога»:** Мир. **«Лебединое озеро (Зона)»:** Стерео. **«Охота на единорога»:** Колизей. **«Давайте надеяться, что будет девочка»:** Балканы, Нарвский, Планета, Прогресс. **«Рэмбо (Первая кровь)»:** Подвиг, Весна, Ленинград, Призыв, Смена, Спорт, ДК им. Володарского. **«Защитники»:** Буревестник, Москов-ский, Невский, Октябрь, Современник, Зенит, Комсомольский, Ладога, Рубеж, Слава, Гигант. **«Шина – королева джунглей»:** Пламя, Рекорд. **Ловушка для одинокого мужчины»:** Искра, Маяк, Факел, Экран, Победа. **«109-й идет без остановок»:** Молодежный, Экран, ДК работников пищевой промышленности (филиал). **«Голубая лагуна»:** Художественный. **«Она с метлой, он в черной шляпе»:** Занавес, Мир, Нева, Юность. **«Кокон»:** Знание, Луч. **«Полнеба»:** Меридиан, Прибой. **«Обреченный на одиночество»:** Мечта. **«Разящие богомолы»:** Молодежный, ДК им. Первой пятилетки. **«Большой»:** Чайка, ДК работников пищевой промышленности (филиал). **«Баловень судьбы»:** Волна, Уран.

**Художественные фильмы. «Беспредел»:** Пламя. **«Игла»:** Искра. **«Господин оформитель»:** Нева. **«Загадка Эндхауза»:** Буревестник. **«Ребекка», «Миллион лет до нашей эры»:** Спартак. **«История любви»:** Озерки. **«Полицейская академия»:** Балканы. **«Бутч Кэссиди и Санденс Кид»:** Фестиваль. **«Асса»:** Экран.

Д. **Я с тобо́й не согла́сен.** In small groups discuss movies that have made an impression on you. Name a movie and tell when you saw it and why you did or didn't like it. Agree and disagree with each other, discussing each film for as long as possible before someone in the group names another movie. Some useful phrases are given below.

**Если че́стно сказа́ть, ...**
**По-мо́ему, ...**
**Мне ка́жется, что...**
**Ты прав(а́), но...**
**Я (не) согла́сен (согла́сна).**

Этот фильм мне (не) понра́вился, потому́ что...

...он (не) смешно́й.
...я его́ не по́нял (поняла́).
...он сло́жный.
...на́до хорошо́ знать америка́нскую (ру́сскую...) жизнь.
...арти́сты хорошо́ (пло́хо) игра́ли.
...мне (не) нра́вятся фи́льмы Бе́ргмана (Сто́уна...).
...мне вообще́ не нра́вятся коме́дии (нау́чная фанта́стика).

Е. **Моноло́г.** Расскажи́те о ва́шем са́мом люби́мом фи́льме. Как он называ́ется? Что э́то за фильм? Каки́е актёры в нём игра́ют? Как зову́т режиссёра э́того фи́льма? Когда́ вы его́ смотре́ли? Ско́лько раз вы его́ смотре́ли? Почему́ он вам понра́вился?

Ж. **Устный перево́д.** A Russian film director has come to your town. You are at a screening of one of her subtitled films. A friend of yours who does not know Russian wants to talk to the director. You offer to interpret.

ENGLISH SPEAKER'S PART

1. Hello. My name is ____. I don't speak any Russian, but I wanted to thank you and tell you how much I enjoyed your film.
2. Well, I can't say I understood everything. I think it's hard to understand a film when you don't even know the language. But I liked it anyway.
3. I disagree. I think it's harder to understand humor than anything else. But I think your film is much more serious and complex than just a comedy.
4. Well, I know that you must be busy. I'd like to tell you once again that the film is wonderful.

## Давайте почитаем

**А. Са́мое-са́мое о кино́.**

1. Glance at the article on the next page to determine what source it is translated from and what its main topic is.
2. Before you look further at the article, take a minute to write down two items you would expect to find listed in each of the following categories.
   a. fictional characters in the most movies
   b. historical personages in the most movies
   c. countries producing the most movies Ukraine, US, Japan
   d. movies seen by the largest number of people Star Wars
3. Now scan the article to see if it lists the items you noted. Put a check next to each of your predictions that is listed in the article.
4. Now find the following information in the article
   a. characters in the most movies (six are named)
   b. historical personages in the most movies (six are named)
   c. countries producing the most movies (twelve are named)
   d. movies seen by the largest number of people (two are named)

# «САМОЕ-САМОЕ» О КИНО

- Дольше всех не сходил с экрана одного кинотеатра фильм «Эммануэль», демонстрировавшийся в Париже с 26 июня 1974 года до 26 февраля 1985 года.
- Персонажи, о которых снято больше всего фильмов. Первое место занимает Шерлок Холмс (свыше 200 кинолент, включая телефильмы). Из 67 актеров, игравших великого сыщика с Бейкер-стрит, один (Сэм Робинсон) был негром, а один (Реджинальд Оуен) играл и Холмса в «Этюде в багровых тонах» и Уотсона в «Шерлоке Холмсе» (США, 1932). За Холмсом следуют: вампир граф Дракула (138 фильмов), Франкенштейн (96 фильмов), Тарзан (94), Зорро (68) и Робин Гуд (55).
- Исторические личности, о которых снято больше всего фильмов. На первом месте — Иисус Христос (более 200 лент, включая телевизионные). Затем следуют: Наполеон Бонапарт (172 фильма), Авраам Линкольн (158), Ленин (72), Гитлер (60) и Клеопатра (37).
- Двенадцать стран, производивших в последнее десятилетие больше всего фильмов (в скобках — среднее количество кинолент в год): Индия (667), Япония (340), Франция (191), США (191), Тайвань (190), Турция (166), Филиппины (156), СССР ( 148), Италия (139), Таиланд (126), Гонконг (124) и Испания (96).
- Фильм, который посмотрело больше всего зрителей — «Унесенные ветром» (1939, США) Виктора Флеминга. С ним соперничает «Мать-Индия» (1957, Индия), почти неизвестный в мире, но неимоверно популярный в своей стране.
- История, чаще всего переносившаяся на экран — история Золушки. С 1898 года снято 69 версий этой сказки, включая мультипликационные, авангардистские, оперные, балетные, пародийные и порнографические.
- Писатель, произведения которого экранизировали больше всего — Уильям Шекспир (1564-1616); его пьесы переносились на экран 273 раза, не считая пародий и 31 современной версии (типа «Вестсайдской истории»).
- Самые малолетние исполнители в фильмах с любовными сценами — двенадцатилетний Давид Беннент (ФРГ) в картине «Жестяной барабан», двенадцатилетняя Настасия Кински (ФРГ) в ленте «Ложное движение», двенадцатилетняя Брук Шилдс (США) в фильме «Прелестный ребенок».
- Самое длинное название фильма — «Фильм любви и анархии, или Сегодня в десять утра на Виа дей Фьори в известном доме терпимости» (Италия, режиссер Лина Вертмюллер).
- Самое смешное название — «О, папа, бедный папа, мама повесила тебя в клозете, и мне так горько» (США, режиссер Ричард Квин).

**Из «Книги рекордов Гиннесса».**

Now that you have gotten some basic information from the article, read it again to find answers to the following questions about language.

5. Match the comparative forms in the left-hand column to the adverbial forms in the right hand column.

| | | |
|---|---|---|
| а. ча́ще | i. | до́лго |
| б. до́льше | ii. | мно́го |
| в. бо́льше | iii. | ча́сто |

Find the comparative forms **ча́ще, до́льше,** and **бо́льше** in the article.

6. Read the following phrases, taken from the article. Based on the context, determine the meaning of the word **кото́рый.**
а. Персона́жи, о **кото́рых** сня́то* бо́льше всего́ фи́льмов.
б. Истори́ческие ли́чности, о **кото́рых** сня́то бо́льше всего́ фи́льмов.
в. Фильм, **кото́рый** посмотре́ло бо́льше всего́ зри́телей.

***сня́то** — *were made, filmed*

7. To what verb is the bold word in the following phrase related?
Из 67 актеров, **игра́вших** вели́кого сы́щика с Бе́йкер-стрит, ...

Adjectives formed from verbs by means of **-вш-** are equivalent to the English expression *who* or *that did something*. The above phrase might be expressed in English as follows:

Of the 67 actors *who played* the great detective from Baker Street . . .

Given this information and the following glossary, translate the following phrases into English.

а. До́льше всех не сходи́л с экра́на одного́ кинотеа́тра фильм «Эммануэ́ль», **демонстри́ровавшийся** в Пари́же с 26 июня 1974 го́да по 26 февраля́ 1985 го́да.
б. Двена́дцать стран, **производи́вших** в после́днее десятиле́тие бо́льше всего́ фи́льмов, ...
в. Исто́рия, ча́ще всего́ **переноси́вшаяся** на экра́н.

**десятиле́тие** = де́сять + лет
**переноси́ться** — *to be transferred*
**после́дний** — *last*
**производи́ть** — *to produce*
**страна́** — *country*
**сходи́ть с чего́** — *to come down from*

8. What is the Russian title of the American movie *Gone with the Wind?*

9. What is the Russian title of *Cinderella,* the story most frequently transferred to the screen?

10. What is the Russian word for *fairy tale?*

11. Find the Russian adjectives describing the types of movies that have been made of *Cinderella.* Write each of these adjectives in its nominative singular form.

## Б. Чте́ние для удово́льствия: Ва́нька.

This is an adapted version of a story by **Анто́н Че́хов** (1860–1904). Chekhov is well known both as a playwright and a master of the short story.

The story is about a small boy taken from his home in the countryside to work as a cobbler's apprentice in Moscow after the death of his mother.

There are no assignments to go with this text. We have included it for your reading pleasure.

Ва́нька Жу́ков, девятиле́тний ма́льчик, три ме́сяца тому́ наза́д° был о́тдан в уче́ние к сапо́жнику° Аля́хину. В ночь под Рождество́° Ва́нька не ложи́лся спать. Когда́ хозя́ева° ушли́, он доста́л° из шкафа пузырёк с черни́лами° и ру́чку и стал писа́ть.

*тому́ наза́д = наза́д; cobbler; Christmas; masters; got out; ink*

«Ми́лый° де́душка, Константи́н Мака́рыч! — писа́л он. — И пишу́ тебе́ письмо́. Поздравля́ю° вас с Рождество́м и жела́ю° тебе́ всего́ от **Го́спода Бо́га.** Не́ту у меня́ ни отца́ ни ма́меньки, то́лько ты у меня́ оди́н оста́лся°».

*dear; congratulate; wish;* **Lord God**; *remain*

Ва́нька вздохну́л° и продолжа́л° писа́ть.

*sighed; continued*

«А вчера́ хозя́ин меня́ бил° за то, что я кача́л° их ребёнка в лю́льке° и по неча́янности° засну́л°. Все **надо мной смею́тся**. А еды́ не́ту никако́й. Утром даю́т хле́ба, в обе́д ка́ши°, а ве́чером то́же хле́ба. А когда́ их ребёнок пла́чет°, я не сплю, а кача́ю лю́льку. Ми́лый де́душка, **сде́лай ми́лость**, возьми́ меня́ отсю́да домо́й на дере́вню, не́ту никако́й мое́й возмо́жности... Кла́няюсь° тебе́ в но́жки и бу́ду ве́чно° Бо́гу моли́ться°, возьми́ меня́ отсю́да, **а то умру́**...

*beat; rocked; cradle; accident; fell asleep;* **laugh at me**; *porridge; cries; lit.:* **Do me a kindness**; *I bow; forever; pray;* **or else I'll die**

Де́душка, ми́лый! Не́ту никако́й возмо́жности, про́сто смерть° одна́. Я хоте́л пешко́м на дере́вню бежа́ть°, да сапо́г° не́ту, моро́за бою́сь. А когда́ вы́расту° большо́й, то я бу́ду тебя́ корми́ть°, а когда́ умрёшь, я бу́ду моли́ться за° тебя́, как молю́сь за ма́му.

*death; run; boots; grow up; feed; pray for*

А Москва́ го́род большо́й. Лошаде́й° мно́го, а ове́ц° не́ту, и соба́ки° не злы́е°.

*horses; sheep; dogs; mean*

Ми́лый де́душка, а когда́ у ба́рышни° Ольги Игна́тьевны бу́дет ёлка°, возьми́ мне **золо́ченый оре́х** и в зелёный сунду́к° спрячь°. Попроси́ у Ольги Игна́тьевны, скажи́, для Ва́ньки».

*young gentlewoman; Christmas tree;* **golden nut**; *trunk; hide*

Ва́нька вздохну́л и опя́ть посмотре́л на окно́. Он вспо́мнил°, что за ёлкой° всегда́ ходи́л в лес° дед и брал с собо́й вну́ка. Весёлое бы́ло вре́мя! Когда́ ещё была́ жива́ Ва́нькина° мать и служи́ла° у ба́рышни, Ольга Игна́тьевна корми́ла° Ва́ньку леденца́ми° и вы́учила его чита́ть, писа́ть, **счита́ть до ста** и да́же танцева́ть кадри́ль. Когда́ же ма́ма умерла́°, сироту́° Ва́ньку привезли́° в Москву́.

*remembered; Christmas tree; forest; Vanya's; worked; fed; lollipops;* **count to a hundred**; *died; orphan; they brought*

«Приезжа́й, ми́лый де́душка!» — продолжа́л Ва́нька, — Возьми́ меня́ отсю́да. Пожале́й° ты меня́, сироту́ несча́стную°! Меня́ бьют° и всегда́ ку́шать° хо́чется°. А вчера́ хозя́ин меня́ так уда́рил°, что я упа́л.

have pity miserable
beat eat feel like
struck

Твой внук Ива́н Жу́ков».

Ва́нька сверну́л° испи́санный лист° и вложи́л° его́ в конве́рт. Он поду́мал немно́го и написа́л а́дрес:

folded sheet inserted

*На дере́вню де́душке*

Пото́м почеса́лся°, поду́мал и приба́вил°: «Константи́ну Мака́рычу». Пото́м он наде́л ша́пку, вы́бежал° на у́лицу, добежа́л до почто́вого я́щика° и су́нул° драгоце́нное° письмо́ в щель°...

scratched (his head) added
ran out
post box put in precious slot *(fem.)*

**Убаю́канный сла́дкими наде́ждами**, он **час спустя́** кре́пко° спал. Ему́ сни́лась° дере́вня. Во сне° он ви́дел де́душку, кото́рый чита́ет его́ письмо́...

**lulled by sweet hopes** **hour later**
soundly he dreamed of dream

### Словарь

**Partitive genitive: даю́т хле́ба и ка́ши** — they give me *some* bread and *some* cereal. Genitive case for direct objects often indicates the idea of "some."

**Possessives ending in -ин:** nicknames ending in **-а** or **-я** produce possessive modifiers by adding an **-ин** suffix plus the appropriate gender and case endings: **Ванька ⇒ Ва́нькина мать, Ва́нькин оте́ц, Ва́нькины роди́тели**, etc.

**бить (бь-ю, -ёшь, -ют)** — *to beat*

**вспомина́ть/вспо́мнить** — *to reminisce, to remember*

**вы́расту ⇐ вы́расти** — *to grow up.* You have seen the irregular past tense **вы́рос, вы́росла, вы́росли**. The future tense is **вы́расту, вы́растешь, вы́растут**.

**Госпо́дь** — *the Lord.* This form is limited to set phrases. The word for "God" in most contexts is **Бог**.

**жела́ть** (*кому́/чего́*) — *to wish* (something to someone): **жела́ю тебе́ всего́ лу́чшего** — *I wish you all the best.*

**жив, жива́, жи́вы** — *alive* (short-form adjective like **прав**)

**засыпа́ть/засну́ть (засн-у́, -ёшь, -у́т)** — *to fall asleep*

**злой** — *mean, evil*

**кача́ть** — *to rock*

**ка́ша** — *porridge*

**корми́ть** (*кого́/что чем*): **Они́ корми́ли его́ леденца́ми.** — *They fed him lollipops.*

**кре́пко** — *strongly; soundly:* **Он кре́пко спал.** — *He slept soundly.*

**ло́шадь** — *horse* (gen. pl. **лошаде́й**)

**моли́ться (мол-ю́сь, мо́л-ишься, -ятся** *кому за кого-что*) — *to pray* (to someone for someone): **Я бу́ду моли́ться за тебя́ Бо́гу** — *I will pray to God for you.*

**наде́жда** — *hope*

**не́ту** is a colloquial form of **нет** when **нет** indicates absence: **у меня́ не́ту отца́** = **у меня́ нет отца́.**

**овца́** (gen. pl. **ове́ц**) — *sheep*

**оди́н** — *alone:* **Ты у меня́ оди́н оста́лся** — *You alone are left for me.* **Про́сто смерть одна́** — *death alone.*

**пла́кать/за- (пла́ч-у, -ешь, -ут)** — *to cry*

**под** (*что*) — *next to; on the eve of:* **под Рождество́** — *right before Christmas*
**поздравля́ть/поздра́вить (поздра́вл-ю, поздра́в-ишь, -ят** *с чем*) — lit. *to congratulate someone* (on the occasion of a holiday: **поздравля́ю с Рождество́м** — *I congratulate you on the occasion of Christmas* (= "I wish you a Merry Christmas.")
**продолжа́ть** — *to continue*
**пря́тать/с- (пря́ч-у, -ешь, -ут)** (*что*) — *to hide* (something)
**служи́ть (служ-у́, слу́ж-ишь, -ат)** — *to work; to serve*
**смерть** (*fem.*) — *death*
**смея́ться (сме-ю́сь, -ёшься, -ю́тся)** (*над кем*) — *to laugh* (at someone): **смею́тся надо мной** — *They laugh at me.* (**над** ⇒ **на́до** because of **мной.**)
**сни́ться** — *to be dreamt.* This verb is part of a dative construction: **Ему́ сни́лась дере́вня.** — *He dreamed of the village.* (*Lit.:* The village was dreamt to him.)
**соба́ка** — *dog*
**с(о)н** — *sleep; dream:* **ви́деть** (*кого́/что*) **во сне** — *to see* (someone/something) *in a dream; to dream about* (someone/something)
**умира́ть/умере́ть (умру́, умрёшь, у́мер, умерла́, у́мерли)** — *to die*
**хозя́ин** — *master; lord of the house.* Mistress of the house = **хозя́йка**. The plural is very irregular: **хозя́ева**
**черни́ла** — *ink.* Note that this word is neuter plural.

## Давайте послушаем

**Сего́дня передаём.** Russian television "station breaks" usually feature an announcement of the programs to come. Listen to the announcement of one day's programs. Pick five that you think you might want to watch. Indicate when they will be broadcast and why you would be interested in them.

# В помощь учащимся

##  6.1 Нра́виться/понра́виться

— Я вчера́ смотре́ла но́вый фильм. — "Yesterday I saw a new movie."
— Ну и как? **Он тебе́ понра́вился?** — "Well, how was it? *Did you like it?*"

The verb **нра́виться/понра́виться** literally means *to be pleasing to*. The thing that is pleasing is the grammatical subject of the sentence; it appears in the nominative case. The person who likes it is expressed in the dative case.

| DATIVE | VERB AGREES WITH THE GRAMMATICAL SUBJECT | GRAMMATICAL SUBJECT | |
|---|---|---|---|
| Мне | нра́вится | кино́. | *I like the cinema.* (lit.: *The cinema is pleasing to me.*) |
| Тебе́ | нра́вятся | коме́дии. | *You like comedies.* (lit.: *Comedies are pleasing to you.*) |
| Ему́ | понра́вился | фильм. | *He liked the film.* (lit.: *The film was pleasing to him.*) |
| Этому режиссёру | понра́вился | фильм. | *This director liked the film.* (lit.: *The film was pleasing to this director.*) |
| Ей | понра́вилось | письмо́. | *She liked the letter.* (lit.: *The letter was pleasing to her.*) |
| Этой актри́се | понра́вилось | письмо́. | *This actress liked the letter.* (lit.: *The letter was pleasing to this actress.*) |
| Нам | понра́вилась | переда́ча. | *We liked the program.* (lit.: *The program was pleasing to us.*) |
| Вам | понра́вились | детекти́вы. | *You liked the mysteries.* (lit.: *The mysteries were pleasing to you.* ) |
| Им | понра́вится | паро́дия. | *They will like the parody.* (lit.: *The parody will be pleasing to them.*) |
| Кому́ | понра́вятся | но́вости? | *Who will like the news?* (lit.: *To whom will the news be pleasing?*) |
| Этим актёрам | понра́вятся | но́вости. | *These actors will like the news.* (lit.: *The news will be pleasing to these actors.*) |

English sentences with the verb *to like* are commonly expressed in Russian with **нра́виться/понра́виться.** Avoid translating such English sentences word for word into Russian. Remember to put the person in the dative case and the thing liked in the nominative case.

## *Упражнения*

**А. Каки́е фи́льмы нра́вятся кому́?**

Образе́ц: **Кири́лл — э́тот фильм** → *Кири́ллу нра́вится э́тот фильм.*

1. Бори́с — мультфи́льмы
2. Матве́й — серьёзные фи́льмы
3. Со́фья Петро́вна — коме́дии
4. Кса́на — э́ти фи́льмы
5. Михаи́л Влади́мирович — фильм Го́род Зеро́
6. э́тот актёр — иностра́нные фи́льмы
7. на́ша сосе́дка — э́тот но́вый документа́льный фильм
8. молоды́е лю́ди — нау́чная фанта́стика
9. Алекса́ндр Миха́йлович и Лари́са Ива́новна — фильм «Такси-блюз»
10. на́ши друзья́ — ру́сские фи́льмы

**Б. Запо́лните про́пуски.**

| понра́вился - понра́вилось - понра́вилась - понра́вились |
|---|

1. — Вы смотре́ли э́тот фильм? — Да, он мне о́чень ______.
2. — Вы чита́ли э́ту кни́гу? — Да, она́ мне о́чень ______.
3. — Вы смотре́ли э́ти францу́зские коме́дии? — Да, но они́ мне не ______.
4. — Вы ви́дели но́вое пла́тье Ки́ры? — Да, и оно́ мне ______.
5. Вам ______ но́вая кни́га Ерофе́ева?
6. Вам ______ рестора́н, где вы у́жинали вчера́?
7. Вам ______ моё письмо́?
8. Вам ______ фильм «Рэ́мбо»?
9. Вам ______ но́вые документа́льные фи́льмы?
10. Вам ______ коме́дия, кото́рую мы смотре́ли вчера́?

**В. Соста́вьте предложе́ния.** Indicate you think these people *will like* the following things.

Образе́ц: **Марк — э́тот фильм** → *Я ду́маю, что Ма́рку понра́вится э́тот фильм.*

1. ты — э́та но́вая коме́дия
2. на́ша сосе́дка — но́вый фильм о Са́харове
3. наш преподава́тель — э́ти документа́льные фи́льмы
4. э́ти де́ти — но́вый мультфи́льм
5. мы — э́ти но́вые мю́зиклы
6. вы — «Соля́рис»

**Г.** **О себе́.** Отве́тьте на вопро́сы.

1. Вам нра́вится кино́?
2. Вам нра́вятся коме́дии?
3. Вам нра́вятся детекти́вы?
4. Вам нра́вится нау́чная фанта́стика?
5. Вам нра́вятся мю́зиклы?
6. Вам нра́вятся приключе́нческие фи́льмы?
7. Каки́е фи́льмы вам бо́льше всего́ нра́вятся?
8. Каки́е фи́льмы вам бо́льше всего́ не нра́вятся?
9. Вы смотре́ли каки́е-нибудь ру́сские фи́льмы? Они́ вам понра́вились?
10. Вы смотре́ли фильм на про́шлой неде́ле? Он вам понра́вился?

➤ *Complete Oral Drills 1–5 and Written Exercises 1–2 in the Workbook.*

## 6.2 Нра́виться/понра́виться vs. люби́ть

Both **люби́ть** and **нра́виться** can be equivalent to the English *to like*. However, they are not always interchangeable. Follow the guidelines in the chart below.

| | нра́виться/по- | люби́ть | COMMENTS |
|---|---|---|---|
| **Future** | Вам понра́вится э́тот фильм. | | In future tense, use **понра́виться.** |
| **Present** | Мне нра́вится э́тот фильм. | Я люблю́ э́тот фильм. | In present tense, the verbs are close in meaning. **Люби́ть** is a bit stronger. |
| | | Я люблю́ ходи́ть в кино́. | Use **люби́ть** with infinitives. |
| **Past** | Мне понра́вился э́тот фильм. | | *I liked* (and still like) *this film.* |
| | Мне нра́вился э́тот фильм. | Я люби́л(а) э́тот фильм. | *I used to like this film.* |
| | | Я люби́л(а) ходи́ть в кино́. | Use **люби́ть** with infinitives. |

### *Упражнение*

**А. Как по-ру́сски?**

1. Vera likes to go to the movies.
2. Yesterday she saw a new American movie. She liked it a lot.
3. Her mother doesn't like American movies.
4. Vera's mother likes French and Russian movies.
5. On Friday she went to a French comedy. She liked it very much.
6. Vera's brother doesn't like movies.
7. He likes to watch television and read.
8. But he'll probably like the new documentary about Sakharov.

➤ *Complete Oral Drill 6 and Written Exercise 3 in the Workbook.*

## 6.3 Making Comparisons

The comparative forms of adjectives and adverbs are used to compare characteristics and qualities. The comparative forms covered here come only in the predicate adjective position, that is, after the verb *to be.*

| | |
|---|---|
| «Бра́тья Карама́зовы» сло́жный рома́н, а «Идио́т» — **сложне́е.** | The Brothers Karamazov is a complex novel, but The Idiot is *more complex.* |
| Тру́дно чита́ть по-испа́нски, а **трудне́е** чита́ть по-ру́сски. | It is difficult to read in Spanish, but it's *more difficult* to read in Russian. |

### Formation of Comparatives

The comparative forms of most Russian adjectives and adverbs have the ending **-ee**.

| ADJECTIVE | ADVERB | COMPARATIVE | |
|---|---|---|---|
| интере́сн-ый | интере́сн-о | интере́сн-**ее** | *more interesting* |
| поня́тн-ый | поня́тн-о | поня́тн-**ее** | *more understandable* |
| серьёзн-ый | серьёзн-о | серьёзн-**ее** | *more serious* |

If the stem has only one syllable, the stress in the comparative normally shifts to the ending.

| ADJECTIVE | ADVERB | COMPARATIVE | |
|---|---|---|---|
| сло́жн-ый | сло́жн-о | сложн-**е́е** | *more complex* |
| ско́р-ый | ско́р-о | скор-**е́е** | *sooner* |
| тёпл-ый | тепл-о́ | тепл-**е́е** | *warmer* |
| тру́дн-ый | тру́дн-о | трудн-**е́е** | *more difficult* |
| у́мн-ый | у́мн-о | умн-**е́е** | *smarter* |

The comparative **холодне́е** — *colder* is also stressed on the ending.

In colloquial Russian the comparative ending **-ee** may be rendered as **-ей**:
**скоре́е** → **скоре́й.**

A number of comparatives are irregular and must simply be memorized. These forms end in an unaccented **-e**, and most involve a consonant mutation at the end of the stem. Here are the irregular forms drilled in this unit.

| ADJECTIVE | ADVERB | COMPARATIVE | |
|---|---|---|---|
| хоро́ший | хорошо́ | лу́чше | *better* |
| плохо́й | пло́хо | ху́же | *worse* |
| большо́й | мно́го | бо́льше | *bigger* |
| ма́ленький | ма́ло | ме́ньше | *smaller, less* |
| молодо́й | мо́лодо | моло́же | *younger* |
| ста́рый | — | ста́рше | *older* (for people) |
| ре́дкий | ре́дко | ре́же | *more rarely* |
| ча́стый | ча́сто | ча́ще | *more frequently* |
| бли́зкий | бли́зко | бли́же | *closer* |
| далёкий | далеко́ | да́льше | *further* |
| дорого́й | до́рого | доро́же | *more expensive* |
| дешёвый | дёшево | деше́вле | *cheaper* |
| до́лгий | до́лго | до́льше | *longer* |
| коро́ткий | ко́ротко | коро́че | *shorter* |
| лёгкий | легко́ | ле́гче | *ligher, easier* |
| просто́й | про́сто | про́ще | *simpler* |
| ра́нний | ра́но | ра́ньше | *earlier* |
| по́здний | по́здно | по́зже (*or* поздне́е) | *later* |
| жа́ркий | жа́рко | жа́рче | *hotter* |

*Hint:* Use the Oral Drills on tape to guide your learning of these forms.

### Structure of Comparative Sentences

*Than* is rendered by **чем,** which is always preceded by a comma.

| | |
|---|---|
| Вы говори́те по-ру́сски лу́чше, **чем** мы. | You speak Russian better *than* we do. |
| В Москве́ холодне́е, **чем** в Санкт-Петербу́рге. | It's colder in Moscow *than* in Saint Petersburg. |

Russians often replace **чем** + nominative case with genitive (dropping the **чем**).

| | |
|---|---|
| Вы говори́те по-ру́сски лу́чше, **чем мы**. | Вы говори́те по-ру́сски лу́чше **нас.** |

The adverbs **гора́здо** — *much* and **ещё** — *even* strengthen the comparison.

| | |
|---|---|
| Вы говори́те по-ру́сски **гора́здо** лу́чше, чем мы. | You speak Russian *much* better than we do. |
| Вы говори́те по-ру́сски **ещё** лу́чше, чем мы. | You speak Russian *even* better than we do. |

## *Упражнения*

**А. Запо́лните про́пуски.** Fill in the blanks with the needed comparative form.

1. Смотре́ть телеви́зор интере́сно, а чита́ть ещё ______.
2. Ма́ша о́чень серьёзная, а её брат ещё ______.
3. Эти фотогра́фии краси́вые, а твой фотогра́фии ещё ______.
4. Говори́ть по-францу́зски тру́дно, а говори́ть по-ру́сски ещё ______.
5. «Бра́тья Карама́зовы» — рома́н сло́жный, а «Бе́сы» ещё ______.
6. Сего́дня жа́рко, а вчера́ бы́ло ещё ______.
7. В Санкт-Петербу́рге хо́лодно, а на Аля́ске ещё ______.
8. Ва́ня ча́сто хо́дит в кино́, а Ки́ра хо́дит ещё ______.
9. Мы ра́но встаём, а преподава́тель встаёт ещё ______.
10. Гри́ша живёт далеко́ от университе́та, а Со́ня живёт ещё ______.
11. Эти кни́ги дороги́е, а те кни́ги ещё ______.
12. На́ше общежи́тие о́чень большо́е, а но́вое общежи́тие ещё ______.

**Б. Поду́майте!** Which of the following sentences can be rephrased without **чем**? (*Hint:* The things being compared must be in the nominative case.)

1. Москва́ бо́льше, чем Санкт-Петербу́рг.
2. В Москве́ холодне́е, чем в Санкт-Петербу́рге.
3. Понима́ть на иностра́нном языке́ ле́гче, чем говори́ть.
4. Биле́т в теа́тр доро́же, чем биле́т в кино́.
5. О поли́тике интере́снее поговори́ть, чем о пого́де.

**В. Соста́вьте предложе́ния.** Rephrase the following comparisons.

Образе́ц: **Вы говори́те лу́чше, чем я.** → *Вы говори́те лу́чше меня́.*

1. Я пишу́ бо́льше, чем Анто́н.
2. Анто́н пи́шет ме́ньше, чем я.
3. Эти студе́нты чита́ют быстре́е, чем Гри́ша.
4. Гри́ша чита́ет ме́дленнее, чем э́ти студе́нты.
5. Моя́ сестра́ хо́дит в кино́ ча́ще, чем Со́ня.
6. Со́ня хо́дит в кино́ ре́же, чем моя́ сестра́.
7. Этот америка́нский студе́нт ста́рше, чем Ла́ра.
8. Ла́ра моло́же, чем э́тот америка́нский студе́нт.
9. Ла́ра встаёт ра́ньше, чем мы.
10. Мы встаём по́зже, чем вы.

**Г. Зако́нчите предложе́ния.** Complete the following sentences with something that makes sense, both logically and grammatically.

1. Я занима́юсь бо́льше, чем...
2. Чита́ть по-ру́сски ле́гче, чем...
3. Гото́вить пи́ццу про́ще, чем...
4. Я встаю по́зже, чем...
5. Мы говори́м по-ру́сски лу́чше, чем...
6. Весно́й у нас тепле́е, чем...
7. Я моло́же, чем...
8. Я ре́же смотрю́ телеви́зор, чем...

➤ *Complete Oral Drills 7–13 and Written Exercises 4–8 in the Workbook.*

## 6.4 Reflexive Verbs

The Russian verbs for *begin, end, open,* and *close* have **nonreflexive** and **reflexive** forms. The reflexive forms end in the particle **-ся**.

Use the nonreflexive form (without **-ся**) when the verb is followed by an infinitive.

| | |
|---|---|
| Ва́ня начина́ет рабо́тать. | *Vanya begins to work.* |

Use the nonreflexive form (without **-ся**) when the verb is followed by a direct object.

| | |
|---|---|
| Ва́ня начина́ет рабо́ту. | *Vanya begins work.* |
| Ва́ня открыва́ет кни́гу. | *Vanya opens the book.* |
| Ва́ня закрыва́ет кни́гу. | *Vanya closes the book.* |

Use the reflexive form (with **-ся**) when the thing that is beginning or ending, or being opened or closed, is the grammatical subject of the sentence.

| | |
|---|---|
| Рабо́та начина́ется в 9 часо́в. | *Work begins at 9 o'clock.* |
| Рабо́та конча́ется в 5 часо́в. | *Work ends at 5 o'clock.* |
| Библиоте́ка открыва́ется в 9 часо́в. | *The library opens at 9 o'clock.* |
| Библиоте́ка закрыва́ется в 7 часо́в. | *The library closes at 7 o'clock.* |

Never use the reflexive forms of *beginning* and *ending* with people!

The verb **конча́ться/ко́нчиться** — *to come to a conclusion* is rarely used without the **-ся** particle in contemporary spoken Russian. Therefore we will drill it only in its **-ся** form. Use the verbs **зака́нчивать/зако́нчить** and **ока́нчивать/око́нчить** as the nonreflexive verbs for *end*.

| откры́ва́ть(ся) / откры́ть(ся) (to open) | |
|---|---|
| открыва́ю | откро́ю |
| открыва́ешь | откро́ешь |
| открыва́ет(ся) | откро́ет(ся) |
| открыва́ем | откро́ем |
| открыва́ете | откро́ете |
| открыва́ют(ся) | откро́ют(ся) |

| закрыва́ть(ся) / закры́ть(ся) (to close) | |
|---|---|
| закрыва́ю | закро́ю |
| закрыва́ешь | закро́ешь |
| закрыва́ет(ся) | закро́ет(ся) |
| закрыва́ем | закро́ем |
| закрыва́ете | закро́ете |
| закрыва́ют(ся) | закро́ют(ся) |

| начина́ть(ся) / нача́ть(ся) (to begin) | |
|---|---|
| начина́ю | начну́ |
| начина́ешь | начнёшь |
| начина́ет(ся) | начнёт(ся) |
| начина́ем | начнём |
| начина́ете | начнёте |
| начина́ют(ся) | начну́т(ся) |

| конча́ться / ко́нчится (to come to an end) | |
|---|---|
| конча́ется | ко́нчится |
| конча́ются | ко́нчатся |

| зака́нчивать / зако́нчить (to complete, end) | |
|---|---|
| зака́нчиваю | зако́нчу |
| зака́нчиваешь | зако́нчишь |
| зака́нчивает | зако́нчит |
| зака́нчиваем | зако́нчим |
| зака́нчиваете | зако́нчите |
| зака́нчивают | зако́нчат |

| око́нчить (*perf.*) (to complete, end) |
|---|
| око́нчу |
| око́нчишь |
| око́нчит |
| око́нчим |
| око́нчите |
| око́нчат |

## *Упражнения*

**А. О себе́.** Отве́тьте на вопро́сы.

1. Когда́ вы на́чали учи́ться в университе́те? Когда́ вы око́нчите университе́т?
2. В како́м ме́сяце начина́ется уче́бный год в ва́шем университе́те? В како́м ме́сяце конча́ется уче́бный год?
3. Во ско́лько открыва́ется университе́тская библиоте́ка? Когда́ она́ закрыва́ется?
4. Дверь ва́шей ко́мнаты откры́та и́ли закры́та? Кто её откры́л (закры́л)?
5. Вы смо́трите телеви́зор? Когда́ начина́ется ва́ша люби́мая переда́ча?
6. Вы смотре́ли фильм на про́шлой неде́ле? Когда́ он начался́? Когда́ он ко́нчился?

**Б. Вы́берите ну́жный глаго́л.**

1. Когда́ (открыва́ет/открыва́ется) кинотеа́тр?
2. Кто (открыва́ет/открыва́ется) кинотеа́тр?
3. Кинотеа́тр (открыва́ет/открыва́ется) в шесть часо́в, но пе́рвый сеа́нс (начина́ет/начина́ется) в семь.
4. После́дний сеа́нс (зака́нчивает/конча́ется) в де́сять часо́в.
5. Уче́бный год (начина́ет/начина́ется) в сентябре́ и (зака́нчивает/конча́ется) в ию́не.
6. Мы (на́чали/на́чались) учи́ться здесь в сентябре́.
7. Когда́ вы (на́чали/на́чались) учи́ться в университе́те?
8. Когда́ вы (око́нчите/ко́нчитесь) университе́т?
9. Ско́ро (откро́ет/откро́ется) но́вое кафе́.
10. Когда́ (закрыва́ет/закрыва́ется) библиоте́ка?

➤ *Complete Oral Drills 14–17 and Written Exercises 9–11 in the Workbook.*

## 6.5 Verb Conjugation — дава́ть/дать and передава́ть/переда́ть

The verb **дать** — *to give* is one of only four truly irregular verbs in Russian. Prefixed forms of **дава́ть/дать** follow the same conjugation pattern.

| дава́ть / дать (to give) | |
|---|---|
| даю́ | дам |
| даёшь | дашь |
| даёт | даст |
| даём | дади́м |
| даёте | дади́те |
| даю́т | даду́т |
| *imperative* | *imperative* |
| дава́й | дай |
| *past* | *past* |
| дава́л | дал, дала́, да́ли |

| передава́ть / переда́ть (to broadcast, to pass along) | |
|---|---|
| передаю́ | переда́м |
| передаёшь | переда́шь |
| передаёт | переда́ст |
| передаём | передади́м |
| передаёте | передади́те |
| передаю́т | передаду́т |
| *imperative* | *imperative* |
| передава́й | переда́й |
| *past* | *past* |
| передава́л | переда́л, передала́, переда́ли |

The prefix **пере**- often indicates action across or through something. Thus **переда́ть** can mean *to broadcast* or *to pass along* (as in passing along a message, or passing something at the table).

### *Упражнение*

**А. Соста́вьте предложе́ния.** Make sentences by combining elements from the following columns.

| SUBJECT NOMINATIVE | ADVERB | VERB | INDIRECT OBJECT DATIVE | DIRECT OBJECT ACCUSATIVE |
|---|---|---|---|---|
| я | ча́сто | | я | кни́ги |
| ты | всегда́ | | тебе́ | пласти́нки |
| мой брат | никогда́ не | дава́ть | моему́ бра́ту | газе́ты |
| ба́бушка | за́втра | дать | ба́бушке | де́ньги |
| мы | вчера́ | | нам | биле́ты в кино́ |
| вы | ра́ньше | | вам | журна́л |
| роди́тели | | | роди́телям | |

➤ *Complete Oral Drill 18 and Written Exercise 12 in the Workbook.*

# Обзорные упражнения

**А. Пойдём в кинó.**

1. Bring the movie schedule from your local newspaper to class. Select a current movie about which you know some basic information, e.g., what kind of film it is, who plays in it, who the director is. With a partner, practice giving this basic information in Russian.
2. Prepare to invite a Russian friend to go to the movie with you by making notes about when it begins and ends, and where it is playing. Also prepare to give basic directions to the movie theater.
3. Act out a role-play situation in which you telephone a Russian friend and invite him or her to go to the movie with you. Be sure to decide when and where you will meet. Suggest going out for a cup of coffee after the show.
4. The day after the movie, write a letter to another friend in Petersburg. Include a paragraph about the evening you spent at the movie. Since your Petersburg friend knows little about American actors and directors, concentrate on what you did before and after the show, what the weather was like, and whether you and your friend liked the movie.

**Б. Сочинéние.**

1. In 5 minutes, jot down everything you can say in Russian about your favorite movie.
2. On the basis of your notes, draft a one-page composition about your favorite movie. Bring several photocopies of your draft to class.
3. In a small group, go over each group member's composition with the following questions in mind.
   - Is the composition interesting? Does it impart information?
   - Does the composition have a definite beginning, middle, and end?
4. Rewrite your composition, incorporating ideas you received during the small group discussions.

# Новые слова и выражения

## NOUNS

| | |
|---|---|
| автоотве́тчик | answering machine |
| биле́т | ticket |
| биле́т на (+ *acc.*) | ticket for a certain time |
| вещь *(fem.)* | thing |
| виктори́на | quiz show |
| детекти́в | mystery |
| жизнь (*fem.*) | life |
| коме́дия | comedy |
| ко́мик | comic |
| конце́рт (на) | concert |
| литерату́ра | literature |
| мультфи́льм | cartoon |
| мю́зикл | musical |
| но́вости *(always plural)* | news |
| паро́дия | parody |
| переда́ча | broadcast, program |
| програ́мма, програ́ммка | program, schedule |
| програ́мма | program, show, channel |
| режиссёр | (film) director |
| ро́дина | motherland |
| ряд (в ряду́) | row |
| сати́ра | satire |
| сеа́нс | showing |
| середи́на | middle |
| три́ллер | thriller (movie) |
| у́жас | horror |
| фильм у́жасов | horror movie |
| фанта́стика | fantasy |
| нау́чная фанта́стика | science fiction |
| фильм | movie |
| приключе́нческий фильм | adventure film |
| худо́жественный фильм | feature-length film (*not documentary*) |
| фильм у́жасов | horror film |
| экра́н (на) | screen |
| экраниза́ция | film version |
| ю́мор | humor |

## PRONOUN

| | |
|---|---|
| что́-нибудь | something |

## ADJECTIVES

| | |
|---|---|
| вечéрний | evening |
| дешёвый | inexpensive |
| длúнный | long |
| документáльный (фильм) | documentary |
| дорогóй | expensive |
| извéстный | famous |
| классúческий | classical |
| корóткий | short |
| лёгкий | easy |
| музыкáльный | musical |
| наýчный | science |
| понятный | understandable |
| потóм | afterwards, then |
| приключéнческий | adventure |
| простóй | simple |
| слóжный | complicated, complex |
| смешнóй | funny, laughable |
| худóжественный | artistic |
| худóжественный фильм | feature-length film (*not documentary*) |
| худóжественная литератýра | belles-lettres (*fiction, poetry*) |

## VERBS

| | |
|---|---|
| боя́ться *(imperf.)* (бо-ю́сь, -и́шься, -я́тся) | to be afraid |
| дава́ть/дать (да-ю́, -ёшь, -ю́т) (дам, дашь, даст, дади́м, дади́те, даду́т; дал, дала́, да́ли) | to give |
| закрыва́ть(ся)/закры́ть(ся) (закрыва́-ю, -ешь, -ют) (закро́-ю, -ешь, -ют) | to close |
| идти́ *(imperf.)* | to be playing (of a movie) |
| набира́ть/набра́ть (набира́-ю, -ешь, -ют) (набер-у́, -ёшь, -у́т) | to dial |
| начина́ть(ся)/нача́ть(ся) (начина́-ю, -ешь, -ют) (начн-у́, -ёшь, -у́т; на́чал, начала́, на́чали) | to begin |

| | |
|---|---|
| нра́виться/по-<br>(нра́в-ится, -ятся) | to be pleasing to |
| объясня́ть/объясни́ть<br>(объясня́-ю, -ешь, -ют)<br>(объясн-ю́, -и́шь, -я́т) | to explain |
| открыва́ть(ся)/откры́ть(ся)<br>(открыва́-ю, -ешь, -ют)<br>(откро́-ю, -ешь, -ют) | to open |
| передава́ть/переда́ть<br>(переда-ю́, -ёшь, -ю́т)<br>(переда́м, переда́шь, переда́ст,<br>передади́м, передади́те, передаду́т) | to broadcast |
| пое́сть *(perf.)*<br>(пое́м, пое́шь, пое́ст,<br>поеди́м, поеди́те, поедя́т) | to have a bite to eat |
| понима́ть/поня́ть<br>(понима́-ю, -ешь, -ют)<br>(пойм-у́, -ёшь, -у́т) | to understand |
| умере́ть *(perf.)*<br>(*past:* у́мер, умерла́, у́мерли) | to die |

## ADVERBS

| | |
|---|---|
| гора́здо | much *(in comparisons)* |
| дово́льно | quite |
| ещё | even *(in comparisons)* |
| куда́-нибудь | somewhere |
| легко́ | easily |
| побли́же | near the front *(in movie theater)* |
| пода́льше | near the back *(in movie theater)* |
| ча́сто | frequently |
| че́стно | honestly |

## SUBJECTLESS CONSTRUCTION

| | |
|---|---|
| ка́жется *(кому)* | it seems *(to someone)* |

## CONJUNCTION

| | |
|---|---|
| чем | than *(in comparison)* |

## PHRASES

| | |
|---|---|
| бо́льше всего́ | most of all |
| Годи́тся. | That's fine. |
| е́сли че́стно сказа́ть | to tell the truth |
| Кто тако́й...? | Just who is ...? |

| | |
|---|---|
| по-мо́ему | in my opinion |
| по телеви́зору | on television |
| Пра́вда? | Really? |
| скоре́е всего́ | most likely |
| Что э́то за...*(noun in nom.)* | What kind of a ... is it? |

## PERSONALIZED VOCABULARY

______________________________________________

______________________________________________

______________________________________________

______________________________________________.

# Что почитать?

## Коммуникативные задания

- Talking about books, authors, and genres
- Borrowing books
- Getting a library card
- Listening to Russian poems
- Reading for pleasure: **Ильф и Петро́в, Брони́рованное ме́сто**

## В помощь учащимся

- **Звать** vs. **называ́ться**
- **Ну́жен**
- **Кото́рый** constructions
- Negation — **ни-... не** constructions
- Constructions with **-то, -нибудь**
- Declension of last names
- Past active and past passive verbal adjectives for reading

## Между прочим

- Declamatory style in reading poetry
- Genres of some famous Russian literary works
- **Ахма́това, Бара́нская, Бро́дский, Бу́нин, Евтуше́нко, Ильф и Петро́в, Пу́шкин**

# Точка отсчёта

## О чём идёт речь?

**А. Ру́сские писа́тели.** Зна́ете ли вы э́тих писа́телей? Зна́ете ли вы други́х ру́сских писа́телей?

**Алекса́ндр Серге́евич Пу́шкин** (1799–1837). Мно́гие счита́ют, что Пу́шкин — оте́ц ру́сской литерату́ры. Он был ма́стером мно́гих жа́нров: писа́л рома́ны, расска́зы, стихи́ и да́же рома́н в стиха́х.

**Анто́н Па́влович Че́хов** (1860–1904) начина́л как а́втор коро́тких сатири́ческих расска́зов, но в нача́ле XX ве́ка он бо́льше занима́лсядраматурги́ей. Его́ перу́ принадлежа́т пье́сы «Ча́йка», «Дя́дя Ва́ня», «Три сестры́» и «Вишнёвый сад».

**Фёдор Миха́йлович Достое́вский** (1821–1881) — оте́ц «психологи́ческого» рома́на. Среди́ произведе́ний Достое́вского: «Преступле́ние и наказа́ние», «Бе́сы», «Идио́т», «Бра́тья Карама́зовы».

**Лев Никола́евич Толсто́й** (1828–1910). Рома́ны «Война́ и мир» и «Анна Каре́нина» изве́стны всем. В них чита́тель знако́мится не то́лько с жи́знью Росси́и XIX ве́ка, но и с филосо́фией Толсто́го, кото́рая ста́ла осно́вой для де́ятельности таки́х истори́ческих фигу́р, как Га́нди и М.Л. Кинг.

**Анна Ахма́това** (1889–1966) — изве́стная ру́сская поэте́сса. В сове́тское вре́мя она́ подверга́лась репре́ссиям со стороны́ прави́тельства. Её гла́вное произведе́ние «Ре́квием» бы́ло впервы́е опублико́вано в СССР то́лько в 1987 году́.

**Мари́на Цвета́ева** (1892–1941) — лири́ческая поэте́сса нача́ла XX ве́ка. По́сле револю́ции она́ эмигри́ровала во Фра́нцию и верну́лась в СССР в 1939 году́. Она́ ста́ла же́ртвой ста́линских репре́ссий, и в 1941 году́ она́ поко́нчила жизнь самоуби́йством.

**Никола́й Васи́льевич Го́голь** (1809–1852) получи́л изве́стность за свои́ расска́зы и пье́сы о жи́зни в Росси́и. Среди́ са́мых изве́стных произведе́ний Го́голя — сатири́ческий рома́н «Мёртвые ду́ши» и коме́дия «Ревизо́р».

**Бори́с Леони́дович Пастерна́к** (1890–1960) изве́стен на За́паде свои́м рома́ном «До́ктор Жива́го». В Росси́и же Пастерна́ка це́нят не то́лько как романи́ста, но и как поэ́та и перево́дчика Шекспи́ра и Гёте.

**Ива́н Серге́евич Турге́нев** (1818–1883) — а́втор рома́нов о социа́льной жи́зни Росси́и в XIX ве́ке. Са́мое изве́стное произведе́ние Турге́нева в мирово́й литерату́ре — «Отцы́ и де́ти».

**Алекса́ндр Иса́евич Солжени́цын** (р. 1918) — лауреа́т Но́белевской пре́мии по литерату́ре (1970). Гла́вная те́ма его́ рома́нов — ма́ссовые репре́ссии сове́тского пери́ода. С 1974 по 1993 гг. Солжени́цын жил в США.

**Ио́сиф Алекса́ндрович Бро́дский** (1940–1996) на́чал как поэ́т в 60-х года́х. В 1972 Бро́дский был вы́нужден уе́хать в США, где он писа́л стихи́ и эссе́ на ру́сском и англи́йском языка́х. Он был награждён Но́белевской пре́мией в 1987 году́.

**Б.** **Поэ́т и́ли проза́ик?** Based on the information on p. 216, indicate whether the following writers were writers of prose or poetry, or both.

1. Анна Ахма́това
2. Никола́й Го́голь
3. Фёдор Достое́вский
4. Бори́с Пастерна́к
5. Алекса́ндр Пу́шкин
6. Лев Толсто́й
7. Ива́н Турге́нев
8. Мари́на Цвета́ева
9. Анто́н Че́хов

**В.** **Жа́нры.** Отве́тьте на вопро́сы.

| Литерату́ра | |
|---|---|
| **поэ́зия** | **про́за** |
| стихи́ | расска́з/по́весть (напр. «Смерть Ива́на Ильича́» Л. Толсто́го)<br>пье́са (напр. «Три сестры́» А. Че́хова)<br>рома́н (напр. «До́ктор Жива́го» Б. Пастерна́ка) |

1. Вы лю́бите поэ́зию (стихи́)?
2. Вы лю́бите про́зу?
3. Вы лю́бите расска́зы?
4. Вы лю́бите пье́сы?
5. Вы лю́бите рома́ны?

**Г. Произведе́ния ру́сской литерату́ры.** Have you read any of the following Russian literary works? Do you know some other pieces of Russian literature to add to this list? (Your teacher will help you with the Russian titles.)

1. «Война́ и мир» — Л. Толсто́й
2. «Петербу́рг» — А. Бе́лый
3. «Я вас люби́л...» — А. Пу́шкин
4. «Ча́йка» — А. Че́хов
5. «Отцы́ и де́ти» — И. Турге́нев
6. «Господи́н из Сан-Франци́ско» — И. Бу́нин
7. «Ба́бий Яр» — Е. Евтуше́нко
8. «Архипела́г ГУЛа́г» — А. Солжени́цын
9. «На дне» — М. Го́рький
10. «Нос» — Н. Го́голь
11. «Есть в бли́зости люде́й заве́тная черта́» — А. Ахма́това
12. «Двена́дцать сту́льев» — Ильф и Петро́в

**Д. В како́м ве́ке?** Based on the information on p. 216, match each author with the correct century.

1. Алекса́ндр Пу́шкин
2. Анто́н Че́хов
3. Лев Толсто́й
4. Алекса́ндр Солжени́цын
5. Фёдор Достое́вский
6. Анна Ахма́това
7. Мари́на Цвета́ева
8. Никола́й Го́голь
9. Бори́с Пастерна́к
10. Ива́н Турге́нев
11. Ио́сиф Бро́дский

а. восемна́дцатый век
б. девятна́дцатый век
в. двадца́тый век

**Е. Разгово́ры.**

**Разгово́р 1. О ру́сской поэ́зии.**
Разгова́ривают Бе́тти и Ди́на.

1. Како́е зада́ние у Бе́тти на за́втра? Что она́ должна́ вы́учить наизу́сть?
2. Ди́на счита́ет, что тру́дно бу́дет вы́учить э́ти стихи́?
3. Бе́тти ле́гче чита́ть про́зу и́ли поэ́зию?
4. В э́том разгово́ре мно́го говори́ли об Ио́сифе Бро́дском. Что мо́жно сказа́ть о нём? Отве́тьте ДА и́ли НЕТ:
   а. Он писа́л то́лько про́зу.
   б. Он уе́хал в США в 70-х года́х.
   в. Он получи́л Но́белевскую пре́мию по литерату́ре.
   г. Он писа́л и по-ру́сски, и по-англи́йски.
   д. Он сейча́с живёт в Москве́.

**Разговóр 2.** **Что почитáть?**
Разговáривают Оксáна и Ник.

1. Ник летúт зáвтра в Самаркáнд. Как дóлго он бýдет в самолёте*?
2. Какúе писáтели нрáвятся Нúку?
3. Какóго писáтеля Оксáна совéтует Нúку читáть?
4. В какóм вéке он писáл?
5. Оксáна предлагáет Нúку сбóрник расскáзов Ильфа и Петрóва. Что онá говорúт об э́тих писáтелях?

* **самолёт** — *airplane*

**Разговóр 3.** **Читáтельский билéт.**
Разговáривают Ник и библиотéкарь.

1. Где ýчится Ник?
2. Ник хóчет получúть читáтельский билéт в библиотéке. Какúе докумéнты он дóлжен показáть в библиотéке?
3. Какáя информáция вхóдит в «направлéние»?

# Язык в действии

## Диалоги

### 1. Надо вы́учить наизу́сть...

— Бе́тти, здра́вствуй! Проходи́!
— Здра́вствуй, Ди́на! Я то́лько на па́ру часо́в. У меня́ огро́мное дома́шнее зада́ние.
— Что за зада́ние?
— Нам на́до вы́учить наизу́сть како́е-то стихотворе́ние.
— Стихи́! Как интере́сно! Дай посмотре́ть, как называ́ются.
— Это стихотворе́ние Евтуше́нко. А называ́ется оно́ «Окно́ выхо́дит в бе́лые дере́вья».
— Гм, стихотворе́ние о́чень дли́нное. Хо́чешь, я тебе́ помогу́?
— Дава́й.

### 2. Ты лю́бишь стихи́?

— Мег, ты лю́бишь стихи́?
— Мне ка́жется, что стихи́ понима́ть о́чень тру́дно. Мне гора́здо ле́гче чита́ть ру́сскую про́зу.
— Но всё-таки на́до знать на́шу поэ́зию. Ты когда́-нибудь чита́ла Ахма́тову?
— Нет, не чита́ла.
— Тогда́ бери́ сбо́рник её стихо́в. Если что́-нибудь бу́дет непоня́тно, я тебе́ объясню́.
— Хорошо́.

### 3. Кака́я литерату́ра тебе́ нра́вится?

— Ник, ты за́втра уезжа́ешь в Самарка́нд, да? Ты взял что́-нибудь почита́ть?
— Нет, ничего́ не взял.
— Я могу́ тебе́ дать что́-нибудь. Кака́я литерату́ра тебе́ нра́вится?
— Мне бо́льше всего́ нра́вится про́за.
— Тогда́ возьми́ сбо́рник расска́зов Бу́нина. Он тебе́ понра́вится.
— А понима́ть его́ не тру́дно?
— Ну, как тебе́ сказа́ть? У Бу́нина стиль сло́жный. Но я ду́маю, что ты поймёшь.

### 4. Паро́дия на ру́сское о́бщество

— Ва́ля, дай мне что́-нибудь почита́ть.
— Я могу́ тебе́ дать Ильфа и Петро́ва.
— Ильфа и Петро́ва?
— Да. Ты когда́-нибудь слы́шал об их рома́не «Двена́дцать сту́льев»?
— Да, что́-то слы́шал. Ка́жется, есть тако́й фильм «Двена́дцать сту́льев».
— Да, э́то экраниза́ция их рома́на. Это паро́дия на ру́сское о́бщество, но понима́ть его́ не сло́жно.
— Ну что ж, я постара́юсь его́ прочита́ть. Спаси́бо большо́е.

### 5. Чита́тельский биле́т

— Мо́жно ли получи́ть чита́тельский биле́т?
— Вы иностра́нец? Вы у нас у́читесь?
— Да. В Моско́вском лингвисти́ческом университе́те.
— У вас есть направле́ние от университе́та?
— Направле́ние? А что э́то тако́е?
— Это спра́вка, в кото́рой ука́зывается ме́сто, где вы у́читесь.
— И где мо́жно получи́ть тако́й докуме́нт?
— В ва́шем декана́те.
— И что ещё ну́жно?
— Нужна́ ещё фотогра́фия.
— И всё?
— Всё. До свида́ния.

**Вопро́сы к диало́гам.**

Диало́г 1

1. Бе́тти пришла́ к Ди́не, и́ли Ди́на пришла́ к Бе́тти?
2. Како́е у Бе́тти дома́шнее зада́ние?
3. Каки́е стихи́ должна́ Бе́тти вы́учить наизу́сть?
4. Кто написа́л э́то стихотворе́ние?

Диало́г 2

1. Что ду́мает Мег о ру́сских стиха́х?
2. Ей ле́гче чита́ть про́зу и́ли поэ́зию?
3. Она́ хорошо́ зна́ет поэ́зию Ахма́товой?
4. Она́ получа́ет одно́ стихотворе́ние и́ли сбо́рник стихо́в?

Диало́г 3

1. Куда́ уезжа́ет Ник?
2. Ни́ку бо́льше нра́вится про́за и́ли поэ́зия?
3. Он получа́ет сбо́рник расска́зов и́ли сбо́рник стихо́в?
4. Како́го а́втора он бу́дет чита́ть?

Диало́г 4

1. Ва́ля даёт знако́мому кни́гу и́ли видеокассе́ту?
2. Кто написа́л рома́н «Двена́дцать сту́льев»?
3. Есть фильм по э́тому рома́ну?
4. «Двена́дцать сту́льев» — паро́дия на ру́сские фи́льмы и́ли паро́дия на ру́сское о́бщество?
5. Ва́ля ду́мает, что понима́ть его́ сло́жно?

Диало́г 5

1. Этот разгово́р происхо́дит в библиоте́ке и́ли в кни́жном магази́не?
2. Америка́нец хо́чет получи́ть сбо́рник стихо́в и́ли чита́тельский биле́т?
3. Где у́чится э́тот америка́нец?
4. Что тако́е «направле́ние»?
5. Где мо́жно получи́ть направле́ние?
6. Что ещё ну́жно, что́бы получи́ть чита́тельский биле́т?

# Давайте поговорим

**А. Что э́то за писа́тель?** Practice describing the following authors in terms of nationality, genre, and century.

Образе́ц: **Чарлз Ди́ккенс** →
*Чарлз Ди́ккенс — англи́йский проза́ик девятна́дцатого ве́ка.*

1. Курт Во́ннегут
2. Ви́ктор Гюго́
3. Марк Твен
4. Миге́ль Серва́нтес
5. Ма́йя Анджело
6. Ро́берт Фрост
7. Эмили Ди́кенсон
8. Дании́эль Стил
9. Сти́вен Кинг
10. Уо́лт Уи́тмен
11. Алис Уо́лкер
12. Уи́льям Шекспи́р

**Б. Узна́йте у партнёра.**

1. Ты лю́бишь чита́ть поэ́зию?
2. Ты зна́ешь каки́е-нибудь ру́сские стихи́?
3. Тебе́ ну́жно бы́ло вы́учить стихи́ в шко́ле?
4. Ты зна́ешь наизу́сть како́е-нибудь стихотворе́ние на англи́йском языке́?
5. Ты лю́бишь чита́ть про́зу?
6. Ты бо́льше чита́ешь рома́ны и́ли расска́зы?
7. Что ле́гче, по-тво́ему: чита́ть про́зу и́ли поэ́зию?
8. Ты когда́-нибудь чита́л(а) ру́сскую литерату́ру? Что ты чита́л(а)?
9. Что ты бо́льше всего́ лю́бишь чита́ть?
10. У тебя́ есть люби́мый писа́тель? Как его́ (её) зову́т? Кто он (она́) по национа́льности?
11. У тебя́ есть люби́мый рома́н? Как он называ́ется? Кто его́ написа́л?
12. У тебя́ есть люби́мое стихотворе́ние? Как оно́ называ́ется? Оно́ коро́ткое и́ли дли́нное? Оно́ сло́жное и́ли просто́е?
13. Ты когда́-нибудь хо́дишь в теа́тр? Каки́е пье́сы ты смотре́л(а)?
14. Ты пи́шешь стихи́?
15. Ты пи́шешь про́зу?

**В. Определéния.** Объясни́те по-ру́сски значéние слéдующих слов. Explain, in Russian, the meaning of the following words.

Образец: **направлéние** →
*Это спрáвка, в котóрой укáзывается мéсто, где вы у́читесь.*

1. библиотéка
2. общежи́тие
3. кинó
4. худóжественная литерату́ра
5. поэ́зия
6. расскáз
7. пóвесть
8. ромáн
9. пьéса
10. стихотворéние
11. детекти́в
12. нау́чная фантáстика
13. парóдия
14. óбщество
15. экранизáция класси́ческой литерату́ры
16. документáльный фильм
17. читáтельский билéт
18. деканáт
19. домáшнее задáние
20. преподавáтель

**Г. Определéния.** Now think of five words you know in Russian, whose meaning you can explain to the class. See if your classmates can guess which word you are describing.

**Д. Подгото́вка к разгово́ру.** Review the conversations. How would you do the following?

1. Say you have a big homework assignment.
2. Say you have to memorize a poem (dialog).
3. Tell someone the name of a book you are reading (*Doctor Zhivago, Anna Karenina*).
4. Ask your friend if he/she likes poetry (prose).
5. Say that you think poetry is difficult (easy) to understand.
6. Say that you think prose is easier (harder) to understand than poetry.
7. Ask your friend if he/she has ever read Akhmatova (Dickens, Danielle Steele, Steven King).
8. Ask your teacher what kind of literature he/she likes.
9. Say what kind of literature you like best.
10. Ask your friend to give you something to read.
11. Ask your friend if he/she has ever heard of Edgar Allan Poe (Ernest Hemingway, John Steinbeck, Virginia Woolf).
12. Ask the librarian if you can get a library card.
13. Ask your teacher where you can get the paperwork you need from your institute in order to get a library card.

**Е. Игровы́е ситуа́ции.**

1. You would like to try to read some Russian literature. Ask your friend if she can lend you something. Explain what kind of literature you like best and make sure she gives you something that won't be too difficult.
2. A Russian friend would like to read some contemporary American literature. Tell him which authors you like and tell him a bit about their work. Then advise him as to which author he is most likely to understand.
3. Ask your Russian teacher where and how you can get a library card. Find out what you will need to take with you.
4. You have been invited to talk to a group of Russian high school students. They have asked you to talk about American popular culture. They want to know what kinds of movies and TV shows Americans like and what they like to read. Answer them based on your own tastes.
5. Discuss a book that has been brought to the screen. Tell whether you thought the book or the movie was better.
6. With a partner, prepare and act out a situation of your own based on the topics of this unit.

**Ж.** **Устный перево́д.** A Russian writer is visiting your university and the English Department is holding a reception for her. They have asked you to serve as an interpreter.

ENGLISH SPEAKER'S PART

1. I'm very happy to have gotten the chance to meet you. I've read all of your novels.
2. I don't know about that. Your work is very popular here. Perhaps your poetry is a bit difficult for us. But Americans in general aren't big on poetry. However, I think your prose is universal.
3. I think that humor is a universal language. For example, I don't know Russian, but I love Gogol.
4. I'd like to ask you something about your last novel. I liked it a lot.
5. Oh, I'm sorry to keep you. It was a real pleasure to talk to you.

# Давайте почитаем

**А.** **Кра́ткая биогра́фия одного́ писа́теля.** Many anthologies include short biographies of the authors. Read through the following biographical note from **Избранные расска́зы шестидеся́тых** (Hermitage Press, 1984) to answer these questions.

1. Who is the passage about?
2. When was she born?
3. Where was she born?
4. What was her father's profession?
5. Where did she study?
6. What happened in 1930?
7. How old was she when her first literary works were published?
8. What were the titles of two popular stories she published in 1968?
9. What other literary works are mentioned?
10. What literary magazines are mentioned?

БАРАНСКАЯ, НАТАЛЬЯ ВЛАДИМИРОВНА родилась в 1908 году в Петербурге в семье врача. Окончила историко-этнологический факультет Московского университета (1930). Первые литературные произведения были опубликованы, когда автору было 60 лет. Шумным успехом пользовалась ее повесть «Неделя как неделя» («Новый мир», 1968), написанная в форме дневника счастливой благополучной женщины (интересная работа, интеллигентный, непьющий, любящий муж, отдельная квартира, двое детей). Однако тяжелый, изнурительный советский быт (транспорт, очереди и пр.) превращает жизнь молодой женщины в каторгу.

Позднее Баранская опубликовала несколько небольших рассказов в журналах «Звезда», «Юность» и др. Сборник ее произведений «Отрицательная Жизель» (рассказы и маленькие повести) вышел в 1977 году.

Рассказ «Проводы» — один из первых, опубликованных Баранской (вместе с другим маленьким рассказом «У Никитских и на Плющихе») в 1968 году в «Новом мире». Для него характерно внимание к жизни обыкновенных людей, пристальный интерес к мелочам быта, точность и высокий профессионализм.

Now return to the article to answer the following questions about language.

11. Recall that the verb may come before the subject in a Russian sentence. In the following phrase, taken from the first paragraph of the text, underline the verb and circle the grammatical subject. Remember that the grammatical subject must be in the nominative case, and that the verb will agree with it in gender and number.

    **Шу́мным успе́хом по́льзовалась её по́весть «Неде́ля как неде́ля» («Но́вый мир», 1968).**

    Given that **по́льзоваться шу́мным успе́хом** means to enjoy great success, how would you express this phrase in English?

12. Now look at a more expanded version of this sentence:

    **Шу́мным успе́хом по́льзовалась её по́весть «Неде́ля как неде́ля» («Но́вый мир», 1968), напи́санная в фо́рме дневника́ счастли́вой благополу́чной же́нщины.**

    The ending on the word **напи́санная** indicates that it is:
    a. a noun
    b. an adjective
    c. a verb
    d. an adverb

    To what verb is the word **напи́санная** related?

    Verbal adjectives (adjectives formed from verbs) ending in **-нный** or **-тый** are commonly encountered in reading. They form past passive constructions: "_____'d" or "which was _____'d."

    Like all other adjectives, past passive verbal adjectives agree with the noun they modify in gender, number, and case. In this sentence, the word **напи́санная** modifies:
    а. **Но́вый мир**
    б. **шу́мным успе́хом**
    в. **в фо́рме**
    г. **по́весть**

    What is the best English translation of the sentence?
    a. Great success enjoyed her story "A Week Like Any Other" (*Novyi mir,* 1968), which was written in the form of a diary of a happy, successful woman.
    b. Her story "A Week Like Any Other" (*Novyi mir,* 1968), written in the form of a diary of a happy, successful woman, enjoyed great success.
    c. Her story "A Week Like Any Other" (*Novyi mir,* 1968), writing in the form of a diary of a happy, successful woman, enjoyed great success.

13. Underline the past passive verbal adjective in the following phrase, taken from the last paragraph of the text:

    **Расска́з «Про́воды» — оди́н из пе́рвых, опублико́ванных Бара́нской ... в 1968 году́ в «Но́вом ми́ре».**

    Fill in the blank in the following English translation:

    The story "The Send-Off" is one of the first ______ by Baranskaya... in 1968 in *Novy mir*

### Б. Как суди́ли поэ́та.

The production and dissemination of literature were tightly controlled during much of the Soviet period. At times non-members of the Writers' Union risked arrest for parasitism if they did not hold a regular job but rather devoted their time to writing. Among those who were threatened with such criminal charges was the 1987 laureate of the Nobel prize for literature, Joseph Brodsky.

Brodsky was arrested, tried, and convicted for parasitism in 1964. Frida Vigdorova, a teacher, writer and journalist, transcribed his two trials. In the Soviet Union her transcripts circulated widely through samizdat (the illegal reproduction and distribution of texts not sanctioned by the official government publishers), and they were published in the West.

After the onset of glasnost, many texts that had previously circulated underground were published openly. The transcripts of Brodsky's trials were published in 1988 in the journal ***Огонёк.***

The first part of the first transcript is given below. Look through it to find answers to the following questions.

1. In what city did the trial take place?
2. On what date did it occur?
3. The judge asked several questions to get Brodsky to tell about his occupation. List four of them.
4. The judge issued a number of commands during the proceedings. Give three of them.
5. What did Brodsky consider to be his primary occupation?
6. What two work places did Brodsky name?
7. How long did Brodsky work at the first place he named?
8. Which of the following statements corresponds to Brodsky's stated opinion about the education of a poet? Draw a bracket around the part of the text that deals with this question.
    a. Poetry is taught well in post-secondary schools.
    b. Poetry is taught poorly in post-secondary schools.
    c. Poetry is a gift from God.
    d. Poetry is a gift from the human race.

9. What was one of Brodsky's questions to the court?
10. Did Brodsky's parents still work at the time of the trial?
11. What was the judge's objection to the way Brodsky's lawyer was asking him questions?
12. From what language did Brodsky translate the works his lawyer questioned him about?
13. With what section of the Writers' Union was Brodsky connected?
14. Indicate at least one way in which the proceedings differ from those normally seen in U.S. courtrooms.

## ПЕРВЫЙ СУД НАД ИОСИФОМ БРОДСКИМ

Зал суда Дзержинского района,
г. Ленинград, ул. Восстания, 36.
18 февраля 1964 года.
Судья САВЕЛЬЕВА

**Судья.** Чем вы занимаетесь?
**Бродский.** Пишу стихи. Перевожу. Я полагаю...
**Судья.** Никаких «я полагаю». Стойте как следует! Не прислоняйтесь к стене! Смотрите на суд! Отвечайте суду как следует! (*Мне*): Сейчас же прекратите записывать! А то выведу из зала! (*Бродскому*): У вас есть постоянная работа?
**Бродский.** Я думал, что это — постоянная работа.
**Судья.** Отвечайте точно!
**Бродский.** Я писал стихи. Я думал, что они будут напечатаны. Я полагаю...
**Судья.** Нас это не интересует. Нас интересует, с каким учреждением вы были связаны.
**Бродский.** У меня были договоры с издательством.
**Судья.** Так и отвечайте. У вас договоров достаточно, чтобы прокормиться? Перечислите, какие, от какого числа, на какую сумму.
**Бродский.** Точно не помню. Все договоры у моего адвоката.
**Судья.** Я спрашиваю вас.
**Бродский.** В Москве вышли две книги с моими переводами... (*перечисляет*).
**Судья.** Ваш трудовой стаж?
**Бродский.** Примерно...
**Судья.** Нас не интересует «примерно»!
**Бродский.** Пять лет.
**Судья.** Где вы работали?
**Бродский.** На заводе, в геологических партиях...
**Судья.** Сколько вы работали на заводе?
**Бродский.** Год.
**Судья.** Кем?
**Бродский.** Фрезеровщиком.
**Судья.** А вообще какая ваша специальность?
**Бродский.** Поэт, поэт-переводчик.
**Судья.** А кто это признал, что вы поэт? Кто причислил вас к поэтам?
**Бродский.** Никто. (*Без вызова*): А кто причислил меня к роду человеческому?

**Судья.** А вы учились этому?
**Бродский.** Чему?
**Судья.** Чтоб быть поэтом? Не пытались кончить вуз, где готовят... где учат...
**Бродский.** Я не думал... я не думал, что это дается образованием.
**Судья.** А чем же?
**Бродский.** Я думаю, это... (растерянно) от Бога...
**Судья.** У вас есть ходатайство к суду?
**Бродский.** Я хотел бы знать: за что меня арестовали?
**Судья.** Это вопрос, а не ходатайство.
**Бродский.** Тогда у меня нет ходатайства.
**Судья.** Есть вопросы у защиты?
**Адвокат.** Есть. Гражданин Бродский, ваш заработок вы вносите в семью?
**Бродский.** Да.
**Адвокат.** Ваши родители тоже зарабатывают?
**Бродский.** Они пенсионеры.
**Адвокат.** Вы живете одной семьей?
**Бродский.** Да.
**Адвокат.** Следовательно, ваши средства вносились в семейный бюджет?
**Судья.** Вы не задаете вопросы, а обобщаете. Вы помогаете ему отвечать. Не обобщайте, а спрашивайте.
**Адвокат.** Вы переводили стихи для сборника кубинских поэтов?
**Бродский.** Да.
**Адвокат.** Вы переводили испанские романсеро?
**Бродский.** Да.
**Адвокат.** Вы были связаны с переводческой секцией Союза писателей?
**Бродский.** Да.

Now return to the article to answer the following questions about language.

14. In the text find the Russian equivalents for the following English words and phrases:
    a. trial
    b. courtroom
    c. judge
    d. lawyer
    e. What do you do (for a living)?
    f. I wrote poems. I thought they'd be printed.
    g. That doesn't interest us. What interests us is what institution you were connected with.
    h. I had agreements with a publishing house.
    i. Do you have enough agreements to live on?
    j. Citizen Brodsky, do you contribute your earnings to your family?
    k. family budget
    l. You're not asking questions, but generalizing.

15. In the text find Russian equivalents for the following Russian words and phrases:
    а. Я ду́маю.
    б. Ва́ши роди́тели то́же рабо́тают?
    в. Они́ на пе́нсии.
    г. Вы живёте вме́сте с роди́телями?
    д. де́ньги, кото́рые зараба́тываете
    е. Вы не спра́шиваете.
16. Underline in the text all the words having to do with *translation.*

Should you choose to work through the text in greater detail, the following list of words might be helpful.

### Словарь

**вноси́ть** — *to contribute*
**вноси́ться** — *to be contributed*
**вы́вести** — *to remove*
**вы́зов** — *summons*
**дава́ться** — *to be given*
**доста́точно** — *enough*
**запи́сывать** — *to make notes*
**за́работок** — *earnings*
**защи́та** — *defense*
**как сле́дует** — *properly; as is expected*
**от како́го числа́** — *from what date*
**перечи́слить** — *to enumerate*
**по́мнить** — *to remember*
**постоя́нный** — *permanent, constant*
**прекрати́ть** — *to stop*
**призна́ть** — *to recognize, to acknowledge*
**приме́рно** — *approximately*
**прислоня́ться к** — *to lean against*
**причи́слить** — *to number (among), to rank (among)*
**прокорми́ться** — *to live on*
**пыта́ться** — *to try*
**род челове́ческий** — *the human race*
**сбо́рник** — *collection*
**сле́довательно** — *consequently*
**сре́дства** (*pl.*) — *means*
**то́чно** — *precisely*
**трудово́й стаж** — *length of time worked*
**фрезеро́вщик** — *milling-machine operator*
**хода́тайство** — *petition*
**чтоб** — *in order to*

## B. **Чте́ние для удово́льствия: Брони́рованное ме́сто** (adapted from a story by **Илья́ Ильф** and **Евге́ний Петро́в**)

The main character, Posidelkin, is trying to get a train ticket to a health spa. But train tickets to popular places in high season can be a problem. Here's how Posidelkin tried to solve this problem.

Расска́з бу́дет о го́рьком° фа́кте из жи́зни Посиде́лкина.

Беда́° произошла́° не потому́, что Посиде́лкинбыл глуп°. Нет, скоре́е он был умён°.

Де́ло каса́ется° пое́здки по **желе́зной доро́ге:** 13 сентября́ Посиде́лкин до́лжен был пое́хать в Ейск на **цели́тельные купа́нья** в Азо́вском мо́ре. Всё устро́илось° хорошо́: путёвка°, о́тпуск°... Но вот — желе́зная доро́га. До отъе́зда° остава́лось° то́лько два ме́сяца, а биле́та ещё не́ было.

**«Пора́ принима́ть э́кстренные ме́ры,** — реши́л Посиде́лкин. — На городску́ю ста́нцию я не пойду́. И на вокза́л я не пойду́. Ходи́ть туда́ не́чего°, там биле́та не ку́пишь. Нет, нет, биле́т на́до достава́ть° ина́че°».

Если вы меня́ лю́бите, — говори́л Посиде́лкин ка́ждому своему́ знако́мому, — доста́ньте° мне биле́т в Ейск. **Жёсткое ме́сто.** Для лежа́ния°. Не забу́дьте. На трина́дцатое сентября́. Наве́рное же у вас есть знако́мые, кото́рые всё мо́гут. Да нет! Вы не про́сто обеща́йте° — запиши́те в кни́жечку. Если вы меня́ лю́бите!

Но все э́ти де́йствия° не дава́ли по́лной° гара́нтии. Посиде́лкин боя́лся° конкуре́нтов°. Во всех прохо́жих° он ви́дел потенциа́льных пассажи́ров.

«Пло́хо, пло́хо, — ду́мал Посиде́лкин, — на́до де́йствовать° реши́тельнее°. Нужна́ систе́ма».

Весь ве́чер Посиде́лкин **занима́лся составле́нием схе́мы.**

На бума́жке бы́ли изображены́° ли́нии, ци́фры° и фами́лии. В докуме́нте стоя́ли характери́стики° ти́па°:

«Брунеле́вский. Безусло́вно° мо́жет».

«Ники́форов. Мо́жет, но не хо́чет».

«Ма́льцев-Па́льцев. Хо́чет, но не мо́жет».

«Бума́гин. Не хо́чет и не мо́жет»,

«Кошковладе́льцев. Мо́жет, но сво́лочь°».

«Гла́вное°, — ду́мал Посиде́лкин, — не дава́ть им ни мину́ты о́тдыха. Ведь э́то все ренега́ты, преда́тели°. Обеща́ют, а потом ничего́ не сде́лают».

Лю́ди пря́тались° от Посиде́лкина. Но он пресле́довал° их неутоми́мо°: — Мо́жно това́рища° Ма́льцева? Да, Па́льцева. Да, да, Ма́льцева-Па́льцева. Кто спра́шивает? Скажи́те — Лёля. Това́рищ Ма́льцев? Здра́вствуйте, това́рищ Па́льцев. Нет, э́то не Лёля. Это я, Посиде́лкин. Това́рищ Ма́льцев, вы же мне обеща́ли. Ну да, в Ейск,

bitter
trouble  случи́лась  stupid
не глуп
was about  **railroad**
**spas**
was set up  travel plans
vacation  departure  there remained
**It's time to take emergency measures**
useless
get hold of  otherwise
get hold of  **second-class seat**
sleeper
promise
actions  full
feared  competitors  passersby
act
more decisively
**worked on a chart**
drawn  numbers
characterizations  such as
doubtless
swine
the main thing
traitors
hid  followed
tirelessly  comrade

для лежа́нья. Почему́ не́когда°? Тогда́ я **за ва́ми зае́ду** на такси́. Не ну́жно? А вы действи́тельно меня́ не обма́нете°?

нет вре́мени **will come by for you**
trick

За неде́лю до отъе́зда к Посиде́лкину пришёл **соверше́нно неизве́стный граждани́н** и вручи́л° ему́ биле́т в Ейск. **Сча́стью не́ было преде́ла.** Посиде́лкин обня́л° граждани́на, поцелова́л° его́ в гу́бы°, но **так и не вспо́мнил лица́.**

**totally unknown citizen**
handed **his happiness was boundless**
hugged kissed
lips **couldn't remember his face**

В тот же день прие́хал курье́р на мотоци́кле от Ма́льцева-Па́льцева с биле́том в Ейск. Посиде́лкин благодари́л°, но де́ньги вы́дал **со смущённой душо́й.** «Придётся° оди́н биле́т прода́ть на вокза́ле», — реши́л он.

сказа́л спаси́бо
**with mixed feelings** на́до

Ах, напра́сно°, напра́сно Посиде́лкин не ве́рил° в челове́чество°! За день до отъе́зда Посиде́лкин **оказа́лся держа́телем** тридцати́ восьми́ биле́тов (жёстких, для лежа́нья). В упла́ту за биле́ты ушли́ все отпускны́е° де́ньги.

in vain believed
humanity **turned out to be the holder of**
for vacation

Кака́я по́длость°! Никто́ не оказа́лся° преда́телем и́ли ренега́том!

meanness turned out to be

А биле́ты **всё прибыва́ли.** Посиде́лкин уже́ пря́тался, но его́ находи́ли. Коли́чество° биле́тов возросло́° до сорока́ четырёх.

**continued to come in**
quantity grew

За час до отхо́да по́езда Посиде́лкин стоя́л на вокза́ле и упра́шивал прохо́жих°: — Купи́те биле́т в Ейск! Целе́бные купа́нья — Ейск!

passersby

Но покупа́телей не́ было. Все отли́чно зна́ли, что биле́та на вокза́ле не ку́пишь и что на́до де́йствовать че́рез знако́мых.

Ехать Посиде́лкину бы́ло ску́чно.

В ваго́не° он был оди́н.

train car

И, гла́вное, беда́ произошла́ не потому́, что Посиде́лкин был глуп. Нет, скоре́е он был умён. Про́сто у него́ бы́ли сли́шком° влия́тельные° знако́мые.

too influential

## Словарь

**беда́** — *trouble*
**благодари́ть (благодар-ю́, -и́шь, -я́т)/по-** — *to thank*
**боя́ться (бо-ю́сь, -и́шься, -я́тся** + gen.) — *to fear*
**ваго́н** — *train car*
**ве́рить (ве́р-ю, -ишь, -ят)/по- в** + acc. — *to believe (in something):* **Напра́сно он не ве́рил в челове́чество.** — *All in vain did he not believe in humanity.*
**вокза́л** — *train station*
**гла́вный** — *important:* **Гла́вное,...** — *the main thing is, that . . .*
**глу́пый** — *stupid;* The short form is **глуп.**
**го́рький** — *bitter*
**граждани́н** — *citizen*
**губа́** — *lip;* pl. **гу́бы**
**де́йствие** — *action; act*
**де́йствовать (де́йству-ю, -ешь, -ют)/за-** — *to act (on a plan)*
**де́ло** — *affair; matter*

**достава́ть (доста-ю́, -ёшь, -ю́т)/доста́ть (доста́н-у, -ешь, -ут)** — *to get hold of*
**душа́** — *soul:* **со смущённой душо́й** — *with mixed emotions*
**желе́зная доро́га** — *railroad*
**жёсткое ме́сто** — *second-class seat (on a train)*
**за** + (time expression) + **до** + (genitive) — *X amount of time before Y:* **за день до отъе́зда** — *a day before the departure*
**каса́ться** — *to have to do with:* **Де́ло каса́ется пое́здки по желе́зной доро́ге.** — *The affair has to do with a railroad trip.*
**коли́чество** — *quantity*
**напра́сно** — *in vain; for no reason*
**находи́ть (нахож-у́, нахо́д-ишь, -ят)/найти́ (найд-у́, -ёшь, -у́т)** — *to find*
**обеща́ть (обеща́-ю)/по-** — *to promise*
**обма́нывать/обману́ть (обман-у́, обма́н-ешь, -ут)** — *to trick*
**оди́н: он был оди́н** — *he was alone*
**ока́зываться/оказа́ться** — *to turn out to be*
**отли́чный** — *excellent*
**по́лный** — *full*
**пора́** + infinitive — *it's time (to do something):* **Пора́ принима́ть ме́ры.** — *It's time to take measures.*
**преда́тель** — *traitor*
**придётся** (+ dative) — *to end up having to:* **Мне придётся биле́т прода́ть.** — *I'll end up having to sell a ticket.*
**происходи́ть/произойти́: произо-шёл, -шла́ -шло́** — *to happen*
**прохо́жий** — *passerby*
**пря́таться (пря́ч-усь, -ешься, -утся)/с-** — *to hide (oneself)*
**ску́чный** — *boring*
**сли́шком** — *too (much or many):* **сли́шком влия́тельные знако́мые** — *acquaintances who are too influential*
**соверше́нно** — *completely*
**това́рищ** — *comrade*
**у́мный** — *smart; intelligent.* The short form is **умён, умна́, умно́**
**уходи́ть/уйти́ (ушёл, ушли́)** — *to leave*
**целова́ть (целу́-ю, -ешь, -ют)/по-** — *to kiss*
**ци́фра** — *number; numeral*
**че́рез** — *through*

## Давайте послушаем

Listen to the recordings of the poems below. Russians attach great importance to the style of reading. Pushkin is read in a standard dramatic style. Akhmatova's poetry is characterized by intimacy, which is reflected in the reading. Evtushenko is usually read in a somewhat declamatory style.

The close-to-literal translations are provided to help you understand the poem. They do not claim to convey the poetic content of the original.

ОКНО ВЫХОДИТ В БЕЛЫЕ ДЕРЕВЬЯ

Окно́ выхо́дит° в бе́лые дере́вья.° — opens out, trees
Профе́ссор до́лго смо́трит на дере́вья.
Он о́чень до́лго смо́трит на дере́вья
и о́чень до́лго мел° кроши́т° в руке́. — chalk, crumbles
Ведь э́то про́сто — пра́вила деле́нья°! — rules of long division
А он забы́л их — пра́вила деле́нья!
Забы́л —
  поду́мать! —
    пра́вила деле́нья!
Оши́бка°! — mistake
  Да!
    Оши́бка на доске́!
Мы все сиди́м° сего́дня по-друго́му°. — sit, differently
И слу́шаем и смо́трим по-друго́му,
да и нельзя́ не по-друго́му,
  и нам подска́зка° в э́том не нужна́. — hint
Ушла́° жена́ профе́ссора из до́му. — left
Не зна́ем мы,
  куда́ ушла́ из до́му.
Не зна́ем,
  отчего́° ушла́ из до́му, — why
а зна́ем то́лько,
  что ушла́ она́.
В костю́ме и немо́дном и нено́вом,
как и всегда́ немо́дном и нено́вом,
да, как всегда́ немо́дном и нено́вом,
спуска́ется° профе́ссор в гардеро́б°. — goes down, cloakroom
Он до́лго по карма́нам° и́щет но́мер°: — pockets, claim check
«Ну что тако́е?
  Где же э́тот но́мер?
А мо́жет быть,
  не брал° у вас я но́мер? — get
Куда он де́лся°? — — Where'd it go?
  трёт руко́ю лоб°. — — rubs his forehead

| | |
|---|---|
| Ах вот он!.. | |
| Что ж, | |
| как ви́дно, я старе́ю°. | I'm getting old |
| Не спо́рьте°, тётя Ма́ша, | argue |
| я старе́ю. | |
| И что уж тут поде́лаешь° — старе́ю...» | There's nothing to be done |
| Мы слы́шим — | |
| дверь° внизу́° скрипи́т за ним°. | door downstairs squeaks behind him |
| Окно́ выхо́дит в бе́лые дере́вья, | |
| в больши́е и краси́вые дере́вья, | |
| но мы сейча́с гляди́м° не на дере́вья, | look |
| мы мо́лча° на профе́ссора гляди́м. | silently |
| Ухо́дит он, | |
| суту́лый°, | stooped |
| неуме́лый°, | clumsy |
| како́й-то беззащи́тно° неуме́лый, | helplessly |
| я бы сказа́л° — | I would say |
| уста́ло° неуме́лый, | tiredly |
| под сне́гом, мя́гко па́дающим в тишь°. | falling in the silence |
| Уже́ и сам он, как дере́вья, бе́лый, | |
| да, | |
| как дере́вья, | |
| соверше́нно° бе́лый, | completely |
| ещё немно́го — | |
| и насто́лько бе́лый°, | so white that |
| что среди́ них его́ не разгляди́шь°. | among [the trees] you can't make him out |

*Е. Евтушенко, 1956*

## ТЫ И ВЫ

Пусто́е *вы* серде́чным *ты*
Она́, обмо́лвясь, замени́ла,
И все счастли́вые мечты́
В душе́ влюблённой возбуди́ла.

Пред ней заду́мчиво стою́;
Свести́ оче́й с неё нет си́лы;
И говорю ей: как *вы* ми́лы!
И мыслю: как *тебя́* люблю!

*А. Пушкин*

A simple ***вы*** by a heartfelt ***ты***
She replaced in passing,
And all (my) happy dreams
She aroused in my enamored soul.

Before her pensively I stand;
I've not the strength to take my eyes off her.
I tell her: **Как *вы* ми́лы!**
And think: **Как *тебя́* люблю́**!

Здра́вствуй! Лёгкий ше́лест слы́шишь
Спра́ва от стола́?
Этих стро́чек не допи́шешь —
Я к тебе́ пришла́.
Неуже́ли ты оби́дишь
Так, как в про́шлый раз:
Говори́шь, что рук не ви́дишь,
Рук мои́х и глаз.
У тебя́ светло́ и про́сто.
Не гони́ меня́ туда́,
Где под ду́шным сво́дом мо́ста
Сты́нет гря́зная вода́.

*А. Ахматова, 1913*

Hello! Do you hear the rustle
To the right of the table?
These lines you'll not finish writing.
I have come to you.
Will you really offend
The way you did last time:
You say you don't see my hands,
My hands and my eyes.
Your [room] is light and simple.
Do not chase me away to
Where under the stuffy arc of the bridge
Filthy water grows cold.

# В помощь учащимся

## 7.1 Asking About Names — звать vs. называ́ться

— Как **называ́ется** э́та кни́га?
— «Же́нский декамеро́н».
— А как **зову́т** а́втора?
— Юлия Вознесе́нская.

To ask the name of a person or animal, use **зову́т** with the accusative case.

Как зову́т { **ва́шего преподава́теля?** / **э́ту студе́нтку?** / **твою́ ко́шку?** / **твои́х друзе́й?** }

Как { **вас** / **тебя́** / **его́** / **её** / **их** } зову́т?

The words in boldface are direct objects, and therefore are in the accusative case.

To ask the name of a thing, use **называ́ется** or **называ́ются** with the nominative case.

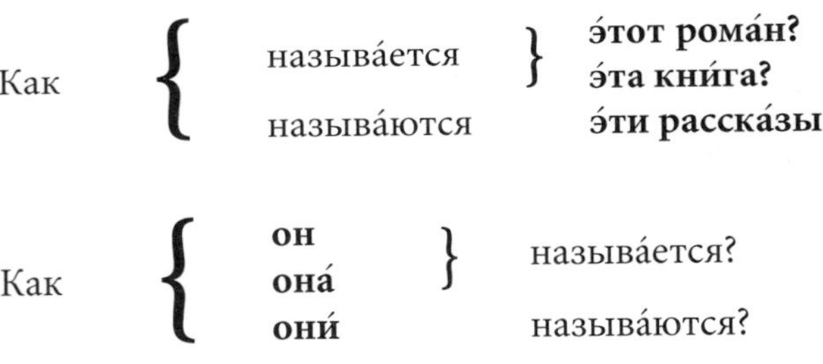

Как { называ́ется } **э́тот рома́н?** / **э́та кни́га?**

Как { называ́ются } **э́ти расска́зы?**

Как { **он** / **она́** } называ́ется?

Как { **они́** } называ́ются?

The words in boldface are grammatical subjects and therefore are in the nominative case.

### *Упражнения*

**А.** **О себе́.** Отве́тьте на вопро́сы.

1. Как зову́т ва́шего са́мого люби́мого проза́ика?
2. Как зову́т ва́шего са́мого люби́мого поэ́та?
3. Как называ́ется ва́ше са́мое люби́мое литерату́рное произведе́ние?
4. Как зову́т ва́шего са́мого люби́мого режиссёра?
5. Как называ́ется его́ (и́ли её) са́мый знамени́тый фильм?

Б. **Задáйте вопрóсы.** Ask the names of the following in Russian.

Образéц: **твой сáмый люби́мый писáтель** → *Как зовýт твоегó сáмого люби́мого писáтеля?*

1. ты
2. вы
3. твой брат
4. твои́ брáтья
5. твоя́ сестрá
6. твои́ сёстры
7. твои́ роди́тели
8. твой сáмый люби́мый ромáн
9. твой сáмый люби́мый поэ́т
10. твои́ сáмые люби́мые поэ́ты
11. твои́ сáмые люби́мые писáтели
12. твоё сáмое люби́мое стихотворéние
13. твоя́ сáмая люби́мая пьéса
14. твой сáмый люби́мый фильм
15. твой сáмый люби́мый режиссёр

В. **Задáйте вопрóсы.** Ask the names of the people and things mentioned (in bold), using pronouns.

Образцы́: — У меня́ есть **оди́н брат.** — *Как егó зовýт?*
— Я читáю **интерéсную кни́гу.** — *Как онá называ́ется?*

1. У нас есть **нóвый совéд.**
2. У нас есть **нóвая сосéдка.**
3. Мы смотрéли **нóвый документáльный фильм.**
4. Мы читáли статью́ о **знамени́том рýсском режиссёре.**
5. Мы купи́ли билéты на **пьéсу.**
6. Мы идём на пьéсу с **нóвыми друзья́ми.**
7. Вы знáете **э́тих студéнтов?**
8. Вы читáли **э́ти стихотворéния?**

➢*Complete Oral Drills 2–3 and Written Exercise 1 in the Workbook.*

## 7.2 Ну́жен, ну́жно, нужна́, нужны́

To express need for an *action,* use dative of the person + **ну́жно** or **на́до** + infinitive. In such sentences, **ну́жно** and **на́до** are interchangeable.

| | |
|---|---|
| Нам ну́жно (на́до) вы́учить наизу́сть э́то стихотворе́ние. | *We have to memorize this poem.* |

To express need for a *thing,* use dative of the person + **ну́жен (ну́жно, нужна́, нужны́)** + nominative of the thing needed. The form of the short-form adjective **ну́жен** must agree in gender and number with the thing that is needed, because that is the grammatical subject of the sentence.

| кому́ | | что |
|---|---|---|
| Мне<br>Тебе́<br>Ему́<br>Ей<br>Нам<br>Вам<br>Им<br>Этому преподава́телю<br>На́шей сосе́дке<br>Ва́шим роди́телям | ну́жен | э́тот рома́н |
| | ну́жно | э́то письмо́ |
| | нужна́ | э́та кни́га |
| | нужны́ | э́ти стихи́ |

To say that someone needed something in the past or will need something in the future, add a form of **был** or **бу́дет** after the **ну́жен, ну́жно, нужна́,** or **нужны́.** The verb, like the short-form adjective, must agree with the thing needed, because that is the grammatical subject of the sentence.

| | | | |
|---|---|---|---|
| Ра́ньше<br>Вчера́ | мне | ну́жен был | э́тот рома́н |
| | тебе́ | ну́жно бы́ло | э́то письмо́ |
| | нам | нужна́ была́ | э́та кни́га |
| | *etc.* | нужны́ бы́ли | э́ти стихи́ |

| | | | |
|---|---|---|---|
| За́втра | мне | ну́жен бу́дет | э́тот рома́н |
| | тебе́ | ну́жно бу́дет | э́то письмо́ |
| | нам | нужна́ бу́дет | э́та кни́га |
| | *etc.* | нужны́ бу́дут | э́ти стихи́ |

## *Упражнения*

**А. Запо́лните про́пуски.**

| ну́жен - ну́жно - нужна́ - нужны́ |
|---|

1. Всем ______ чита́ть ру́сскую литерату́ру.
2. Преподава́телю ______ стихи́ Ахма́товой.
3. Ма́ше ______ пье́са Че́хова.
4. Анне и Вади́му ______ по́весть «Неде́ля как неде́ля».
5. Та́не ______ рома́н Достое́вского.
6. Ви́ктору Петро́вичу ______ расска́зы Го́голя.
7. Со́не ______ расска́з «Нос».
8. Кири́ллу ______ стихотворе́ние «Ты и вы».

**Б. Что бы́ло ну́жно кому́?** Here is a list of things various people needed last week. Express their needs in sentences.

Образе́ц: **Си́ма — э́та пье́са** → *Си́ме нужна́ была́ э́та пье́са.*

1. Ва́ня — но́вый журна́л
2. Алла — но́вая газе́та
3. Серге́й — стихотворе́ние Бро́дского
4. Ната́ша — де́ньги
5. Ве́ня — пла́вки
6. Да́ша — но́вое пла́тье
7. Ди́ма — но́вая кни́га
8. Мари́я — рома́н Толсто́го
9. но́вые студе́нты — чита́тельский биле́т
10. их преподава́тели — спра́вка

**В. Соста́вьте предложе́ния.** Make sentences out of the following elements. Add a form of **был** or **бу́дет** where necessary. Remember to put the people in the dative case.

| | | | | но́вая оде́жда |
|---|---|---|---|---|
| сейча́с | я | | | де́ньги |
| сего́дня | мы | | ну́жен | но́вый дом |
| вчера́ | мои́ роди́тели | (не) | ну́жно | хоро́шее общежи́тие |
| ра́ньше | студе́нты | | нужна́ | знать о геогра́фии |
| за́втра | все | | нужны́ | хорошо́ знать матема́тику |
| | ? | | | мно́го чита́ть |
| | | | | ? |

➢*Complete Oral Drill 4 and Written Exercises 2–3 in the Workbook.*

## 7.3 Кото́рый

The relative adjective **кото́рый** — *who, which* is used to connect two parts of a sentence.

| | |
|---|---|
| — Что тако́е направле́ние? | "What is a 'napravlenie'?" |
| — Это спра́вка, **в кото́рой** ука́зывается ме́сто, где вы у́читесь. | "It's a certificate, *in which* the place you study is indicated." |

The following sentences show how two short sentences can be connected with **кото́рый.**

Это мой друг. Он мно́го зна́ет о Пу́шкине.
Это мой друг, **кото́рый** мно́го зна́ет о Пу́шкине.

Это на́ша сосе́дка. Она́ лю́бит Достое́вского.
Это на́ша сосе́дка, **кото́рая** лю́бит Достое́вского.

Вы зна́ете преподава́теля? Он пи́шет кни́гу об Ахма́товой.
Вы зна́ете преподава́теля, **кото́рый** пи́шет кни́гу об Ахма́товой?

**Кото́рый** is an adjective and has regular adjective endings. It takes its gender and number from the word it replaces.

Now look at the examples below. They show **кото́рый** in other cases. Note that **кото́рый** takes its case from the word it *replaces.*

Вам понра́вилась кни́га? Та́ня дала́ вам кни́гу.
Вам понра́вилась кни́га, **кото́рую** Та́ня вам дала́?

Вы чита́ли кни́гу? Мы говори́м о кни́ге.
Вы чита́ли кни́гу, о **кото́рой** мы говори́м?

Because **кото́рый** constructions are clauses, they are always delineated by commas.

## *Упражнения*

**А. Соста́вьте предложе́ния.** Connect the following sentences with the correct form of **кото́рый.**

1. Это но́вая кни́га. Она́ мне о́чень понра́вилась.
2. Это но́вый фильм. Он мне о́чень понра́вился.
3. Вы зна́ете стихи́? Они́ называ́ются «Ты и вы».
4. Вы ви́дели фотогра́фии? Они́ бы́ли здесь.
5. Вы чита́ли но́вый журна́л? Он сейча́с у Анны.
6. Вы чита́ли письмо́? Оно́ лежа́ло на столе́.

**Б. Соста́вьте предложе́ния.** Connect the following sentences with the correct form of **кото́рый**.

1. Как называ́ется но́вая кни́га? Вы чита́ете э́ту кни́гу.
2. Вы чита́ете кни́гу? Мы говори́м об э́той кни́ге.
3. Вы говори́те о кни́ге? Мы чита́ли э́ту кни́гу.
4. В библиоте́ке нет кни́ги. Мне ну́жно чита́ть э́ту кни́гу.
5. Вы купи́ли э́ту кни́гу? Эта кни́га мне о́чень понра́вилась.
6. Вы зна́ете стихи́? Мы говори́м об э́тих стиха́х.
7. Вы вы́учили стихи́? Нам ну́жно знать э́ти стихи́.
8. Преподава́тель говори́т о стиха́х. Мы вы́учили э́ти стихи́.
9. Мой друг пи́шет стихи́. Они́ похо́жи на стихи́ Бло́ка.
10. Вы зна́ете преподава́теля? Мы говори́м об э́том преподава́теле.
11. Все говоря́т о преподава́теле. Преподава́тель пи́шет интере́сные рома́ны.
12. Здесь нет преподава́теля. Вы говори́ли об э́том преподава́теле.
13. Как зову́т преподава́теля? Он лю́бит чита́ть стихи́.

➢*Complete Oral Drills 5–8 and Written Exercises 4–5 in the Workbook.*

## 7.4 Negation — ни-... не Constructions

You already know how to make negative statements in Russian using the word **не.** Every negative Russian sentence has one and only one **не.**

In Russian, negative pronouns and adverbs look like question words preceded by the particle **ни-.**

| | |
|---|---|
| никто́ | *no one* |
| ничто́ (*usually* ничего́) | *nothing* |
| никако́й | *no kind of, not any* |
| ника́к | *in no way* |
| никогда́ | *never* |
| нигде́ | *nowhere* |
| никуда́ | *(to) nowhere* |

When these words are used in a sentence, the verb still needs to be negated with **не.** Every negative pronoun and adverb in the sentence is preceded by **ни-.**

| | |
|---|---|
| Никто́ не говори́т. | *No one is talking.* |
| Никто́ никогда́ не говори́т. | *No one ever talks.* |
| Никто́ никогда́ ни о чём не говори́т. | *No one ever talks about anything.* |

Notes:

1. **Кто, что,** and **како́й** decline.
2. Prepositions (**о, в, на,** etc.) separate the **ни** from its pronoun.

### *Упражнение*

**А. Отве́тьте на вопро́сы.**

Образе́ц: **Кто чита́ет?** → *Никто́ не чита́ет.*

1. Кто лю́бит э́тот рома́н?
2. Кому́ ну́жно вы́учить стихи́?
3. Кого́ вы ви́дели в теа́тре вчера́?
4. О ком вы говори́те?
5. Что вы чита́ете?
6. Что вы зна́ете об э́той кни́ге?
7. О чём вы говори́те?
8. Како́й журна́л вы чита́ете?
9. Каку́ю газе́ту лю́бит Анна?
10. О како́й кни́ге вы говори́те?
11. Когда́ вы ката́етесь на лы́жах?
12. Когда́ вы чита́ли Пу́шкина?
13. Где рабо́тает Ви́ктор?
14. Где вы бы́ли вчера́?
15. Куда́ вы идёте?
16. Куда́ вы ходи́ли вчера́?

➢*Complete Oral Drills 9–11 and Written Exercises 6–7 in the Workbook.*

## 7.5 -то vs. -нибудь

The particles **-то** and **-нибудь** can be added to Russian question words to indicate indefiniteness.

Нам на́до вы́учить **како́е-то** стихотворе́ние. — We have to learn *some* poem.
Ник, ты взял **что́-нибудь** почита́ть? — Nick, did you take *anything (something)* to read?

Now look at the following examples and note the following:

1. The particle **-нибудь** is even more indefinite than **-то.**
2. The particles **-нибудь** and **-то** are not directly equivalent to the English *any* and *some.*
3. The particles **-нибудь** and **-то** are used only in *positive* sentences. (In negative sentences, use a **ни-... не** construction — *see* 7.4.)

| | |
|---|---|
| **Кто́-нибудь** звони́л?<br>Did *anyone (someone)* call? | **Кто́-то** звони́л.<br>*Someone* called. |
| Вы **что́-нибудь** купи́ли?<br>Did you buy *something (anything)?* | Мы **что́-то** купи́ли.<br>We bought *something.* |
| Вы **почему́-нибудь** уста́ли?<br>Are you tired *for some (any) reason?* | Мы **почему́-то** уста́ли.<br>We're tired *for some reason.* |

The following chart shows guidelines for the use of **-нибудь** and **-то.** Although you may hear Russians "break" these rules, you are unlikely to make a mistake if you follow the chart.

| Type of Sentence | Positive | Negative |
|---|---|---|
| **Request or command** | **-нибудь**<br>Сде́лайте что́-нибудь!<br>*Do something.* | **ни-... не**<br>Ничего́ не де́лайте!<br>*Don't do anything.* |
| **Question** | **-нибудь**<br>Кто́-нибудь звони́л?<br>*Did someone call?* | **ни-... не**<br>Никто́ не звони́л?<br>*Didn't anybody call?* |
| **Statement — Future** | **-нибудь**<br>Мы что́-нибудь сде́лаем.<br>*We'll do something.* | **ни-... не**<br>Мы ничего́ не бу́дем де́лать.<br>*We won't do anything.* |
| **Statement — Present** | **-то**<br>Кто́-то идёт.<br>*Someone's coming.* | **ни-... не**<br>Никто́ не идёт.<br>*No one's coming.* |
| **Statement — Past** | **-то**<br>Кто́-то звони́л.<br>*Someone called.* | **ни-... не**<br>Никто́ не звони́л.<br>*No one called.* |

## *Упражнение*

**А. Запо́лните про́пуски.** Fill in the blanks with **-то** or **-нибудь**.

1. — Кто́-_________ говори́л о Пу́шкине?
   — Да, кто́-_________ говори́л о нём.
2. — Вы когда́-_________ чита́ли его́ стихи́?
   — Да, мы чита́ли их с интере́сом.
3. — Вы что́-_________ зна́ете о его́ произведе́нии «Евге́ний Оне́гин»?
   — Мы когда́-_________ бу́дем чита́ть его́.
4. — Вы чита́ли каки́е-_________ но́вые рома́ны?
   — Я что́-_________ чита́л(а), но я забы́л(а), как он называ́ется. Я его́ купи́л(а) в како́м-_________ кни́жном магази́не.
5. Купи́ мне _________ сувени́р, когда́ бу́дешь в Москве́!
6. Та́ня вчера́ чита́ла каку́ю-_________ но́вую газе́ту.
7. Юрий сейча́с что-_________ чита́ет.
8. У Вади́ма ско́ро день рожде́ния. Мы за́втра ему́ ку́пим како́й-_________ пода́рок.

➢*Complete Oral Drills 12–17 and Written Exercises 8–10 in the Workbook.*

## SUMMARY OF НИ-. . . НЕ, -НИБУДЬ, AND -ТО CONSTRUCTIONS

| DECLINABLE WORDS | | | |
|---|---|---|---|
| **Case** | **someone, no one** | **something, nothing** | **some sort of, no sort of** |
| **Nom. (Acc.)** | кто́-то, -нибудь, никто́ (не) | что́-то, -нибудь | како́й-то, -нибудь, нико́й, никако́е, никака́я, никаки́е |
| **Gen. (Acc.)** | кого́-то, -нибудь, никого́ (не) | чего́-то, -нибу́дь, ничего́ (не) | *declines like* ***како́й,*** *a regular adjective following the 7-letter spelling rule* |
| **Prep.** | о ко́м-то, -нибудь, ни о ко́м (не) | о чём-то, -нибудь, ни о чём (не) | |
| **Dat.** | кому́-то, -нибудь, никому́ (не) | чему́-то, -нибудь, ничему́ (не) | |
| **Instr.** | ке́м-то, -нибудь, никем (не) | че́м-то, -нибудь, ничем (не) | |

| INDECLINABLE WORDS | | | |
|---|---|---|---|
| где́-то, -нибудь<br>*(at) somewhere* | куда́-то, -нибудь<br>*(to) somewhere* | когда́-то, -нибудь<br>*at some time (ever)* | ка́к-то, -нибудь<br>*somehow* |
| нигде́ (не)<br>*nowhere* | никуда́ (не)<br>*nowhere* | никуда́ (не)<br>*never* | ника́к (не)<br>*no how* |

### *Упражнение*

**А. Раскро́йте ско́бки.**

1. — Же́ня, ты (кто́-нибудь) спра́шивал о на́шем зада́нии на за́втра?
   — Нет, не спра́шивал. Но Пе́тя (что́-то) сказа́л о (како́й-то) зада́нии. Ка́жется, нам на́до вы́учить (како́е-то) стихотворе́ние, но я не зна́ю, како́е.
2. — Зи́на, ка́жется, пошла́ на (кака́я-то) ле́кцию о (каки́е-то) но́вых писа́телях. С кем она́ пошла́?
   — (*With no one*). Она́ пошла́ одна́.

## 7.6 Declension of Last Names

Some Russian last names look like adjectives, and decline like adjectives throughout. The following examples show the declension of **Достое́вский, Толсто́й, Верби́цкая,** and **Вознесе́нская**

| | |
|---|---|
| Вы чита́ли Достое́вского (Толсто́го, Верби́цкую, Вознесе́нскую)? | *Have you read Dostoevsky (Tolstoy, Verbitskaya, Voznesenskaya)?* |
| Вы чита́ли биогра́фию Достое́вского (Толсто́го, Верби́цкой, Вознесе́нской). | *Have you read the biography of Dostoevsky (Tolstoy, Verbitskaya, Voznesenskaya)?* |
| Вы чита́ли статью́ о Достое́вском (Толсто́м, Верби́цкой, Вознесе́нской)? | *Have you read an article about Dostoevsky (Tolstoy, Verbitskaya, Voznesenskaya)?* |
| Ско́лько лет бы́ло Достое́вскому (Толсто́му, Верби́цкой, Вознесе́нской), когда́ он(а́) написа́л(а) пе́рвое произведе́ние? | *How old was Dostoevsky (Tolstoy, Verbitskaya, Voznesenskaya) when s/he wrote his/her first work?* |
| Вы интересу́етесь Достое́вским (Толсты́м, Верби́цкой, Вознесе́нской)? | *Are you interested in Dostoevsky (Tolstoy, Verbitskaya, Voznesenskaya)?* |

Russian last names whose stems end in **-ин (-ын)** or **-ов (-ев, -ёв)** look like nouns in the nominative case, but like adjectives in some other cases. The following chart shows the declension of this type of last name. The forms with adjective endings are bold.

| | он | она | они |
|---|---|---|---|
| **Nom.** *кто/что* | Пу́шкин | Цвета́ев-а | Каре́нин-ы |
| **Acc.** *кого/что* | Пу́шкин-а | Цвета́ев-у | **Каре́нин-ых** |
| **Gen.** *кого́/чего́* | Пу́шкин-а | **Цвета́ев-ой** | **Каре́нин-ых** |
| **Prep.** *о ком/о чём* | Пу́шкин-е | **Цвета́ев-ой** | **Каре́нин-ых** |
| **Dat.** *кому́/чему́* | Пу́шкин-у | **Цвета́ев-ой** | **Каре́нин-ым** |
| **Instr.** *кем/чем* | **Пу́шкин-ым** | **Цвета́ев-ой** | **Каре́нин-ыми** |

Foreign last names decline like regular nouns *if they end in a consonant and refer to a man* (Это стихи́ Уо́лта **Уи́тмена**). Plural foreign last names that end in a consonant also behave like nouns (Мы говори́м о **Джо́нсах**). Foreign last names that end in a vowel and/or refer to a woman do not decline (Это расска́зы О. **Ге́нри.** Это рома́н Вирджи́нии **Вульф**).

First names and patronymics always decline like nouns. (Мы ви́дим **Юрия Петро́вича.** Мы говори́ли с **Юрием Петро́вичем.**)

### *Упражнение*

**А. Раскро́йте ско́бки.** Put the last names in parentheses into the needed case.

1. —Вы когда́-нибудь чита́ли (Достое́вский)? — Да, я люблю́ (Достое́вский).
2. Что вы зна́ете о (Достое́вский)?
3. Вам бо́льше нра́вится (Достое́вский) и́ли (Толсто́й)?
4. Мы чита́ли о (Бара́нская).
5. Я не зна́ю (Бара́нская).
6. Мари́на (Цвета́ева) написа́ла кни́гу о (Пу́шкин).
7. Вы чита́ли кни́гу (Цвета́ева)?
8. Я о́чень люблю́ (Цвета́ева).
9. Что вы зна́ете о Мари́не (Цвета́ева)?
10. «Бра́тья (Карама́зовы)» — о́чень интере́сный рома́н.
11. Вы когда́-нибудь чита́ли «Бра́тьев (Карама́зовы)»?
12. Я о́чень ма́ло зна́ю о «Бра́тьях (Карама́зовы)».

➢*Complete Oral Drills 18–19 and Written Exercises 11–12 in the Workbook.*

# Обзорные упражнения

**А. Назва́ния книг.** There are many ways to avoid using a title that you may not know how to translate.

1. Jot down in English the titles of five of your favorite books.
2. For each, think of a way you could describe the book in Russian without using the title.

3. Check to see if your classmates know what books you are referring to from your descriptions.

**Б. О литерату́ре.**

1. Imagine that a student from Russia will be visiting your class for a discussion of the reading habits and preferences of Russian students and those from your country. In preparation for this discussion do the following.
   a. Prepare a detailed answer (3–5 minutes) to the following questions:
      - What do you read for pleasure?
      - How does what you read differ from what your parents or friends read?
      - How do you decide what to read?
      - How does what you read for courses differ from what you read for pleasure?

   b. Write 10 questions to ask the guest about the reading habits of Russian students.

2. Act out the visit of the Russian guest. As you do so, remember that this meeting has been set up as a discussion, not a question and answer session. Here are two tips to help you manage the discussion well.
   a. Strive to give more information than required as you answer questions. For example, if you are asked what you read, you might answer that you read Dickens because you love English novels, rather than merely saying "Dickens."
   b. Acknowledge the statements made by others, using expressions such as:
      **Я ду́маю, что Марк прав...**
      **Я не согла́сен/согла́сна...**
      **Я по́нял/поняла́, что́ вы сказа́ли, но мне ка́жется, что...**

   If possible, record the discussion so that you can listen to it afterwards. As you listen to the discussion, note the places you were able to do one of the things noted above, as well as places where you might have been able to do so.

3. Based on your preparation for Exercise 1 and on the class discussion, write a short composition on the reading habits and preferences of people of your age group in your country. Give as much detail as you can, staying within the bounds of the Russian you know.

# Новые слова и выражения

## NOUNS

| | |
|---|---|
| век | century |
| декана́т | dean's office |
| зада́ние | assignment |
| иностра́н(е)ц/иностра́нка | foreigner |
| направле́ние | authorization document; letter of introduction |
| о́бщество | society |
| писа́тель | writer |
| по́весть (*fem.*) | long short story; novella |
| поэ́зия | poetry |
| поэ́т | poet |
| про́за | prose |
| проза́ик | prose writer |
| произведе́ние | work |
| пье́са | play |
| расска́з | short story |
| револю́ция | revolution |
| рома́н | novel |
| сбо́рник | collection |
| спра́вка | certificate |
| стиль | style |
| стихи́ (*always plural*) | poem, lines of poetry |
| стихотворе́ние | poem |
| столе́тие | century |

## PRONOUNS

| | |
|---|---|
| кто́-нибудь | someone, anyone (*see 7.5*) |
| кто́-то | someone, anyone (*see 7.5*) |
| что́-нибудь | something, anything (*see 7.5*) |
| что́-то | something, anything (*see 7.5*) |
| никто́ (не) | no one, not anyone (*see 7.4*) |
| ничего́ (не) | nothing, not anything (*see 7.4*) |

## ADJECTIVES

| | |
|---|---|
| дома́шний | home |
| дома́шнее зада́ние | homework |
| кото́рый | which, that, who (*as relative pronoun*) |
| лингвисти́ческий | linguistic |
| никако́й (не) | no kind of, not any |
| ну́жен, нужна́, ну́жно, нужны́ | necessary, needed (*see 7.2*) |
| огро́мный | huge |

## VERBS

| | |
|---|---|
| называ́ться (*imperf.*) (называ́-ется, -ются) | to be named (*of things*) |
| получа́ть/получи́ть (получа́-ю, -ешь, -ют) (получу́, полу́ч-ишь, -ат) | to receive, to get |
| помога́ть/помо́чь (*кому́*) (помога́-ю, -ешь, -ют) (помогу́, помо́жешь, помо́гут; помо́г, помогла́, помогли́) | to help (*someone*) |
| почита́ть (*perf.*) (почита́-ю, -ешь, -ют) | to read for a little bit |
| стара́ться/по- (стара́-юсь, -ешься, -ются) | to try |
| уезжа́ть/уе́хать (уезжа́-ю, -ешь, -ют) (уе́д-у, -ешь, -ут) | to leave (by vehicle) |
| ука́зываться (*imperf.*) (ука́зыва-ется, -ются) | to be indicated, noted |
| учи́ть/вы́учить (уч-у́, у́ч-ишь, -ат) (вы́уч-у, -ишь, -ат) | to memorize |

## ADVERBS

| | |
|---|---|
| где́-нибудь | somewhere, anywhere *(see 7.5)* |
| где́-то | somewhere, anywhere *(see 7.5)* |
| ка́к-нибудь | somehow, anyhow *(see 7.5)* |
| ка́к-то | somehow, anyhow *(see 7.5)* |
| когда́-нибудь | sometime, anytime, ever *(see 7.5)* |
| когда́-то | sometime, anytime, ever *(see 7.5)* |
| наизу́сть | by heart |
| нигде́ (не) | nowhere, not anywhere *(see 7.4)* |
| ника́к (не) | in no way *(see 7.4)* |
| никогда́ (не) | never, not ever *(see 7.4)* |
| никуда́ (не) | (to) nowhere, not to anywhere *(see 7.4)* |
| поле́зно | useful, profitable |
| почему́-нибудь | for some reason *(see 7.5)* |
| почему́-то | for some reason *(see 7.5)* |

## PREPOSITION

| | |
|---|---|
| от (*чего́*) | from |

## PHRASES AND OTHER WORDS

| | |
|---|---|
| вы́учить наизу́сть | to memorize, learn by heart |
| Как тебе́ (вам) сказа́ть? | How should I put it...? (*filler; used to introduce information)* |
| на па́ру часо́в | for a couple of hours |
| Проходи́(те)! | Come in! |
| чита́тельский биле́т | library card |

## PERSONALIZED VOCABULARY

______________________________________________

______________________________________________

______________________________________________

______________________________________________

# Свободное время

## Коммуникативные задания

- Invitations to places and events
- Describing how people spend free time: hobbies, sports, music
- Announcement for a sports club
- Reading about a guitarist, a young student, and a young company president
- Reading for pleasure: **Михаи́л Зо́щенко, «Сердца́ трёх»**

## В помощь учащимся

- **Проводи́ть свобо́дное вре́мя**
- Playing games: **игра́ть в** + accusative
- Playing musical instruments: **игра́ть на** + prepositional
- Additional uses of the instrumental case: **занима́ться** *чем*, **увлека́ться** *чем*, **интересова́ться** *чем*, **стать** *кем*, **быть** *кем*
- Third person plural for passive/impersonal meaning (**Сказа́ли, что; посове́товали, что; написа́ли, что**).
- **Свой**

## Между прочим

- Sports in Russia

# Точка отсчёта

## О чём идёт речь?

A person asking **Как ты прово́дишь свобо́дное вре́мя?** is generally interested in your hobbies or other activities that you enjoy when you have free time. Bear in mind that an answer such as "I sleep" is most likely to bring your conversation to a dead halt.

**А. Свобо́дное вре́мя.**

—Как ты прово́дишь свобо́дное вре́мя?
—Я люблю́...

обща́ться с друзья́ми

занима́ться спо́ртом

отдыха́ть на приро́де

ходи́ть в похо́ды

вышива́ть

вяза́ть

ката́ться на велосипе́де

ката́ться на ро́ликах

купа́ться

чита́ть

смотре́ть телеви́зор

ходи́ть в кино́

**Б. Спорт.**

— Ты занима́ешься спо́ртом?
— Нет, я спорт не люблю́.
— Да, я...

игра́ю в хокке́й

игра́ю в гольф

игра́ю в футбо́л

игра́ю в насто́льный те́ннис

игра́ю в ке́гли

игра́ю в лакро́сс

игра́ю в бадминто́н

игра́ю в бейсбо́л

игра́ю в волейбо́л

игра́ю в баскетбо́л

игра́ю в америка́нский футбо́л

игра́ю в те́ннис

пла́ваю

бе́гаю

танцу́ю

поднима́ю тя́жести

ката́юсь на лы́жах

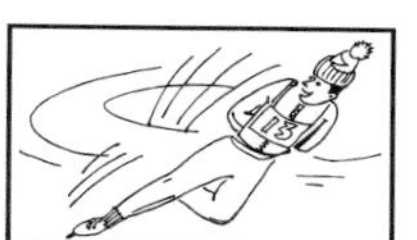
ката́юсь на во́дных лы́жах

ката́юсь на конька́х

занима́юсь аэро́бикой

занима́юсь бо́ксом

занима́юсь гимна́стикой

занима́юсь карате́

занима́юсь лёгкой атле́тикой

занима́юсь па́русным спо́ртом

занима́юсь фехтова́нием

занима́юсь фигу́рным ката́нием

занима́юсь гре́блей

занима́юсь на тренажёрах

занима́юсь на стациона́рном велосипе́де

**В. Му́зыка.**

— Ты игра́ешь на како́м-нибу́дь инструме́нте?
— Нет, но я пою́.
— Нет, не игра́ю.
— Да, я игра́ю...

на а́льте
на ба́нджо
на бараба́нах
на валто́рне
на виолонче́ли
на гита́ре
на гобо́е
на кларне́те
на роя́ле
на саксофо́не
на скри́пке
на тромбо́не
на трубе́
на ту́бе
на фаго́те
на фле́йте

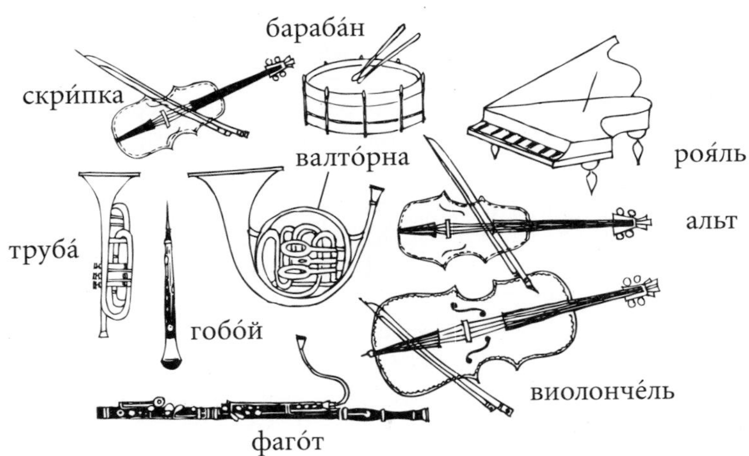


**Г. Музыка́нты.** Match the following musicians with the instruments they play(ed).

1. Пи́нкас Цукерма́н
2. Влади́мир Го́ровиц
3. Мстисла́в Ростропо́вич
4. Жан-Пье́р Рампа́л
5. Уи́нтон Марса́лис
6. Влади́мир Ашкена́зи
7. Джи́ми Хе́ндрикс
8. Ри́нго Старр
9. Боб Ди́лан

а. бараба́ны
б. виолонче́ль
в. гита́ра
г. роя́ль
д. скри́пка
е. труба́
ж. фле́йта
з. альт

## Д. Разгово́ры.

**Разгово́р 1. Если вы хоти́те по́льзоваться спорти́вным компле́ксом.**
Разгова́ривают тре́нер и иностра́нные студе́нты.

1. Как зову́т заве́дующего спорти́вным ко́мплексом?
2. Как ча́сто мо́жно занима́ться аэро́бикой в э́том спорти́вном ко́мплексе?
   а. 3 ра́за в ме́сяц
   б. 3 ра́за в неде́лю
   в. раз в день
   г. 3 ра́за в день
3. Каки́ми из э́тих кома́ндных ви́дов спо́рта мо́жно занима́ться? Мо́жно игра́ть в...
   а. баскетбо́л
   б. бейсбо́л
   в. волейбо́л
   г. гольф
   д. ре́гби
   е. футбо́л
4. По како́му ви́ду спо́рта нужна́ по́мощь америка́нцев?
5. Оди́н из студе́нтов передаёт вопро́с сосе́да по ко́мнате. О чём он спра́шивает?
6. Когда́ откры́т бассе́йн?
7. Что на́до сде́лать, что́бы пла́вать в бассе́йне?
   а. На́до пройти́ тест по пла́ванию.
   б. На́до получи́ть направле́ние в декана́те.
   в. На́до хорошо́ знать тре́нера.
   г. На́до получи́ть спра́вку врача́.
8. Где нахо́дится ко́мната заве́дующего?

**Разгово́р 2.** **По телеви́зору — спорт.**
Разгова́ривают Юра и Де́бби.

1. Каки́е ви́ды спо́рта мо́жно сейча́с посмотре́ть по телеви́зору?
2. О каки́х из э́тих ви́дов спо́рта разгова́ривают Юра и Де́бби?

бейсбо́л
футбо́л (*Это не америка́нский футбо́л, а европе́йский! Как называ́ется э́тот вид спо́рта по-англи́йски?*)
баскетбо́л
волейбо́л
гимна́стика
те́ннис
гольф
бокс
карат э́
пла́вание (*swimming*)
лёгкая атле́тика (*track and field*)

3. Каки́е ви́ды спо́рта нра́вятся Де́бби? Каки́е ви́ды спо́рта ей не нра́вятся?
4. Како́й вид спо́рта по́льзуется популя́рностью в США?
5. Како́й вид спо́рта бу́дут пока́зывать ве́чером?
6. Как вы ду́маете, кто из э́тих люде́й бо́льше лю́бит спо́рт?

**Разгово́р 3.** **Му́зыка — увлече́ние серьёзное.**
Разгова́ривают Ми́тя и Ми́риам.

1. Почему́ Ми́риам не мо́жет за́втра пойти́ на матч с Игорем?
2. На како́м инструме́нте игра́ет Ми́риам?
3. На каки́х инструме́нтах игра́л Ми́тя в шко́ле?
4. Кем он хоте́л стать? Что случи́лось с э́тими пла́нами?
5. Когда́ Ми́риам заинтересова́лась му́зыкой пе́рвый раз?
6. Что она́ поняла́ уже́ в университе́те?
   а. Она́ должна́ серьёзнее относи́ться к му́зыке.
   б. У неё нет настоя́щих спосо́бностей к му́зыке.
   в. Лу́чше игра́ть на тромбо́не, чем на фле́йте.
   г. Де́вушки всегда́ лю́бят ма́льчика, кото́рый игра́ет на гита́ре.

# Язык в действии

## Диалоги

### 1. Ты занима́ешься спо́ртом?

— Ти́моти, мы с Окса́ной сего́дня идём игра́ть в те́ннис. Не хо́чешь пойти́ с на́ми?
— Спаси́бо, но е́сли че́стно сказа́ть, я ма́ло занима́юсь спо́ртом.
— Как же так? У нас счита́ют, что все америка́нцы лю́бят спорт.
— Да как тебе́ сказа́ть? Есть лю́ди, кото́рые ка́ждый день де́лают заря́дку.
— Ну, чем э́то пло́хо? Они́ забо́тятся о своём здоро́вье.
— Да, но они́ ка́ждый день бе́гают, пла́вают и пры́гают. Они́ же всегда́ на дие́те...
— А ты вообще́ не занима́ешься спо́ртом?
— Нет. Кро́ме того́, я и пью, и курю́, и непра́вильно ем. Но я не ду́маю, что э́то зна́чит, что я плохо́й челове́к.
— Да что ты! Ты, коне́чно, прав. Всё э́то ерунда́.

**Между прочим**

### Кто занима́ется спо́ртом?

Russians are less likely to engage in regular exercise than people in North America. However, hundreds of Olympic gold medals won over many decades bear testimony to the seriousness with which many Russians view high-level performance in sports.

### 2. Я хоте́ла стать балери́ной.

— Али́са, мне сказа́ли, что ты профессиона́льно танцу́ешь.
— Да что ты! Пра́вда, когда́ я была́ ма́ленькой, я мечта́ла стать балери́ной.
— Ну, и что случи́лось?
— Я начала́ учи́ться, но ста́ло я́сно, что балери́ной я так и не ста́ну.
— Но все говоря́т, что у тебя́ большо́й тала́нт.
— Коне́чно, гла́вное — тала́нт. Но ну́жно бо́льше, чем тала́нт. Ну́жно бы́ло учи́ться серьёзнее, чем я хоте́ла.
— Но ты, ка́жется, танцу́ешь в како́м-то анса́мбле.
— Да, в люби́тельском. Это прекра́сное увлече́ние, но для меня́ э́то не профе́ссия.

**3. У меня́ нет спосо́бностей к му́зыке.**

— Ми́риам, не хо́чешь пойти́ на матч? За́втра, в два часа́.
— К сожале́нию, не могу́. У меня́ репети́ция.
— Репети́ция? Кака́я репети́ция?
— У нас ма́ленький анса́мбль. Я игра́ю на фле́йте и пою́.
— Как интере́сно! А у меня́, к сожале́нию, нет спосо́бностей к му́зыке.
— Никаки́х?
— Когда́ я был ма́леньким, я был уве́рен, что ста́ну больши́м рок-музыка́нтом.
— Ну, и что случи́лось?
— Я на́чал учи́ться игра́ть на гита́ре. Но ско́ро ста́ло я́сно, что у меня́ тала́нта нет.
— Зато́ ты стал настоя́щим спортсме́ном.

**4. Футбо́л у вас по́льзуется популя́рностью?**

— Де́бби, включи́ телеви́зор.
— А что пока́зывают?
— Сейча́с Олимпи́йские игры. Не хо́чешь посмотре́ть?
— Ну, как тебе́ сказа́ть? Если бу́дет футбо́л, то смотри́ без меня́.
— Но игра́ют на́ши и ва́ши. Не интере́сно?
— Если че́стно сказа́ть, не о́чень. Ведь футбо́л у нас не по́льзуется популя́рностью.
— А у нас счита́ют, что америка́нская кома́нда о́чень си́льная.
— А ты зна́ешь, мне всё равно́, кто выи́грывает, и кто прои́грывает. Для меня́ гла́вное в спо́рте — не побе́да.

**5. Каки́м ви́дом спо́рта вы интересу́етесь?**

— Скажи́те, пожа́луйста, в институ́те есть бассе́йн?
— Есть, в спорти́вном ко́мплексе.
— И что на́до сде́лать, что́бы им по́льзоваться?
— Что́бы по́льзоваться бассе́йном, на́до пройти́ медици́нский осмо́тр.
— А что ещё есть в спорти́вном ко́мплексе?
— Если вы интересу́етесь други́ми ви́дами спо́рта, мо́жно по́льзоваться тренажёрами и́ли занима́ться аэро́бикой.
— У вас мо́жно по́льзоваться велосипе́дами? Сосе́д по ко́мнате проси́л узна́ть об э́том.
— Мо́жно.

**Вопро́сы к диало́гам.**

Диало́г 1

1. Куда́ сего́дня идёт Окса́на?
2. Она́ идёт одна́ и́ли с дру́гом?
3. Ти́моти лю́бит занима́ться спо́ртом?
4. Ти́моти на дие́те?
5. Ти́моти забо́тится о своём здоро́вье?

Диало́г 2

1. Али́са профессиона́льно танцу́ет?
2. Когда́ она́ была́ ма́ленькой, она́ мечта́ла стать хорео́графом?
3. Али́са о́чень серьёзно учи́лась та́нцам?
4. В како́м анса́мбле она́ тепе́рь танцу́ет?
5. Бале́т для Али́сы увлече́ние и́ли профе́ссия?

Диало́г 3

1. Почему́ Ми́риам на смо́жет пойти́ на матч за́втра?
2. На како́м инструме́нте она́ игра́ет?
3. Знако́мый Ми́риам то́же занима́ется му́зыкой?
4. Когда́ он был ма́леньким, он мечта́л стать спортсме́ном и́ли музыка́нтом?
5. Он тепе́рь занима́ется спо́ртом и́ли му́зыкой?

Диало́г 4

1. Кто хо́чет смотре́ть телеви́зор, Де́бби и́ли её знако́мый?
2. Что сейча́с пока́зывают по телеви́зору?
3. Каки́е кома́нды игра́ют?
4. Де́бби ду́мает, что футбо́л по́льзуется популя́рностью в США?
5. Де́бби о́чень хо́чет, что́бы америка́нская кома́нда вы́играла?

Диало́г 5

1. Где нахо́дится бассе́йн институ́та?
2. Что на́до сде́лать, что́бы им по́льзоваться?
3. Что ещё мо́жно де́лать в спорти́вном ко́мплексе?

## Давайте поговорим

**А. Спорт.** Узна́йте у партнёра.

1. Ты бе́гаешь?
2. Ты пла́ваешь?
3. Ты ката́ешься на велосипе́де?
4. Ты занима́ешься аэро́бикой?
5. Ты танцу́ешь?
6. Ты ката́ешься на конька́х?
7. Ты ката́ешься на лы́жах?
8. Ты по́льзуешься тренажёрами?
9. Ты игра́ешь в футбо́л?
10. Ты игра́ешь в хокке́й?
11. Ты игра́ешь в гольф?
12. Ты игра́ешь в волейбо́л?
13. Каки́ми ви́дами спо́рта ты занима́ешься зимо́й?
14. Каки́ми ви́дами спо́рта ты занима́ешься ле́том?
15. Ты занима́ешься спо́ртом ка́ждый день?

**Б. Семья́ и спорт.** Скажи́те партнёру, каки́ми ви́дами спо́рта занима́ются ва́ши ро́дственники.

| | |
|---|---|
| мать/оте́ц | (не) лю́бит... (спорт, футбо́л...) |
| брат/сестра́ | (не) игра́ет в... (хокке́й, те́ннис...) |
| муж/жена́ | (не) ката́ется на... (конька́х, ро́ликах...) |
| ба́бушка/де́душка | (не) занима́ется... (карате́, аэро́бикой...) |
| дя́дя/тётя | ? |
| двою́родный брат | |
| двою́родная сестра́ | |
| племя́нник/племя́нница | |

**В.** **Подгото́вка к разгово́ру.** Review the dialogs. How would you do the following?

1. Say that you and a friend are going to play tennis (baseball, football).
2. Ask in what way something is bad.
3. Say that your friends think about their health.
4. Say that someone is on a diet.
5. Indicate whether you smoke.
6. Say that something is nonsense.
7. Say that when you were little you dreamed of becoming a ballerina (actor, musician, doctor).
8. Ask what happened.
9. Say whether you have a talent for music.
10. Tell someone to turn the TV on.
11. Ask what's on TV.
12. Say whether soccer is popular in your country.
13. Say that the American (Russian, French) team is considered to be very good.
14. Say you don't care who wins and who loses.
15. Ask what you need to do in order to use the pool.
16. Ask what equipment is available in the gym.
17. Ask if it's possible to use the bicycles (weight machines, swimming pool).
18. Say that your roommate asked you to find out about something.

**Г.** **Два́дцать вопро́сов.** One person in the group is a famous sports figure or musician. Other students find out who it is by asking yes–no questions.

**Д.** **Говоря́т, что....** Respond to the following assertions. Your answers should be a minimum of three sentences long and prefaced by expressions such as **Да как тебе́ сказа́ть? Если че́стно сказа́ть, Всё э́то ерунда́,** or **Да что ты!**

Образе́ц:

— **Говоря́т, что все америка́нцы лю́бят бейсбо́л.** →

— *Да как тебе́ сказа́ть? Есть лю́ди, кото́рые действи́тельно увлека́ются бейсбо́лом. Но есть и те, кто им вообще́ не интересу́ется. Я, наприме́р, ничего́ не понима́ю в бейсбо́ле.*

1. Говоря́т, что все америка́нцы занима́ются спортом.
2. Говоря́т, что в Аме́рике мно́го вегетариа́нцев.
3. Говоря́т, что музыка́нты о́чень ча́сто ничего́ не понима́ют в матема́тике.
4. Говоря́т, что америка́нцы хорошо́ зна́ют иностра́нные языки́.
5. Говоря́т, что америка́нцы ма́ло чита́ют.

**Е. Да что ты!** With a partner, take turns making unexpected or outrageous statements. The listener should disagree, using expressions such as **Да что ты!** and **Всё э́то ерунда́.** For example:

— **Я слы́шала, что во Флори́де ча́сто идёт снег!**
— **Да что ты! Во Флори́де всегда́ тепло́!**

**Ж. Игровы́е ситуа́ции.**

1. You are on a semester program at a Russian university and would like to find out about the sports facilities. Ask a Russian student you've just met about the gym.

2. A Russian friend is convinced that all Americans work out every day. Explain what you think the national attitude is toward sports.

3. A Russian friend is interested in how music is taught in American schools. Explain when children take up musical instruments.

4. Explain to a Russian which sports are popular in America. What sports do people like to play? What do they like to watch?

5. A Russian friend who loves sports has offered to take you to a soccer game. If you like sports, agree to go and find out when and where the game will be. If you don't like sports, explain and suggest doing something else.

6. With a partner, prepare and act out a situation of your own based on the topics of this unit.

**З. Устный перево́д.** You've agreed to help out an English-speaking student who has just arrived in Moscow. S/he wants to use the university sports facilities. Interpret the conversation between the student and the director of the sports complex.

ENGLISH SPEAKER'S PART

1. Good afternoon. I was wondering if you could tell me a little about your sports facilities.
2. I'm interested in swimming. When is the pool open?
3. Hmm. That sounds awfully complicated. Maybe I'd be better off doing something like aerobics. Do you offer any classes?
4. That's great. Where are the classes held?
5. Thank you very much. I'll see you on Monday then.

## Давайте почитаем

**А.** **Заду́мчивый вундерки́нд.** The journal ***Спу́тник*** is similar to *Reader's Digest.* One of its regular features, **Персо́ны гра́та и нон-гра́та,** runs short human interest stories. Read the following article from ***Спу́тник*** to find the answers to these questions.

1. Где у́чится Саве́лий Косе́нко?
2. Чем он не занима́ется?
3. Как он прово́дит свобо́дное вре́мя?
4. Ско́лько ему́ лет?
5. Ско́лько ему́ бы́ло лет, когда́ он пошёл в шко́лу?
6. В како́м кла́ссе он тогда́ учи́лся?
7. Когда́ он поступи́л в вуз?
8. Там он изуча́ет матема́тику и́ли му́зыку?
9. Ско́лько ему́ бы́ло лет, когда́ он научи́лся чита́ть?
10. На како́м музыка́льном инструме́нте он неда́вно научи́лся игра́ть?

**Персоны грата и нон-грата**

### ЗАДУМЧИВЫЙ ВУНДЕРКИНД

Студент факультета информатики и систем управления МГТУ имени Баумана Савелий КОСЕНКО не интересуется политикой, не жует жвачку, не любит сленг и эротику, никогда не пользуется шпаргалками. Всю свою стипендию он без остатка и сожаления отдает маме, которую считает своим лучшим другом. В свободное от занятий время он любит решать задачи и гонять футбол с пацанами. Савелию... 11 лет.

Его мама, Елена Борисовна, не видит ничего странного в том, что сын в семь лет пошел в шестой класс общеобразовательной школы, а в 11 поступил в один из наиболее сложных технических вузов России. Ведь читать мальчик научился уже в два года. В четыре решал довольно сложные математические задачи и часто спорил с мамой, настаивая на своем варианте. Сейчас разногласия прекратились: программа маме не по силам. А недавно Савелий самостоятельно научился играть на фортепьяно и теперь сочиняет музыку.

11. **Cognates.** In the text find as many words related to English as you can.

12. Learning from context:
    a. If **жва́чка** is *chewing gum,* what does **жева́ть (жую́, жуёшь)** mean?
    b. What is the most likely meaning of **гоня́ть?**
        i. chase
        ii. compose
        iii. design
        iv. study
    c. **Самостоя́тельно** is made up of two roots. What are they? What then must **самостоя́тельно** mean?
    d. What is the most likely meaning of **сочиня́ть?**
        i. chase
        ii. study
        iii. design
        iv. compose

13. **Как по-русски?**
    a. he hands over (his stipend to his mother)
    b. at (7) years of age
    c. the disagreements have ceased

### Словарь

**учреди́тель** — *founder*
**вуз (вы́сшее учёбное заведе́ние)** — *college-level institution* (lit. *higher education institution*)
**наста́ивая на своём вариа́нте** — *defending his position*
(*кому́*) **не по си́лам** — *beyond (one's) ability*
**общеобразова́тельная шко́ла** — *regular public school* (**обще-** = *general;*
**образова́-** = *educate: general education school*)
**реша́ть зада́чи** — *solve (math) problems*
**спо́рить** — *to argue*
**стра́нный** — *strange*
**шпарга́лка** — *crib sheet*

**Б. Глава́ семе́йной фи́рмы.** Read the next ***Спу́тник*** article about the head of a family business.

1. Find out as much as possible about Veronica Kharchenko.
2. The family business organizes concerts. Who performs?
3. What is done with the proceeds from the concerts?

## ГЛАВА СЕМЕЙНОЙ ФИРМЫ

Веронике ХАРЧЕНКО всего 11 лет. И тем не менее, она — президент семейной фирмы «Вероника». Учредителями этого предприятия стали родители девочки — Анатолий Иванович и Людмила Петровна Харченко. Фирма объединяет музыкально одаренных мальчишек и девчонок. Все выступления юных дарований — благотворительные. Сборы от концертов, которые дает фирма, идут в российский фонд мира и на закупку контейнеров с игрушками для десятков детских домов. Вероника, несмотря на свое президенство, остается нормальным ребенком. Она любит лазить по деревьям, мечтает построить большой красивый дом для престарелых, где будет много фонтанов, телевизоров и вкусной еды. В людях юный президент больше всего ценит порядочность и умение твердо держать слово.

4. What is the meaning of **предприя́тие?**
   a. crime
   b. enterprise
   c. politics
   d. talent

5. **Де́тский дом** means *orphanage.* What do you think **конте́йнеры с игру́шками** are?

6. Russian is rich in diminutive forms—words that denote something "smaller" and "cozier" than the nouns from which they are derived. Find the diminutives for **ма́льчик** and **де́вочка.** (In the text they appear in the accusative plural. Can you restore the original nominative forms? Ask your instructor to help.)

7. **Остава́ться (оста-ю́сь, -ёшься, -ю́тся)** means *to remain.* The text indicates that **Веро́ника, несмотря́ на своё президе́нтство, остаётся норма́льным ребёнком** — *Veronica, despite her presidency, remains a normal child.* What case does the verb **остава́ться** take?

8. Find all the words in the genitive plural in this passage. What are the reasons for the use of the genitive case in the words you found?

9. **Как по-ру́сски?**
   a. proceeds from concerts
   b. Russian Peace Fund (and what is the word for *peace* in the nominative case?)

**Словарь**

**благотвори́тельный** — *for charity* (The root **бла́го** always signals "goodness" or "kindness.")
**выступле́ние** — *performance*
**глава́** — *chief; head; boss*
**деся́ток** — *set of ten* (used as English uses "dozen")
**заку́пка** — *purchase* (cf. **купи́ть**)
**ла́зить по дере́вьям** — *to climb trees*
**объединя́ть** — *to bring together*
**одарённый** — *gifted* (cf. **подари́ть** — *to give a gift*)
**престаре́лый** = ста́рый челове́к
**стро́ить/по-** — *to build*
**ю́ный** = молодо́й

**B.** **Рок-му́зыка. Путеше́ствие Рок-дилета́нта** by Aleksandr Zhitinsky* tells about the early history of Russian rock-and-roll.

1. Read the introductory passage below to answer the following questions.
   а. Этот текст об интервью ме́жду РД (Рок-дилета́нтом) и кем?
   б. Как называ́ется рок-гру́ппа Гео́ргия Ордано́вского?
   в. Когда́ и где роди́лся Гео́ргий Ордано́вский?
   г. Как его́ о́тчество?
   д. Кто его́ люби́мый компози́тор?
   е. Кто его́ люби́мые писа́тели?

Наибольший интерес РД вызвало интервью с неким Георгием Ордановским, лидером группы РОССИЯНЕ. Интервью предваряла анкета:

Имя: Ордановский Георгий Владимирович.
Родился: 2 октября 1953 года в Ленинграде.
Образование: среднее.
Профессия: рабочий Выставочного зала.
Любимый композитор: БИТЛЗ.
Любимые писатели: Достоевский, Стругацкие.
Любимый поэт: Маяковский.
Интервью запомнилось тем, что Ордановский отвечал на вопросы серьезно, без ерничества, вполне искренне.

2. Think of four questions that you would ask if you had a chance to interview Ordanovsky.

*From Aleksandr N. Zhitinsky, *Путешествие Рок-дилетанта*. Lenizdat, 1990. 

3. Now read the interview to see if it contains answers to any of the questions you would have asked.

*— Когда ты первый раз взял в руки гитару?*

*— В тринадцать лет. Толчком к этому послужила музыка БИТЛЗ. Представь себе шестьдесят шестой год. Я помню передачу, которую услышал по Центральному радио. Я помню себя, одиноко сидящего в комнате, помню стены, какой был день — вплоть до запахов помню. Это была музыкальная передача. Было зачитано письмо недовольного слушателя: «Почему вы ничего не говорите о БИТЛЗ?» Потом началась страшная ругань. Говорили, что они кричат, и так далее. Потом передали одну вещь. Мне кажется, это была* **«A Hard Day's Night».** *Я не скажу, что сразу схватился за гитару, тем более что у меня ее не было. Но так получилось, что песня запала мне в душу, возможно потому, что запретный плод сладок... я попросил купить мне гитару. Я уже не мог без этого. Мы начали петь БИТЛЗ. Учились друг у друга. Пели все рок-н-роллы подряд...*

*— Где ты учился музыке?*

*— Я же говорю, учились друг у друга. Было желание учиться в училище. Мы даже поступили в музыкальную школу для взрослых. Нас приняли, несмотря на то, что нам было по тринадцать лет. Но наш классный руководитель в обычной школе запретил нам туда ходить. Мы уже плохо учились, потому что думали совсем о другом...*

*— Чем вы сейчас занимаетесь?*

*— Можно ввести такое понятие: отечественный рок, или русский рок. Сейчас это уже неудивительно, многие стали это делать. Но мы занимаемся этим давно, мы приверженцы этого направления. Раньше считалось: на русском и петь вроде нельзя...*

*— Но это было давно, сейчас все думают по-другому.*

4. Read through the interview again looking for these specifics. (Keep in mind that you will not be able to understand everything.)
   a. When did Ordanovsky start playing guitar? (What year was it and how old was he?)
   b. What event inspired Ordanavsky to learn to play?
   c. What attitude toward the Beatles was presented on the national radio network?
   d. How did Ordanovsky's academic work progress after he got interested in rock?
   e. How did his homeroom teacher react to his new interest in rock music?
   f. What does Ordanovsky now do?
   g. In the years that Ordanovsky is talking about, rock music was . . .
      i. banned outright.
      ii. discouraged.
      iii. considered benign.
      iv. promoted.
   h. What is said about singing rock with Russian lyrics?
      i. It is now the only type of rock allowed.
      ii. In the early days it was not fashionable.
      iii. It is no longer fashionable.
      iv. Russian is viewed as a bad language for rock.

5. **Words from context.** Find the Russian for the following.
   a. We learned from each other.
   b. Forbidden fruit is sweet.
   c. We had our minds on something else.

### Словарь

**бра́тья Стру́гацкие** — Russian writers of science fiction
**взро́слый** — *adult*
**вро́де** — *it would seem*
**Вы́ставочный зал** — *Exhibition Hall*
**друг у дру́га** — *from each other*
**жела́ние** — *desire*
**запа́сть (кому́) в ду́шу** — *to stick in one's mind*
**запрети́ть (кому́)** — *to forbid*
**кла́ссный руководи́тель** — *homeroom teacher*
**крича́ть** — *to scream*
**образова́ние** — *education*
**РД — Рок-дилета́нт** — the author's pseudonym for this book.
**ру́гань** — *scolding, bad-mouthing*

**Г.** **Чте́ние для удово́льстсия: СЕРДЦА ТРЁХ** ("The Hearts of Three People"; condensed from a story by **Михаи́л Зо́щенко**)

**Михаи́л Зо́щенко** (1895–1958) began writing in 1920. A prolific writer of humor and satire, he was extremely popular both inside and outside the Soviet Union during the early Soviet period. Most of his stories, like the one adapted here, are very short pieces that focus on a particular situation narrated in colloquial language. Attacks on his work in 1943 and 1946 were emblematic of the political pressures that had been exerted on Soviet writers since the 1930s. The 1946 vilification of Zoshchenko and Akhmatova, and their subsequent expulsion from the Union of Soviet Writers, marked the beginning of the extremely repressive period in Soviet Russian literature known as the Zhdanov era. Zoshchenko was rehabilitated after Stalin's death.

**Characters.** This story is easy to follow as long as you keep the characters straight:

- an engineer and his wife
- the wife's lover, an artist
- the engineer's neighbor
- the engineer's old girlfriend from his childhood days—from the city of Rostov

**Verbal adverbs.** This story contains many verbal adverbs. Verbal adverbs are just that: adverbs made from verbs, which answer the questions "how," "when," or "why." Russian has two kinds of verbal adverbs, present (imperfective) and past (perfective). Here's what you can expect to see:

**Imperfective verbal adverbs** denote action that occurs simultaneously with the main verb of the sentence. They are often rendered "while doing something."

| | |
|---|---|
| Вообще́ **говоря́,** он её люби́л. | *Speaking* generally, he loved her.<br>He loved her *how? Speaking* generally. |
| **Находя́сь** на ю́ге, она́ устро́ила рома́н. | *While staying* in the south, she had an affair.<br>She had an affair *when?* While *staying* in the south. |
| **Беспоко́ясь,** что жены́ нет, он вы́шел на у́лицу. | *Worrying* that his wife was gone, he came out onto the street.<br>He came out onto the street *why?* Because he was *worrying.* |

**Forms:**

Imperfective verbal adverbs come from present-tense verbs. Replace the **они́** form ending (**-ют** or **-ят**) with **-я.** For verbs with the **-ся** particle, add **-ясь:**

| | |
|---|---|
| **жела́ют** — *they wish* | **жела́я** |
| **говоря́т** | **говоря́** |
| **нахо́дятся** | **находя́сь** |

**Perfective verbal adverbs** denote action that occurred before the main verb in the sentence. They are often rendered as "having done something."

| | |
|---|---|
| Худо́жник, **узна́в,** что жена́ ушла́ от му́жа, встре́тил её хо́лодно. | The artist, *having found out* the wife left her husband, greeted her coldly. |
| **Муж, позабы́в** об объявле́нии, не ду́мал о нём. | The husband, *having forgotten* about the announcement, didn't think about it. |

**Forms:**
Replace the past tense **-л** with **-в.** There are no gender endings.

| | |
|---|---|
| **узна́л** | **узна́в** |
| **встре́тил** | **встре́тив** |

For verbs with the **-ся** particle, add **шись:**

| | |
|---|---|
| **встре́тился** | **встре́тившись** |

Verbs with irregular past tenses in **-ёл** (**пришёл, ушёл**) do not use the past tense as the basis for their formation, but rather are formed from the future tense: **придя́, уйдя́.**

## СЕРДЦА ТРЁХ

**Михаи́л Зо́щенко**

Позво́льте° расска́зать о заба́вном° фа́кте.

Оди́н ленингра́дский инжене́р о́чень люби́л свою́ жену́. **То́ есть,** вообще́ говоря́°, он **относи́лся к ней** дово́льно равноду́шно°, но когда́ она́ его́ бро́сила°, он почу́вствовал к ней пы́лкую° любо́вь. Это быва́ет у мужчи́н.

Она́ же не о́чень его́ люби́ла. И, находя́сь° в э́том году́ на одно́м из ю́жных куро́ртов°, устро́ила там весьма́° легкомы́сленный° рома́н° с одни́м худо́жником.

Муж, случа́йно° узна́в об э́том, **пришёл в негодова́ние.** И когда́ она́ верну́лась домо́й, он, **вме́сто того́, чтобы расста́ться с ней и́ли помири́ться,** стал терза́ть° её сце́нами° ре́вности°.

Она́ нигде́ не рабо́тала, **тем не ме́нее,** она́ реши́ла от него́ уйти́.

И в оди́н прекра́сный день, когда́ муж ушёл на рабо́ту, **не жела́я объясне́ний и драм,** она́ взяла́ чемода́н со свои́м гардеро́бом и ушла́ к свое́й подру́ге, что́бы у неё вре́менно° пожи́ть.

И в тот же день она́ повида́лась со свои́м худо́жником и рассказа́ла ему́, что с ней.

Но худо́жник, узна́в, что она́ ушла́ от му́жа, встре́тил её кра́йне° хо́лодно. И да́же **име́л наха́льство** заяви́ть°, что на ю́ге быва́ют одни́ чу́вства, а на се́вере други́е.

allow amusing
**that is to say**
speaking **felt about her**
indifferently abandoned
passionate
finding herself
resorts extremely
frivolous romance
accidentally **became distressed**
**instead of parting with her or making up** torment scenes jealousy
**nevertheless**
**wanting no explanations or dramatic scenes**
temporarily
extremely **had the gall** to declare

Они́ не поссо́рились°, но попроща́лись° **в вы́шей сте́пени** хо́лодно.

Ме́жду тем° муж, узна́в, что она́ ушла́ и́з дому с чемода́ном, пришёл в огорче́ние°. То́лько тепе́рь он по́нял, как пла́менно° её лю́бит.

Он обе́гал° всех её родны́х и заходи́л во все дома́, где она́, по его́ мне́нию°, могла́ находи́ться, но нигде́ её не нашёл.

Его́ **бу́рное отча́яние смени́лось** меланхо́лией, о чём он заяви́л° одному́ сосе́ду по кварти́ре. Сосе́д отве́тил:

— Я вам дам хоро́ший сове́т: напеча́тайте° объявле́ние в газе́те: де́скать° (как в таки́х слу́чаях пи́шется), люблю́ и по́мню, верни́сь, я твой, ты моя́ **и так да́лее.** Она́ э́то прочтёт° и неме́дленно вернётся, поско́льку° се́рдце° же́нщины не мо́жет **устоя́ть про́тив печа́ти.**

Э́тот сове́т **нашёл живе́йший о́тклик в изму́ченной душе́** инжене́ра и он действи́тельно помести́л° своё объявле́ние: «Мару́ся, верни́сь, я всё прощу́°».

За э́то объявле́ние инжене́р заплати́л три́дцать пять рубле́й. Но когда́ он заплати́л де́ньги, он **обрати́л внима́ние** на да́ту и пришёл в у́жас°, узна́в, что его́ объявле́ние поя́вится° то́лько че́рез пятна́дцать дней.

Он стал объясня́ть, что он не велосипе́д продаёт и что он не мо́жет так до́лго ждать. И они́ **из уваже́ния к его́ го́рю** сба́вили° ему́ четы́ре дня, назна́чив° объявле́ние на 1 а́вгуста.

Ме́жду тем **на друго́й день по́сле сда́чи объявле́ния** он **име́л сча́стье** уви́деться с жено́й и объясни́ться. Он ей сказа́л:

— Семь лет я **ни за что́** не хоте́л пропи́сывать° ва́шу мама́шу° в на́шей второ́й ко́мнате, но е́сли вы тепе́рь вернётесь, я её, пожа́луй°, так и пропишу́.

Она́ дала́ согла́сие° верну́ться, но хоте́ла, что́бы он прописа́л та́кже её бра́та. Но он **упёрся на своём** и согласи́лся приня́ть то́лько её мама́шу, кото́рая туда́ че́рез не́сколько часо́в и перее́хала.

Два и́ли три дня у них шло всё о́чень хорошо́. Но пото́м жена́ **име́ла неосторо́жность** встре́титься со свои́м портрети́стом.

Худо́жник, узна́в, что она́ верну́лась к му́жу, прояви́л° к ней исключи́тельную не́жность°. Он сказа́л ей, что его́ чу́вства сно́ва° вспы́хнули° как на ю́ге и что он тепе́рь опя́ть бу́дет му́читься° и страда́ть°, что она́ всё вре́мя нахо́дится с му́жем, а не с ним.

Весь ве́чер они́ провели́° вме́сте и бы́ли о́чень счастли́вы° и дово́льны°.

Муж, беспоко́ясь°, что её так до́лго нет, вы́шел к воро́там°. Тут у воро́т он уви́дел худо́жника, кото́рый **по́д руку вёл** его́ жену́.

Тогда́ жена́ сно́ва ушла́ от му́жа и, находя́сь **под впечатле́нием пы́лких слов** худо́жника, пришла́ к нему́, что́бы у него́, е́сли он хо́чет, оста́ться°.

quarrel said good-bye *lit.:* **to a high degree**
meanwhile
agitation passionately
ran around to see
opinion
**stormy despair was replaced by**
announced
publish
so-to-say
**and so forth** = прочита́ет
inasmuch as heart
**withstand the power of the press**
**found a lively resonance in the tormented soul** placed
will forgive
*lit.:* **paid attention**
horror will appear
**out of respect for his misery** took off
having designated
**the next day after turning in the ad**
**had the good fortune** (*lit.:* happiness)
**under no circumstances** add to the lease
= ма́ма
perhaps
agreement
**stood his ground**
**had the indiscretion**
displayed
tenderness again
flared up torment himself
suffer
spent (time) happy
satisfied
worrying gates
**was leading by the arm**
*lit.:* **under the impression of the passionate words**
to stay

Но портрети́ст **не прояви́л к э́тому горя́чего жела́ния**, сказа́в, что он челове́к непостоя́нный°, что сего́дня ему́ ка́жется одно́, за́втра друго́е, и что **одно́ де́ло** — любо́вь, а **друго́е де́ло** — бра́к°, и что он бы хоте́л обду́мать э́тот вопро́с.

Тогда́ она́ поссо́рилась с худо́жником и оста́лась жить у подру́ги.

Ме́жду тем её муж, погорева́в° не́сколько дней, неожи́данно° уте́шился°, встре́тив **подру́гу своего́ де́тства** из Росто́ва.

У них и ра́ньше что́-то намеча́лось°, но тепе́рь, находя́сь в одино́честве°, он почу́вствовал к ней большу́ю скло́нность° и предложи́л° ей посели́ться° у него́.

В о́бщем° ро́вно° че́рез оди́ннадцать дней вы́шло злосча́стное° объявле́ние.

Сам муж, позабы́в о нём, не **при́нял во внима́ние** э́тот день. Но его́ жена́, томя́сь° у подру́ги, прочита́ла объявле́ние и была́ поражена́° и обра́дована°.

«Всё-таки, — поду́мала она́, — он меня́ лю́бит. В ка́ждой его́ стро́чке° я ви́жу его́ страда́ние°. И я верну́сь к нему́, поско́льку худо́жник большо́й наха́л° и я сама́ винова́та°».

Не бу́дем волнова́ть чита́телей дальне́йшим описа́нием°. Ска́жем то́лько, что появле́ние° жены́ с газе́той в рука́х бы́ло **равноси́льно разорва́вшейся бо́мбе**.

Муж, перебега́я° от одно́й же́нщины к друго́й, не мог дать ско́лько-нибудь удовлетвори́тельных° объясне́ний.

Жена́ с презре́нием° сказа́ла, что **е́сли бы не э́то объявле́ние**, она́ бы не верну́лась. Подру́га из Росто́ва сказа́ла, что е́сли инжене́р дал тако́е объявле́ние с публи́чным описа́нием свои́х чувств, то он до́лжен был бы подожда́ть како́го-нибудь результа́та.

В о́бщем о́бе° же́нщины, дру́жески обня́вшись°, ушли́ от инжене́ра **с тем, что́бы** к нему́ не возвраща́ться.

Оста́вшись° в кварти́ре вме́сте с мама́шей, инжене́р **впал в бу́рное отча́яние**, и неизве́стно°, **чем бы э́то всё ко́нчилось**, е́сли бы не верну́лась к нему́ его́ подру́га из Росто́ва.

Пра́вда, на друго́й день к нему́ хоте́ла верну́ться та́кже и жена́, но узна́в от свое́й ма́мы, что молода́я же́нщина из Росто́ва опереди́ла° её, оста́лась у подру́ги.

Подру́га **устро́ила её на рабо́ту** в психиатри́ческой лече́бнице°, и она́ неда́вно **вы́шла за́муж** за одного́ из психиа́тров. И сейча́с она́ дово́льна° и сча́стлива°.

Худо́жник, узна́в о её сча́стье°, горячо́ поздравля́л° её с но́вой жи́знью и попроси́л разреше́ния° поча́ще у неё быва́ть.

**Что каса́ется** объявле́ний, то медли́тельность° э́того де́ла ника́к не **отвеча́ет тре́бованиям жи́зни**. Тут на́до **по кра́йней ме́ре** в ше́сть раз скоре́е.

**showed no burning desire for this**
inconsistent
**one thing... another thing**
marriage

having been sad — unexpectedly
calmed down — **girlfriend from his childhood**
had been about to happen
loneliness — attraction
suggested — move in
all in all — exactly
ill-fated
**paid no attention**
languishing
surprised — pleased

line (of print) — suffering
scoundrel — at fault
description
appearance
**equal to an exploded bomb**
running back and forth
satisfactory
loathing — **if it hadn't been for that ad**

both — having hugged each other
**with the intention of**
having remained — **fell into stormy despair**
it is unknown — **how all would have ended**

had gotten there ahead (of her)
**got her a job**
clinic — **got married**
satisfied — happy
happiness — congratulated
permission
**as far as ... is concerned** — slow pace
**corresponds to life's demands**
**at least**

### Словарь

**дово́лен, дово́льна, дово́льны** — *satisfied* (short-form adjective)
**заявля́ть/заяви́ть** — *to declare*
**име́ть** — *to have* (usually something abstract): **име́ть сча́стье** — *to have the good fortune;* **име́ть неосторо́жность** — *to have the indiscretion* (to do something)
**ме́жду тем** — *meanwhile*
**объявле́ние** — *announcement; classified advertisement*
**оста́ться** — *to stay*
**поско́льку** — *inasmuch as*
**прийти́** (*во что*) — *to become* (+ an emotion): **Он пришёл в у́жас.** — Lit.: *He came into horror. = He became horrified.*
**пропи́сывать/прописа́ть** — In this context: *to add someone's name to a house lease.* During the Soviet period one had to have a **пропи́ска,** permission for residence from the local authorities. Out-of-towners with family members living in the big cities would often pressure them to add them to the apartment lease, thus making them legal city residents.
**проче́сть (прочт-у́, -ёшь, -у́т; прочёл, прочла́)** = прочита́ть
**пы́лкий** — *passionate*
**ссо́риться/по-** — *to quarrel*
**сча́стлив, -а, -ы** — *happy*
**сча́стье** — *happiness, good fortune*
**чу́вство** — *feeling*

## Давайте послушаем

**Рекла́ма.** You are about to listen to a radio advertisement for a physical fitness club.

1. List three things you would expect to hear in a similar advertisement in your country.

2. Which of the following words do you expect to hear in this passage?

   **самочу́вствие ю́ности** — *healthy feeling of one's youth*
   **подро́сток** — *teenager, adolescent*
   **стациона́рные велосипе́ды** — *stationary bicycles*
   **строи́тельство те́ла** — *body building*
   **ведётся по мето́дике (кого́)** — *is conducted based on the method (of...)*
   **ма́стер спо́рта** — *sports champion*
   **вну́тренний** — *indoor* (adj.)
   **де́лать заря́дку** — *to do calisthenics*

3. Listen to the passage for the following details.

   a. What facilities does this club offer?
   b. What groups of customers are targeted?
   c. What activities are offered?
   d. Outside of the facilities mentioned and the activities offered, what special features does the advertiser emphasize? Name at least two.
   e. Who is Vadim Ponomarenko? What is the gist of what he has to say?
   f. Where would one go for more information?

4. Как по-ру́сски?

   a. ping-pong
   b. football (not soccer)
   c. to visit our club

5. Как по-англи́йски?

   а. восто́чная борьба́
   б. борьба́
   в. тре́нер
   г. самозащи́та
   д. защи́та

6. Return to Exercise 2 above and check off the words that you indeed heard in the passage.

# В помощь учащимся

## 8.1 Как вы прово́дите свобо́дное вре́мя?

To ask someone how s/he spends free time, say **Как вы прово́дите свобо́дное вре́мя?** or **Как ты прово́дишь свобо́дное вре́мя?**

The verb **проводи́ть** is used only for spending time, not money.

The word **вре́мя** is neuter (**свобо́дное вре́мя**), like all Russian nouns ending in **-мя.**

In English one can say, "I spend my free time *reading*," but this structure is not possible in Russian. Instead, say simply **Я чита́ю** — *I read* or **В свобо́дное вре́мя я чита́ю** — *In my free time I read.* Other possible answers to this question include **Я занима́юсь спо́ртом** — *I play sports,* **Я слу́шаю му́зыку** — *I listen to music,* **Я игра́ю на кларне́те** — *I play the clarinet.*

By definition, **свобо́дное вре́мя** is time when you are *not* studying, working, or sleeping, but rather pursuing hobbies or other interests. Although many students feel that they have little free time, we urge you to indicate several of your interests when you are asked **Как вы прово́дите свобо́дное вре́мя?**

### *Упражнения*

**А. Соста́вьте предложе́ния.** Create sentences out of the word strings below. Do not change word order, but do put the correct endings on the words and supply the preposition **в** where needed.

1. — Как / вы / проводи́ть / свобо́дный / вре́мя? — Мы / обы́чно / чита́ть.
2. — Как / Анто́н / проводи́ть / свобо́дный / вре́мя? — Он / слу́шать / ра́дио.
3. — Как / Ма́ша / и / Гри́ша / проводи́ть / свобо́дный / вре́мя? — Они́ / люби́ть / ходи́ть / кино́.
4. — Как / твой / семья́ / проводи́ть / свобо́дный / вре́мя? — Свобо́дный / вре́мя / ма́ма / смотре́ть / телеви́зор / а / па́па / писа́ть / стихи́. / Я / люби́ть / смотре́ть / хокке́й.

**Б. О себе́.** Отве́тьте на вопро́сы.

1. Как вы прово́дите свобо́дное вре́мя?
2. Как ва́ши роди́тели прово́дят свобо́дное вре́мя?
3. Как ва́ши бра́тья и сёстры прово́дят свобо́дное вре́мя?
4. Если у вас есть де́ти, как они́ прово́дят свобо́дное вре́мя?

➢*Complete Oral Drill 1 and Written Exercise 1 in the Workbook.*

## 8.2 Talking About Sports

The Russian word for sports is always singular: **спорт. Я люблю́ спорт** — *I love sports.*

- To indicate that you play sports (or participate in sports), say **Я занима́юсь спо́ртом** — *I do sports.* Note that the verb **занима́ться** is followed by the instrumental case.

- To ask what particular sport(s) someone plays, say **Каки́м ви́дом (Каки́ми ви́дами) спо́рта вы занима́етесь?** — literally, *What type(s) of sport do you play?*

- To talk about participating in certain sports, use the verb **занима́ться** plus the name of the sport in the instrumental case.

  **Я занима́юсь аэро́бикой (бо́ксом, фехтова́нием)** *I do aerobics (I box, I fence).*

| **занима́ться** | + | *чем* (*name of sport in instrumental case*) |
|---|---|---|

- To talk about playing a particular game, use the verb **игра́ть/сыгра́ть*** — to play followed by the preposition **в** plus the accusative case.

  **Я игра́ю в футбо́л (в хокке́й, в те́ннис, ...).** *I play soccer (hockey, tennis, ...).*

| **игра́ть** | + | **в** | + | *что* (*name of sport in accusative case*) |
|---|---|---|---|---|

* The perfective **сыгра́ть** has the meaning *to play one game of.* It cannot be used without mentioning the game.

## *Упражнения*

**А. Зада́йте вопро́сы.** Ask what sports the following people participate in. Place noun subjects at the end of the question, and pronoun subjects before the verb. Have another student answer the question.

Образцы́: **твой брат** → *Каки́ми ви́дами спо́рта занима́ется твой брат?*
**вы** → *Каки́ми ви́дами спо́рта вы занима́етесь?*

1. твоя́ сестра́
2. твои́ роди́тели
3. твой брат
4. твоя́ ба́бушка
5. твой де́душка
6. твои́ друзья́
7. твой преподава́тель
8. твои́ сосе́ди
9. студе́нты в университе́те
10. ты

**Б. Соста́вьте предложе́ния.** Make sentences by combining words from the columns below. Pay attention to verb tense!

| | | | |
|---|---|---|---|
| ра́ньше | я | | лакро́сс |
| вчера́ | ты | | те́ннис |
| сего́дня | мы | (не) игра́ть в | футбо́л |
| сейча́с | мой знако́мый | | хокке́й |
| за́втра | моя́ знако́мая | | ке́гли |
| в четве́рг | наш преподава́тель | | футбо́л |
| в суббо́ту | мои́ роди́тели | | баскетбо́л |
| ле́том | америка́нские студе́нты | | бейсбо́л |
| зимо́й | ? | | насто́льный те́ннис |
| | | | ? |

**В. Соста́вьте предложе́ния.** Make sentences by combining words from the columns below. Remember to use the instrumental case after **занима́ться.** Pay attention to verb tense!

| | | | |
|---|---|---|---|
| ра́ньше | я | | спорт |
| вчера́ | ты | | аэро́бика |
| сего́дня | мы | | каратэ́ |
| на про́шлой неде́ле | мой знако́мый | | лёгкая атле́тика |
| сейча́с | моя́ знако́мая | | фехтова́ние |
| за́втра | наш преподава́тель | (не) занима́ться | па́русный спорт |
| в понеде́льник | мои́ роди́тели | | гре́бля |
| в суббо́ту | америка́нские студе́нты | | фигу́рное ката́ние |
| ле́том | ? | | бокс |
| зимо́й | | | гимна́стика |
| | | | ? |

**Г. Запо́лните про́пуски.** Fill in the needed verbs (**занима́ться** or **игра́ть**) in the following dialog.

— Вы ________ спо́ртом?
— Да, я спорт о́чень люблю́.
— А каки́ми ви́дами спо́рта вы ________?
— Зимо́й я ________ фигу́рным ката́нием и ещё ката́юсь на лы́жах. Весно́й и о́сенью мы с друзья́ми ________ в футбо́л. Ле́том я пла́ваю, ________ лёгкой атле́тикой и ________ в те́ннис.

**Д. О себе́.** Отве́тьте на вопро́сы.

1. Вы лю́бите спорт?
2. Вы занима́етесь спо́ртом ча́ще зимо́й и́ли ле́том?
3. Каки́ми ви́дами спо́рта занима́ются ва́ши ро́дственники?
4. Каки́ми ви́дами спо́рта занима́ются ва́ши знако́мые?
5. Вы счита́ете, что де́ти должны́ занима́ться спо́ртом? Почему́?

➢*Complete Oral Drills 2–3 and Written Exercise 2 in the Workbook.*

## 8.3 Playing Musical Instruments: игра́ть на чём

To talk about playing a musical instrument, use the verb **игра́ть** — *to play* followed by the preposition **на** plus the *prepositional case.*

**Я игра́ю на фле́йте (тромбо́не, гобо́е, ...).** *I play the flute (trombone, oboe, . . .).*

| игра́ть | + | на | + | *чём (name of instrument in prepositional case)* |
|---|---|---|---|---|

### *Упражнения*

**А. Как по-ру́сски?**

1. Nikolai's family loves music. He plays the flute. One brother plays the oboe, and the other plays the violin.
2. Kira's family loves music too. Her parents play the violin. Her sister plays the saxophone and the drums. Kira plays the French horn, and she wants to play the clarinet.

**Б. Соста́вьте предложе́ния.** Make sentences by combining words from the columns below. Remember to use the prepositional case of the instrument played. Pay attention to verb tense!

| | | | |
|---|---|---|---|
| ра́ньше | я | | фле́йта |
| вчера́ | ты | | бараба́ны |
| на про́шлой неде́ле | мы | (не) игра́ть на | скри́пка |
| сего́дня | мой знако́мый | | тромбо́н |
| сейча́с | моя́ знако́мая | | саксофо́н |
| за́втра | наш преподава́тель | | кларне́т |
| | мои́ роди́тели | | роя́ль |
| | америка́нские студе́нты | | гита́ра |
| | ? | | ба́нджо |
| | | | ? |

**В. О себе́.** Отве́тьте на вопро́сы.

1. Вы лю́бите му́зыку?
2. Вы игра́ете на како́м-нибудь музыка́льном инструме́нте?
3. На каки́х инструме́нтах игра́ют ва́ши ро́дственники?
4. На каки́х инструме́нтах игра́ют ва́ши друзья́?
5. Вы ду́маете, что де́ти должны́ игра́ть на музыка́льном инструме́нте? Почему́?

➢*Complete Oral Drill 4 and Written Exercise 3 in the Workbook.*

## 8.4 Additional Activity Verbs

This unit introduces a number of other verbs that might be used to describe free time activities. All the verbs listed below are imperfective.

| | | | |
|---|---|---|---|
| **уча́ствовать в чём** | *to participate in something* | **танцева́ть** | *to dance* |
| **пла́вать, купа́ться** | *to swim* | **петь** | *to sing* |
| **поднима́ть тя́жести** | *to lift weights* | **бе́гать** | *to run* |
| **ходи́ть в похо́ды** | *to go on hikes* | **вяза́ть** | *to knit* |
| **ката́ться на лы́жах (во́дных лы́жах, конька́х, ро́ликах, велосипе́де)** | *to ski (water ski, skate, rollerskate, ride a bicycle)* | **вышива́ть** | *to embroider* |
| **обща́ться с друзья́ми** | *talk with friends, spend time with friends* | **отдыха́ть на приро́де** | *spend time (relax) in nature* |

Remember that the verb suffix **-ова-** (as in **уча́ствовать** — *to participate* and **танцева́ть** — *to dance*) is always replaced with **-у-** in the conjugation. (The suffix is spelled **-ева-** in **танцева́ть** because of the 5-letter spelling rule: unstressed **о** is spelled **е** after **ц**.)

| уча́ствовать | |
|---|---|
| уча́ству | - ю |
| уча́ству | - ешь |
| уча́ству | - ют |
| *past:* уча́ствовал, -а, -и | |

| танцева́ть/по- * | |
|---|---|
| танцу́ | - ю |
| танцу́ | - ешь |
| танцу́ | - ют |
| *past:* танцева́л, -а, -и | |

* The perfective **потанцева́ть** means *to dance for a little while.*

The verb **петь** — *to sing* is a regular first-conjugation verb, but its conjugated forms do not look like the infinitive.

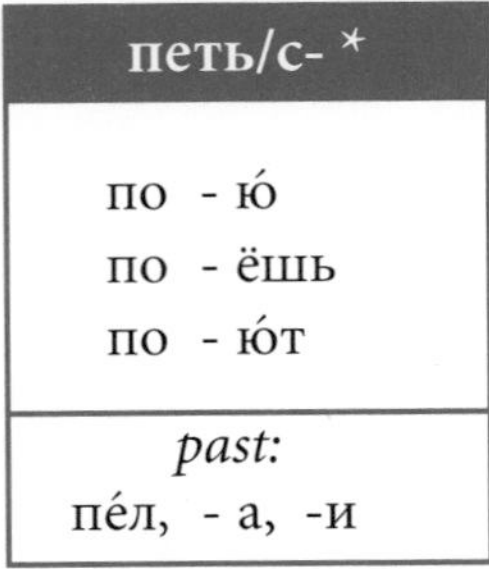

| петь/с- * | |
|---|---|
| по | - ю́ |
| по | - ёшь |
| по | - ю́т |
| *past:* пе́л, - а, -и | |

* The perfective **спеть** means *to sing an entire song.* It cannot be used without mentioning the song.

The verb **вяза́ть** — *to knit* is a first-conjugation verb, but it has a consonant mutation throughout the conjugation, as well as a shift in stress.

| вяза́ть |
|---|
| вяж - у́ |
| вя́ж - ешь |
| вя́ж - ут |

You already know the second-conjugation verb **ходи́ть** — *to walk*.

| ходи́ть |
|---|
| хож - у́ |
| хо́д - ишь |
| хо́д - ят |

The other activity verbs listed are first-conjugation verbs.

| пла́вать |
|---|
| пла́ва - ю |
| пла́ва - ешь |
| пла́ва - ют |

| купа́ться |
|---|
| купа́ - юсь |
| купа́ - ешься |
| купа́ - ются |

| поднима́ть (тя́жести) |
|---|
| поднима́ - ю |
| поднима́ - ешь |
| поднима́ - ют |

| бе́гать |
|---|
| бе́га - ю |
| бе́га - ешь |
| бе́га - ют |

| ката́ться (на лы́жах...) |
|---|
| ката́ - ю-сь |
| ката́ - ешь-ся |
| ката́ - ют-ся |

| вышива́ть |
|---|
| вышива́ - ю |
| вышива́ - ешь |
| вышива́ - ют |

| обща́ться |
|---|
| обща́ - юсь |
| обща́ - ешься |
| обща́ - ются |

| отдыха́ть |
|---|
| отдыха́ - ю |
| отдыха́ - ешь |
| отдыха́ - ют |

### *Упражнения*

**А. Кто что де́лает в свобо́дное вре́мя?**

Образе́ц: **Ната́ша — вяза́ть** → *В свобо́дное вре́мя Ната́ша вя́жет.*

1. Гри́ша — ката́ться на конька́х и на лы́жах
2. Алла и Па́ша — бе́гать и поднима́ть тя́жести
3. Ба́бушка — вышива́ть и вяза́ть
4. На́ши сосе́ди — ката́ться на велосипе́де и купа́ться
5. Мари́на Вита́льевна — пла́вать и ходи́ть в похо́ды
6. Анато́лий Ива́нович — петь и танцева́ть
7. Со́ня — уча́ствовать в музыка́льном анса́мбле
8. Дми́трий — танцева́ть
9. Ло́ра — ката́ться на ро́ликах
10. Я — ?

**Б. О себе́.** Отве́тьте на вопро́сы.

Образе́ц: **Когда́ вы хо́дите в похо́ды?** → *Я обы́чно хожу́ в похо́ды весно́й.* и́ли
*Я обы́чно хожу́ в похо́ды в суббо́ту.* и́ли
*Я никогда́ не хожу́ в похо́ды.*

1. Когда́ вы ката́етесь на велосипе́де?
2. Когда́ вы купа́етесь?
3. Когда́ вы поднима́ете тя́жести?
4. Когда́ вы поёте?
5. Когда́ вы танцу́ете?
6. Когда́ вы вя́жете?
7. Когда́ вы вышива́ете?
8. Когда́ вы пла́ваете?
9. Когда́ вы бе́гаете?
10. Когда́ вы ката́етесь на лы́жах?
11. Когда вы обща́етесь с друзья́ми?
12. Когда́ вы отдыха́ете на приро́де?
13. Когда́ вы ката́етесь на ро́ликах?
14. Когда́ вы пла́ваете?
15. Когда́ вы уча́ствуете в музыка́льном анса́мбле?

➢*Complete Oral Drills 5–7 and Written Exercise 4 in the Workbook.*

## 8.5 Verbs That Require the Instrumental Case

You already know that the instrumental case is used after **с** — *with.*

| | |
|---|---|
| **Мы с бра́том** игра́ли в те́ннис. | *My brother and I* played tennis. |
| Кремль нахо́дится **ря́дом с Кра́сной пло́щадью.** | The Kremlin is *next to Red Square.* |

The instrumental case is also used after certain verbs. The verbs in this unit that require the instrumental case are listed below.

| | |
|---|---|
| **увлека́ться** *чем* | *to be wild about, to be carried away by* |
| **занима́ться** *чем* | literally: *to be occupied with* |
| **станови́ться/стать** *кем* | *to become something or someone* |
| **интересова́ться** *чем* | *to be interested in* |
| **по́льзоваться** *чем* | *to use* |
| **быть** *кем* | *to be something or someone* |

| | |
|---|---|
| — **Чем** вы **увлека́етесь**?<br>— **Спо́ртом.** | *"What do you really like?"*<br>*"Sports."* |
| — У вас мо́жно **по́льзоваться велосипе́дами?** | *"Is it possible to use the bicycles here?"* |
| — Да, и е́сли вы **интересу́етесь други́ми ви́дами** спо́рта, мо́жно **по́льзоваться тренажёрами** и́ли **занима́ться аэро́бикой.** | *"Yes, and if you are interested in other sports, you can use the exercise equipment or do aerobics."* |

| | |
|---|---|
| Когда́ я **была́ ма́ленькой,** я мечта́ла **стать врачо́м.** | *When I was little I dreamed of becoming a physician.* |
| Когда́ я **был ма́леньким,** я был уве́рен, что **ста́ну больши́м рок-музыка́нтом.** | *When I was little I was sure I'd become a big rock star.* |

**Note on быть**

You already know that the verb *to be* is not normally expressed in Russian in the present tense. In sentences stating that a person or thing *is* something, Russian uses the nominative case for the subject and the complement:

**Я музыка́нт.** — *I am a musician.*

The future of **быть** is usually followed by the instrumental case:

**Я бу́ду музыка́нтом** — *I will be a musician.*

The past of **быть** is normally followed by the instrumental case:

**Я был музыка́нтом** — *I was a musician.*

If an adjective or noun of nationality, however, follows the verb, it is expressed in the nominative, not the instrumental:

**На́ша ба́бушка была́ ру́сская, а де́душка был францу́з** — *Our grandmother was Russian, and our grandfather was French.*

The infinitive **быть** is followed by the instrumental case:

**Я хочу́ быть музыка́нтом** — *I want to be a musician.*
**Интере́сно быть музыка́нтом** — *It is interesting to be a musician.*

| становиться | |
|---|---|
| становл | - ю́сь |
| стано́в | - ишься |
| стано́в | - ятся |

| стать | |
|---|---|
| ста́н | - у |
| ста́н | - ешь |
| ста́н | - ут |

На́ши студе́нты все **стано́вятся спортсме́нами.** — *Our students all become athletes.*
Эта студе́нтка **ста́нет спортсме́нкой.** — *This student will become an athlete.*

### *Упражнения*

**А. С кем?** Отве́тьте на вопро́сы.

1. С кем вы обы́чно хо́дите в кино́?
2. С кем вы говори́те по-ру́сски?
3. С кем вы игра́ете в те́ннис?
4. С кем вы уча́ствуете в анса́мбле?
5. С кем вы занима́етесь спо́ртом?

**Б. Раскро́йте ско́бки.**

— (Что) вы увлека́етесь?
— (Класси́ческий бале́т)
— (Что) увлека́ются ва́ши роди́тели?
— Ма́ма о́чень лю́бит (му́зыка), а па́па интересу́ется (спорт).
— (Каки́е ви́ды) спо́рта занима́ется ваш оте́ц?
— Он бо́льше всего́ игра́ет в (футбо́л). Но он ещё занима́ется (па́русный спорт).
— А ма́ма (кака́я му́зыка) лю́бит?
— Она́ увлека́ется (джаз).
— Скажи́те, пожа́луйста, вы занима́етесь (спорт)?
— Я хожу́ в спорти́вный зал и там по́льзуюсь (тренажёры). Когда́ я был(а́) (ма́ленький, ма́ленькая), я хоте́л(а) стать (профессиона́льный спортсме́н).
— А тепе́рь (кто) вы ду́маете стать?
— Ещё не зна́ю.

**В. О себе́.** Отве́тьте на вопро́сы.

1. Чем вы интересу́етесь?
2. Чем вы увлека́етесь?
3. Чем увлека́ются ва́ши друзья́?
4. Каки́ми ви́дами спо́рта вы занима́етесь?
5. Когда́ вы бы́ли ма́леньким (ма́ленькой), кем вы мечта́ли стать?

➢*Complete Oral Drills 8–15 and Written Exercises 5–9 in the Workbook.*

## 8.6 Third-Person Plural for Passive/Impersonal Meaning

Russian often uses the **они́** form of the verb without an explicit grammatical subject.

| | |
|---|---|
| У нас **счита́ют,** что все америка́нцы лю́бят спорт. | Here *it is considered* (lit., *they consider*) that all Americans love sports. |
| По телеви́зору всегда́ **пока́зывают,** как вы бе́гаете. | On television *they always show* you running. |

### *Упражнение*

**А.** **Когда́?** Ask when the following activities are normally done. Have another student answer the question.

Образе́ц: **пла́вать** → — *Когда́ пла́вают? — Обы́чно пла́вают ле́том.*

1. ката́ться на лы́жах
2. занима́ться аэро́бикой
3. ката́ться на во́дных лы́жах
4. купа́ться
5. игра́ть в бейсбо́л
6. игра́ть в хокке́й
7. игра́ть в футбо́л
8. игра́ть в баскетбо́л
9. отдыха́ть на приро́де
10. ходи́ть в похо́ды

➢*Complete Written Exercise 10 in the Workbook.*

## 8.7 Свой

In English, context and/or intonation normally clarify the meaning of the modifiers *his, her,* and *their* in sentences like *Paula loves her brother.* Without a special context or special intonation, we accept that this sentence means that Paula loves her own brother. If we want to say she loves someone else's brother, we provide a context and alter the sentence intonation, such as *Paula knows Sarah's brother quite well. In fact, she loves her brother.*

Russian has different words to refer to one's own (**сво́й**) and someone else's (**его́, её, их**).

The Russian possessive modifier **свой** — *one's own* always refers to the subject of the clause. Its specific meaning depends on the grammatical subject.

| | |
|---|---|
| Я забо́чусь о **своём** здоро́вье. | I take care of *my (own)* health. |
| Ты забо́тишься о **своём** здоро́вье. | You take care of *your (own)* health. |
| Он забо́тится о **своём** здоро́вье. | He takes care of *his (own)* health. |
| Она́ забо́тится о **своём** здоро́вье. | She takes care of *her (own)* health. |
| Мы забо́тимся о **своём** здоро́вье. | We take care of *our (own)* health. |
| Вы забо́титесь о **своём** здоро́вье. | You take care of *your (own)* health. |
| Они́ забо́тятся о **своём** здоро́вье. | They take care of *their (own)* health. |

In such sentences, the possessive modifiers **его́, её,** and **их** refer to someone else's. Examine the sentences below to see how the meaning changes when **его́, её,** and **их** are used in place of **свой.**

| | |
|---|---|
| Он забо́тится о **своём** здоро́вье. | He takes care of *his (own)* health. |
| vs. | |
| Он забо́тится о **его́** здоро́вье. | He takes care of *his (someone else's)* health. |
| Она́ забо́тится о **своём** здоро́вье. | She takes care of *her (own)* health. |
| vs. | |
| Она́ забо́тится о **её** здоро́вье. | She takes care of *her (someone else's)* health. |
| Они́ забо́тятся о **своём** здоро́вье. | They take care of *their (own)* health. |
| vs. | |
| Они́ забо́тятся об **их** здоро́вье. | They take care of *their (someone else's)* health. |

Since **свой** takes its meaning from the subject of the clause it cannot modify the subject.

Ма́ша забо́тится о **свое́й** ма́ме.

Refers BACK to the subject.

?

**Её** ма́ма забо́тится о де́тях.

Can't use **свой** because it modifies the grammatical subject.

**Свой** is declined just like **твой**, except that it has no nominative case form.

| | |
|---|---|
| *Acc.* | Анна ви́дит **своего́** сосе́да (**свою́** сосе́дку, **свои́х сосе́дей**). |
| *Gen.* | Анна была́ у **своего́** сосе́да (у **свое́й** сосе́дки, у **свои́х** сосе́дей). |
| *Prep.* | Анна ду́мала о **своём** сосе́де (о **свое́й** сосе́дке, о **свои́х** сосе́дях). |
| *Dat.* | Анна помога́ет **своему́** сосе́ду (**свое́й** сосе́дке, **свои́м** сосе́дям). |
| *Instr.* | Анна говори́ла со **свои́м** сосе́дом (со **свое́й** сосе́дкой, со **свои́ми** сосе́дями). |

### *Упражнение*

**А. Вы́берите ну́жное сло́во.**

1. Пе́тя и (его́/свой) знако́мый занима́ются спо́ртом. Они́ забо́тятся (об их/о своём) здоро́вье.
2. Аня и (её/своя́) знако́мая занима́ются аэро́бикой. Они́ забо́тятся (об их/о своём) здоро́вье.
3. Оля не занима́ется спо́ртом. Она́ не забо́тится о (её/своём) здоро́вье.
4. Жа́нна лю́бит (её/свою́) сестру́.
5. Как зову́т (её/свою́) сестру́?
6. Ва́ня разгова́ривает о (его́/своём) бра́те.
7. Где живёт (его́/свой) брат?
8. Со́ня игра́ет в те́ннис (с её/со свое́й) ма́мой.
9. (Её/Своя́) ма́ма хорошо́ игра́ет в те́ннис.
10. Па́ша и Аля подари́ли (их/свои́м) де́тям кни́ги на Но́вый год.

➢*Complete Written Exercises 12–14 in the Workbook.*

# Обзорные упражнения

**А. Разгово́р. Не хо́чешь игра́ть с на́ми в те́ннис?**
Разгова́ривают Оле́г и Ти́моти.

ДА и́ли НЕТ?

1. Оле́г хо́чет игра́ть в те́ннис с Окса́ной и Ти́моти.
2. Ти́моти о́чень лю́бит те́ннис.
3. Ти́моти говори́т, что все америка́нцы забо́тятся о своём здоро́вье.
4. Ти́моти не о́чень забо́тится о своём здоро́вье.

**Б. Социологи́ческий опро́с.**

1. Prepare a questionnaire designed to ascertain how people spend their free time. Include questions about sports, music, and literature. You may include other topics as well.

2. With two or three other students, review your questionnaire for clarity and accuracy. Will your readers understand your questions? You may make changes in your questionnaire to reflect suggestions made by your classmates.

3. Bring 5 copies of your revised questionnaire to class, and have classmates fill them out. (You will fill out questionnaires for other class members at the same time.)

4. Write two or three paragraphs analyzing the results of your questionnaire.

**В. Письмо́.** Your pen-pal is interested in how people in your country spend free time. Write a 150-word letter in response, using yourself and people you know to illustrate.

# Новые слова и выражения

## NOUNS

| | |
|---|---|
| **спорт и и́гры** | **sports and games** |
| аэро́бика | aerobics |
| бадминто́н | badminton |
| баскетбо́л | basketball |
| бейсбо́л | baseball |
| бокс | boxing |
| гимна́стика | gymnastics |
| гольф | golf |
| гре́бля | rowing |
| заря́дка | (physical) exercise |
| каратэ́ (*indecl.*) | karate |
| ке́гли (*pl.*) | bowling |
| лакро́сс | lacrosse |
| лёгкая атле́тика | track |
| па́русный спорт | sailing |
| ре́гби (*indecl.*) | rugby |
| те́ннис | tennis |
| фехтова́ние | fencing |
| фигу́рное ката́ние | figure skating |
| футбо́л | soccer |
| ша́хматы | chess |
| ша́шки | checkers |
| **музыка́льные инструме́нты** | **musical instruments** |
| альт | viola |
| ба́нджо (*indecl.*) | banjo |
| бараба́н | drum |
| валто́рна | French horn |
| виолонче́ль (*fem.*) | cello |
| гита́ра | guitar |
| гобо́й | oboe |
| кларне́т | clarinet |
| роя́ль | piano (*but* конце́рт для фортепья́но) |
| саксофо́н | saxophone |
| скри́пка | violin |
| тромбо́н | trombone |
| труба́ | trumpet |
| ту́ба | tuba |
| фаго́т | bassoon |
| фле́йта | flute |
| фортепья́но (*indecl.*) | piano (*but usually* я игра́ю на роя́ле) |
| конце́рт для фортепья́но | concerto for piano |

| **други́е слова́** | **other words** |
|---|---|
| анса́мбль | ensemble |
| велосипе́д | bicycle |
| вид спо́рта | (individual) sport |
| дие́та (на) | diet |
| ерунда́ | nonsense |
| здоро́вье | health |
| игра́ (*pl.* и́гры) | game |
| ка́рта | card |
| кома́нда | team |
| ко́мплекс | complex, center |
| матч (на) | (sport) match |
| мяч | ball |
| осмо́тр | examination (*as in medical examination*) |
| пла́вание | swimming |
| похо́д | hike |
| приро́да (на) | nature |
| репети́ция | rehearsal |
| ро́дственник | relative |
| спорт *(always sing.)* | sports |
| вид спо́рта | (individual) sport |
| спортсме́н | athlete |
| спосо́бность *(fem.) к чему́* | aptitude *for something* |
| тала́нт *к чему́* | talent *for something* |
| тренажёр | exercise equipment; exerciser |
| увлече́ние | hobby |

## ADJECTIVES

| | |
|---|---|
| ка́ждый | each |
| люби́тельский | amateur |
| медици́нский | medical |
| настоя́щий | real, genuine |
| Олимпи́йский | Olympic |
| прекра́сный | wonderful |
| свобо́дный | free |
| свой | one's own |
| си́льный | strong |
| совреме́нный | contemporary |
| спорти́вный | sport |
| стациона́рный (велосипе́д) | stationary (bicycle) |
| уве́рен (-а, -ы) *в чём* | sure *of something* |

## VERBS

| | |
|---|---|
| бе́гать *(imperf.)* | to run |
| (бе́га-ю, -ешь, -ют) | |
| включа́ть/включи́ть | to turn on |
| (включа́-ю, -ешь, -ют) | |
| (влкюч-у́, -и́шь, -а́т) | |
| выи́грывать/вы́играть | to win |
| (выи́грыва-ю, -ешь, -ют) | |
| (вы́игра-ю, -ешь, -ют) | |
| вышива́ть *(imperf.)* | to embroider |
| (вышива́-ю, -ешь, -ют) | |
| вяза́ть *(imperf.)* | to knit |
| (вяж-у́, вя́ж-ешь, -ут) | |
| забо́титься *о чём (imperf.)* | to take care *of something,* watch out *for something* |
| (забо́ч-усь, забо́т-ишься, -ятся) | |
| занима́ться *чем (imperf.)* | to be occupied *with something* |
| (занима́-юсь, -ешься, -ятся) | |
| игра́ть/сыгра́ть *во что* | to play *a game or sport* |
| (игра́-ю, -ешь, -ют) | |
| (сыгра́-ю, -ешь, -ют) | |
| игра́ть *на чём (imperf.)* | to play *a musical instrument* |
| ката́ться *на чём (imperf.)* | to ride (bicycle, skate, ski) |
| (ката́-юсь, -ешься, -ются) | |
| купа́ться *(imperf.)* | to swim |
| (купа́-юсь, -ешьсь, -ются) | |
| кури́ть *(imperf.)* | to smoke |
| (кур-ю́, ку́р-ишь, -ят) | |
| мечта́ть + *infinitive (imperf.)* | to dream *of doing something* |
| (мечта́-ю, -ешь, -ют) | |
| петь/с- (по-ю́, -ёшь, -ю́т) | to sing |
| пла́вать *(imperf.)* | to swim |
| (пла́ва-ю, -ешь, -ют) | |
| поднима́ть (тя́жести) *(imperf.)* | to lift (weights) |
| (поднима́-ю, -ешь, -ют) | |
| по́льзоваться *чем (imperf.)* | to use *something* |
| (по́льзу-юсь, -ешься, -ются) | |
| по́льзоваться популя́рностью | to be popular |
| принима́ть *уча́стие в чём (imperf.)* | to take *part in something* |
| (принима́-ю, -ешь, -ют) | |
| проводи́ть *вре́мя (imperf.)* | to spend *time* |
| (провож-у́, прово́д-ишь, -ят) | |

проигрывать/проиграть (проигрыва-ю, -ешь, -ют) (проигра́-ю, -ешь, -ют) — to lose (*a game*)

проси́ть/по- (прош-у́, про́с-ишь, -ят) — to request

проходи́ть/пройти́ (прохож-у́, прохо́д-ишь, -ят) (пройд-у́, -ёшь, -у́т) — to pass through

пры́гать *(imperf.)* (пры́га-ю, -ешь, -ют) — to jump

станови́ться/стать *кем* (становл-ю́сь, стано́в-ишься, -ятся) (ста́н-у, -ешь, -ут) — to become *someone or something*

счита́ть *(imperf.)* (счита́-ю, -ешь, -ют) — to consider

танцева́ть/по- (танцу́-ю, -ешь, -ют) — to dance

уча́ствовать *(imperf.)* (уча́ству-ю, -ешь, -ют) — to participate

учи́ться/на- + *infinitive* (уч-у́сь, у́ч-ишься, -атся) — to learn *how to do something*

## ADVERBS

| | |
|---|---|
| и́менно | precisely |
| ма́ло | little |
| непра́вильно | incorrectly, irregularly |
| профессиона́льно | professionally |
| сла́бо | weakly |
| я́сно | clearly |

## CONJUNCTIONS

| | |
|---|---|
| зато́ | but on the other hand; to make up for it |
| что́бы | in order to |

## PHRASES

| | |
|---|---|
| всё равно́ *кому́* | it doesn't matter *to someone;* it's all the same *to someone* |
| занима́ться спо́ртом | to play sports |
| Как же так? | How come?! How can that be? |
| кро́ме того́ | besides |
| по́льзоваться популя́рностью | to be popular |
| Чем э́то пло́хо (хорошо́)? | What's bad (good) about that? |
| Что случи́лось? | What happened? |

## PERSONALIZED VOCABULARY

# Здоровье

## Коммуникативные задания

- Naming parts of the body
- Indicating simple symptoms of illness
- Reading announcements for medical services
- Giving health advice

## В помощь учащимся

- Talking about how one feels: more short-form adjectives
- Descriptions of well-being and sickness: **чу́вствовать себя́; (у кого́) боли́т (что); (кому́) пло́хо; просты́ть; бо́лен (чем)**
- **Хоте́ть, что́бы** + past tense
- Instrumental case for instrument
- Verbs of asking: **спра́шивать/спроси́ть** vs. **проси́ть/попроси́ть**
- Answering yes–no questions with key words

## Между прочим

- Health care in Russia
- Attitudes toward well-being

# Точка отсчёта

## О чём идёт речь?

**А. Ча́сти те́ла.**

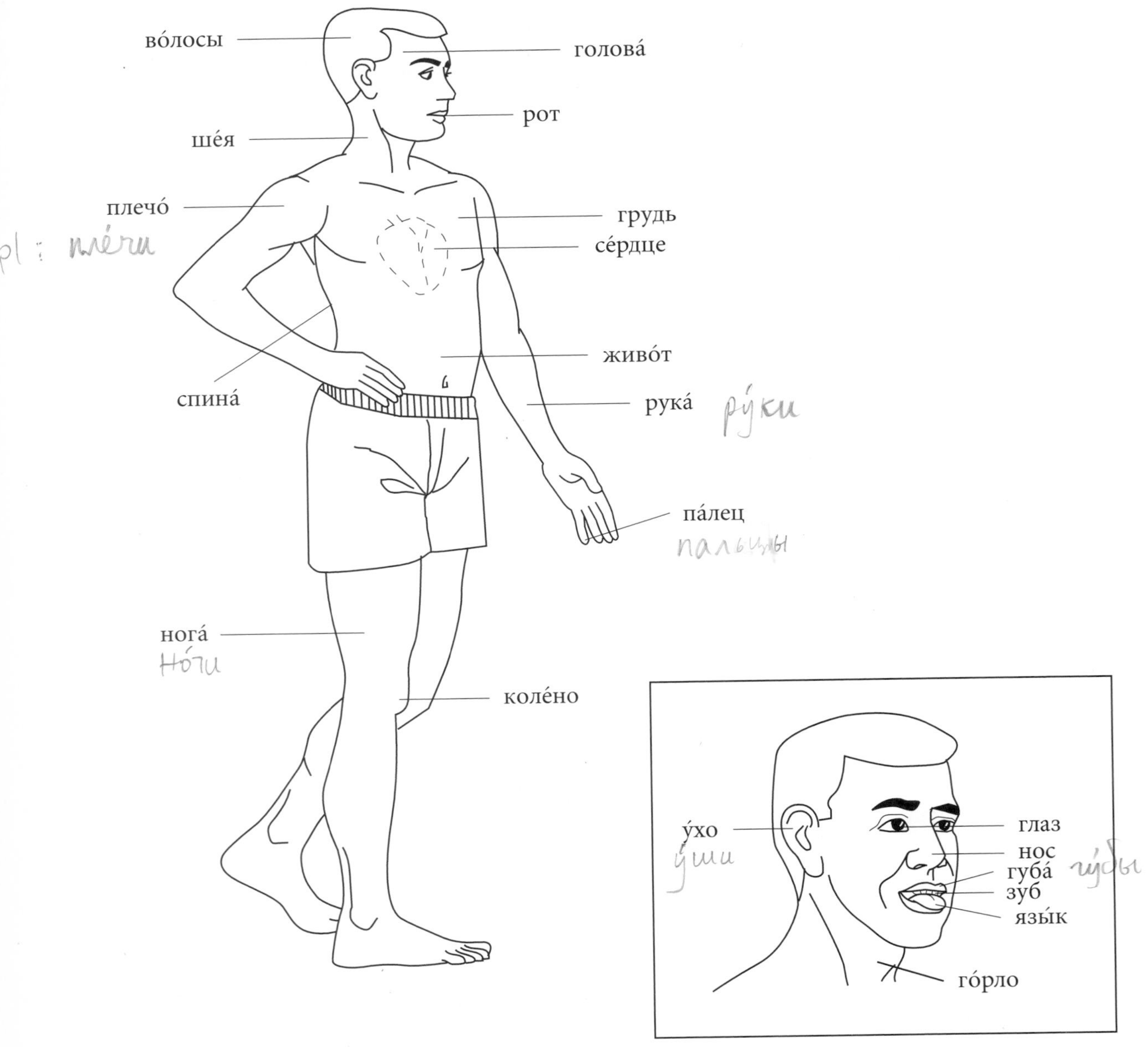

**Б. Что боли́т?**

Образцы́:

У него́ боли́т зуб.

У неё боля́т но́ги.

У неё боли́т горло

У него боли́т грудь

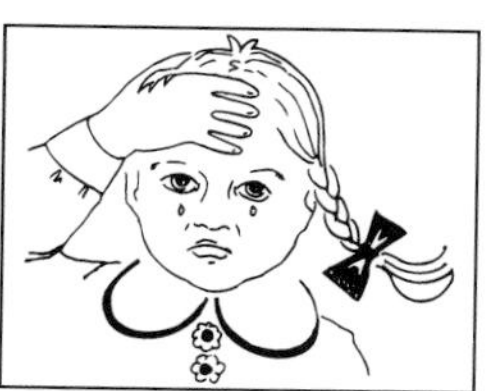

У неё боли́т голова

У него́ боля́т руки

У неё боля́т глаза

У него́ боля́т уши

У него́ боли́т зубы

У неё боли́т живот

**В. Как вы себя́ чу́вствуете?** Imagine that you have the flu or a cold. With a partner, take turns asking and answering the following questions about how you feel, what your symptoms are, and how you have been treating the illness. Follow the models.

1. Как ты себя́ чу́вствуешь?
Я чу́вствую себя́...

хорошо́.

пло́хо.

нева́жно.

ху́же.

лу́чше.

Я бо́лен.

Я больна́.

Я просты́л.

Я просты́ла.

У меня́ грипп.

2. Что с тобо́й?
У меня́ боли́т...

голова́.

го́рло.

рука́.

живо́т.

се́рдце.

па́лец.

У меня́ боля́т ру́ки.

У меня́ боля́т па́льцы.

У меня́ боля́т у́ши.

У меня́ боля́т но́ги.

Меня́ тошни́т.

Меня́ рвёт/вы́рвало.

У меня́ на́сморк.

У меня́ высо́кая температу́ра.

У меня́ ка́шель.

У меня́ аллерги́я (аллерги́ческая реа́кция) на...

молоко́.
ры́бу.
пеницилли́н.

3. Как ты ле́чишься?

Я лежу́ до́ма.

Я пью табле́тки/лека́рство.

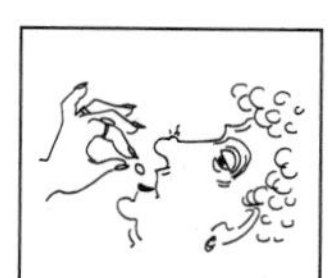

Я принима́ю антибио́тики.

## Г. Разгово́ры.

**Разгово́р 1.** **Ты ужа́сно вы́глядишь!**
Разгова́ривают Ольга и Мо́ника.

1. Мо́ника больна́. Её подру́га Ольга хо́чет вы́звать врача́. А Мо́ника ду́мает, что она́ то́лько просты́ла, и́ли мо́жет быть, у неё грипп. Она́ не ду́мает, что ну́жно вы́звать врача́. Прослуша́йте разгово́р и узна́йте, каки́е у Мо́ники симпто́мы.

У Мо́ники на́сморк.

У Мо́ники боли́т живо́т.

Мо́ника ка́шляет.

У Мо́ники кру́жится голова́.

У Мо́ники боли́т го́рло.

Мо́нику вы́рвало.

2. Мо́ника сказа́ла, что мо́жно вы́звать врача́, е́сли...
   а. ей бу́дет тру́дно спать.
   б. её ещё раз вы́рвет.
   в. у неё бу́дет высо́кая температу́ра.
   г. она́ почу́вствует себя́ ху́же.

**Разгово́р 2.** **В больни́це.**
Разгова́ривают Ка́тя и Эд.

1. Посмотри́те на карти́нки. Прослу́шайте разгово́р и поста́вьте карти́нки в ну́жный поря́док. Listen to the conversation and arrange the pictures in the order in which the events happened by putting the appropriate number next to each.

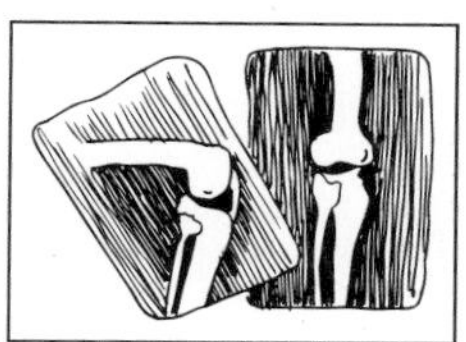

Сде́лали рентге́н.

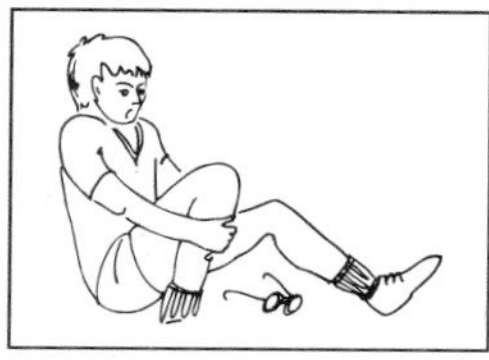

Я не мог встать.

Ребя́та вы́звали ско́рую по́мощь.

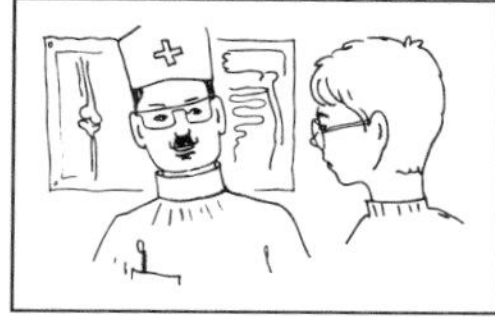

Оказа́лось, что я растяну́л но́гу.

Мы с ребя́тами игра́ли в баскетбо́л.

Я споткну́лся и упа́л.

2. Как до́лго Эду на́до бу́дет лежа́ть в больни́це?
3. Сосе́д Эда попроси́л Ка́тю что́-то ему́ переда́ть. Что она́ должна́ переда́ть Эду?

**Разгово́р 3.** **Результа́т ана́лиза кро́ви.**
Разгова́ривают врач и Билл.

1. Билл хо́чет узна́ть результа́ты ана́лиза кро́ви (*blood test*). Би́лла уже́ не тошни́т. Но каки́е-то симпто́мы у него́ ещё есть. Что он говори́т врачу́ о свои́х симпто́мах?
2. Что показа́л ана́лиз кро́ви?
   а. аппендици́т
   б. грипп
   в. сальмонеллёз
   г. СПИД (синдро́м приобретённого иммунодефици́та)
3. Врач говори́т Би́ллу, что ему́ ну́жно лечи́ться в больни́це. Каки́е причи́ны (*reasons*) он называ́ет?
   а. Така́я боле́знь ле́чится то́лько в больни́це.
   б. Это о́чень инфекцио́нная боле́знь.
   в. У Би́лла о́чень высо́кая температу́ра.
   г. Би́ллу бу́дет поле́знее, е́сли врач бу́дет его́ наблюда́ть (*observe*).
   д. У Би́лла аллерги́ческая реа́кция на антибио́тики.

# Язык в действии

## Диалоги

**1. Что с тобо́й?**

— Мо́ника, ты ужа́сно вы́глядишь. Что с тобо́й?
— Не зна́ю. Я с утра́ ужа́сно себя́ чу́вствую. Боли́т живо́т...
— А го́рло боли́т?
— Да, и голова́ то́же.
— И ка́шляешь. Ты, наве́рно, просты́ла. На́сморк есть?
— Есть. Но са́мое гла́вное — живо́т.
— Что, тебя́ тошни́т?
— Да, у́тром меня́ да́же вы́рвало.
— Тогда́ дава́й вы́зовем врача́.
— Нет, нет, нет. Врача́ вызыва́ть не на́до.
— А температу́ра?
— Невы́сокая. Я ме́рила.
— Ну, ла́дно. Но е́сли за́втра тебе́ бу́дет так же пло́хо...
— Тогда́ я обеща́ю пойти́ к врачу́.

### Между прочим

#### Когда́ спра́шивают о здоро́вье...

Don't be surprised at negative comments about the state of your health. Whereas English speakers almost automatically say "Hey, you look great!" to a friend who is feeling terrible, Russian speakers are more likely to comment on the actual physical appearance of health. If you look under the weather, you might hear: **Что с тобо́й?! Ты ужа́сно вы́глядишь! Ты тако́й бле́дный (така́я бле́дная)**(*pale*)**!**, followed by offers of home remedies or suggestions that you see a doctor.

**2. Вы́звали ско́рую по́мощь.**

— Эд, я пришла́, как то́лько узна́ла. Что случи́лось?
— Мы с ребя́тами игра́ли в баскетбо́л и я упа́л. Вы́звали ско́рую по́мощь.
— А что?
— Но́гу слома́л. То́лько что сде́лали рентге́н.
— Наве́рное, хотя́т, что́бы ты не́сколько дней тут полежа́л.
— Ви́димо, да.
— Ну, не волну́йся. Ой, чуть не забы́ла. Твой сосе́д по ко́мнате попроси́л, что́бы я передала́ тебе́ твои́ уче́бники. На.
— Спаси́бо, Ка́тя!

**3. Ана́лиз кро́ви.**

— Так... На что вы жа́луетесь?
— Меня́ уже́ не́сколько дней тошни́т.
— Не́сколько дней?
— Да. И температу́ра 38. И сла́бость...
— Так... это мо́жет быть грипп желу́дка... и́ли...
— Или что?
— На вся́кий слу́чай я хочу́ вам сде́лать ана́лиз кро́ви.
— А здесь по́льзуются однора́зовыми шпри́цами?
— Да, по́льзуются.

**Между прочим**

## Медици́нское обслу́живание

Medical treatment in Russia is in a state of flux. Once totally state-run, health care is now both public and private.

In many state-run **поликли́ники** and **больни́цы** care is free but primitive by Western standards. However, doctors do make house calls. A doctor's note (**больни́чный лист** or **спра́вка**) automatically excuses one from work.

**Пла́тные кли́ники** and **врачи́** require payment. Residents of larger cities have access to clinics with personnel trained in the West. Some private clinics emphasize "nontraditional" medicine: hypnosis, acupuncture, parapsychology, and a variety of oriental folk practices. Traditional Russian herbal treatments also command a considerable amount of respect.

**4. Как вы себя́ чу́вствуете?**

— Здра́вствуйте, Билл. Как вы сего́дня чу́вствуете себя́? Не лу́чше?
— Ну, в о́бщем, не о́чень. До́ктор, что у меня́?
— К сожале́нию, у вас сальмонеллёз. Вам придётся не́сколько дней у нас полежа́ть.
— Почему́ вы не мо́жете про́сто вы́писать мне лека́рство, что́бы я споко́йно лечи́лся до́ма?
— Понима́ете, лю́ди с инфекцио́нными боле́знями у нас ле́чатся то́лько в больни́це.
— А у нас ле́чат до́ма. Антибио́тиками.
— Молодо́й челове́к, мы не у вас. Че́рез не́сколько дней мы вас вы́пишем.

Use **до́ктор** when directly addressing a physician. Otherwise use the word **врач**.

## Между прочим

**Врач и больно́й.** The doctor–patient relationship in Russia often comes as a shock to Westerners seeking medical assistance. Patients are expected to listen to their doctors and follow their orders explicitly. Medical advice is much more on the side of caution than in the West, as reflected by extended hospital stays for observation purposes. Emphasis is not placed on a calming bedside manner.

**Однора́зовые шпри́цы.** Should you find yourself in need of injections or blood tests in Russia, do not simply assume that disposable needles are used. Learn and use this vital question: **Здесь по́льзуются однора́зовыми шпри́цами?**

**Вопро́сы к диало́гам.**

Диало́г 1

1. Мо́ника почу́вствовала себя́ пло́хо сего́дня у́тром и́ли вчера́ ве́чером?
2. Что у неё боли́т?
3. Когда́ её вы́рвало?
4. Кака́я у неё температу́ра?
5. Она́ хо́чет вы́звать врача́?
6. Что она́ обеща́ет сде́лать за́втра, е́сли она́ не бу́дет чу́вствовать себя́ лу́чше?

Диало́г 2

1. Эд в общежи́тии и́ли в больни́це?
2. Каки́м ви́дом спо́рта он занима́лся, когда́ он упа́л?
3. С кем он игра́л?
4. Эд слома́л ру́ку и́ли но́гу?
5. Врачи́ хотя́т, что́бы он сра́зу пошёл домо́й, и́ли что́бы он не́сколько дней полежа́л в больни́це?
6. Кто попроси́л, что́бы знако́мая передала́ Эду уче́бники?

Диало́г 3

1. На что жа́луется де́вушка здесь?
2. Кака́я у неё температу́ра?
3. Что хо́чет сде́лать врач?
4. Здесь по́льзуются однора́зовыми шпри́цами?

Диало́г 4

1. Кто здесь разгова́ривает?
2. Где они́?
3. Что у Би́лла?
4. Это инфекцио́нная и́ли неинфекцио́нная боле́знь?
5. Билл хо́чет лечи́ться в больни́це и́ли до́ма?
6. Врач хо́чет, что́бы Билл лечи́лся в больни́це и́ли до́ма?

## Давайте поговорим

**А. Что на́до де́лать, е́сли...** Вме́сте с партнёром реши́те, что на́до де́лать в э́тих ситуа́циях.

**Ситуа́ции**

1. Ва́ша знако́мая занима́лась аэро́бикой и упа́ла. Она́ ду́мает, что слома́ла ру́ку. Что на́до сде́лать?
2. Вас уже́ не́сколько дней тошни́т, и вы не мо́жете есть. Температу́ра высо́кая (39,5), и боли́т голова́. Что на́до сде́лать?
3. У ва́шего знако́мого на́сморк, и у него́ боли́т го́рло. Ему́ жа́рко, но он ещё не ме́рил температу́ру. Что на́до сде́лать?
4. Вы о́чень больны́. Врач объясня́ет, что ну́жно сде́лать ана́лиз кро́ви, что́бы узна́ть, что с ва́ми. Что на́до сде́лать?
5. Ваш знако́мый упа́л, когда́ поднима́лся по ле́стнице. У него́ стра́шно боли́т ле́вая нога́, и он не мо́жет ходи́ть. Что на́до сде́лать?

**Возмо́жные отве́ты**

а. На́до вы́звать врача́.
б. На́до вы́звать ско́рую по́мощь.
в. На́до изме́рить температу́ру.
г. На́до попроси́ть врача́ вы́писать лека́рство.
д. На́до сде́лать ана́лиз кро́ви.
е. На́до сде́лать рентге́н.
ж. На́до пойти́ в поликли́нику.
з. На́до попроси́ть, что́бы по́льзовались однора́зовыми шпри́цами.

**Б. Подгото́вка к разгово́ру.** Review the dialogs. How would you to do the following?

1. Say a friend looks sick.
2. Ask a friend what is wrong with her.
3. Say that you have felt terrible since the morning (since the evening).
4. Say that you have a stomach ache (sore throat, headache, backache).
5. Say that you have caught a cold.
6. Say that you have a cough.
7. Say that you feel nauseated.
8. Say that you vomited.
9. Suggest summoning a doctor (an ambulance).
10. Say there's no reason to summon a doctor (an ambulance)
11. Say that you have a low (high) temperature.
12. Say that you took your temperature.
13. Say that you promise to go to the doctor (to ask the doctor to come, to go to the clinic).
14. Ask someone what happened.
15. Say you fell down.
16. Say that you broke your leg (arm).
17. Say that an x-ray (blood test) was done.
18. Tell a friend not to worry.
19. Tell a friend his roommate asked you to give him his textbooks (to ask what happened).
20. Ask how someone feels.
21. Say that you feel good (better, worse, bad).
22. Ask the doctor why she can't simply prescribe you some medicine.

**В. Игровы́е ситуа́ции.** В Росси́и.

1. You have gone to the doctor with a stomach ailment. You feel nauseated and can't eat anything. This has been going on for several days. Describe your symptoms to the doctor.
2. You feel like you have the beginning of a head cold, but you look worse than you feel. The person at the front desk of the dorm wants to call an ambulance. Talk her out of it.
3. You and a friend were running down the stairs and he fell. He is unable to move his leg. Discuss what you should do and get help.
4. You have had cold symptoms for about a week, but now you have a temperature and you feel nauseated. Explain your symptoms to the doctor.
5. The doctor has told you that you have salmonella and that you must stay in the hospital. See if you can get him/her to prescribe medicine and let you go home instead.
6. With a partner, prepare and act out a situation of your own based on the topics of this unit.

**Г. Когда́ обраща́ются к врачу́?** Russians often don't go to the doctor when many Americans would. On the other hand, Russians are more likely to call an ambulance than most Americans. Imagine that you are talking to a Russian. Explain in what instances people in your country seek medical help and how.

**Д. Устный перево́д.** In Russia, your English-speaking roommate is quite ill and wants to see a doctor. S/he doesn't feel up to speaking Russian and has asked you to interpret.

ENGLISH SPEAKER'S PART

1. Hello, Doctor.
2. Well, I've been feeling nauseated for the last three or four days. I can't keep anything down.
3. I haven't taken my temperature but I think it's higher than normal.
4. I thought it was just the flu. I thought I just needed to take it easy for a few days.
5. I've started feeling much worse. I haven't eaten for days and my head is killing me as well.
6. Is it really necessary to go to the hospital? It seems to me I just need some medicine, probably antibiotics.

**Е. Вопро́сы для обсужде́ния.**

1. Как вы отно́ситесь* к спо́рту?
2. Вы забо́титесь о своём здоро́вье?
3. Что для вас са́мое гла́вное — рабо́та и́ли свобо́дное вре́мя?
4. Каку́ю роль в ва́шей жи́зни игра́ет му́зыка?
5. Мно́гие америка́нские университе́ты даю́т стипе́ндии хоро́шим спортсме́нам. Счита́ете* ли вы, что э́то пра́вильно*?

*__относи́ться__ (*к чему́*) — *to feel (about something)*
*__счита́ть, что...__ — *to consider; to believe (that* + clause)
*__пра́вильно__ — *correct; proper*

# Давайте почитаем

**А. Драку́ла.**

1. Статья́ называ́ется «Драку́ла и рекла́ма». Как вы ду́маете, о чём идёт речь?
2. Бы́стро чита́йте статью́, что́бы отве́тить на сле́дующие вопро́сы.
   а. Где произошёл сканда́л?
   б. Сканда́л был полити́ческий и́ли филосо́фский?
   в. Кто сообщи́л о сканда́ле?
   г. Заче́м норве́жские го́спитали испо́льзовали о́браз вампи́ра Драку́лы?
   д. Изобража́ли Драку́лу в операцио́нной и́ли в общежи́тии?
   е. Где появи́лись крити́ческие статьи́?
   ж. Кто тако́й до́ктор О. Фле́сланд?

**ДРАКУЛА И РЕКЛАМА**

Герой многочисленных комиксов и фильмов-ужасов граф Дракула стал причиной политического скандала, разразившегося на прошлой неделе в Норвегии.

По сообщению информационного агентства «Спектр-пресс», несколько норвежских госпиталей использовали образ вампира Дракулы для привлечения... доноров. Реклама, призывающая давать кровь в госпиталь Хокеланда, изображала графа Дракулу в операционной после успешного переливания.

Отвечая на критические статьи, появившиеся в норвежской прессе, директор «банка крови» доктор О. Флесланд заявил: «Мы не считаем, что Дракула пугает людей. Многих специалистов, занятых переливанием крови, называют дракулами и вампирами».

3. Перечита́йте статью́ и найди́те все слова́, отно́сящиеся (*referring to*) к Драку́ле.
4. **Past active verbal adjectives.** Recall that adjectives made from verbs by means of the ending **-вш-** have the meaning *who or which did something*. Given the meaning of the words below, translate the following phrases from the article.
   **появи́ться** *(perf.)* — *to appear*
   **причи́на** — *cause*
   **разрази́ться** *(perf.)* — *to break out*
   а. ...граф Дра́кула стал причи́ной полити́ческого сканда́ла, разрази́вшегося на про́шлой неде́ле в Норве́гии. *(paragraph 1)*
   б. ...крити́ческие статьи́, появи́вшиеся в норве́жской пре́ссе *(paragraph 3)*

**Б. Как до́лго вы проживёте?**

1. The self-test on the next page for life expectancy is divided into three parts: personal qualities, life style, and age. Read the subhead and determine what age is taken as the starting point.
2. Now take the test. How long does it predict you will live?
3. In the text, find each of the following words and expressions. Determine their meaning from context.
   а. **прибавля́ть/приба́вить**
   б. **отнима́ть/отня́ть**
   в. **пре́дки**
   г. **боле́знь се́рдца**
   д. **одино́чество**
   е. **от (чего́) ... до (чего́)**
   ж. **па́чка**
   з. **стака́н**
   и. **напи́ток**
   к. **медици́нская диспансериза́ция** (*Hint:* a word similar in meaning, and more commonly used, is **осмо́тр,** in the following paragraph.)
4. **Счита́ть** means *to consider.* **Вы́ше сре́днего** means *above average.* What is **Если ваш дохо́д счита́ется вы́ше сре́днего...?** Why is the verb reflexive (**счита́ется**)?
5. **Образова́ние** means *education.* What is **вы́сшее образова́ние?**
6. You know the word **пить** — *to drink.* Which verb in this text is related to it?
7. Как по-ру́сски?
   a. with a population of over...
   b. in a small town
   c. even tempered
   d. Is it easy to get you riled?
   e. physical labor

**Словарь**

**бо́лее** = бо́льше
**дохо́д** — *income*
**ежего́дно** = ка́ждый год, раз в год
**избы́ток ве́са** — *extra weight*
**име́ть** — *to have* (used mostly in written texts)
**инфа́ркт** — *heart attack*
**-ли́бо** = -нибудь
**пара́лич** — *stroke*
**по кра́йней ме́ре** — *at least; no less than*
**рак** — *cancer*
**счастли́вый (сча́стлив -а, -о, -ы)** — *happy*
**супру́г, супру́га** — *spouse (husband, wife)*
**су́тки** = 24 часа
**тре́бовать (чего́)** — *to demand (something)*

# КАК ДОЛГО ВЫ ПРОЖИВЕТЕ?

**За точку отсчета возьмите 72 года. А после этого займитесь сложением и вычитанием.**

ЛИЧНЫЕ КАЧЕСТВА

—Если вы мужчина — отнимите 3.
—Если вы женщина — прибавьте 4.
—Если вы живете в черте города с населением более 2 миллионов человек — отнимите 2.
—Если вы живете в поселке с населением до 10 тысяч человек или в деревне — прибавьте 2.
—Если кто-либо из ближайших предков (дедушка или бабушка) прожил до 85 лет — прибавьте 2.
—Если все четыре дедушки и бабушки дожили до 80 лет — прибавьте 6.
—Если кто-либо из родителей умер от инфаркта или от паралича в возрасте до 50 лет — отнимите 4.
—Если родители, брат или сестра до 50 лет имели или имеют рак или болезни сердца, или больны диабетом с детства—отнимите 3.
—Если ваш доход считается выше среднего — отнимите 2.
—Если у вас высшее образование — прибавьте 1.
—Если у вас есть научная степень — прибавьте еще 2.
—Если вам 65 лет или более и вы работаете — прибавьте 3.
—Если вы живете с супругом или сожителем — прибавьте 5. Если нет — отнимите 1 за каждые десять лет жизни в одиночестве, начиная с 25 лет.

ОБРАЗ ЖИЗНИ

—Если у вас сидячая работа — отнимите 3.
—Если ваша работа требует постоянного, тяжелого физического труда — прибавьте 3.
—Если вы энергично занимаетесь спортом (теннис, плавание, бег и т.д.) 5 раз в неделю по крайней мере полчаса — прибавьте 4, или 3 раза в неделю — прибавьте 2.
—Спите ли вы более 10 часов каждую ночь? — отнимите 4.
—Вы впечатлительны, агрессивны, вас легко вывести из себя? — отнимите 3.
—Вы уравновешены, спокойны? — прибавьте 3.
—Вы счастливы? — прибавьте 1. Несчастливы? — отнимите 2.
—Штрафовали ли вас за превышение скорости в прошлом году? — отнимите 1.
—Курите более 2 пачек в день? — отнимите 8. От одной до 2 пачек? — отнимите 6. От половины до 1 пачки? — отнимите 3.
—Выпиваете ли вы 1.5 стакана каких-либо алкогольных напитков в сутки? — отнимите 1.
—Ваш избыток веса составляет 20 кг и более — отнимите 8, от 12 кг до 20 кг — отнимите 4, от 4 кг до 12 кг — отнимите 2.
—Если вы мужчина после 40 лет и ежегодно проходите медицинскую диспансеризацию — прибавьте 2.
—Если вы женщина и раз в год проходите осмотр у гинеколога — прибавьте 2.

УТОЧНЕНИЕ ВОЗРАСТА

—Если вам между 30 и 40 — прибавьте 2.
—Если вам между 40 и 50 — прибавьте 3.
—Если вам между 50 и 70 — прибавьте 4.
—Если вам после 70 — прибавьте 5.
Получившаяся у вас после всех сложений и вычитаний окончательная цифра и будет означать возможную продолжительность вашей жизни.

## В. Как сде́лать зи́му коро́че.

1. **Words you will need.** Familiarize yourself with these words before reading the passage on the next page.

**вещество́** — *substance*
**выводи́ть/вы́вести** — *to remove*
**голода́я** — *while going hungry;* **не голода́я** — *without going hungry*
**давле́ние** — *pressure*
**кипяти́ть/про-** — *to boil*
**кише́чная фло́ра** — *intestinal chemistry*
**наполови́ну** = на 50 проце́нтов
**наступле́ние** — *onset*
**облива́ть** — *pour*
**органи́зм** — *organism* (in the sense of the internal workings of the body)
**пита́ться** = есть What case does **пита́ться** take?
**посеща́ть** — *to attend*
**сре́дство** = ме́тод
**худе́ть/по-** — *to lose weight*
**яд** — *toxin*

2. **Useful expressions.** The words below would be useful in your active vocabulary.

**в тече́ние** (*чего́*) — *for a period of . . . :* **в тече́ние дня** — *for a period of one day*
**гуля́ть (гуля́ю)** — *stroll*
**доста́точно** — *enough*
**есте́ственный** — *natural*
**несмотря́** *(на что, кого́)* — *despite*
**о́ба, о́бе** — *both:* this word works like **два, две.** It agrees in gender with the noun it modifies and takes genitive singular: **о́бе руки́** — *both hands.*
**переры́в** — *break; rest period*
**продолжа́ться** — *to last; to go on*
**просту́да** — *cold*

3. **Using what you know.** Most of the words of this article are new to you. Don't read word for word. Remember that this is an advice column. Look for imperatives telling you what to do. List five pieces of advice based on five imperatives.
4. **Main ideas.** What is said about the following topics?

- losing weight without going hungry
- boiling water
- the length of colds caught by people who regularly use the sauna
- pouring cold water on one's hands
- evening walks
- room temperature
- sleep
- flu immunizations

## ЧАШЕЧКА ГОРЯЧЕЙ ВОДЫ, ХОЛОДНОЕ ОБЛИВАНИЕ, БАНЯ И НЕСКОЛЬКО КИЛОГРАММОВ ЯБЛОК

### СДЕЛАЮТ ЗИМУ КОРОЧЕ

**С наступлением холодной погоды организм перестраивается на зиму. И чувствуешь себя не так бодро, как летом. «Но каждый может повысить свой тонус», — считает специалист по естественным средствам и методам лечения доктор Хельмут Браммер из Дипхольца (ФРГ). Если вы воспользуетесь некоторыми его советами, то перенесете зиму без потерь для здоровья.**

### ПОМОЖЕМ СЕБЕ!

Попробуем похудеть

В течение одной недели питайтесь только яблоками в неограниченном количестве. Так выводятся шлаки из организма, и вы, не голодая, можете похудеть почти на три килограмма.

Как вывести из организма вредные вещества

Выпивайте ежедневно два литра горячей воды. Утром прокипятите водопроводную воду в течение 10 минут и залейте ее в термос. Каждые полчаса в течение дня выпивайте маленькими глотками по одной чашке. Эта вода, не содержащая минеральных веществ, выводит из организма яды, нормализует кишечную флору.

Попытайтесь закаляться

Один раз в неделю посещайте сауну. Это лучшая профилактика от простуды. И если, несмотря на это, вы все же подхватите насморк, то он пройдет у вас через 4 дня (обычно он продолжается неделю).

Стресс можно предотвратить

Пойте, если утром едете на работу на машине. Во время перерывов на работе обливайте обе руки холодной водой, пока они не покроются мурашками. Это снижает повышенное давление. По вечерам гу ляйте по полчаса, даже когда идет дождь. Все это естественным образом нейтрализирует стресс, который ослабляет сопротивляемость организма.

Обеспечьте себе здоровый сон

Температура в спальне не должна превышать 17°C. Спите по возможности при открытом окне или форточке (разогретый воздух сушит кожу). Тот, кто в зимние месяцы спит достаточно (минимум 8 часов в сутки), наполовину меньше рискует простудиться.

Не забудьте сделать прививки

Хронические больные (болезни сердца, диабет, астма) или люди с ослабленным здоровьем должны осенью сделать прививки от гриппа. Она защитит вас не только от вируса, но даст мощный импульс имунной системе.

5. **Using context.** Match these words and their meanings

| | |
|---|---|
| **бо́дро** | adjust |
| **перестра́иваться** | attend |
| **подхвати́ть** | buoyant |
| **профила́ктика** | cup |
| **то́нус** | catch |
| **ча́шка, ча́шечка** | prevention |
| **шла́ки** | (muscle) tone |
| | slag; waste |

6. **Using roots.** The root -**выс**- (and its variant -**выш**-) means "high" or "raised." Determine the meaning of the following words from the article, based on their roots and context.
**повы́сить**
**превыша́ть**
**повы́шенное**

7. **Cognates.** Foreign verbs are often formed by means of -**овать**. In what context are these cognate verbs used? What do they mean?
**нормализова́ть**
**нейтрализова́ть**
**рискова́ть**

# Давайте послушаем

**Рекла́ма.** You are about to hear an advertisement for a private medical clinic called the **Оздорови́тельный це́нтр нетрадицио́нной медици́ны.** The term **нетрадицио́нный** here has a number of applications, referring to folk medicine, oriental treatments, and parapsychology (which many Russians take quite seriously), as well as technological innovations that have not been put into wide use. Here are some terms you may need:

**лека́рственные тра́вы и сбо́ры** — *medicinal herbs and mixtures*
**явле́ние** — *phenomenon*
**инфа́ркт (миока́рда)** — *heart attack*
**мануа́льная терапи́я** — *chiropractic*

1. Before listening, list some categories of treatment you expect to hear about in such an announcement.
2. Listen to find out if the announcement contains any of the categories you expected.
3. Listen to the text again for the following specific information.
   a. The advertisers are proud of the people who work for them. What do they say about their qualifications?
   b. What sort of therapy does this clinic claim is effective, painless, and devoid of harmful side effects?
   c. List at least five disorders that this clinic treats. State as much as you can about the nature of the treatment offered for each disorder.
4. **Words from context.** Break up each of the following words into its constituent parts. Determine each word's part of speech (noun, adjective, verb, etc.) and its meaning. State in what context the words were used.
   а. **безболе́зненность**
   б. **безопа́сность**
   в. **обезбо́ливание**
   г. **немедикаменто́зное лече́ние**
5. **Recognizing cognates in context.** What do the words **аллерги́ческое явле́ние** and **проте́з** mean? The term **стоматологи́ческий** is a cognate from *stomatological.* It has nothing to do with the stomach. Listen to the word in context and determine to what field of medicine this word refers.
6. **Cognates.** Listen to the advertisement again to find Russian equivalents for the words below. Do your best to come up with the *nominative* case forms.
   a. consultations
   b. laser therapy
   c. infrared
   d. cardiologist
   e. -itis
   f. stress
   g. psychiatrist
   h. psychologist
   i. anonymous *(adj.)* or anonymity *(n.)*
   j. alcoholic (person, not beverage)

# В помощь учащимся

## 9.1 Talking About How One Feels

This unit includes a great deal of linguistic material about illness. The most common new structures and vocabulary are discussed in this section and included in the Oral Drills and Written Exercises in the Workbook. With the use of this material, you should be able to indicate that you need medical attention if you fall ill during a stay in Russia. In the event of a real illness, however, it is highly likely that you will need more Russian than you know. Do not hesitate to ask medical personnel to repeat questions and instructions, to write down important pieces of information you do not understand, and/or to find someone who can serve as an interpreter.

- **Чу́вствовать себя́.** To ask about someone's health, you may say **Как вы чу́вствуете себя́?** or **Как ты чу́вствуешь себя́?** — *How do you feel?* The verb **чу́вствовать себя́** is used only for the explicit discussion of health. It is not used as a greeting, as Americans sometimes use *How are you?*

  The word **себя́** can be placed before **чу́вствовать (Как вы себя́ чу́вствуете?)** or after it **(Как вы чу́вствуете себя́?)**, but it cannot be omitted.

  Possible answers include **Я чу́вствую себя́ хорошо́** *(good)*, **Я чу́вствую себя́ пло́хо** *(bad)*, **Я чу́вствую себя́ лу́чше** *(better)*.

  The perfective **почу́вствовать себя́** focuses attention on the beginning of the feeling.

| | |
|---|---|
| **Я почу́вствовала себя́** пло́хо и пошла́ домо́й. | I *began to feel* bad and went home. |
| Я наде́юсь, что вы **почу́вствуете себя́** лу́чше. | I hope that you *will feel* better (*will begin to feel* better). |

As in all verbs with the suffix **-ова-,** the suffix is replaced with **-у-** in the conjugation:

| **чу́вствовать/по- себя́ (to feel)** |
|---|
| чу́вству - **ю** себя́ |
| чу́вству - **ешь** себя́ |
| чу́вству - **ют** себя́ |

■ **Бо́лен — здоро́в.** To say someone is sick, use the short-form adjective **бо́лен (больна́, больны́).** To say someone is healthy, use the short-form adjective **здоро́в (здоро́ва, здоро́вы).**

| | |
|---|---|
| Сего́дня Гри́ша **бо́лен,** но вчера́ он был **здоро́в.** | Today Grisha is *sick,* but yesterday he was *healthy.* |

■ **Бо́лен *чем.*** To indicate what someone is sick with, use the instrumental case of the illness.

| | |
|---|---|
| Ма́ша **больна́ гри́ппом.** | Masha is *sick with the flu.* |
| Са́ша **бо́лен анги́ной.** | Sasha is *sick with a sore throat.* |

■ ***Кому́* пло́хо.** A common way to say you feel bad or sick is **Мне пло́хо.** You have seen several other instances of this impersonal construction with the dative case used for states of being, such as **Нам хо́лодно, Мне тепло́, Вам жа́рко.** Since there is no grammatical subject, the past tense is marked by **бы́ло: Вчера́ мне бы́ло пло́хо** — *Yesterday I felt bad.* The future tense is marked by **бу́дет: Если за́втра тебе́ бу́дет так же пло́хо...** — *If you feel as bad tomorrow . . . .*

■ **Что с *кем*?** If you look ill or say you don't feel good, a Russian might ask **Что с ва́ми?** or **Что с тобо́й?** — *What's the matter with you?* A physician might ask this question to get you to describe your symptoms. Note the use of the instrumental case after the preposition **с** meaning *with.*

■ **Просты́л.** The past tense of the perfective verb **просты́ть** is used to indicate that someone has a cold. Literally, one is saying that the person caught a cold and still has it.

| | | |
|---|---|---|
| **Он просты́л.** | *He caught a cold.* | *He has a cold.* |
| **Она́ просты́ла.** | *She caught a cold.* | *She has a cold.* |
| **Они́ просты́ли.** | *They caught a cold.* | *They have a cold.* |

■ **У меня́ на́сморк.** Another way to say that someone has a certain illness is to use the **у кого́** construction you already know. In present-tense sentences referring to having an illness, **есть** is omitted because the emphasis is not on the fact that the illness exists, but that the particular person mentioned is the one who has it.

| | |
|---|---|
| **У Ма́ши грипп.** | *Masha has the flu.* |
| **У Гри́ши анги́на.** | *Grisha has a sore throat.* |
| **У них ка́шель.** | *They have a cough.* |

In the past and future tenses, a form of **был** or **бу́дет** must be used.

| | |
|---|---|
| У Ма́ши **бу́дет** грипп. | Masha *will have* the flu. |
| У Гри́ши **была́** анги́на. | Grisha *had* tonsillitis. |
| У них **был** ка́шель. | They *had* a cough. |

- **У меня́ боли́т голова́.** Whereas English uses the structures *I have a headache (earache, stomach ache)* and *My head (ear, stomach) hurts* to talk about aches and pains, Russian uses a very different structure. Examine the following sentences, and their literal English translations.

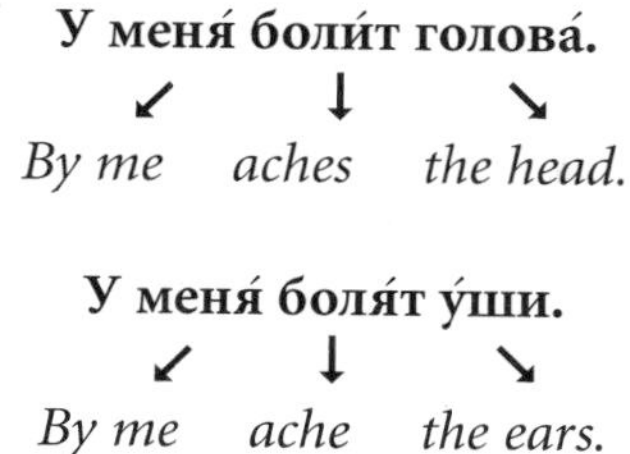

**У меня́ боли́т голова́.**
↙ ↓ ↘
*By me aches the head.*

**У меня́ боля́т у́ши.**
↙ ↓ ↘
*By me ache the ears.*

The body part that hurts is the grammatical subject of the Russian sentence, and the verb must agree with it. For this verb, then, you need to learn only the third-person singular and plural forms in the present and past tenses:

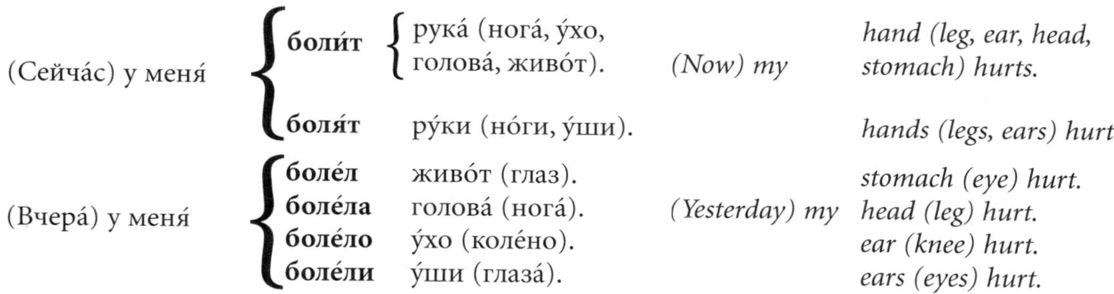

| | | | | |
|---|---|---|---|---|
| (Сейча́с) у меня́ | **боли́т** | рука́ (нога́, у́хо, голова́, живо́т). | *(Now) my* | *hand (leg, ear, head, stomach) hurts.* |
| | **боля́т** | ру́ки (но́ги, у́ши). | | *hands (legs, ears) hurt.* |
| (Вчера́) у меня́ | **боле́л** | живо́т (глаз). | *(Yesterday) my* | *stomach (eye) hurt.* |
| | **боле́ла** | голова́ (нога́). | | *head (leg) hurt.* |
| | **боле́ло** | у́хо (коле́но). | | *ear (knee) hurt.* |
| | **боле́ли** | у́ши (глаза́). | | *ears (eyes) hurt.* |

- **Меня́ тошни́т. Меня́ вы́рвало.** In the Russian equivalents for *I am nauseated* — **Меня́ тошни́т** and *I threw up* — **Меня́ вы́рвало,** the person is expressed in the accusative case. Since these sentences have no grammatical subject for a verb to agree with, the verb is always in the **оно́** form.

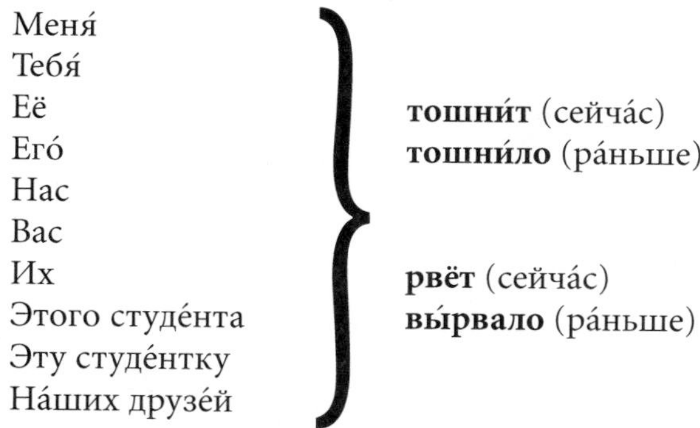

| | |
|---|---|
| Меня́<br>Тебя́<br>Её<br>Его́<br>Нас<br>Вас<br>Их<br>Этого студе́нта<br>Эту студе́нтку<br>На́ших друзе́й | **тошни́т** (сейча́с)<br>**тошни́ло** (ра́ньше)<br><br>**рвёт** (сейча́с)<br>**вы́рвало** (ра́ньше) |

## *Упражнения*

**А. Задáйте вопрóсы.** Ask how these people feel. Put the subject at the end of the question if it is a noun.

Образцы́: **Гри́ша** → *Как чу́вствует себя́ Гри́ша?*
**он** → *Как он чу́вствует себя́?*

1. Нáдя
2. онá
3. Мáша и Сóня
4. они́
5. Андрей
6. он
7. ты
8. вы
9. вáши дéти
10. ваш знакóмый

**Б. Синóнимы.** Match the sentences that have similar meaning.

1. Я просты́л(а).
2. Мне плóхо.
3. Я бóлен (больнá).
4. Что с вáми?
5. Я не бóлен (больнá).
6. Я кáшляю.

а. Я чу́вствую себя́ плóхо.
б. Я здорóв(а).
в. У меня́ кáшель.
г. Я нехорошó чу́вствую себя́.
д. Что у вас боли́т?
е. У меня́ нáсморк.

**В. Запóлните прóпуски.**

| **чу́вствовать/по- себя́** | **бóлен** | **здорóв** |
|---|---|---|

1. — Как вы ___________?
   — Нехорошó. Я ___________.
2. — Как ты ___________ вчерá?
   — Я ___________ óчень хорошó. Но сегóдня я ___________ плóхо.
   — Я надéюсь, что вы ___________ лу́чше зáвтра.
3. — Вы ___________? Что с вáми?
   — У меня́ боли́т головá.
4. — Вчерá на рабóте Тáня ___________ плóхо. Онá пошлá к врачу́ и получи́ла лекáрство.
5. — Натáша, ты ___________?
   — Нет, я совсéм ___________.

Г. **Запóлните прóпуски**. Everyone has a different complaint. Fill in the blanks with the needed form of **болéть.**

1. У Вади́ма ______ гóрло.
2. У Сóни ______ ýши.
3. У Ми́ти ______ ýхо.
4. У Сáши ______ ногá.
5. У Бóри ______ нóги.
7. У Ви́ктора ______ рýки.
8. У Кáти ______ рукá.
9. У Лари́сы ______ живóт.
10. У Тáни ______ колéно.
11. У Мáши ______ колéни.
12. У Кири́лла ______ глазá.
13. У Ди́мы ______ глаз.
14. У Лóры ______ пáльцы.
15. У Жáнны ______ сéрдце.

Д. **Составьте предложéния**. A week later, everyone from Exercise **Г** above feels better. Indicate what was wrong with them last week.

Образéц: *У Вади́ма болéло гóрло.*

Е. **Составьте предложéния.** The statements below were made several days ago. Express how these people felt at the time they made their statements.

Образцы́: **Яша: У меня́ высóкая температýра.** → *У Яши былá высóкая температýра.*
**Ксáна: Я чýвствую себя́ óчень плóхо.** → *Ксáна чýвствовала себя́ óчень плóхо.*

1. Ди́ма: Мне плóхо. У меня́ боли́т рукá.
2. Аня: Мне плóхо. У меня́ боли́т колéно.
3. Сóня и Лóра: Нам плóхо. У нас анги́на.
4. Кáтя: Я хорошó чýвствую себя́. Я совсéм здорóва.
5. Вади́м: Я хорошó чýвствую себя́. Я совсéм здорóв.
6. Антóн: Я бóлен гри́ппом. У меня́ боли́т головá, и меня́ тошни́т.
7. Валенти́на: Я больнá сальмонеллёзом. У меня́ боли́т живóт, и меня́ тошни́т. У меня́ высóкая температýра.
8. Лéна: У меня́ боля́т ýши. Я плóхо чýвствую себя́. Я больнá.
9. Алексéй: Мне плóхо. У меня́ нáсморк.
10. Тáня: Я ужáсно себя́ чýвствую. Мне óчень жáрко, меня́ тошни́т, и у меня́ кáшель.

Ж. **Отвéтьте на вопрóсы.**

1. Как вы чýвствуете себя́ сегóдня?
2. Как вы себя́ чýвствовали вчерá ?

➢*Complete Oral Drills 1–10 and Written Exercises 1–4 in the Workbook.*

## 9.2 Хоте́ть, что́бы

You already know to use an infinitive after the verb **хоте́ть** to indicate what someone wants (or wanted) to do.

| | |
|---|---|
| Анна **хо́чет стать** врачо́м. | Anna *wants to become* a physician. |
| Я не **хочу́ лежа́ть** в больни́це. | I don't *want to be* in the hospital. |
| На́ши сосе́ди не **хоте́ли забо́титься** о здоро́вье. | Our neighbors *didn't want to take care* of their health. |

To say that one person wants someone else to do something, Russian uses a different structure, as noted in the following sentences.

| | |
|---|---|
| Папа Анны **хо́чет, что́бы она́ ста́ла** врачо́м. | Anna's father *wants her to become* a physician. |
| Врач **хо́чет, что́бы я лежа́л** в больни́це. | The doctor *wants me to be* in the hospital. |
| Мы **хоте́ли, что́бы на́ши сосе́ди** забо́тились о здоро́вье. | We *wanted our neighbors to take care* of their health. |

Note that the conjunction **что́бы** is used after the verb **хоте́ть**, and that the verb in the **что́бы** clause looks like the past-tense form. (We say that the verb looks like rather than is the past-tense form, because the meaning of the verb is obviously not past.)

| subject 1 + | **хотеть,** | **что́бы** + | subject 2 + | past-tense verb form |
|---|---|---|---|---|
| ↓ | ↓ | ↘ | ↘ | ↓ |
| Врач | **хо́чет,** | **что́бы** | **я** | **лежа́л** в больни́це. |

### *Упражнение*

**А.** **Что хо́чет врач, что́бы де́лал Гри́ша?** Grisha does not want to do anything the doctor has ordered. Indicate that the doctor wants him to do (or not do!) these things.

Образе́ц: **Гри́ша не хо́чет лежа́ть в больни́це.**
*Врач хо́чет, что́бы Гри́ша лежа́л в больни́це.*

1. Гри́ша не хо́чет принима́ть лека́рство.
2. Он не хо́чет лежа́ть в посте́ли три дня.
3. Он не хо́чет де́лать заря́дку.
4. Он хо́чет кури́ть.
5. Он не хо́чет отдыха́ть.
6. Он не хо́чет пра́вильно есть.
7. Он не хо́чет забо́титься о здоро́вье.

*➢Complete Oral Drills 11 and Written Exercises 5–6 in the Workbook.*

## 9.3 Спра́шивать/спроси́ть vs. проси́ть/попроси́ть

Russian has two "asking" verbs: **спра́шивать/спроси́ть** — *to inquire, to ask a question, to ask for information* and **проси́ть/попроси́ть** — *to request, to ask for a favor.*

| | |
|---|---|
| Мы **спроси́ли** дру́га, как он чу́вствует себя́. | We *asked* our friend how he felt. |
| Он сказа́л, что ему́ пло́хо, и он **попроси́л** нас купи́ть ему́ лека́рство. | He said he felt bad and he *asked* us to buy him some medicine. |
| Сосе́д по ко́мнате **спроси́л,** есть ли у тебя́ все уче́бники. | Your roommate *asked* if [whether] you have all your textbooks. |
| Сосе́д по ко́мнате **попроси́л** нас переда́ть тебе́ уче́бники. | Your roommate *asked* us to pass along your textbooks. |

| спра́шивать | спроси́ть |
|---|---|
| спра́шива - **ю** | спрош - **у́** |
| спра́шива - **ешь** | спро́с - **ишь** |
| спра́шива - **ют** | спро́с - **ят** |

| проси́ть / по- |
|---|
| прош - **у́** |
| про́с - **ишь** |
| про́с - **ят** |

The verb **проси́ть/по-,** like the verb **хоте́ть,** can be used with a **что́бы** clause (one person is getting someone else to do something). Note that the verb in the **что́бы** clause always looks like the past-tense form. The following pairs of Russian sentences have the same meaning.

| | | |
|---|---|---|
| Врач **попроси́л** меня́ не кури́ть. | Врач **попроси́л, что́бы** я не кури́л(а). | *The doctor asked me not to smoke.* |
| Ка́тя **про́сит** подру́гу позвони́ть. | Ка́тя **про́сит** подру́гу, **что́бы** она́ позвони́ла. | *Katya asks her friend to call.* |
| Мы **попро́сим** сосе́да помо́чь нам. | Мы **попро́сим, что́бы** сосе́д помо́г нам. | *We'll ask our neighbor to help us.* |

## *Упражнения*

**А. Вы́берите ну́жный глаго́л.**

1. Зи́не пло́хо. Она́ (спроси́ла/попроси́ла) му́жа вы́звать врача́. Муж (спроси́л/попроси́л), что у неё боли́т.
2. Врач всегда́ (спра́шивает/про́сит) о здоро́вье. Он (спра́шивает/про́сит) всех занима́ться спо́ртом, не кури́ть и пра́вильно есть.
3. Если я за́втра не почу́вствую себя́ лу́чше, я (спрошу́/попрошу́) врача́ вы́писать мне лека́рство. Она́, наве́рное, (бу́дет спра́шивать/бу́дет проси́ть), кака́я у меня́ температу́ра.
4. Эд упа́л и слома́л но́гу. Он лежи́т в больни́це. Кса́на его́ (спра́шивает/про́сит), что случи́лось.
5. Эд упа́л и слома́л но́гу. Он лежи́т в больни́це. Сосе́д по ко́мнате (спроси́л/попроси́л), что́бы Кса́на ему́ передала́ уче́бники.

**Б. Соста́вьте предложе́ния.** You received a letter from Tolya that contained the following questions and requests. Convey the information to another friend.

Образцы́: **Что но́вого?** → *То́ля спра́шивает, что но́вого.*
**Расскажи́ о ку́рсах!** → *Он про́сит, что́бы я рассказа́л(а) о ку́рсах.*

1. Како́й у тебя́ люби́мый курс?
2. Ты чита́ешь интере́сные книги сейча́с?
3. Расскажи́ о кни́ге.
4. У тебя́ есть други́е увлече́ния?
5. Ты занима́ешься спо́ртом?
6. Ты ча́сто хо́дишь в спорти́вный ко́мплекс?
7. Напиши́ письмо́ о том, как ты прово́дишь свобо́дное вре́мя.
8. Пра́вда, что мно́гие америка́нцы де́лают заря́дку ка́ждый день?
9. Что ты ду́маешь о систе́ме здравоохране́ния* в ва́шей стране́?
10. Купи́ мне кни́гу о ва́шей систе́ме здравоохране́ния.

* **систе́ма здравоохране́ния** — *health care system*

➢*Complete Oral Drill 12 and Written Exercise 7 in the Workbook.*

## 9.4 The Instrumental Case for Instrument

A fundamental use of the instrumental case is to express the *instrument* by which an action is carried out. In English this idea is often expressed through the word *with* in the sense of *by means of* or *by using*.

| | |
|---|---|
| У нас ле́чат таку́ю боле́знь **антибио́тиками.** | In our country a disease like that is treated *with (by means of/using) antibiotics.* |

Contrast the use of the instrumental case for instrument, and the instrumental case used after the preposition **с** meaning *with* or *together with*.

На́дя пи́шет сочине́ние **ру́чкой**.
Nadya is writing her composition *with a pen*.

На́дя пи́шет сочине́ние **с Та́ней.**
Nadya is writing her composition *with Tanya*.

### *Упражнения*

**А. Как по-русски?** For each phrase in boldface, indicate whether it would be rendered in Russian by the instrumental case alone, or by **с** plus the instrumental case.

1. Alex went to the movies **with Pasha.** They saw a new Russian film **with subtitles.** They have to write compositions about the film. Alex is going to write out his composition **with a blue pen,** and Pasha is going to type his on the computer.
2. Usually they treat this disease **with penicillin,** but I'm allergic to it, so they're treating me **with other antibiotics.** The doctor also wants me to take vitamins. My roommate went to the drugstore, and the medicine together **with the vitamins** cost more than I expected.

**Б. Кого́ чем ле́чат?** Indicate how the following people are being treated.

Образе́ц: **Ми́ша — но́вое лека́рство** → *Ми́шу ле́чат но́вым лека́рством.*

1. Са́ша — антибио́тики
2. Бо́ря — аспири́н
3. Ло́ра — витами́ны
4. Дми́трий Петро́вич — пеницилли́н
5. Алекса́ндра Ива́новна — э́ти табле́тки

**В. Кто чем пи́шет?** Indicate what the following people are using to write.

Образе́ц: **Ма́ша — но́вый каранда́ш** → *Ма́ша пи́шет но́вым карандашо́м.*

1. Со́ня — кра́сная ру́чка
2. Ла́ра — си́няя ру́чка
3. Ва́ня — чёрная ру́чка
4. Ива́н Миха́йлович — бе́лый мел*
5. Анна Бори́сович — цветно́й мел
6. я — ?

* **мел** — *chalk*

➢*Complete Oral Drill 13 in the Workbook.*

## 9.5 Answering Yes–No Questions with Key Words

Compare how Russian and English give short answers to questions.

| | |
|---|---|
| — Ми́ша бо́лен? | "Is Misha ill?" |
| — **Бо́лен.** | "*Yes, he is.*" |
| — Он пойдёт к врачу́? | "Is he going to see the doctor?" |
| — Наве́рное, **пойдёт.** | "*He* probably *is.*" |
| — Он зна́ет, что́ с ним? | "Does he know what's wrong?" |
| — Нет, **не зна́ет.** | "No, *he doesn't.*" |

As you can see, English uses helping verbs in short answers. But to give a short answer in Russian, simply repeat the word that is the focus of the question. Change the conjugated form if necessary: — **Вы чита́ете?** — **Чита́ю.**

### *Упражнение*

**А. Отве́тьте на вопро́сы.** Give short answers to the following questions.

1. Вы здоро́вы?
2. Вы принима́ете витами́ны?
3. Вы когда́-нибудь лежа́ли в больни́це?
4. Вы вчера́ ходи́ли к врачу́?
5. Вы де́лаете заря́дку?
6. Вы бе́гаете?
7. Вы пла́ваете?
8. Вы забо́титесь о своём здоро́вье?
9. Вы занима́етесь спо́ртом?
10. Вы чу́вствуете себя́ хорошо́?

➢*Complete Oral Drill 14 in the Workbook.*

# Обзорные упражнения

**А. Письмо́ преподава́телю.** In Russia, you have been sick for a number of days. You avoided the doctor and therefore you have no **медици́нская спра́вка** excusing you from the classes and major exam that you missed. Write a page-long note (skipping lines) to your teacher explaining the nature of your illness (that it was serious enough to keep you out of school). Explain why you did not see a doctor.

**Б. Сочине́ние.**

1. Write a short composition about an illness you or someone you know experienced. You might include such things as how old you were, what hurt, what was wrong with you, whether you went to the doctor, whether you took medicine, what you did when you felt better.
2. After you have completed your composition, have one or two classmates read it. Discuss its organization. Does it have a definite beginning, middle, and end? Consider ways in which you might change the sequencing of information to make the story more understandable and/or more interesting to your reader.
3. Revise your composition, based on the suggestions made by your classmate(s). Your teacher may wish to look at your first draft and your revised version.

**В. Туристи́ческая гру́ппа в Росси́и.** In Tver (two hours north of Moscow), you are in charge of a group of tourists from your home town. One of them (played by another student) has come down with serious stomach cramps. You do not want to deal with public health facilities. Your best option is a private clinic. Read the announcements below and find the clinic that best suits your needs.

**Кооператив**
**«ГИППОКРАТ»**

ПРОВОДИТ

- раннюю диагностику беременности без осмотра, обследование на СПИД, прерывание беременности и консультативный прием гинеколога
- гастроэнтерологическое обследование
- лечение с помощью мануальной терапии
- консультацию и лечение больных с невротическими и неврозоподобными состояниями

ул. Попова, д. 12.
Справки по телефону 18-22-17

ЛУЧШИЕ ВРАЧИ ДЛЯ ВАС!
Экстренное анонимное прерывание запоев, лечение похмельного состояния на дому. Лечение алкоголизма эффективными методами. Лечение депрессий. Массаж, мануальная терапия. Наши специалисты учат родителей методам лечебной физкультуры.
Все это для вас в медицинской ассоциации «МИТС».
Справки по телефону 14-89-67 с 9 до 21 час.

**ЕСЛИ ВЫ УСТАЛИ ОТ ОТЕЧЕСТВЕННОЙ МЕДИЦИНЫ — ПРИХОДИТЕ К НАМ!**
Медицинский центр «Физздоров», ул. Волгина 45, предлагает:
— занятия ритмической и атлетической гимнастикой, лечебной физкультурой; различные виды массажа; лечение от ожирения — телефон 45-89-54.
— консультации и лечение больных с невротическими состояниями, а также лечение табакокурения методами восточной акупунктуры и электропунктуры.
Телефон 45-98-96.

## NOUNS

| **ча́сти те́ла** | **body parts** |
|---|---|
| во́лосы *(pl.)* | hair |
| глаз (*pl.* глаза́) | eye |
| голова́ (*acc. sing.* го́лову; *pl.* го́ловы, голова́м, голова́ми, о голова́х) | head |
| го́рло | throat |
| грудь *(fem)* | chest, breast |
| губа́ (*pl.* гу́бы, губа́м, губа́ми, о губа́х) | lip |
| живо́т | stomach |
| зуб | tooth |
| коле́но (*pl.* коле́ни) | knee |
| нога́ (*pl.* но́ги, нога́м, нога́ми, о нога́х) | leg |
| нос | nose |
| па́л(е)ц (*pl.* па́льцы) | finger |
| плечо́ (*pl.* пле́чи, плеча́м, плеча́ми, о плеча́х) | shoulder |
| р(о)т (*где:* во рту́) | mouth |
| се́рдце | heart |
| спина́ | back |
| ше́я | neck |
| у́хо (*pl.* у́ши, уша́м, уша́ми, об уша́х) | ear |
| язы́к (*ending always stressed*) | tongue |

| **другие слова́** | **other words** |
|---|---|
| ана́лиз | test |
| анги́на | sore throat |
| антибио́тик | antibiotic |
| боле́знь (*fem.*) | disease, illness |
| боль (*fem.*) | pain |
| больни́ца | hospital |
| больно́й (*declines like adjective*) | patient |
| бронхи́т | bronchitis |
| гастри́т | gastritis |
| грипп | flu |
| до́ктор | doctor (*used as form of address*) |
| каранда́ш (*ending always stressed*) | pencil |
| ка́шель | cough |
| лека́рство (*от чего́*) | medicine (*for something*) |
| мел | chalk |
| на́сморк | nose cold; stuffy nose; runny nose |
| пеницилли́н | penicillin |
| поликли́ника | clinic |
| просту́да | cold (illness, not temperature) |
| про́сьба | request |

| | |
|---|---|
| ребя́та (*pl.*) | kids, "the gang" |
| рентге́н | x-ray |
| ру́чка | pen |
| сальмонеллёз | salmonella |
| табле́тка | pill |
| температу́ра | temperature |
| уко́л | injection |
| учё́бник | textbook |
| шприц | syringe |

## ADJECTIVES

| | |
|---|---|
| высо́кий (не-) | high (not) |
| инфекцио́нный | infectious |
| однора́зовый | single-use, disposable |
| пла́тный | for pay; requiring payment |
| поле́зный | useful |

## VERBS

| | |
|---|---|
| беспоко́ить (*imperf.*)<br>(беспоко́-ю, -ишь, -ят) | to disturb, upset |
| боле́ть (боли́т, боля́т) *у кого́* (*imperf.*) | to hurt |
| волнова́ться (*imperf.*)<br>(волну́-юсь, -ешься, -ются) | to worry |
| вы́глядеть (*imperf.*)<br>(вы́гляж-у, вы́гляд-ишь, -ят) | to look, appear |
| вызыва́ть/вы́звать<br>(вызыва́-ю, -ешь, -ют)<br>(вы́зов-у, -ешь, -ут) | to call, summon |
| выпи́сывать/вы́писать<br>(выпи́сыва-ю, -ешь, -ют)<br>(вы́пиш-у, -ешь, -ут) | 1. to prescribe 2. to release (from hospital) |
| рвать/вы́- + *accusative of person*<br>Меня́ рвёт.<br>Меня́ вы́рвало. | to vomit<br>I am vomiting.<br>I vomited. |
| ка́шлять (*imperf.*)<br>(ка́шля-ю, -ешь, -ют) | to cough |
| лежа́ть/по- (в больни́це)<br>(леж-у́, -и́шь, -а́т) | to lie, to be (in the hospital) |
| лома́ть/с- *себе что*<br>(лома́-ю, -ешь, -ют) | to break |
| лечи́ть(ся)/вы́-<br>(леч-у́[сь], ле́ч-ишь[ся], -ат[ся]) | to treat, cure (be treated, be cured) |

| | |
|---|---|
| ме́рить/из- (ме́р-ю, -ишь, -ят) | to measure |
| наде́яться (*imperf.*) (наде́-юсь, -ешься, -ются) | to hope |
| обеща́ть *кому* (*imperf.*) (обеща́-ю, -ешь, -ют) | to promise |
| отпусти́ть (*perf.*) (отпущ-у́, отпу́ст-ишь, -ят) | to release |
| принима́ть/приня́ть (лека́рство) (принима́-ю, -ешь, -ют) (прим-у́, при́м-ешь, -ут; *past* при́нял, приняла́, при́няли) | to take (medicine) |
| приноси́ть/принести́ (принош-у́, прино́с-ишь, -ят) (принес-у́, -ёшь, -у́т; *past* принёс, принесла́, принесли́) | to bring |
| проси́ть/по- (прош-у́, про́с-ишь, -ят) | to request |
| просты́ть (perf.)<br>Я просты́л(а). | to catch cold<br>I have a cold. |
| растя́гивать/растяну́ть *себе что* (растя́гива-ю, -ешь, -ют) (растян-у́, растя́н-ешь, -ут) | to strain, sprain |
| сиде́ть/по- (сиж-у́, сид-и́шь, -я́т) | to sit, to be sitting |
| ста́вить/по- (ста́вл-ю, ста́в-ишь, -ят) | to place |
| тошни́ть + *accusative of person* (*imperf.*)<br>Меня́ тошни́т.<br>Меня́ тошни́ло. | to be nauseous<br>I am nauseous.<br>I was nauseous. |
| узнава́ть/узна́ть (узна-ю́, -ёшь, -ю́т) (узна́-ю, -ешь, -ют) | to find out |
| па́дать/упа́сть (па́да-ю, -ешь, -ют) (упад-у́, -ёшь, -у́т; *past* упа́л, -а, -и) | to fall |
| чу́вствовать/по- себя́ (чу́вству-ю себя́, -ешь себя́, -ют себя́) | to feel |

## ADVERBS

| | |
|---|---|
| безусло́вно | absolutely |
| ви́димо | evidently |
| за *чем* | behind *something* |
| нева́жно | not too well |
| снача́ла | at first |
| споко́йно | calmly |
| ужа́сно | terribly |
| чуть не | nearly, almost, all but |

## SUBJECTLESS EXPRESSIONS

| | |
|---|---|
| бо́льно *кому́* | it is painful *to someone* |
| лу́чше *кому́* | *someone* feels better |
| пло́хо *кому́* | *someone* feels bad |
| тошни́ть *кого́ (accusative)* | to be nauseous |
| рвать/вы́- *кого́ (accusative)* | to vomit |
| хорошо́ *кому́* | *someone* feels good |
| хо́чется (хоте́лось) *кому́* | *someone* feels like |
| ху́же *кому́* | *someone* feels worse |

## CONJUNCTIONS

| | |
|---|---|
| хотя́ | although |
| что́бы | *see 9.2* |

## QUESTION WORD

| | |
|---|---|
| заче́м | what for |

## PHRASES AND OTHER WORDS

| | |
|---|---|
| На. | Here it is, take it. (*Said when handing someone something—use only with someone on* ***ты***) |
| У меня́ кру́жится голова́. | I feel dizzy. |
| однора́зовый шприц | disposable needle |
| Оказа́лось... | It turned out . . . |
| с утра́ | since morning |
| ско́рая по́мощь | ambulance |
| Что с *кем*? | What's the matter with *someone?* |

## PERSONALIZED VOCABULARY

повредил(а) + acc. – injure

ранил(а) + acc. – wound

порезал(а) – cut

травами – with herbs

# В гостях

## Коммуникативные задания

- Talking about holidays
- Meeting and greeting hosts and guests
- Making toasts
- Writing holiday cards and invitations

## В помощь учащимся

- **С пра́здником**
- **Встреча́ть Но́вый год**
- **Отмеча́ть пра́здник**
- Proposing toasts — **за** + accusative case
- Invitations
- Telling time off the hour
- Prepositions of direction and location
- **Если бы** clauses
- Time expressions
- **Друг дру́га**
- Verbal adjectives and adverbs
- Reading for pleasure: **Анто́н Че́хов, «Пари́»**

## Между прочим

- Holidays
- Guest etiquette
- Parties

# Точка отсчёта

## О чём идёт речь?

**А. Америка́нские пра́здники.** Каки́е у вас са́мые люби́мые пра́здники?

День Благодаре́ния

Рождество́

Па́сха

Но́вый год

День Незави́симости

Ха́нука

День Ветера́нов

День Труда́

День Свято́го Валенти́на

**Б. Когда́?** Когда́ отмеча́ют пра́здник?

1. __е__ Де́нь Благодаре́ния
2. __в__ Рождество́
3. __и__ Па́сха
4. __б__ Но́вый год
5. __а__ День Незави́симости
6. __ж__ День Ветера́нов
7. __к__ Ха́нука
8. __з__ День Труда́
9. __г__ День Свято́го Валенти́на

а. Четвёртого ию́ля.
б. Пе́рвого январ́я.
в. Два́дцать пя́того декабря́.
г. Четы́рнадцатого февраля́.
д. Три́дцать пе́рвого октября́.
е. В четвёртый четве́рг ноября́.
ж. Три́дцать пе́рвого ма́я.
з. В пе́рвый понеде́льник в сентябре́.
и. Весно́й.
к. В середи́не декабря́.

 **В. Разгово́ры.**

**Разгово́р 1. С Но́вым го́дом!**
Разгова́ривают Гэ́ри, Не́лли, Ле́на, Све́та, Алёша, Ва́ся и Аля.

1. Како́й пра́здник здесь отмеча́ют?
2. О каки́х пра́здниках говоря́т Гэ́ри и Не́лли?
3. Не́лли расска́зывает, как америка́нцы отмеча́ют Но́вый год. Она́ говори́т, что америка́нцы...
   а. пьют ме́ньше шампа́нского.
   б. гото́вят ме́ньше еды́.
   в. приглаша́ют ме́ньше госте́й.
   г. разгова́ривают ме́ньше с друзья́ми.
4. Что Не́лли обы́чно *не* де́лает, когда́ она́ встреча́ет Рождество́ до́ма, в США?
   а. Не идёт в го́сти к друзья́м.
   б. Не помога́ет гото́вить обе́д.
   в. Не да́рит пода́рки.
   г. Не идёт в це́рковь.
5. За кого́ предлага́ет тост Алёша?
6. Кто из госте́й опозда́л на ве́чер?
7. Что де́лают го́сти по́сле у́жина?

**Разгово́р 2.** **Америка́нцы отмеча́ют День Благодаре́ния в Росси́и.**
Разгова́ривают Ре́йчел и На́стя.

1. На какой американский праздник Рейчел приглашает Настю?
2. Что ду́мает На́стя об э́том пра́зднике?
   а. Это национа́льный пра́здник США.
   б. Это са́мый большо́й пра́здник го́да.
   в. Этот пра́здник отмеча́ют в честь пилигри́мов.
   г. На э́тот пра́здник го́сти должны́ принести́ како́е-то национа́льное блю́до.
3. Ле́на не зна́ет, что едя́т на э́тот пра́здник. Что она́ ду́мает?

**Разгово́р 3.** **За пра́здничным столо́м.**
Разгова́ривают На́стя, Эллиот и Ре́йчел.

1. Почему́ удивля́ется На́стя? Кто гото́вил у́жин?
2. Каки́е три блю́да подаю́т Эллиот и Ре́йчел?
3. В своём то́сте Эллиот расска́зывает, как На́стя помога́ла ему́ и Ре́йчел. Что На́стя де́лала для них?
   а. Знако́мила их с ру́сскими людьми́.
   б. Пока́зывала интере́сные места́ в го́роде.
   в. Помога́ла с языко́м.
   г. Дава́ла им де́ньги.
   д. Нашла́ им хоро́шую кварти́ру.
4. Ре́йчел наде́ется, что...
   а. она́ и Эллиот ско́ро верну́тся в Росси́ю.
   б. На́стя забу́дет, что она́ и Эллиот — иностра́нцы.
   в. На́стя смо́жет прие́хать в го́сти к ним в Аме́рику.
   г. она́ и Эллиот научи́лись лу́чше говори́ть по-ру́сски.

### Между прочим

## Ру́сское гостеприи́мство

Russian warmth and hospitality are an integral part of national tradition. Get-togethers are usually informal sit-down affairs with an abundance of food and drink, laughing, and singing, even in hard times. Formal place-name dinners and quiet stand-up cocktail parties are virtually unknown.

## Между прочим

# Ру́сские пра́здники

The dates for Russian holidays, especially those connected with Russian Orthodoxy, can look confusing to those not brought up in the older Julian calendar used by Eastern Orthodox churches (Russians, Ukrainians, Serbs, Greeks, among others). In 1582, under Pope Gregory XIII, the Roman Catholic Church adopted the calendar we use today. But Russia switched from the older Julian calendar to this new Gregorian calendar only after the October Revolution. By the time of the switch, the two calendars were thirteen days apart. As a result, the Russian Orthodox Church (**Ру́сская Правосла́вная Це́рковь**) observes Christmas on January 7, not December 25. Orthodox Easter also comes thirteen days after its Roman Catholic and Protestant equivalents.

**1 января́ — Но́вый год.**

**7 января́ — Рождество́.** Orthodox Christmas has been a paid holiday since 1992.

**13 января́ — Ста́рый Но́вый год.** Many Russians celebrate the New Year twice, on January first and again on January 13, when the New Year was celebrated according to the old calendar. This is not an official holiday.

**23 февраля́ — День защи́тника Ро́дины,** Day of the Defender of the Homeland. This used to be **День Сове́тской а́рмии,** Soviet Army Day.

**8 ма́рта — Междунаро́дный же́нский день,** International Women's Day. This holiday was widely observed in socialist countries. Russians still observe this holiday—men give flowers—but the political edge (the Socialist juridical emphasis on women's equality) is gone.

**Па́сха,** Passover and Easter. Just as Passover dwarfs Hanukkah in religious significance for Jews, so Russian Easter dwarfs Christmas in significance in the Russian Orthodox Church.

**1 ма́я,** Labor Day. Once the second biggest national holiday in the former Soviet Union, May 1 (which originated with the *American* labor movement in the nineteenth century) has maintained its official status, perhaps less as a celebration of the working class than as a marking of the beginning of warm weather.

**9 ма́я — День побе́ды,** Victory Day. This holiday commemorates the surrender of Nazi Germany in 1945. The huge Russian losses during the war—over twenty million dead—give this national holiday a special significance, especially for the generation that was touched by the conflagration.

**12 ию́ня — Национа́льный день Росси́и,** Russia's National Holiday. The date marks Russia's declaration of independence from the Soviet Union in 1990.

**7 ноября́ — День октя́брьской револю́ции,** Day of the October Revolution. On November 7, 1917 (October 25 by the calendar in use at the time), Bolshevik forces stormed the Winter Palace, thus toppling the fragile Russian provisional government. For 74 years the event was celebrated with parades on Red Square as the high holiday of Communism. June 12 has now replaced November 7 as the main national holiday in Russia, but November 7 is still observed as a day of national conciliation.

The Russians have a twist on the American system of automatic Monday holiday observations. If a holiday falls near a weekend, the weekend is rearranged. If a holiday falls on a Thursday, for example, Thursday, Friday, and Saturday will be days off, and Sunday will be a workday.

# Язык в действии

## Диалоги

**1. Заходи́те!**

Ле́на: Здра́вствуй, Не́лли! Гэ́ри, приве́т!
Гэ́ри: С пра́здником!
Ле́на: И вас то́же! Что вы сто́ите? Заходи́те! Раздева́йтесь, бери́те та́почки!
Све́та: Сади́тесь! Стол гото́в.
Не́лли: Ой, всё вы́глядит так вку́сно!
Све́та: Не стесня́йтесь! Сала́т бери́те! Селёдочку! Икру́!
Алёша: Ребя́та, я хочу́ предложи́ть тост за на́ших америка́нских госте́й.
Ле́на: Да, дава́йте вы́пьем за на́ших ребя́т.
Алёша: Я поднима́ю ма́ленький бока́л с больши́м чу́вством за на́ших друзе́й Гэ́ри и Не́лли. Пусть они́ приезжа́ют к нам ча́ще.

**2. Е́сли бы вы бы́ли до́ма...**

Алёша: Ребя́та, вы бы так встреча́ли Но́вый год, е́сли бы вы бы́ли у себя́ до́ма?
Гэ́ри: Ты зна́ешь, у нас Но́вый год — не тако́й уж большо́й пра́здник.
Не́лли: Да. Вот е́сли бы я зна́ла, что у вас Но́вый год — тако́й большо́й пра́здник, я бы то́же пригото́вила что́-нибудь.
Гэ́ри: У нас са́мый большо́й пра́здник го́да — Рождество́.
Не́лли: И Ха́нука для евре́ев.
Ле́на: Зна́чит, большо́й ве́чер вы устра́иваете на Рождество́?
Гэ́ри: Ну, как тебе́ сказа́ть? Стол действи́тельно большо́й. Но Рождество́ обы́чно отмеча́ют в семье́.
Не́лли: Да. Как раз 25-го я здесь о́чень скуча́ла по свои́м. Ведь е́сли бы я была́ до́ма, мы с семьёй дари́ли бы друг дру́гу пода́рки, мы с ма́мой бы гото́вили обе́д, ходи́ли бы в це́рковь...
Ле́на: А у вас все хо́дят в це́рковь на Рождество́?
Не́лли: Ве́рующие хо́дят.

### Между прочим

## Та́почки

In many Russian homes, guests are expected to take off their shoes and put on **та́почки** — *house slippers*. The custom is a matter of practicality: by trading slush-covered winter boots for **та́почки,** guests are assured of comfort and hosts of clean floors.

**3. С наступа́ющим!**

Аля: С наступа́ющим, ребя́та!
Ва́ся: Приве́т! Ребя́та, извини́те, что мы опозда́ли.
Ле́на: Да что ты, Ва́ся! Заходи́те, раздева́йтесь! Прошу́ к столу́!
Аля: Како́й стол пра́здничный! Ле́на, ты, наве́рное, три дня гото́вила.
Ва́ся: Ребя́та, я бы хоте́л тост подня́ть за хозя́йку до́ма.
Алёша: Дава́й. Мы все слу́шаем!
Ва́ся: Друзья́, я предлага́ю вы́пить за Ле́ну. За все го́ды на́шего знако́мства ты нам принесла́ сто́лько сча́стья, сто́лько добра́... Ле́на, за тебя́!
Ле́на: Ой, Ва́ся. Спаси́бо. Ты вообще́ пода́рок.
Алёша: Ребя́та! Уже́ без пяти́ двена́дцать! Сейча́с по телеви́зору бу́дет Новогоо́днее шо́у.
Аля: Ребя́та! Дава́йте без телеви́зора! Поста́вьте му́зыку. Бу́дем танцева́ть!

## Между прочим

### Когда́ гостя́м предлага́ют...

Russian hospitality can be overwhelming. So how do you say no? If you want to turn down food, you might try something like **Ой, спаси́бо. Это действи́тельно о́чень вку́сно, но я про́сто бо́льше не могу́.** (Keep in mind that etiquette requires your hosts to make a number of attempts to entice you.) Finally you might try: **Я на стро́гой дие́те!** — *I'm on a strict diet.*

If offered something to which you are allergic, you can thank your hosts profusely and then say: **Вы зна́ете, у меня́ на э́то аллерги́я.**

If you are a **вегетариа́нец (вегетариа́нка),** you can say so directly. Note, however, that many Russians assume that vegetarians eat fish and fowl.

If you observe religious dietary restrictions, and you don't mind indicating so openly, you could say: **В моей рели́гии э́то запрещено́** — *In my religion that is forbidden.*

The legal drinking age in Russia is 18. If you do not drink alcohol, say so directly: **Я не пью́щий (пью́щая)** — *I don't drink.* If you feel you've had enough to drink but your hosts insist, you might try saying that you don't want to get drunk because of something important happening the next day: **Я бою́сь опьяне́ть. Я ра́но встаю за́втра.**

**Поднима́ю бока́л**... Russian toasts are ubiquitous. Even in informal settings, nearly every sip is preceded by a toast.

### 4. Приглаша́ем к себе́!

Ре́йчел: На́стя, мы с Эллиотом хоте́ли бы пригласи́ть тебя́ на америка́нский пра́здник. Ты когда́-нибудь слы́шала о на́шем Дне Благодаре́ния?

На́стя: Что́-то я слы́шала. Это, ка́жется, ваш национа́льный пра́здник? А я ду́мала, что э́то 4-го ию́ля.

Ре́йчел: Нет, 4-ое ию́ля — э́то День Незави́симости. А День Благодаре́ния мы отмеча́ем в ноябре́. Устра́иваем большо́й обе́д.

На́стя: Я с удово́льствием приду́. А когда́ э́то?

Ре́йчел: На э́той неде́ле. В четве́рг. В полови́не шесто́го.

На́стя: Что принести́?

Ре́йчел: Приноси́ть ничего́ не на́до. Мы всё са́ми.

На́стя: Договори́лись. До четверга́.

### 5. Америка́нский пра́здник в Росси́и.

На́стя: Здра́вствуйте, ребя́та! С пра́здником!

Эллиот: Здра́вствуй На́стя! Проходи́, раздева́йся.

На́стя: Ой, как вку́сно па́хнет! Ре́йчел, ты, наве́рное, весь день гото́вила.

Ре́йчел: Если сказа́ть че́стно, э́то Эллиот всё гото́вил.

Эллиот: На́стя, переда́й свою́ таре́лку. Я тебе́ инде́йку положу́.

На́стя: Спаси́бо.

Эллиот: Тебе́ карто́шку положи́ть?

На́стя: Спаси́бо.

Ре́йчел: И сала́т бери́.

### 6. Я предлага́ю тост...

Эллиот: На́стя, я предлага́ю вы́пить за тебя́. Когда́ мы прие́хали в Росси́ю, у нас здесь не́ было знако́мых и, сама́ зна́ешь, мы пло́хо зна́ли язы́к. Но ты нас корми́ла, знако́мила нас со свои́ми друзья́ми, исправля́ла на́ши оши́бки в ру́сском языке́ и объясня́ла всё, что бы́ло нам непоня́тно. Спаси́бо.

Ре́йчел: Соверше́нно ве́рно. За тебя́, На́стя.

На́стя: Ребя́та, я не зна́ю, что сказа́ть. На́ше с ва́ми знако́мство прино́сит мне сто́лько удово́льствия, что я ча́сто забыва́ю, что вы иностра́нцы. Понима́ете, вы мне, как родны́е. Мне про́сто стано́вится пло́хо, когда́ я ду́маю, что вы ско́ро от нас уе́дете.

Эллиот: Ну, мы наде́емся, что в сле́дующем году́ ты прие́дешь к нам в Шта́ты.

Ре́йчел: Дава́йте за э́то вы́пьем.

На́стя: Дава́йте.

**Вопро́сы к диало́гам.**

Диало́г 1

1. Кто здесь разгова́ривает?
2. Кто они́ по национа́льности?
3. Како́й пра́здник они́ отмеча́ют?
4. Кто предлага́ет пе́рвый тост?
5. За кого́ он предлага́ет э́тот тост?

Диало́г 2

1. Гэ́ри и Не́лли ду́мают, что Но́вый год — са́мый большо́й пра́здник в Аме́рике?
2. До́ма Гэ́ри и Не́лли устра́ивают большо́й стол на Рождество́?
3. Если бы Не́лли была́ до́ма на Рождество́, с кем она́ бы гото́вила обе́д?
4. Если бы Не́лли была́ до́ма на Рождество́, она́ бы ходи́ла в це́рковь?

Диало́г 3

1. Кто разгова́ривает?
2. Како́й пра́здник они́ отмеча́ют?
3. За кого́ Ва́ся предлага́ет тост?
4. Кто предлага́ет посмотре́ть Нового́днее шо́у?
5. Кто не хо́чет смотре́ть э́то шо́у?

Диало́г 4

1. На како́й пра́здник Ре́йчел и Эллиот приглаша́ют На́стю?
2. В како́м ме́сяце отмеча́ют э́тот пра́здник?
3. В како́й день отмеча́ют э́тот пра́здник?
4. Ре́йчел про́сит, что́бы На́стя принесла́ что́-нибудь на ве́чер?
5. Когда́ начина́ется ве́чер?

Диало́г 5

1. Кто гото́вил обе́д?
2. Что на обе́д?

Диало́г 6

1. Кто за кого́ предлага́ет тост?
2. Как На́стя помогла́ свои́м америка́нским друзья́м?
3. На что наде́ются Эллиот и Ре́йчел?

# Давайте поговорим

**А. Как принимáют гостéй?**

1. Review the dialogs. Using context to help you, match each expression with the appropriate picture below. More than one expression may be used for a picture.

   Заходи́!
   Раздевáйся!
   Прошý к столý
   Сади́сь! Стол готóв.
   Что принести́?
   Передáй свою тарéлку.
   Тебé картóшку положи́ть?
   Бери́ салáт!

а.

б.

в.

г.

д.

е.

ж.

2. Отве́тьте на вопро́сы.

а. Что вы ска́жете, е́сли вас приглаша́ют в го́сти и вы хоти́те узна́ть, мо́жно ли принести́ что́-нибудь (наприме́р, вино́, торт и т.д.)?
б. Что ска́жет хозя́ин в пе́рвую о́чередь, когда́ прихо́дят го́сти?
в. Что ска́жет хозя́ин, когда́ хо́чет предложи́ть гостя́м сесть за стол?
г. Что вы ска́жете, е́сли вам нужна́ соль?
д. Что ска́жет хозя́ин, е́сли он хо́чет го́стю предложи́ть мя́со?

**Б. Тост.** Propose toasts to the members of your class.

Образцы́: *За тебя́!*
*За вас!*
*За Ле́ну!*
*За Бори́са!*
*За на́ших друзе́й!*
*За всех студе́нтов!*

**В. Подгото́вка к разгово́ру.** Review the dialogs. How would you do the following?

1. Greet someone on a holiday.
2. Respond to a holiday greeting.
3. Invite guests to come inside.
4. Offer to take a guest's coat.
5. Ask guests to put on house slippers in place of their shoes.
6. Say how good all the food looks.
7. Indicate what is the biggest holiday of the year in your country.
8. Say that Christmas is normally celebrated within the family.
9. Apologize for being late.
10. Offer a toast to your hostess.
11. Say it is five minutes to twelve.
12. Invite someone to dance.
13. Invite a Russian friend to spend Thanksgiving (Fourth of July, Christmas, New Year's) with you.
14. Say you are organizing a big dinner (a party).
15. Accept an invitation.
16. Ask if you can bring anything.
17. Say it smells good.
18. Offer to put turkey (potatoes, vegetables) on someone's plate.
19. Invite guests to help themselves to salad (meat, potatoes, turkey).

**Г. Игровы́е ситуа́ции.**

1. You are in Russia for Thanksgiving. Invite a Russian friend to have Thanksgiving dinner with you.
2. You are spending New Year's Eve with Russian friends. They ask how you would spend the holiday if you were at home. Answer, giving as much detail as you can.
3. Your Russian friends are interested in how Americans celebrate birthdays. Explain how you and your family and friends like to celebrate birthdays.
4. It is the end of your semester in Russia and your favorite teacher has invited your class to dinner. You have all had a wonderful time and your group has asked you to propose a toast to your teacher.
5. You are at a party in Russia, where you know very few of the guests. Strike up a conversation with someone and make small talk. Find out as much as you can about this person.
6. Describe how your favorite holiday is celebrated.
7. With a partner, prepare and act out a situation of your own that deals with the topics of this unit.

**Д. Устный перево́д.** A Russian delegation is visiting your university. You have been asked to interpret at a formal dinner given in their honor. Render the following toast into Russian.

ENGLISH SPEAKER'S PART

1. I'd like to propose a toast to our Russian friends.
2. You came to our university just a few months ago, but it seems we have known you for many years.
3. When you arrived in this country, you didn't know English very well.
4. To tell the truth, we didn't know if we'd be able to communicate with you at all.
5. But we worried for nothing. I can tell you that our friendship has brought all of us such joy that we often forget that you aren't Americans.
6. You have become like family, and although we are sad that you are leaving so soon, we know that we will see you next year in Russia. To our Russian friends!

# Давайте почитаем

**А. Как себя́ вести́.** В кни́ге по этике́ту а́втор сове́тует чита́телю, как вести́ себя́ в гостя́х. Тут она́ объясня́ет, когда́ и к кому́ мо́жно обраща́ться[1] на «ты».

1. Прочита́йте текст. Узна́йте:
   а. Как ну́жно обраща́ться к де́тям? В каком возрасте[2] обраща́ются к де́тям на «вы»?
   б. Как сле́дует[3] обраща́ться к знако́мому, кото́рого вы не ви́дели с де́тства?
   в. Что мо́жно сде́лать, е́сли вы забы́ли, как вы обраща́лись к знако́мому ра́ньше?

[1]*address* [2]*age* [3]на́до

КОГДА И К КОМУ можно обращаться на «ты»? Форма обращения на «ты» говорит о более близких[1] отношениях с человеком. «Ты» означает уважение[2], возникшее к кому-либо на почве товарищества[3], дружбы или любви.

У нас принято, что члены семьи и другие близкие родственники[4] между собой на «ты». Часто на «ты» обращаются друг к другу сотрудники[5], коллеги, друзья. «Ты» указывает в этом случае на теплые товарищеские отношения.

Естественно[6], что дети говорят друг другу «ты». Взрослые говорят им «ты» до тех пор, пока они не становятся подростками[7]. Обычно к чужим[8] детям обращаются на «вы» с 16 лет, т.е. с момента, когда они, получив паспорт, признаются ответственными за свои поступки[9].

[1]*close* [2]*respect* [3]*camaraderie* [4]*relatives* [5]*co-workers* [6]коне́чно [7]*teenagers* [8]не свои́м [9]признаю́тся... *are recognized as being responsible for their deeds*

Как обратиться после многолетней разлуки[1] к своему другу детства? В такой обстановке следует, в первую очередь, полагаться[2] на свои чувства. Если уже в те времена вы относились друг к другу с симпатией, и если теперь при встрече[3] проявилась взаимная радость[4], то «ты» само собой и естественно сорвется с губ[5]. Но если и раньше между вами не было личного[6] контакта, то правильнее обратиться к своему бывшему товарищу на «вы». Если это будет звучать непривычно[7] и возникнет потребность[8] перейти на «ты», то это сделать гораздо легче, чем перейти с «ты» на «вы». В случае сомнения[9] самое правильное — решить этот вопрос сразу же, потому что отказ от[10] «ты» обычно рассматривается как сознательное отдаление[11].

[1]многоле́тняя разлу́ка — *separation of many years* [2]*rely* [3]при встре́че — *upon meeting* [4]взаи́мная ра́дость — *mutual joy* [5]сорвётся с губ — *will burst from one's lips* [6]*personal* [7]звуча́ть непривы́чно — *sound unusual* [8]возни́кнет потре́бность — *the need will arise* [9]в слу́чае сомне́ния — *in case of doubt* [10]отка́з от... — *refusal to use...* [11]созна́тельное отдале́ние — *conscious distancing*

Может случиться, что вы забыли, как обращались друг к другу раньше. Из этого неловкого положения[1] можно выйти употребив вначале косвенное обращение[2]. Вместо «Какие же у вас (у тебя) теперь планы?» можно спросить: «Какие теперь планы»?

[1]нело́вкое положе́ние — *awkward situation* [2]ко́свенное обраще́ние — *indirect address*

2. Чита́йте да́льше и узна́йте, кто пе́рвый предлага́ет перейти́ на «ты» в э́тих ситуа́циях:
   а. ста́рший — мла́дший
   б. нача́льник — подчинённый
   в. мужчи́на — же́нщина

ПЕРЕХОД НА «ТЫ». Есть люди, которые очень быстро и легко переходят на «ты», но есть и такие, которые делают это не очень охотно[1], считая, что для перехода на «ты» недостаточно[2] знакомства, нужна особая дружественность.

В целом нет правил[3], когда переходить на «ты». Основное правило: переход на «ты» может предложить старший младшему и начальник[4] подчиненному[5]. Между мужчиной и женщиной это правило условно[6]. Разрешить говорить на «ты» — право[7] женщины, мужчина может только просить об этой форме обращения. С предложением перейти на «ты» нужно быть довольно осторожным, потому что отказ[8] может вызвать[9] чувство неловкости[10], особенно у того, кто сделал это предложение.

Молодой человек может попросить близких старших говорить ему «ты». При этом он сам продолжает говорить им «вы». Если же старший разрешит и себя называть на «ты», то молодой человек должен принять это как знак доверия[11] и соответственно[12] вести себя: в тоне и манере разговора должно выражаться уважение[13].

[1]*willingly* [2]*insufficient* [3]пра́вило — *rule* [4]*boss* [5]*employee* [6]*not fixed* [7]*right* [8]*refusal* [9]*cause* [10]*embarrassment* [11]*trust* [12]*accordingly* [13]должно́...— *respect should be expressed*

3. **Рабо́та со слова́ми.** Now review the entire text. You will find many words related to words you already know. What are the roots of these words?

**дру́жественность** — *feeling of friendship*
**непривы́чно** — *strange*
**осо́бый** — *particular*
**отве́тственный** — *responsible*
**отдале́ние** — *distancing*
**подро́сток** — *teenager* (*Hint:* под = *under*)
**пра́вило** — *rule* (*Hint:* a rule is something that's right.)
**рассма́тривать** — *to view* (something as something)
**ро́дственник** — *relative*
**сотру́дник** — *co-worker*

### Б. Чте́ние для удово́льствия.

The pros and cons of capital punishment is an age-old discussion. Here is Chekhov's account of a bet (**пари́**) over the merits of life imprisonment versus capital punishment. The story has been slightly condensed.

## ПАРИ
### Анто́н Че́хов

I

Была́ тёмная° осе́нняя ночь. Ста́рый банки́р ходи́л у себя́ в кабине́те из угла́° в у́гол и вспомина́л°, как пятна́дцать лет **тому́ наза́д**, о́сенью, он дава́л ве́чер. На э́том ве́чере бы́ло мно́го у́мных° люде́й и вели́сь° интере́сные разгово́ры. Ме́жду про́чим°, говори́ли о **сме́ртной ка́зни.** Го́сти, среди́° кото́рых бы́ло нема́ло учёных и журнали́стов, в большинстве́° **относи́лись к сме́ртной ка́зни отрица́тельно.** Они́ находи́ли э́тот **спо́соб наказа́ния** устаре́вшим°, неприго́дным° для христиа́нских госуда́рств и безнра́вственным°. По мне́нию° не́которых° из них, сме́ртную казнь **сле́довало бы замени́ть пожи́зненным заключе́нием.**

dark
corner reminisced
= **наза́д**
intelligent were conducted
by the by **capital punishment**
among
in the majority **felt negatively about capital punishment** **method of punishment** old-fashioned unsuitable
immoral opinion several
**should be replaced with life imprisonment**

— Я с ва́ми не согла́сен,— сказа́л хозя́ин°-банки́р. Я не про́бовал° ни сме́ртной ка́зни, ни пожи́зненного заключе́ния, но е́сли мо́жно суди́ть° a priori, то по-мо́ему, сме́ртная казнь нра́вственнее и гума́ннее заключе́ния. Казнь убива́ет° сра́зу, а пожи́зненное заключе́ние ме́дленно. Како́й пала́ч° челове́чнее°? Тот ли, кото́рый убива́ет вас в не́сколько мину́т, и́ли тот, кото́рый **вытя́гивает из вас** жизнь в **продолже́ние мно́гих лет?**

host
tried out
to judge
kills
executioner more humane
**pulls from you** **over a period of many years**

— **То и друго́е** одина́ково° безнра́вственно, — заме́тил° кто́-то из госте́й, — потому́ что име́ет° одну́ и ту же цель° — **отня́тие жи́зни.** Госуда́рство — не Бог°. Оно́ не **име́ет пра́ва** отнима́ть° **то, чего́** не мо́жет верну́ть, е́сли захо́чет.

**both the former and the latter** equally
remarked has
goal **the taking of life** God
**has the right** to take away **that which**

Среди́° госте́й находи́лся оди́н юри́ст, молодо́й челове́к лет двадцати́ пяти́. Когда́ спроси́ли его́ мне́ния, он сказа́л:

among

— И сме́ртная казнь, и пожи́зненное заключе́ние одина́ково° безнра́вственны, но е́сли бы мне предложи́ли вы́брать° ме́жду ка́знью и пожи́зненным заключе́нием, то, коне́чно, я бы вы́брал второ́е. **Жить ка́к-нибудь лу́чше, чем ника́к.**

equally
to choose
**to live by any means is better than none at all**

Подня́лся° оживлённый° спор°. Банки́р вдруг кри́кнул:°

arose lively argument shouted

— Непра́вда! **Держу́ пари́** на два миллио́на, что вы не вы́сидите° в казема́те° и пяти́ лет.

**I wager**
*lit.:* to sit out prison cell

— Если э́то серьёзно, — отве́тил ему́ юри́ст, — то держу́ пари́, что вы́сижу не пять, а пятна́дцать.

— Пятна́дцать? Идёт°! — кри́кнул банки́р. — Господа́°, я ста́влю° два миллио́на!

= договори́лись; gentlemen; wager

— Согла́сен! Вы ста́вите миллио́ны, а я свою́ свобо́ду! — сказа́л юри́ст.

И тепе́рь банки́р, шага́я° из угла́ в у́гол, вспомина́л всё э́то и спра́шивал себя́:

pacing

— К чему́° э́то пари́? Кака́я по́льза° **от того́, что** юри́ст потеря́л пятна́дцать лет жи́зни, а я бро́шу° два миллио́на? Мо́жет ли э́то доказа́ть° лю́дям, что сме́ртная казнь ху́же и́ли лу́чше пожи́зненного заключе́ния? Нет и нет. **С моёй стороны́** э́то была́ **при́хоть сы́того челове́ка,** а со стороны́ юри́ста — проста́я а́лчность° к деньга́м...

for what; usefulness; **from the fact that**; will throw away; to prove; **on my part**; **whim of a self-satisfied person**; greed

Да́лее вспомина́л он **о том, что** произошло́° по́сле опи́санного° ве́чера. Решено́ бы́ло, что юри́ст бу́дет отбыва́ть° своё заключе́ние **под строжа́йшим надзо́ром** в одно́м из до́миков, постро́енных в саду́ банки́ра. Усло́вились°, что в продолже́ние пятна́дцати лет он бу́дет **лишён пра́ва переступа́ть поро́г** до́мика, ви́деть живы́х люде́й, слы́шать челове́ческие голоса́ и получа́ть пи́сьма и газе́ты. Ему́ разреша́лось° име́ть° музыка́льный инструме́нт, чита́ть кни́ги, писа́ть пи́сьма, пить вино́ и кури́ть таба́к.

**about that which**; had occurred; described; serve (time); **under the strictest supervision**; = договори́лись; **deprived of the right to step across the threshold**; it was permitted; to have

В пе́рвый год заключе́ния юри́ст си́льно страда́л° от одино́чества° и ску́ки. Из его́ до́мика постоя́нно днём и но́чью слы́шались зву́ки° роя́ля! Он отказа́лся° от вина́ и табаку́: нет ничего́ скучне́е, как пить хоро́шее вино́ и никого́ не ви́деть. А таба́к по́ртит° в его́ ко́мнате во́здух°. В пе́рвый год юри́сту посыла́лись кни́ги преиму́щественно° лёгкого содержа́ния°: рома́ны со сло́жной любо́вной интри́гой, уголо́вные° и фантасти́ческие расска́зы, коме́дии и т.п°.

suffered; loneliness; sounds; abstained; ruins; air; mainly; content; criminal; etc. (и тому́ подо́бное)

Во второ́й год му́зыка уже́ смо́лкла° в до́мике, и юри́ст тре́бовал° то́лько кла́ссиков. В пя́тый год сно́ва послы́шалась му́зыка, и заключённый° попроси́л вина́. Те, кото́рые **наблюда́ли за ним,** говори́ли, что весь э́тот год он то́лько ел, пил и лежа́л на посте́ли°, ча́сто зева́л°, серди́то° разгова́ривал сам с собо́ю. Книг он не чита́л. Иногда́ по ноча́м он сади́лся писа́ть, писа́л до́лго и **под у́тро разрыва́л на клочки́ всё напи́санное.** Слы́шали **не́ раз,** как он пла́кал°.

was silenced; demanded; prisoner; **watched over him**; = крова́ть; yawned; angrily; **toward morning he ripped to shreds all that had been written**; **often**; cried

Во второ́й полови́не шесто́го го́да заключённый заня́лся° изуче́нием языко́в, филосо́фией и исто́рией.

took up

Зате́м° по́сле деся́того го́да юри́ст неподви́жно° сиде́л за столо́м и чита́л одно́° то́лько ева́нгелие.

= пото́м; motionless; alone

В после́дние два го́да заключе́ния юри́ст чита́л чрезвыча́йно° мно́го **без вся́кого разбо́ра. То** он занима́лся есте́ственными° нау́ками, **то** тре́бовал Ба́йрона и́ли Шекспи́ра.

extremely; **indiscriminately**; **то... то... — first.... then.... then...**; natural

II

Стари́к банки́р вспомина́л всё э́то и ду́мал:

«За́втра в двена́дцать часо́в он получа́ет свобо́ду. Я до́лжен бу́ду уплати́ть ему́ два миллио́на. Если я уплачу́, я оконча́тельно° разорён°...» Пятна́дцать лет тому́ наза́д он **не знал счёта свои́м миллио́нам,** тепе́рь же он боя́лся спроси́ть себя́, чего́ бо́льше — де́нег и́ли долго́в°? Аза́ртная° биржева́я° игра́, риско́ванные спекуля́ции и горя́чность° **ма́ло по ма́лу привели́ в упа́док его дела́.**

— Прокля́тое° пари́! — бормота́л° стари́к. — Заче́м же э́тот челове́к не у́мер°? Ему́ ещё со́рок лет. Он возьмёт с меня́ после́днее, же́нится°, бу́дет наслажда́ться° жи́знью... Нет, э́то сли́шком! Еди́нственное спасе́ние° — смерть° э́того челове́ка!

Проби́ло° три часа́. В до́ме все спа́ли. Стара́ясь° не издава́ть ни звука, он доста́л° из шка́фа ключ от две́ри, кото́рая не открыва́лась в продолже́ние пятна́дцати лет, наде́л° пальто́ и вы́шел и́з дому.

В саду́ бы́ло темно́ и хо́лодно. Шёл дождь. В ко́мнате заключённого **ту́скло горе́ла свеча́.** Сам он сиде́л у стола́. Видны́° бы́ли то́лько его́ спина́, во́лосы на голове́ да ру́ки. На столе́, на двух кре́слах и на ковре́ бы́ли раскры́тые° кни́ги.

Прошло́ пять мину́т и заключённый **ни ра́зу** не шевельну́лся°. Банки́р постуча́л° па́льцем в окно́, но заключённый не отве́тил. Тогда́ банки́р **вложи́л ключ в замо́чную сква́жину** и вошёл в ко́мнату. Заключённый спал. **Пе́ред его́ склонённою голово́й** на столе́ лежа́л лист бума́ги, на кото́ром бы́ло что́-то напи́сано ме́лким° по́черком°.

«Жа́лкий° челове́к! — поду́мал банки́р — Спит и, вероя́тно°, **ви́дит во сне** миллио́ны! **А сто́ит мне слегка́ придуши́ть его́ поду́шкой,** и эксперти́за° не найдёт зна́ков наси́льственной° сме́рти. Одна́ко° прочтём° снача́ла, что он тут написа́л.

Банки́р взял со стола́ лист и прочёл сле́дующее:

«За́втра в двена́дцать часо́в дня я получа́ю свобо́ду. Но, пре́жде чем оста́вить° э́ту ко́мнату и уви́деть со́лнце, я **счита́ю ну́жным** сказа́ть вам не́сколько слов. **По чи́стой со́вести** и **пе́ред Бо́гом,** кото́рый ви́дит меня́, заявля́ю° вам, что я презира́ю° и свобо́ду, и жизнь, и здоро́вье, и **всё то, что** в ва́ших кни́гах называ́ется **бла́гами ми́ра.**

Пятна́дцать лет я внима́тельно° изуча́л жизнь. Пра́вда, я не ви́дел ни земли́°, ни люде́й, но в ва́ших кни́гах я пил арома́тное вино́, пел пе́сни, люби́л же́нщин... В ва́ших кни́гах я **взбира́лся на верши́ны** Эльбруса и Монбла́на и ви́дел отту́да, как по утра́м восходи́ло° со́лнце и как по вечера́м залива́ло° оно́ не́бо°, океа́н и **го́рные верши́ны багря́ным зо́лотом.** Я ви́дел зелёные леса́, поля́, ре́ки, озёра, города́, слы́шал **пе́ние сире́н...**

totally broke
**could not even count his millions**
debts chancy stock-market (adj.)
hotheadedness **little by little had brought him to financial ruin**
damned muttered
died
will marry enjoy
solution death
the clock struck trying
took out
put on
**a candle burned dimly**
visible
opened
**not once**
move knocked
**inserted the key into the keyhole**
**in front of his inclined head**
small handwriting
pitiful
most likely *lit.:* **sees in a dream** **I have only to choke him lightly with a pillow** autopsy
violent nevertheless let's read (= **прочита́ем**)
to leave behind **consider it necessary**
**by my pure conscience**
**before God** declare
detest **all that which**
**earthly comforts**
attentively
earth
**scaled the peaks**
rose filled
sky **mountain tops crimsoned gold**
**singing of the sirens**

В ва́ших кни́гах я **твори́л чудеса́,** убива́л°, сжига́л° города́, пропове́довал° но́вые рели́гии, **завоёвывал це́лые ца́рства...**

Ва́ши кни́ги да́ли мне му́дрость°. Я зна́ю, что я умне́е вас всех. Вы идёте **не по той доро́ге.** Ложь° вы принима́ете за пра́вду и безобра́зие° за красоту́. Вы променя́ли° не́бо° на зе́млю°. Я не хочу́ понима́ть вас.

Что́бы показа́ть вам на де́ле° **презре́ние к тому́, чем живёте** вы, я отка́зываюсь° от двух миллио́нов, о кото́рых я когда́-то мечта́л° и кото́рые я тепе́рь презира́ю. Что́бы **лиши́ть себя́ пра́ва** на них я вы́йду отсю́да за пять часо́в до усло́вленного° сро́ка° и **таки́м о́бразом** нару́шу° догово́р...»

Прочита́в э́то, банки́р положи́л лист на стол, поцелова́л° стра́нного° челове́ка в го́лову, запла́кал° и вы́шел из до́мика. Придя́° домо́й, он лёг спать в посте́ль, но волне́ние° и слёзы° до́лго не дава́ли ему́ усну́ть°...

**made miracles** killed burned
preached **conquered entire kingdoms**
wisdom
**along the wrong road** lies
ugliness have exchanged sky
earth
by deed **loathing of that by which you live**
abstain
dreamt **deprive myself of the right**
agreed upon
time period **thereby** will abrogate
kissed
strange cried
having arrived agitation tears
fall asleep

### Словарь

**безнра́вственный** — *immoral* (**нра́вственный** — moral)
**Бог** — *God*
**во́здух** — *air*
**вспомина́ть** — *to reminisce*
**господа́** — *gentlemen* (**Господи́н** — *gentleman* is a form of address roughly equivalent to *Mister.* It was replaced by **това́рищ** — *comrade* after the Bolshevik Revolution. It has come back into the language, especially in official settings. The feminine form is **госпожа́.**)
**держа́ть (держу́, де́ржишь) пари́** — *to make a bet* (This is a slightly archaic expression. In contemporary Russian, for *Do you want to bet on it?* most speakers would say **Дава́йте поспо́рим!)**
**заключе́ние** — *imprisonment*
**заключённый** — *imprisoned person; prisoner* (In the original, Chekhov uses the obsolete word **у́зник.**)
**заменя́ть/замени́ть** (*что чем*) — *to replace something with something else:* **На́до замени́ть сме́ртную казнь заключе́нием.** — *Capital punishment should be replaced with imprisonment.*
**замеча́ть/заме́тить** — *to remark*
**име́ть (име́-ю, -ешь, -ют)** — *to have* (usually used with abstract concepts): **име́ть пра́во** — *to have the right*
**ма́ло по ма́лу** — *little by little*
**ме́жду про́чим** — *by the way*
**мне́ние** — *opinion:* **по мне́нию** — *in the opinion*
**наказа́ние** — *punishment:* **спо́соб наказа́ния** — *method of punishment*
**не́ раз** — *many times (not once, but rather more than once).* (Compare with **ни ра́зу** — *not once, never.*)
**одина́ково** — *equally*

**про́бовать/по-** — *to try; to try out:* **Я не про́бовал сме́ртной ка́зни.** — *I've never tried out the death penalty.*

**по́ртить (по́рч-у, по́рт-ишь, -ят)/по-** — *to ruin:* **Таба́к по́ртит во́здух.** — *Tabacco ruins the air.*

**относи́ться** (*к чему*) — *to relate* (to something); *to feel* (a certain way) (about something): **Относи́лись к сме́ртной ка́зни отрица́тельно**. — *They felt negatively toward capital punishment.*

**сад** — *garden:* **где: в саду́**

**сме́ртная казнь** — *capital punishment*

**среди́** (*чего*) — *among*

**страда́ть** — *to suffer:* **страда́ть от одино́чества** — *to suffer from loneliness*

**убива́ть** — *to kill*

**у́гол** — *corner:* **из угла́ в у́гол** — *from corner to corner*

**то и друго́е** — *both*

**тому́ наза́д ≅ наза́д** — *ago*, (**тому́ наза́д** is slightly higher in style).

**тре́бовать (тре́бу-ю, -ешь, -ют)** (*чего*) — *to demand* (something)

**у́мный** — *intelligent*

**хозя́ин** — *host; master; landlord*

**Irregular plurals.** The story contains these irregular noun plurals:

**леса́ ← лес** — *forest*

**поля́ ← по́ле** — *field*

**озёра ← о́зеро** — *lake*

**города́ ← го́род** — *city*

**Reflexive verbs as passive voice.** Russian often expresses passive voice by means of reflexive verbs. This is especially true in the imperfective.

**Вели́сь интере́сные разгово́ры.** — *Interesting discussions were conducted.*

**Ему́ разреша́лось име́ть музыка́льный инструме́нт.** — *It was permitted for him to have a musical instrument.*

**Ему́ посыла́лись кни́ги.** — *Books were sent to him.*

**Послы́шалась му́зыка.** — *Music was heard.*

## Давайте послушаем

**Радионя́ня: Как принима́ть госте́й и ходи́ть в го́сти.**

Вы, наве́рное, по́мните фрагме́нт «Радионя́ни» из Уро́ка 3 «Как по́льзоваться телефо́ном». Тепе́рь Радионя́ня расска́зывает, как вести́ себя́ в гостя́х.

**А. Часть I: Как принима́ть госте́й.** В пе́рвой ча́сти э́того уро́ка Никола́й Влади́мирович пока́зывает Са́ше и Алику, как принима́ть госте́й.

1. Что́бы лу́чше поня́ть Часть I, познако́мьтесь с но́выми слова́ми.
   **уме́ть** — *to know how (to do something)*
   **приглаша́ть/пригласи́ть** — *to invite*
   **вести́ себя́** — *to behave oneself*
   **хозя́ин** — *host, master*
   **звать (зов-у́, -ёшь, -у́т)** — here; *to invite*
   **ходи́ть ~ идти́ в го́сти (куда́)** — *to go visiting*
   **быть в гостя́х (где)** — *to be visiting*
   **неве́жливо** — *impolite(ly)*
   **наоборо́т** — *just the opposite; au contraire*
   **необходи́мо** — *it is imperative*
   **Го́споди!** — *Lord!*
   **обма́нывать** — *to deceive*
   **внима́ние** — *attention*

2. Прослу́шайте пе́рвую часть уро́ка и отве́тьте на вопро́сы.
   а. Никола́й Влади́мирович про́сит Са́шу и Алика показа́ть, как на́до принима́ть госте́й. Кто игра́ет роль хозя́ина? Кто игра́ет роль го́стя?
   б. «Хозя́ин» про́сит госте́й прийти́ «пря́мо сейча́с». Что об э́том ду́мает Никола́й Влади́мирович?
   в. Что ду́мает Са́ша: во ско́лько должны́ прийти́ го́сти?
   г. Что спра́шивает «хозя́ин» о пода́рках? Что об э́том говори́т Никола́й Влади́мирович?
   д. Како́й пода́рок принёс Са́ша Алику? Что ду́мает Алик об э́том пода́рке?

3. Прослу́шайте пе́рвую часть за́писи ещё раз. В каки́х конте́кстах вы слы́шали э́ти слова́? Да́йте их значе́ния.
   а. **в после́днюю мину́ту**
   б. **во́время**
   в. **благодари́ть/по-**
   г. **Прошу́ к столу́!**

4. Прослу́шайте пе́рвую часть уро́ка после́дний раз. Узна́йте, как по-ру́сски э́ти констру́кции. Based on the segment, how would you say the following in Russian? You may have to recombine some of the elements you heard.
   a. Do you know how to receive guests?
   b. Who will be the host?
   c. I invite you.
   d. We'll assume that it's seven.
   e. I have to say thank you for that?!
   f. Don't arrive at the last minute.

Б. **Часть II: Как ходи́ть в го́сти.** В э́той ча́сти уро́ка Никола́й Влади́мирович пока́зывает, как ну́жно вести́ себя́ в гостя́х. Он игра́ет роль хозя́ина.

1. Что́бы лу́чше поня́ть Часть II, познако́мьтесь с но́выми слова́ми.
   **напра́сно** — *in vain* (Here it is used as a scolding: *You said that in vain = You shouldn't have said that!*)
   **зря** = напра́сно
   **де́лать гостя́м замеча́ния** — *to comment to (one's) guests*
   **Хва́тит, хва́тит!** — *Enough already!*
   **терпе́ние** — *patience*
   **Не беспоко́йтесь!** = Не волну́йтесь!
   **Я и так приду́** — *I'll come anyway*
   **Кто по́здно пришёл, тому́ объе́дки и мосо́л!** — *Whoever came late gets leftovers and a bone.*
   **такти́чно** — *tactful(ly)*
   **хрю́шка** — *piglet*
   **осты́ть (осты́нет)** — *to cool down*
   **нали́ть (нале́йте!)** — *to pour*
   **ру́ки как крю́ки** — *hands like hooks*
   **воспи́танный** — *(well) brought up*

2. Прослу́шайте втору́ю часть уро́ка и отве́тьте на вопро́сы ДА и́ли НЕТ.
   а. Никола́й Влади́мирович говори́т «Чай у нас сего́дня "уче́бный"», потому́ что Алик и Са́ша чита́ют уче́бник, когда́ пьют чай.
   б. По слова́м Никола́я Влади́мировича пе́рвыми за стол всегда́ садя́тся го́сти.
   в. Са́ша и Алик понима́ют, что на́до ждать, пока́ все го́сти садя́тся.
   г. Алик счита́ет, что мо́жно прийти́ в го́сти без специа́льного приглаше́ния.
   д. Са́ша пьёт чай «как хрю́шка», потому́ что он горя́чий.
   е. Никола́й Влади́мирович объясня́ет, что когда́ зака́нчивают пить чай, пе́рвым из-за стола́ встаёт хозя́ин.

3. Прослу́шайте фрагме́нт ещё раз и узна́йте, как по-ру́сски э́ти фра́зы.
   a. It is not tactful to talk that way.
   b. A polite person comes visiting only when invited.
   c. Poor me another glass of tea!
   d. We will get up when the host gets up.

# В помощь учащимся

## 10.1 Wishing Someone a Happy Holiday: С пра́здником!

**С пра́здником** serves as an all-purpose holiday greeting. The following specific holiday greetings are also used.

| | |
|---|---|
| **С Но́вым го́дом!** | *Happy New Year!* |
| **С Рождество́м (Христо́вым)!** | *Merry Christmas!* |
| **С днём рожде́ния!** | *Happy birthday!* |

In Dialog 3 a guest says **С наступа́ющим!** on arriving at a New Year's party. She is greeting everyone with the *approaching* New Year (it is still before midnight).

To reply *You too* or *The same to you,* say **И вас то́же!** or **И тебя́ то́же!**

The reason for the use of the instrumental and accusative cases becomes evident if you look at the entire phrase, even though it is generally shortened as noted above:

| | |
|---|---|
| **Поздравля́ю вас (тебя́) с пра́здником!** | *I greet you with the holiday.* |

### *Упражнение*

**А. С пра́здником!** Соста́вьте коро́ткие диало́ги.

Образе́ц: **Но́вый год** → *— С Но́вым го́дом! — И тебя́ то́же!*

1. День Благодаре́ния
2. Па́сха
3. Но́вый год
4. Рождество́
5. Ха́нука
6. День Незави́симости
7. день рожде́ния *(Think about the response!)*
8. пра́здник

➢ *Complete Oral Drill 1 and Written Exercise 1 in the Workbook.*

## 10.2 Talking About Celebrating Holidays

To talk about celebrating the New Year, use the verb **встреча́ть: Как вы встреча́ли Но́вый год?** — *How did you celebrate the New Year?* (literally: *How did you greet the New Year?*).

To talk about celebrating other holidays, use the verb **отмеча́ть: Как вы отмеча́ли день рожде́ния (Рождество́, Па́сху, ...)?** — *How did you celebrate your birthday (Christmas, Passover, Easter, . . . )?*

### *Упражнение*

**А.** **О себе́.** Отве́тьте на вопро́сы.

Образе́ц: **Где вы отмеча́ли Ха́нуку в про́шлом году́?** →
*Я отмеча́л(а) Ха́нуку до́ма у роди́телей.* и́ли
*Я отмеча́л(а) Ха́нуку в Нью-Йо́рке.* и́ли
*Я не отмеча́л(а) Ха́нуку.*

1. Где вы отмеча́ли Ха́нуку в про́шлом году́?
2. Где вы отмеча́ли День Незави́симости США в про́шлом году́?
3. Как вы обы́чно отмеча́ете америка́нский День Незави́симости?
4. Где вы отмеча́ли американский День Благодаре́ния в про́шлом году́?
5. Где вы отмеча́ли кана́дский День Благодаре́ния в про́шлом году́?
6. Где вы встреча́ли Но́вый год в про́шлом году́?
7. Где вы обы́чно встреча́ете Но́вый год?
8. Как вы обы́чно встреча́ете Но́вый год?
9. Где вы отмеча́ли день рожде́ния в про́шлом году́?
10. Как вы обы́чно отмеча́ете день рожде́ния?

➢ *Complete Oral Drill 2 and Written Exercise 2 in the Workbook.*

## 10.3 Making Toasts

Russians usually offer numerous toasts at festive occasions. Although the many different toasts in the dialogs for this unit may seem confusing at first, a closer look will reveal that all the toasts share a fundamental unit.

| **за** | + | the name of the person being toasted in the accusative case |
|---|---|---|

A toast can be as simple as this fundamental unit.

**За тебя́!** **За Ната́шу!** **За на́ших ребя́т!**
**За вас!** **За Бори́са!** **За всех студе́нтов!**

The following chart shows some of the optional preambles that may be used to introduce a toast. Select one or two to memorize for active use.

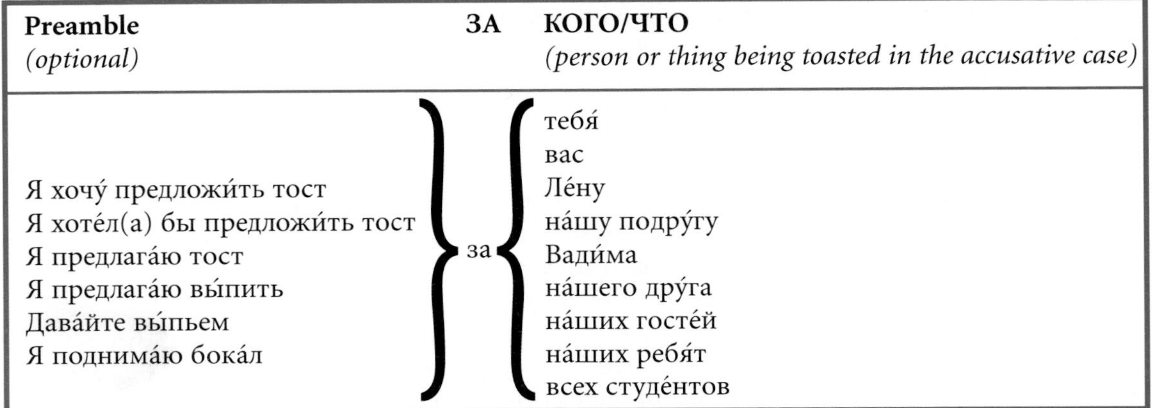

| **Preamble** *(optional)* | **ЗА** | **КОГО/ЧТО** *(person or thing being toasted in the accusative case)* |
|---|---|---|
| | | тебя́ |
| | | вас |
| Я хочу́ предложи́ть тост | | Ле́ну |
| Я хоте́л(а) бы предложи́ть тост | | на́шу подру́гу |
| Я предлага́ю тост | за | Вади́ма |
| Я предлага́ю вы́пить | | на́шего дру́га |
| Дава́йте вы́пьем | | на́ших госте́й |
| Я поднима́ю бока́л | | на́ших ребя́т |
| | | всех студе́нтов |

### *Упражнение*

**A. Тост.** Propose toasts to the following people.

1. Екатери́на Миха́йловна
2. Юрий Никола́евич
3. на́ши преподава́тели
4. но́вые профессора́
5. Ди́ма и Ви́ктор
6. На́стя и Ма́ша
7. все́ на́ши друзья́
8. на́ши но́вые сосе́ди
9. мир и дру́жба
10. на́ше знако́мство
11. Вади́м Па́влович
12. Со́фья Бори́совна

➢ *Complete Oral Drill 3 and Written Exercises 3–4 in the Workbook.*

## 10.4 Making Invitations

You already know several ways to make invitations, such as: **Ты не хо́чешь пойти́ на ве́чер?** — *Would you like to go to a party?* and **Дава́йте пойдём на фильм** — *Let's go to a movie.*

It is also possible to use the Russian verb **приглаша́ть/пригласи́ть** — *to invite.*

| | |
|---|---|
| На́стя, мы с Эллиотом хоте́ли бы **пригласи́ть** тебя́ на америка́нский пра́здник. | Nastya, Elliot and I would like to *invite* you to an American holiday. |

The following imperatives are considered to be invitations.

| | |
|---|---|
| **Входи́(те)! Заходи́(те)! Проходи́(те)!** | *Come in.* |
| **Раздева́йся! (Раздева́йтесь!)** | *Take your coat off. (Let me take your coat.)* |
| **Сади́сь! (Сади́тесь!)** | *Have a seat.* |
| **Приходи́(те) в го́сти!** | *Come for a visit.* (to someone in your town) |
| **Приезжа́й(те) в го́сти!** | *Come for a visit.* (to someone from out of town) |

### *Упражнение*

**А. Как по-ру́сски?**

1. *To someone in your town.*
   a. We would like to invite you to our place for dinner on Saturday.
   b. We would like to invite you to our dacha on Sunday.
   c. We would like to invite you to the movies on Tuesday.
   d. Let's go to the library tomorrow.
   e. Would you like to go to a party on Friday?
   f. Come for a visit this evening.

2. *To someone from another city.*
   a. We would like to invite you to visit us in June.
   b. We would like to invite you to come to our place in the autumn.
   c. Come for a visit.

➢ *Complete Oral Drills 4–6 and Written Exercise 5 in the Workbook.*

## 10.5 Clock Time Off the Hour

Russians use the 24-hour clock for schedules and the 12-hour clock in conversation.

| | |
|---|---|
| — Ско́лько сейча́с вре́мени? | "What time is it now?" |
| — Сейча́с **3 часа́.** <br> **(три часа́)** | "It's *3 o'clock*." |
| Приходи́те **в 7 часо́в!** <br> **(в семь часо́в)** | Come over *at 7 o'clock.* |
| Сеа́нс начина́ется **в 20 часо́в.** <br> **(в два́дцать часо́в)** | The showing begins *at 8 o'clock.* |

When the 24-hour clock is used, time expressions using minutes are stated as follows.

| | |
|---|---|
| По́езд отхо́дит **в 18.10.** <br> **(в восемна́дцать де́сять)** | The train leaves *at 6:10 p.m.* |
| Музе́й открыва́ется **в 9.30.** <br> **(в де́вять три́дцать)** | The museum opens *at 9:30 a.m.* |

In conversational Russian, time expressions using minutes are more complex.

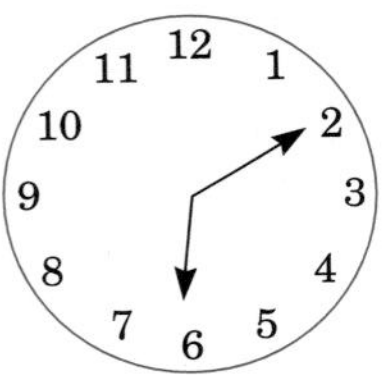


During the first half of an hour, state the number of minutes *of the next hour.*

*Ten minutes after six* is said as *Ten minutes of the seventh (hour):* **де́сять мину́т седьмо́го.**

⇑

ordinal number adjective in genitive

During the last half of the hour, state the hour *minus the number of minutes.*

*Ten minutes before six* is said as *Without ten minutes six:* **без десяти́ шесть.**

⇑

cardinal number in genitive after **без**

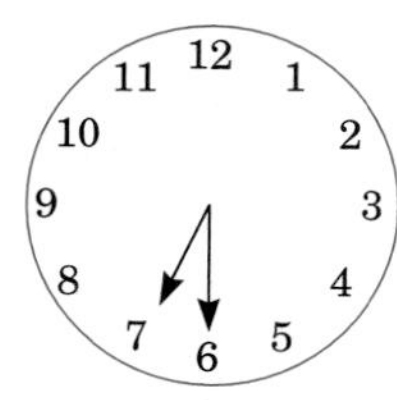

**полови́на седьмо́го (полседьмо́го)**
lit.: *half of the seventh (hour)*
*At 6:30:* **В полови́не седьмо́го.**

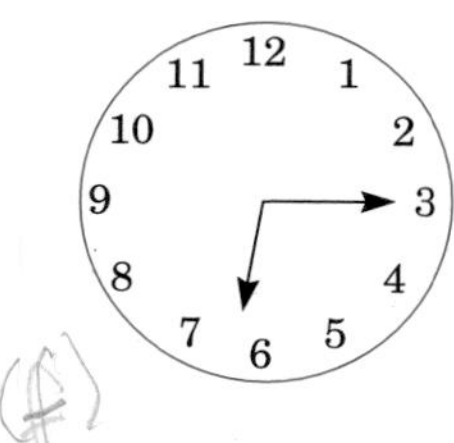

**че́тверть седьмо́го**
lit.: *quarter of the seventh (hour)*

**без че́тверти семь**
lit.: *seven without a quarter*

## Stating the Time During the First Thirty Minutes of the Hour

The literal translation of *one minute after one* is *one minute of the second (hour).* This structure is used for all times from one minute to thirty minutes past the hour, as in the following examples.

1.01 Сейча́с одна́ мину́та второ́го.
2.02 Сейча́с две мину́ты тре́тьего.
3.03 Сейча́с три́ мину́ты четвёртого.
4.04 Сейча́с четы́ре мину́ты пя́того.
5.05 Сейча́с пять мину́т шесто́го.
6.10 Сейча́с де́сять мину́т седьмо́го.
7.13 Сейча́с трина́дцать мину́т восьмо́го.
8.18 Сейча́с восемна́дцать мину́т девя́того.
9.20 Сейча́с два́дцать мину́т деся́того.
10.21 Сейча́с два́дцать одна́ мину́та оди́ннадцатого.
11.23 Сейча́с два́дцать три мину́ты двена́дцатого.
12.29 Сейча́с два́дцать де́вять мину́т пе́рвого.

The words **че́тверть** and **полови́на** or **пол-** are used for *quarter past* and *half past.*

12.15 Сейча́с че́тверть пе́рвого.
6.30 Сейча́с полови́на седьмо́го (полседьмо́го).

## Stating the Time During the Last Half of the Hour

The literal translation of *one minute before one* is *without one minute one (one without one minute).* The Russian word for *minute* may or may not be stated. This structure is used for all times from one minute to twenty-nine minutes before the hour, as in the following examples.

1.31 Сейча́с без двадцати́ девяти́ (мину́т) два.
2.32 Сейча́с без двадцати́ восьми́ (мину́т) три.
3.33 Сейча́с без двадцати́ семи́ (мину́т) четы́ре.
4.34 Сейча́с без двадцати́ шести́ (мину́т) пя́ть.
5.35 Сейча́с без двадцати́ пяти́ (мину́т) шесть.
6.40 Сейча́с без двадцати́ (мину́т) семь.
7.43 Сейча́с без семна́дцати (мину́т) во́семь.
8.48 Сейча́с без двена́дцати (мину́т) де́вять.
9.50 Сейча́с без десяти́ (мину́т) де́сять.
10.51 Сейча́с без девяти́ (мину́т) оди́ннадцать.
11.53 Сейча́с без семи́ (мину́т) двена́дцать.
12.55 Сейча́с без пяти́ (мину́т) оди́н.
1.56 Сейча́с без четырёх (мину́т) два.
1.57 Сейча́с без трёх (мину́т) два.
1.58 Сейча́с без двух (мину́т) два.
1.59 Сейча́с без одно́й (мину́ты) два.

The expression **без че́тверти** is used for *quarter to:*

1.45 Сейча́с без че́тверти два.

Note the genitive case of the numbers used after the preposition **без!** The forms are given in the list above: for numbers ending in **-ь,** the genitive case ends in **-и;** for the numbers 1–4, the genitive must be learned.

As in English, many people round off clock time expressions to the nearest 5-minute interval.

## Stating the Time When Something Takes Place

To state that something will occur at a certain time, use the preposition **в** for times on the hour and on the half hour.

| | |
|---|---|
| Мы пришли́ домо́й **в пять часо́в.** | We came home *at five o'clock.* |
| Мы пришли́ домо́й **в полови́не четвёртого (в полчетвёртого).** | We came home *at three-thirty.* |

Do not use **в** when stating *at* other off-hour times.

| | |
|---|---|
| Мы пришли́ домо́й **че́тверть пя́того.** | We came home *at four fifteen.* |
| Мы пошли́ в кино́ **два́дцать мину́т шесто́го.** | We came home *at five twenty.* |
| Мы пришли́ домо́й **без че́тверти семь.** | We came home *at six forty-five.* |

## Specifying Morning or Evening (A.M. or P.M.)

Context often makes it clear whether one is talking about the morning or the evening, as in the sentence **Я за́втракаю в 8 часо́в.** When the specific time might be ambiguous otherwise, add **утра́, дня, ве́чера,** or **но́чи** after the clock time. These expressions are in the genitive case.

(в) три часа́ но́чи ≠ (в) три часа́ дня
(в) во́семь часо́в утра́ ≠ (в) во́семь часо́в ве́чера

## *Упражнения*

**А. Ско́лько вре́мени?** Соста́вьте диало́ги.

Образе́ц: **4.05** → *Ско́лько сейча́с вре́мени? — Сейча́с пять мину́т пя́того.*

| | | |
|---|---|---|
| 1. 3.10 | 6. 1.05 | 11. 4.02 |
| 2. 7.25 | 7. 11.30 | 12. 2.07 |
| 3. 2.15 | 8. 8.29 | 13. 5.15 |
| 4. 12.20 | 9. 6.08 | 14. 12.23 |
| 5. 9.04 | 10. 10.30 | 15. 1.30 |

**Б. Ско́лько вре́мени?** Соста́вьте диало́ги.

Образе́ц: **4.50** → *— Ско́лько сейча́с вре́мени? — Сейча́с без десяти́ пять.*

| | | |
|---|---|---|
| 1. 3.50 | 6. 1.32 | 11. 4.58 |
| 2. 7.59 | 7. 11.35 | 12. 2.47 |
| 3. 2.45 | 8. 8.49 | 13. 5.45 |
| 4. 12.57 | 9. 6.55 | 14. 12.46 |
| 5. 9.40 | 10. 10.36 | 15. 12.15 |

**В. Дава́йте встре́тимся.** Соста́вьте предложе́ния.

Образе́ц: **7.20** → *Дава́й встре́тимся в два́дцать мину́т восьмо́го.*

| | | |
|---|---|---|
| 1. 2.50 | 6. 12.30 | 11. 3.50 |
| 2. 6.30 | 7. 10.25 | 12. 1.30 |
| 3. 1.45 | 8. 7.15 | 13. 4.15 |
| 4. 11.00 | 9. 5.55 | 14. 11.45 |
| 5. 8.40 | 10. 9.10 | 15. 11.15 |

**Г. О себе́.** Отве́тьте на вопро́сы.

1. Во ско́лько вы обы́чно встаёте? Во ско́лько вы вста́ли сего́дня? Вчера́?
2. Во ско́лько вы обы́чно ложи́тесь? Когда́ вы легли́ вчера́?
3. Когда́ начина́ется ва́ша пе́рвая ле́кция? Когда́ она́ конча́ется?
4. Во ско́лько начина́ется ва́ша втора́я ле́кция? Когда́ она́ конча́ется?
5. Когда́ обы́чно начина́ются вечера́ у вас?
6. Во ско́лько начина́ется ва́ша люби́мая програ́мма по телеви́зору?

**Д. Как по-ру́сски?**

1. We're leaving for the dacha at 6:45 a.m.
2. That means we'll have to get up at 5 a.m.
3. We'll arrive at 8:00.
4. Lena has to work in the morning. She'll arrive at the dacha at 3 p.m.
5. We invited our neighbors to a small party. The party will begin at 7:30 p.m.
6. The guests will probably leave at 1:00 or 2:00 a.m.

➢ *Complete Oral Drills 7–10 in the Workbook.*

## 10.6 Location and Direction: Overview

Remember that Russian has two different words that are equivalent to the English *where* and one word for *where from:*

| | |
|---|---|
| **где** | *where at*—used for location |
| **куда́** | *where to*—used for direction toward something |
| **отку́да** | *where from*—used for direction away from something |

To tell where someone or something is located, use the preposition **в** or **на** followed by a place name in the prepositional case. To tell where someone is going, use the preposition **в** or **на** followed by a place name in the accusative case.

| | |
|---|---|
| — **Где** была́ Анна?<br>— **В библиоте́ке.** | — **Куда́** ходи́ла Анна?<br>— **В библиоте́ку.** |
| — **Где** был Ко́ля?<br>— **На рабо́те.** | — **Куда́** ходи́л Ко́ля?<br>— **На рабо́ту.** |

Recall that the preposition **в** is used with most enclosed areas (e.g., **шко́ла, библиоте́ка, рестора́н**) and the names of most cities and countries (e.g., **Москва́, Росси́я**), whereas the preposition **на** is used with wide open areas (e.g., **пло́щадь, у́лица**), with events (e.g., **ле́кция, бале́т, ве́чер**), and with "**на** words" (certain words that are used with **на** for historical reasons, e.g., **по́чта, Аля́ска, ста́нция**).

To say someone or something is at someone's place, use the preposition **у** followed by the name of a person in the genitive case. To say someone is going to someone's place, or going to see someone, use the preposition **к** followed by the name of a person in the dative case.

| | |
|---|---|
| — **Где** вы бы́ли?<br>— **У друзе́й.** | — **Куда́** вы ходи́ли?<br>— **К друзья́м.** |

English equivalents of Russian sentences with the above structures often have additional words, such as "We were at our friends' *house (room, office)*" or "We went *to see* our friends." Do not try to translate these English structures directly into Russian. Rather, try to produce Russian sentences on the basis of the Russian models.

To answer the question **отку́да** — *from where*, use the preposition **из** or **с** followed by a place name in the genitive case. Use the preposition **из** with most enclosed areas and the names of most cities and countries, that is, with all words that take **в** in answers to the questions **куда́** and **где.** Use the preposition **с** with wide open areas, events, and "**на** words," that is, with all words that take **на** in answers to the questions **куда́** and **где.**

— **Отку́да** пришла́ Анна?
— Она́ пришла́ **из библиоте́ки.**

— **Отку́да** пришёл Ко́ля?
— Он пришёл **с рабо́ты.**

To answer the question **отку́да** with the name of a person (indicating motion away from the person's place), use the preposition **от** followed by the name of the person in the genitive case.

— **Отку́да** вы пришли́?
— Мы пришли́ **от друзе́й.**

The following chart summarizes the structures used for location and direction.

| | WHERE AT **где** | WHERE TO **куда́** | WHERE FROM **отку́да** |
|---|---|---|---|
| Person | **у** + *genitive* (**у сосе́да**) | **к** + *dative* (**к сосе́ду**) | **от** + *genitive* (**от сосе́да**) |
| "**в** word" | **в** + *prepositional* (**в библиоте́ке**) | **в** + *accusative* (**в библиоте́ку**) | **из** + *genitive* (**из библиоте́ки**) |
| "**на** word" | **на** + *prepositional* (**на рабо́те**) | **на** + *accusative* (**на рабо́ту**) | **с** + *genitive* (**с рабо́ты**) |
| *Here* | **здесь** | **сюда́** | **отсю́да** |
| *There* | **там** | **туда́** | **отту́да** |
| *Home* | **до́ма** | **домо́й** | **из до́ма** |

## *Упражнения*

**А. Как по-ру́сски?**

1. "Where are you going, to the lecture or to Sasha's?"
   "We're going to a party."
   "Will Sasha be at the party?"
   "No, but her sister will be there."

2. "Are you going to the library?"
   "No, I'm coming (walking) from there."
   "How long were you there?"
   "Four hours."

3. "Did you celebrate New Year's Eve at your parents' house?"
   "No, they were at our apartment."

**Б. О себе́.** Отве́тьте на вопро́сы.

1. Отку́да вы идёте на ле́кцию ру́сского языка́?
2. Куда́ вы идёте по́сле ле́кции?
3. Где вы бы́ли в суббо́ту?
4. Куда́ вы е́здили про́шлым ле́том?
5. У кого́ вы встреча́ли Но́вый год в э́том году́?

➢ *Complete Oral Drills 11–17 and Written Exercises 6–9 in the Workbook.*

## 10.7 Making Hypotheses

In Dialog 2, Alyosha asks Nellie and Gary if they would have celebrated the New Year the same way had they been at home: **Вы бы так встреча́ли Но́вый год, е́сли бы вы бы́ли у себя́ до́ма?** The particle **бы** used in each of the clauses indicates that Alyosha is talking about a hypothetical situation, one he knows to be unreal.

The following examples show how real conditions and hypothetical situations are expressed in English and Russian.

| CONDITIONAL STATEMENTS | HYPOTHETICAL STATEMENTS |
|---|---|
| Past<br>*If Nellie and Gary were in Russia last year, (then) they probably celebrated the New Year at their friends' home.* | *If Nellie and Gary had been home last year, (then) they probably would have celebrated the New Year at their parents'.* |
| **Если Не́лли и Гэ́ри в про́шлом году́ бы́ли в Росси́и, они́, наве́рное, встреча́ли Но́вый год у друзе́й.** | **Если бы Не́лли и Гэ́ри в про́шлом году́ бы́ли до́ма, они́, наве́рное, встреча́ли бы Но́вый год у роди́телей.** |
| Present<br>*If Nellie and Gary are in Russia now, they're probably at their friends' home.* | *If Nellie and Gary were in Russia now, they'd probably be at their friends' home.* |
| **Если Не́лли и Гэ́ри сейча́с в Росси́и, они́, наве́рное, у друзе́й.** | **Если бы Не́лли и Гэ́ри сейча́с бы́ли в Росси́и, они́, наве́рное, бы́ли бы у друзе́й.** |
| Future<br>*If Nellie and Gary are in Russia next year, they'll probably spend the New Year at their friends' home.* | *If Nellie and Gary were going to be in Russia next year, they'd probably spend the New Year at their friends' home.* |
| **Если Не́лли и Гэ́ри бу́дут в Росси́и в бу́дущем году́, они́, наве́рное, бу́дут встреча́ть Но́вый год у друзе́й.** | **Если бы Не́лли и Гэ́ри бы́ли в Росси́и в бу́дущем году́, они́, наве́рное, встреча́ли бы Но́вый год у друзе́й.** |

Russian hypothetical situations are expressed by means of the particle **бы** plus a verb in what looks like the past tense. (The name for this form is the subjunctive, but since it looks just like the past tense, there is no need to learn any new verb endings.) Both clauses of the hypothetical statement must have the **бы** + past-tense construction. Go by these two rules of thumb:

1. If you use **бы** without a past tense, you have made a mistake.
2. If you use only one **бы** in a sentence, you have probably made a mistake. Nearly all **бы** constructions occur in hypothetical statements with two clauses, and both clauses must contain **бы.**

## *Упражнения*

**А.** Check the hypothetical statements. Leave the conditional statements unmarked.

1. Предложе́ния на англи́йском языке́.
   a. ___ If the weather had been nice, we would have gone on a picnic yesterday.
   b. ___ Since it was cold, we went to the movies instead.
   c ___ Tomorrow we'll study, even if it's nice outside.
   d. ___ If we hadn't relaxed yesterday, we wouldn't have to do homework tomorrow.

2. Предложе́ния на ру́сском языке́.
   а. ___ Если за́втра бу́дет прия́тная пого́да, дава́й съе́здим на да́чу.
   б. ___ Если бы мне не на́до бы́ло занима́ться, я бы пое́хала с тобо́й.
   в. ___ За́втра у́тром я иду́ в библиоте́ку, да́же е́сли вы пое́дете на да́чу.
   г. ___ А е́сли вы пое́дете на да́чу в суббо́ту, я то́же пое́ду.

**Б. Зако́нчите предложе́ния.**

1. Если бы у меня́ бы́ло бо́льше вре́мени, ...
2. Если бы у меня́ бы́ло бо́льше де́нег, ...
3. Если бы я был (была́) в Росси́и сейча́с, ...
4. Если бы я был (была́) в Росси́и на Но́вый год, ...
5. Если бы мне бы́ло 5 лет, ...
6. Если бы я лу́чше зна́л(а) ру́сский язы́к, ...
7. Если бы я мог (могла́) познако́миться с изве́стным челове́ком, ...
8. Если бы у меня́ была́ маши́на вре́мени, ...

➢ *Complete Oral Drills 18–20 and Written Exercises 10–13 in the Workbook.*

## 10.8 Each Other: друг дру́га

In Dialog 2, Nellie tells her friends how she would have spent Christmas if she had been at home: **Мы дари́ли бы друг дру́гу пода́рки** — *We would have given each other gifts.*

The second element in the phrase **друг дру́га** — *each other* declines like a masculine noun. If there is a preposition, it is placed between the two words.

| | | Do not decline this part ↓ | Place preposition here! ↓ | | |
|---|---|---|---|---|---|
| *Acc.* | кого́ | друг | | дру́га | Мы лю́бим друг дру́га. |
| *Gen.* | кого́ | друг | | дру́га | Мы бои́мся друг дру́га. |
| | | друг | у | дру́га | Мы бы́ли друг у дру́га. |
| *Prep.* | о ком | друг | о | дру́ге | Мы говори́м друг о дру́ге. |
| *Dat.* | кому́ | друг | | дру́гу | Мы да́рим друг дру́гу пода́рки. |
| | | друг | к | дру́гу | Мы хо́дим друг к дру́гу. |
| *Instr.* | кем | друг | | дру́гом | Мы интересу́емся друг друго́м. |
| | | друг | с | дру́гом | Мы перепи́сываемся друг с дру́гом. |

### *Упражнение*

**А. Как по-ру́сски?**

1. Vasya and Lora love each other.
2. They think about each other often.
3. They call each other every day.
4. They see each other at the university.
5. They study with each other at the library.
6. They are often at each other's apartment.

➢ *Complete Oral Drill 21 in the Workbook.*

## 10.9 Verbal Adjectives and Verbal Adverbs

The following summary of verbal adjectives and verbal adverbs will be of use as you continue your study of Russian and as you begin to read Russian texts on your own.

Both verbal adjectives and verbal adverbs are more common in formal language (e.g., scholarly books and articles, newspaper articles, official speeches) than they are in colloquial language (e.g., personal letters and casual conversations). In most of your own production of Russian, it is inappropriate to use verbal adjectives and verbal adverbs. You will encounter them more and more often, however, if you continue to read articles, stories, and books in Russian.

**Verbal adjectives** (adjectives made from verbs) are called participles in some grammar and reference books. Like other adjectives, verbal adjectives agree with the noun they modify in gender, number, and case. There are four types of verbal adjectives.

1. **Present active verbal adjectives** tell *which is doing something.*
   Giveaway sign: **-щ-** plus an adjective ending.
   образе́ц: Го́стя, **входя́щего** в ко́мнату, зову́т Пётр Ива́нович.
   The guest *who is entering* the room is named Pyotr Ivanovich.

2. **Past active verbal adjectives** tell *which did something* or *which was doing something.*
   Giveaway sign: **-вш-** plus an adjective ending.
   образе́ц: **Опозда́вших госте́й** счита́ют ду́рно воспи́танными.
   *Guests who have arrived late* are considered poorly brought up.

3. **Present passive verbal adjectives** tell *which is being done.* They are quite rare.
   Giveaway sign: **-м-** plus an adjective ending.
   образе́ц: Хозя́ева предложи́ли свой **люби́мые блю́да.**
   The hosts offered their *favorite dishes (the dishes that are loved).*

   Уважаемый - respected

4. **Past passive verbal adjectives** tell *which was done.* They are formed only from perfective verbs. The person or thing who performed the action may be indicated by a noun phrase in the instrumental case.
   Giveaway signs: **-н-** plus short-form adjective ending
   **-нн-** plus long-form adjective ending
   **-т-** plus short- or long-form adjective ending
   образе́ц: То́лько ду́рно **воспи́танные го́сти** опа́здывают.
   Only *guests who were* poorly *brought up* arrive late.

   сказанный - has been said

Verbal adjectives may be placed either before or after the noun:

Го́стя, **входя́щего** в ко́мнату, зову́т Пётр Ива́нович.
**Входя́щего** в ко́мнату го́стя зову́т Пётр Ива́нович.

**Verbal adverbs** (adverbs made from verbs) are called gerunds in some grammar and reference books. They are used in subordinate clauses. Like other adverbs, verbal adverbs do not have gender and they do not change their form. There are two types of verbal adverbs.

1. **Imperfective verbal adverbs** indicate an action that occurred (occurs, will occur) *at the same time* as the action in the main clause. The tense of the verb in the main clause is very important.
   Giveaway sign: **-я.**
   образцы́: **Приве́тствуя** хозя́йку, гость благодари́т её за приглаше́ние.
   *While greeting (As he greets)* the hostess, the guest thanks her for the invitation.

   **Приве́тствуя** хозя́йку, гость благодари́л её за приглаше́ние.
   *While greeting (As he greeted)* the hostess, the guest thanked her for the invitation.

2. **Perfective verbal adverbs** indicate an action that occurred (occurs, will occur) *before* the action in the main clause. The tense of the verb in the main clause is very important.
   Giveaway sign: **-в** (sometimes **-вши** or **-вшись**), or **-я** at the end of a *perfective* verb.
   образцы́: Гость, **войдя́** в ко́мнату, подхо́дит к хозо́йке.
   A guest, *after entering* the room, walks up to the hostess.

   **Поприве́тствовав** хозя́йку, гость благодари́т её за приглаше́ние.
   *Having greeted (After greeting)* the hostess, the guest thanks her for the invitation.

   **Поприве́тствовав** хозя́йку, гость благодари́л её за приглаше́ние.
   *Having greeted (After greeting)* the hostess, the guest thanked her for the invitation.

| SUMMARY OF VERBAL ADJECTIVES | | |
|---|---|---|
| | **Active** | **Passive** |
| **Present** | **-щ-**<br>*who/which is doing* | **-м-**<br>*who/which is being done* |
| **Past** | **-вш-**<br>*who/which was doing (did)* | **-н- -нн- -т-**<br>*who/which was done* |

| SUMMARY OF VERBAL ADVERBS | |
|---|---|
| **Imperfective** | **-я**<br>*while doing* |
| **Perfective** | **-в**<br>*having done* |

# Обзорные упражнения

**А. Приглаше́ние.** Imagine you are studying for a semester at a Russian university. You and your American friends would like to invite your teachers and some of the university staff to Thanksgiving dinner.

1. With two or three classmates, make a menu for the dinner and a list of things to buy. Decide who will do the shopping.
2. Decide where and when the party will take place.
3. Write an invitation to **Симако́в Вале́рий Петро́вич.**

**Б. Те́мы для разгово́ра.** Imagine that you are guests at a Russian party. Your instructor will play the part of the curious Russian, who will ask you one or more of the following questions, which reflect some common Russian perceptions about life in the United States. Think about the answers at home so that you can answer in class. *Remember to say what you can, not what you can't.*

1. Пра́вда, что в Аме́рике при́нято, что́бы мужчи́ны всегда́ помога́ли свои́м жёнам по до́му?
2. Если чита́ть на́ши газе́ты, прихо́дишь к вы́воду, что у вас рабо́тают лу́чшие врачи́ ми́ра. Но я слы́шала, что лечи́ться у вас стра́шно до́рого и что ча́сто быва́ет, что бе́дные не име́ют до́ступа к медици́не. Это действи́тельно так?
3. В на́шей пре́ссе пи́шут, что америка́нцы счита́ют, что мы отста́ли на 100 лет, что по у́ровню нау́ки, би́знеса и культу́ры мы живём ещё в XIX ве́ке. Вы согла́сны с э́тим?
4. По телеви́зору всегда́ пока́зывают, как вы с энтузиа́змом занима́етесь спо́ртом. (Я не говорю́ о профессиона́льных спортсме́нах.) Все следя́т за фигу́рой. Вы действи́тельно так забо́титесь о своём здоро́вье, и́ли э́тот «культ здоро́вья» отно́сится то́лько к не́которым?
5. У нас мно́гие ду́мают, что у вас совсе́м нет бе́дных, что все живу́т в огро́мных роско́шных дома́х, е́здят на «Кадила́ках», и что ка́ждый тре́тий — миллионе́р. Есть у вас бе́дные лю́ди?
6. У меня́ племя́нник, кото́рый эмигри́ровал в Нью-Йо́рк. Он неда́вно говори́л, что мо́жно вы́играть 40 миллио́нов в госуда́рственной лотере́е. Быва́ет тако́е?
7. Неда́вно оди́н знако́мый америка́нец сказа́л мне, что у вас челове́к мо́жет око́нчить шко́лу, не уме́я чита́ть и писа́ть. Неуже́ли кто́-нибудь у вас мо́жет зако́нчить 10 кла́ссов и оста́ться безгра́мотным?
8. Ско́лько в ме́сяц зараба́тывает рядово́й америка́нец? Же́нщины зараба́тывают ме́ньше, чем мужчи́ны?

9. У вас действи́тельно больша́я пробле́ма с нарко́тиками? У нас неда́вно пока́зывали фильм, в кото́ром рассказа́ли, что да́же шко́льники ку́рят марихуа́ну, принима́ют кокаи́н и ко́лются герои́ном. У вас с э́той пробле́мой не бо́рются?

10. Неда́вно в «Огоньке́» писа́ли, что жи́тели больши́х городо́в как Нью-Йо́рк и Чика́го боя́тся вы́йти на у́лицу в ночно́е вре́мя. У вас престу́пность действи́тельно така́я больша́я, и́ли э́то преувеличе́ние? Опа́сно ли ходи́ть по го́роду но́чью?

# Новые слова и выражения

| **Пра́здники** | **Holidays** |
|---|---|
| День Благодаре́ния | Thanksgiving Day |
| День Незави́симости | Independence Day |
| Но́вый год | New Year |
| Па́сха | Passover; Easter |
| Рождество́ | Christmas |
| Ха́нука | Hanukkah |

## OTHER NOUNS

| | |
|---|---|
| бока́л | wine glass |
| ве́чер (*pl.* вечера́) (на) | party |
| выступле́ние | presentation |
| добро́ | goodness |
| евре́й (-ка) | Jewish man (woman) |
| знако́мство | friendship |
| инде́йка | turkey |
| оши́бка | mistake |
| пилигри́м | pilgrim |
| пра́здник | holiday |
| ребя́та (*pl.; gen.* ребя́т) | kids, guys *(colloquial)* |
| сча́стье | happiness |
| та́почки (*pl.*) | slippers |
| таре́лка | plate |
| тост | toast *(drinking)* |
| удово́льствие | pleasure |
| хозя́ин (*pl.* хозя́ева) | host |
| хозя́йка (до́ма) | hostess |
| це́рковь *(fem.)* | church |
| чу́вство | feeling, emotion |

## ADJECTIVES

| | |
|---|---|
| наступа́ющий | approaching (holiday) |
| национа́льный | national |
| нового́дний | New Year's |
| пра́здничный | festive |
| родны́е *(pl., used as noun)* | relatives |

## VERBS

| | |
|---|---|
| выключа́ть/вы́ключить<br>(выключа́-ю, -ешь, -ют)<br>(вы́ключ-у, -ишь, -ат) | to turn off (a device) |
| заходи́ть/зайти́<br>(захож-у́, захо́д-ишь, -ят)<br>(зайд-у́, -ёшь, -у́т;<br>*past:* зашёл, зашла́, зашли́) | to come in |
| исправля́ть/испра́вить<br>(исправля́-ю, -ешь, -ют)<br>(испра́вл-ю, испра́в-ишь, -ят) | to correct |
| корми́ть *(imperf.)*<br>(кормл-ю́, ко́рм-ишь, -ят) | to feed (provide food) |
| находи́ть/найти́<br>(нахож-у́, нахо́д-ишь, -ят)<br>(найд-у́, -ёшь, -у́т;<br>*past:* нашёл, нашла́, нашли́) | to find |
| отмеча́ть *что (imperf.)*<br>(отмеча́-ю, -ешь, -ют) | to celebrate *a holiday* |
| пережива́ть/пережи́ть<br>(пережива́-ю, -ешь, -ют)<br>(пережив-у́, -ёшь, -у́т) | to live through, experience |
| поднима́ть/подня́ть<br>(поднима́-ю, -ешь, -ют)<br>(подним-у́, подни́м-ешь, -ут;<br>*past:* по́днял, подняла́, по́дняли) | to raise |
| положи́ть *(perf.)*<br>(полож-у́, поло́ж-ишь, -ат) | to put; to serve (*food*) |
| предлага́ть/предложи́ть<br>(предлага́-ю, -ешь, -ют)<br>(предлож-у́, предло́ж-ишь, -ат) | to offer, propose |
| приглаша́ть/пригласи́ть<br>(приглаша́-ю, -ешь, -ют)<br>(приглаш-у́, приглас-и́шь, -я́т) | to invite |
| уме́ть/с-<br>(уме́-ю, -ешь, -ют) | to know how to (*perf.:* to manage to) |
| устра́ивать/устро́ить<br>(устра́ива-ю, -ешь, -ют)<br>(устро́-ю, -ишь, -ют) | to arrange, to organize |

## ADVERBS

| | |
|---|---|
| действи́тельно | really, truly |
| сто́лько *чего́* | so much; so many |

## OTHER WORDS AND PHRASES

| | |
|---|---|
| бы | *See 10.7.* |
| в честь *чего́/кого́* | in honor *of something/someone* |
| всё, что ну́жно | everything necessary |
| встреча́ть Но́вый год | to see in the New Year |
| Как вку́сно па́хнет! | How good it smells! |
| на э́той (про́шлой, бу́дущей) неде́ле | this (last, next) week |
| Не стесня́йся (стесня́йтесь). | Don't be shy. |
| Поста́вь(те) му́зыку. | Put on the music. |
| Прошу́ к столу́! | Come to the table. |
| Раздева́йся (Раздева́йтесь). | Take off your coat. |
| Разреши́те пригласи́ть (танцева́ть). | Allow me to invite you (to dance). |
| Сади́сь (Сади́тесь). | Have a seat. |

## PERSONALIZED VOCABULARY

______________________________

______________________________

______________________________

______________________________

## А

**а** - and (*often used to begin questions or statements in continuing conversation; see Book 1: 3.8*)
**авангарди́ст** -avant-garde artist
**а́вгуст** - August
**автобиогра́фия** - autobiography
**авто́бус** - bus
**автоотве́тчик** - answering machine
**а́втор** - author
**автосто́п** - hitchhiking
**ага́** - um-hmm
**а́дрес** (*pl.* **адреса́**) - address
**аллерги́я** - allergy
**алло́** - hello (*on the phone only*)
**альт** - viola
**Аме́рика** - America (the U.S.)
**америка́н(е)ц/америка́нка** - American (person)
**америка́нский** - American (*adj.*)
**ана́лиз** - test
**анги́на** - sore throat
**англи́йский (язы́к)** - English (*adj.*)
**англича́нин** (*pl.* **англича́не**)**/англича́нка** - English (person)
**Англия** - England
**англо-ру́сский** - English-Russian
**аннули́рован** (**-а, -ы**) - canceled
**анса́мбль** - ensemble
**антибио́тик** - antibiotic
**антрополо́гия** - anthropology
**апельси́н** - orange
**апре́ль** - April
**ара́б/ара́бка** - Arab (person)
**ара́бский (язы́к)** - Arabic (*adj.*)
**армяни́н** (*pl.* **армя́не**)**/армя́нка** - Armenian (person)
**архите́ктор** - architect
**архитекту́ра** - architecture
**аспира́нт/аспира́нтка** - graduate student
**аспиранту́ра** - graduate school
**аудито́рия** - classroom
**аэро́бика** - aerobics

## Б

**ба́бушка** - grandmother
**бадминто́н** - badminton
**бакале́я** - baking goods store
**бана́н** - banana
**бандеро́ль** (*fem.*) - parcel
**ба́нджо** (*indecl.*)- banjo
**банк** -bank (financial establishment)
**ба́нка (ба́ночка)** - can
**бараба́н** - drum
**баскетбо́л** - basketball
**бассе́йн** - swimming pool
**бе́гать** (*imperf.:* **бе́га-ю, -ешь, -ют**) -to run
**без** (*чего́/кого́*) - without
**безгра́мотный** - illiterate
**безусло́вно** - absolutely
**бейсбо́л** - baseball
**бе́лый** - white
**бе́рег** (*где* — **на берегу́**) - shore
**беспла́тный** -free of charge
**беспоко́ить/по-** (**беспоко́-ю, -ишь, -ят**) - to disturb
**беспоко́йство** - trouble; bother; worry
  **Извини́те за беспоко́йство.** - Sorry to bother you.
**библиоте́ка** - library
**библиоте́карь**- librarian
**бизнесме́н/бизнесме́нка** - businessperson
**биле́т** (*куда́*)- ticket (*to something*)
  **биле́т на** (+ *acc.*) - ticket for a certain time
  **чита́тельский биле́т** - library card
**биоло́гия** - biology
**благодаре́ние**- thanksgiving; act of thanking
**ближа́йший** -nearest
**бли́же** - closer (*See 6.3*)
**бли́зкий (бли́зко)** (*от чего́*) - close by
**блу́зка**- blouse
**блю́до** - dish (food, not the physical plate)
**бока́л** - wine glass
**бокс** - boxing
**бо́лее: тем бо́лее** - especially (because); all the more reason
**боле́знь** (*fem.*) - disease; illness

**бо́лен (больна́, больны́)** - ill (*See 9.1*)
**боле́ть** ((*imperf.:* **боли́т, боля́т**) *у кого́* - to hurt (*See 9.1*)
**боль** (*fem.*) - pain
**больни́ца** - hospital
**бо́льно** (*кому́*) - it is painful
**больно́й** (*adj. decl.*) - patient
**бо́льше** - more; bigger; greater (*See 6.3*)
  **бо́льше всего́** - most of all
**большо́й** - large
**борщ** (*ending always stressed*) - borsch
**ботани́ческий сад** - botanical garden
**боя́ться** (*imperf.:* **бо-ю́сь, -и́шься, -я́тся**) - to be afraid
**брат** (*pl.* **бра́тья, два бра́та, пять бра́тьев**) - brother (*See Book 1, 7.5*)
  **двою́родный брат** - male cousin
**брать (бер-у, -ёшь, -у́т)/взять (возьм-у́, -ёшь, -у́т; взял, взяла́, взя́ли)** - to take
**брони́ровать/за- (брони́ру-ю, -ешь, -ют)** - to reserve; to book
**бронхи́т** - bronchitis
**бро́ня** - reservation
**брю́ки** (*pl.*) - pants
**бу́блик** - bagel
**бу́дущий** - future
  **на бу́дущей неде́ле** - next week
  **в бу́дущем году́** - next year
**Бу́дьте добры́...** - Be so kind as to . . .
**бу́лка** - small white loaf of bread; roll
**бу́лочная** (*adj. decl.*) - bakery
**бульо́н** - bouillon
**бутербро́д** - (open-faced) sandwich
**буты́лка** - bottle
**буфе́т** - buffet
**бухга́лтер** - accountant
**бы**- would (*See 10.7*)
  **я бы хоте́л(а)...** - I would like . . .
**быва́ть** (*imperf.:* **быва́-ю, -ешь, -ют**) - to tend to be
**бы́стро** - quickly
**быть (бу́д-у, -ешь, -ут; был, была́, бы́ло, бы́ли)** - to be
**бюро́** (*indecl.*) - bureau, office
  **бюро́ недви́жимости** - real estate agency
  **туристи́ческое бюро́** - travel agency

## В

**в** - in; at; to (*See 10.6*)
  **в** + *acc.:* **в магази́н** - to: to the store
  **в** + *prep.:* **в магази́не** - at; in: at the store
  **Во ско́лько?** - At what time?
  **Во-пе́рвых..., во-вторы́х...** - In the first place. . . , in the second place. . .
**валто́рна** - French horn
**валю́та** - currency (money)
  **обме́н валю́ты** - currency exchange
**ва́нная** (*adj. decl.*) - bathroom (bath/shower; no toilet)
**ва́режки** (*pl.*) - mittens
**ваш (ва́ше, ва́ша, ва́ши)** - your (*formal or plural*)
**ввести́** - to introduce; to mention for the first time
  **ввести́ поня́тие** - to introduce a concept
**вво́дный** - introductory
**ведь [вить]** - you know, after all (*filler word; never stressed*)
**везти́: Вы везёте литерату́ру?** - Are you taking literature with you?
**век** - century
**велосипе́д** - bicycle
**ве́рно** - it's correct; correctly
**верну́ться** (*perf.; see* **возвраща́ться**)- to return
**ве́рующий** (*adj. decl.*) - believer
**весёлый (ве́село)** - cheerful; happy; fun
  **Нам бы́ло ве́село.** - It was fun for us; we had a good time.
**весна́, весно́й** - spring; in the spring (*See 2.4*)
**вести́ (вед-у́, -ёшь, -у́т) курс** - to teach (*lit.* conduct) a course
**весь (всё, вся, все)** - all; entire
  **весь день**- all day
  **всё ле́то** - all summer
  **всю неде́лю** - all week
**ве́чер** (*pl.* **вечера́**)**(на)**- evening; party
  **До́брый ве́чер!** - Good evening!
**вече́рний** - evening (*adj.*)
**вещь** (*fem.; pl.* **ве́щи, веще́й, веща́м, веща́ми, о веща́х**) - thing
**взять** (*perf.; see* **брать**) - to take

**вид**- type (of something)
**вид тра́нспорта** - means of transportation
**вид спо́рта** - type of sports; (individual) sport (*See 8.2*)
**видеокассе́та** - video cassette
**видеомагнитофо́н**- video cassette recorder
**ви́деть/у- (ви́ж-у, ви́д-ишь, -ят)** - to see (*See 3.3*)
**ви́димо**- evidently
**ви́за** - visa
**виктори́на** - quiz show
**виногра́д** - grapes
**виолонче́ль** (*fem.*) - cello
**висе́ть (виси́т, вися́т)** - to be hanging
**На стене́ вися́т фотогра́фии.** - There are pictures on the wall.
**включа́ть (включа́-ю, -ешь, -ют)/включи́ть (влкюч-у́, -и́шь, -а́т)** - to turn on
**вку́сный** - good, tasty
**вме́сте** - together
**внима́тельно** - carefully
**внук** - grandson
**вну́чка** - granddaughter
**вода́** - water
**возвраща́ться (возвраща́-юсь, -ешься, -ются)/верну́ться (верн-у́сь, -ёшься, -у́тся)** - to return; go back
**во́здух** - air
**возмо́жность** (*fem.*) - possibility
**войти́** (*perf.; see* **входи́ть**) - to enter (by foot)
**вокза́л (на)** - railway station
**волнова́ться** (*imperf.:* **волну́-юсь, -ешься, -ются**) - to worry
**во́лосы** (*pl.*) - hair
**вообще́** - in general
**вообще́ не** - not at all: **Они́ вообще́ не занима́ются.** - They don't study at all.
**вопро́с** - question
**отвеча́ть/отве́тить на вопро́с** - answer a question
**воскресе́нье** - Sunday
**восто́к (на)** - east
**вот...** - here is . . . ; there is . . .
**Вот как?!** - Really?!
**вплоть до** (*чего́*) - even as far/much as
**вполне́** - totally

**врач** (*ending always stressed*) - physician
**зубно́й врач**- dentist
**вре́мя** (*gen., dat., prep.* **вре́мени;** *acc.* **вре́мя;** *nom. pl.* **времена́;** *gen. pl.* **времён**) - time
**на како́е вре́мя** - for what time
**вре́мя го́да** (*pl.* **времена́ го́да**) - season
**Ско́лько сейча́с вре́мени?** - What time is it?
**все** (*See also* **весь**) - all; everybody
**Все зна́ют.** - Everyone knows.
**все студе́нты** - all the students
**всё** (*See also* **весь**) - everything; all
**Всё бы́ло хорошо́.** - Everything was good.
**всё лето** - all summer
**всего́** + *number* - only + *number*
**всё равно́** (*кому́*) - it doesn't matter *to someone;* it's all the same *to someone*
**всё, что ну́жно** - everything necessary
**всегда́** - always
**всё-таки** - nevertheless
**встава́ть (вста-ю́, -ёшь, -ю́т)/встать (вста́н-у, -ешь, -ут)** - to get up
**встреча́ть (встреча́-ю, -ешь, -ют) Но́вый год** - to see in the New Year
**встреча́ться (встреча́-юсь, -ешься, -ются)/встре́титься (встре́ч-усь, встре́т-ишься, -ятся)** - to meet up (with each other)
**вто́рник** - Tuesday
**второ́й** - second
**второ́е** (*adj. decl.*)- main course; entree
**вход** - entrance
**входи́ть (вхож-у́, вхо́д-ишь, -ят)/войти́ (войд-у́, -ёшь, -у́т; вошёл, вошла́, вошли́)** (*во что*) - to enter (by foot; *see 5.5*)
**въезжа́ть (въезжа́-ю, -ешь, -ют)/въе́хать (въе́д-у, -ешь, -ут)** - to enter (by vehicle; *see 5.5*)
**въе́хать** (*perf.; see* **въезжа́ть**) - to enter (by vehicle)
**вы** - you (*formal or plural*)
**вы́бор**- selection
**вы́глядеть** (*imperf.:* **вы́гляж-у, вы́гляд -ишь, -ят**) - to look; appear
**выезжа́ть (выезжа́-ю, -ешь, -ют)/вы́ехать (вы́ед-у, -ешь, -ут)** - to exit (by vehicle; *see 5.5*)
**вы́ехать** (*perf.; see* **выезжа́ть**) - to exit (by vehicle)

**вызыва́ть (вызыва́-ю, -ешь, -ют)/вы́звать (вы́зов-у, -ешь, -ут)** - to summon
**вы́звать врача́** - to call a doctor
**Кого́ вы́звать?** - Who should be asked for? (Person-to-person?)
**выи́грывать (выи́грыва-ю, -ешь, -ют)/вы́играть (вы́игра-ю, -ешь, -ют)** - to win
**вы́йти** (*perf.; see* **выходи́ть**) - to exit (by foot)
**выключа́ть (выключа́-ю, -ешь, -ют)/вы́ключить (вы́ключ-у, -ишь, -ат)** - to turn off (a device)
**вы́нужен (-а, -о, -ы)** - forced
**выпи́сывать (выпи́сыва-ю, -ешь, -ют)/вы́писать (вы́пиш-у, -ешь, -ут)** - to prescribe; to release (from hospital)
**вы́пить** (*perf.*; *see* **пить**) - to drink
**вы́расти** (*perf. past;* **вы́рос, вы́росла, вы́росли**) - to grow up
**высо́кий (не-)** - high; tall (not)
**выступле́ние** - presentation; performance; appearance (in a show)
**вы́учить наизу́сть** (*perf.; see* **учи́ть наизу́сть**) - to memorize; learn by heart
**выходи́ть (выхож-у́, выхо́д-ишь, -ят)/ вы́йти (вы́йд-у, -ешь, -ут;** *imper.* **вы́йди)** - to exit (*See 5.5*)
**Вы сейча́с выхо́дите?** - Are you getting off now?
**вышива́ть** (*imperf.:* **вышива́-ю, -ешь, -ют**) - to embroider
**выясня́ть (выясня́-ю, -ешь, -ют)/вы́яснить (вы́ясн-ю, -ишь, -ят)**- to clarify
**вяза́ть** (*imperf.:* **вяж-у́, вя́ж-ешь, -ут**) - to knit

## Г

**газ** - natural gas
**газе́та** - newspaper
**галантере́я** - men's accessories (*store or department*)
**галере́я** - gallery
**га́лстук** - tie
**гара́ж** (*ending always stressed*) - garage
**гардеро́б** - cloakroom
**гастри́т** - gastritis
**гастроно́м** - grocery store
**где** - where (at) (*See 10.6*)
**где́-нибудь** - somewhere; anywhere (*See 7.5*)
**где́-то** - somewhere; anywhere (*See 7.5*)
**гимна́стика** - gymnastics
**гита́ра** - guitar
**гла́вный** - main
**гла́вное** *or* **са́мое гла́вное** - the main thing
**глаз** (*pl.* **глаза́;** *gen. pl.* **глаз**) - eye
**глото́к**- swallow
**гобо́й** - oboe
**говори́ть (говор-ю́, -и́шь, -я́т)/сказать (скаж-у́, ска́ж-ешь, -ут)** - to talk; to speak; to say; to tell
**Говори́те ме́дленнее.** - Speak more slowly.
**Говоря́т, что...** - They say that . . . ; it is said that . . .
**Да как сказа́ть?** - How should I put it?
**Вы не ска́жете...?** - Could you tell me . . . ?
**Скажи́те, пожа́луйста!** - Please tell me . . .
**год (два, три, четы́ре го́да, пять лет)** - year
*(dative)* **... год (го́да, лет): Мне два́дцать оди́н год.** - I am twenty-one years old. (*See Book 1: 7.4, 8.6*)
**в про́шлом году́** - last year (*See 10.5*)
**годи́тся** - that's fine
**голова́** (*acc. sing.* **го́лову;** *pl.* **го́ловы, голо́в, голова́м, голова́ми, о голова́х**)- head
**головно́й убо́р** - hats
**голубо́й** - light blue
**гольф** - golf
**гора́** (*pl.* **го́ры, гор, гора́м, гора́ми, о гора́х**) - mountain
**гора́здо** - much (*in comparisons*) (*See 6.3*)
**гора́здо ле́гче** - much easier
**го́рло** - throat
**го́род** (*pl.* **города́**) - city
**горя́чий**- hot (*of things, not weather*)
**гости́ная** (*adj. decl.*) - living room
**гости́ница** - hotel
**гость** (*masc. and fem.*) - guest
**быть в гостя́х** - to be at someone's place visiting
**Приезжа́й(те) в го́сти.** - Come for a visit.
**ходи́ть~идти́/пойти́ в го́сти** - to go visiting

**госуда́рственный** - of the government
**Моско́вский госуда́рственный университе́т** - Moscow State University
**гото́в (-а, -ы;** *short-form adj.*) - ready
**гото́вить (гото́вл-ю, гото́в-ишь, -ят)/при-** - to prepare
**гото́вый** - prepared
**гра́дус (5-20 гра́дусов)** - degree
**грампласти́нки** - records (*store or department*)
**гре́бля** - rowing
**грипп** - flu
**грудь** (*fem.*) - chest; breast
**гру́ппа** - group
**гру́стный (гру́стно)** - sad
**Нам бы́ло гру́стно.** - We were sad.
**губа́** (*pl.* **гу́бы, губа́м, губа́ми, о губа́х**) - lip

## Д

**да** - well; but (*unstressed particle*)
**Да как сказа́ть?** - Well, how should I put it?
**да** - yes
**дава́ть (да-ю́, -ёшь, -ю́т)/дать (дам, дашь, даст, дади́м дади́те, даду́т; дал, дала́, да́ли)** - to give (*See 6.5*)
**Дава́й(те) + мы** *form of verb in future* - Let's + *verb* (*See 2.6*)
**Дава́й(те) лу́чше...** - Let's . . . instead
**давле́ние** - pressure: **повы́шенное давле́ние** - high (blood) pressure
**давно́** (+ *present-tense verb*) - for a long time
**да́же** - even
**далёкий (далеко́, недалеко́)** (*от чего́*) - far away; (not) far (*from something*)
**далеко́** - far away
**да́льше** - farther; further (*See 6.3*)
**дари́ть (дар-ю́, да́р-ишь, -ят/по-** - to give a present
**да́ча (на)** - summer home, dacha
**дверь** (*fem.*) - door
**дво́е: дво́е дете́й** - two kids (*in a family*)
**двою́родный брат/двою́родная сестра́** - cousin
**де́вочка** - (little) girl (up till about age 12)
**де́вушка** - girl; young woman
**Де́вушка!** - Excuse me, miss!
**де́душка** - grandfather
**дежу́рный** (*adj. decl., often fem.* **дежу́рная**) - person on duty (*In hotels, this is the equivalent of the* concierge.)
**действи́тельно** - really; truly
**дека́брь** (*ending always stressed*) - December
**декана́т** - dean's office
**деклара́ция** - customs declaration
**де́лать/с- (де́ла-ю, -ешь, -ют)** - to do, to make
**де́ло** (*pl.* **дела́**) - thing; matter; affair
**В то́м-то и де́ло.** - That's just the point.
**В чём де́ло?** - What's the matter?
**Де́ло в том, что...** - The thing is that . . .
**д(е)нь** - day
**День Благодаре́ния** - Thanksgiving Day
**День Незави́симости** - Independence Day
**день рожде́ния** - birthday
**днём** - in the afternoon
**До́брый день!** - Good afternoon!
**весь день** - all day
**С днём рожде́ния!** - Happy birthday! (*See 10.1*)
**де́ньги** (*always plural; gen.* **де́нег**) - money
**дере́вня** (*pl.* **дере́вни, дереве́нь, деревня́м**) - village; countryside (rural area)
**де́рево** (*pl.* **дере́вья, дере́вьев**) - tree
**держа́ть (держ-у́, де́рж-ишь, -ат) сло́во** - to keep one's word
**деся́ток**- ten (*similar to Eng.* dozen)
**детекти́в** - mystery novel or film
**де́ти (дво́е, тро́е, че́тверо дете́й; пять дете́й; де́тям, детьми́, о де́тях)** - children
**деше́вле** - cheaper (*See 6.3*)
**дешёвый (дёшево)** - inexpensive
**джи́нсы** (*pl.*) - jeans
**дива́н** - couch
**дие́та (на)** - diet
**дискоте́ка (на)** - discotheque
**дли́нный** - long
**днём** - in the afternoon
**до** (*чего́*) - until; up to
**до э́того** - before that
**До свида́ния.** - Good-bye.
**добро́** - goodness

**до́брый**- kind
  **Бу́дьте добры́!**- Be so kind as to . . .
  **До́брый ве́чер.** - Good evening.
  **До́брый день.** - Good afternoon.
  **До́брое утро.** - Good morning.
**довезти́** (*perf.*) - to give a lift as far as . . .
  **До** (*чего́*) **не довезёте?** - Would you take me to . . . ?
**дово́льно** - fairly; quite
**догова́риваться (догова́рива-юсь, -ешься, -ются)/договори́ться (договор-ю́сь, -и́шься, -я́тся)** (*с кем*) - to come to an agreement *with someone*
  **Договори́лись.** - Okay. (We've agreed.)
**дождь** (*ending always stressed*) - rain
  **Идёт дождь.** - It's raining.
**до́ктор** - doctor (*used as form of address*)
**докуме́нт** - document, identification
**документа́льный** - documentary
**до́лго** (+ *past-tense verb*) - for a long time
**до́лжен (должна́, должны́)** + *infinitive* - must (*See Book 1: 5.7*)
**до́ллар (два до́ллара, пять до́лларов)** - dollar
**до́льше** - longer (time) (*See 6.3*)
**дом** (*pl.* **дома́**) - home, apartment building
  **до́ма** - (at) home (*answers* **где;** *see 10.6*)
  **домо́й** - (to) home (*answers* **куда́;** *see 10.6*)
**дома́шний** - home (as in homework)
**домохозя́йка** - housewife
**доро́га** - road
  **желе́зная доро́га** - railroad
**дорого́й (до́рого)** - dear; expensive
**доро́же** - more expensive (*See 6.3*)
**доста́точно** - enough
**достопримеча́тельность** (*fem.*) - sight; place; object of note
**до́ступ** - access
**дочь** (*fem.; gen., dat., prep. sg., and nom. pl.* **до́чери;** *instr. sg.* **до́черью; пять дочере́й**) - daughter
**драгоце́нности** - valuables
**друг** (*pl.* **друзья́, друзе́й, друзья́м**) - friend
**друг дру́га** - each other (*See 10.8*)
**друго́й** - other; another; different
**ду́мать (ду́ма-ю, -ешь, -ют)/по-** - to think
  **Сейча́с поду́маю.** - I'll think; Let me think.
**душ** - shower
  **принима́ть душ** - to take a shower
**дя́дя** - uncle

## Е

**евре́й/евре́йка** - Jewish (person)
**европе́йский** - European (*adj.*)
**его́** - his
**еди́нственный** - only
  **еди́нственный ребёнок** - only child
**её** - her, hers
**ездить** ( *mulitidirectional:* **е́зж-у, е́зд-ишь, -ят**) - to go (by vehicle; refers to round trips or habitual motion. *See 4.8*)
**Ерева́н** - Yerevan (capital of Armenia)
**ерунда́**- nonsense
**е́сли** - if
  **Если говори́ть о себе́, то...** - If I use myself as an example, then . . .
  **е́сли... то** - if . . . then
**есть** + *nom.* - there is (*See Book 1: 2.7, 6.4, 8.3*)
  **Здесь есть кни́га.** - There's a book here.
**есть/по-** *and* **съ - (ем, ешь, ест, еди́м, еди́те, едя́т)** - to eat
  **поесть** - to have a bite to eat
  **съесть** - to eat (*something*) up
**е́хать/по-** (*unidirectional:* **е́ду, е́дешь, е́дут**) - to go; to set out (by vehicle; *See 4.8*)
  **Пое́дем!** - Let's go! (by vehicle)
**ещё** - still; yet; else; even (*in comparisons*)
  **Что ещё?** - What else?
  **Этот дом ещё бо́льше.** - This house is even bigger. (*See 6.3*)

## Ж

**жанр** - genre
**жа́ркий (жа́рко)** - hot
  **Нам бы́ло жа́рко.** - We were hot.
**жа́рче** - hotter
**ждать/подо- (жд-у, -ёшь, -ут)** - to wait
**жёлтый** - yellow
**жена́** (*pl.* **жёны**) - wife
**же́нский** - women's
**же́нщина** - woman

**же́ртва** - victim: **стать же́ртвой** - to become a victim
**живо́т** - stomach
**жизнь** (*fem.*) - life
**жили́щные усло́вия** - living conditions
**жить (жив-у́, -ёшь, -у́т; жил, жила́, жи́ли)** - to live
**журна́л** - magazine
**журнали́ст/журнади́стка** - journalist
**журналистика** - journalism

## З

**за** (+ *acc.*) - in exchange for; to (*in a toast*)
**Спаси́бо за письмо́.** - Thank you for the letter.
**заплати́ть за учёбу** - to pay tuition, to pay for schooling
**За на́ших друзе́й!** - To our friends!
**за** (+ *instr.*) - behind (*something*)
**за** (+ *nom.*)
**Что э́то за** (+ *nom.*)**?** - What kind of a . . . is it?
**Что э́то за фильм?** - What kind of film is it?
**заботиться (о чём)** (*imperf.:* **забо́ч-усь, забо́т-ишься, -ятся**) - to take care (*of*); watch out (*for*)
**заброни́рован (-а, -ы)** - reserved
**забыва́ть (забыва́-ю, -ешь, -ют)/забы́ть (забу́д-у, -ешь, -ут)** - to forget
**заве́дующий** (*чем*) - director (*of something*)
**заво́д (на)** - factory
**за́втра** - tomorrow
**за́втрак** - breakfast
**за́втракать/по- (за́втрака-ю, -ешь, -ют)** - to eat breakfast
**загора́ть** (*imperf.:* **загора́-ю, -ешь, -ют**) - to sunbathe
**зада́ние** - assignment
**зада́ча** - task; problem
**реша́ть/реши́ть зада́чи** - to do math problems
**заезжа́ть (заезжа́-ю, -ешь, -ют)/зае́хать (зае́д-у, -ешь, -ут)** - to drop by (by vehicle; *see 5.5*)
**зае́хать** (*perf.; see* **заезжа́ть**) - to drop in (by vehicle; *see 5.5*)
**зайти́** (*perf.; see* **заходи́ть**) - to drop in (by foot; *see 5.5*)
**зака́зывать (зака́зыва-ю, -ешь, -ют)/заказа́ть (закаж-у́, зака́ж-ешь, -ут)** - to order
**зака́нчивать (зака́нчива-ю, -ешь, - ют)/зако́нчить (зако́нч-у, -ишь, -ат)** - to finish
**зака́нчивать университе́т** (*See perf.* **око́нчить университе́т**) - to graduate from college
**закрыва́ть(ся) (закрыва́-ю, -ешь, -ют[ся])/закры́ть(ся) (закро́-ю, -ешь, -ют[ся])** - to close (be closed)
**Закро́й(те)!** - Close (it)!
**закры́т (-а,-о,-ы)** - closed
**заку́пка** - purchase
**заку́ски** - appetizers
**занима́ться (***чем***)** (*imperf.:* **занима́-юсь, -ешься, -ются**) - to be occupied (*with something; see 8.5*); to study (do homework: *cannot take a direct object in acc.*)
**занима́ться спо́ртом** - to play sports *(See 8.2)*
**за́нят (занята́, за́нято, за́няты)** - busy
**заня́тие (на)** (*usually plural:* **заня́тия**) - class(es) (*in college, institute, university*)
**Ты идёшь на заня́тия?** - Are you going to class(es)?
**Ты был на заня́тиях?** - Were you in class(es)?
**за́пад (на)** - west
**за́пах**- smell
**запи́сывать (запи́сыва-ю, -ешь, -ют)/записа́ть (запиш-у́, запи́ш-ешь, -ут)** - to note in writing; to write down
**за́пись** (*fem.*) - recording
**заплати́ть** (*perf.; see* **плати́ть**) - to pay
**запре́тный** - forbidden
**запре́тный плод** - forbidden fruit
**зараба́тывать (зараба́тыва-ю, -ешь, -ют)** - to earn
**заря́дка** - (physical) exercise
**зато́** - but on the other hand
**заходи́ть (захож-у́, захо́д-ишь, -ят)/зайти́ (зайд-у́, -ёшь, -у́т; зашёл, зашла́, зашли́)** - to drop in (*See 5.5*)
**заче́м** - what for

**защища́ть (защища́-ю, -ешь, -ют)/ защити́ть (защищ-у́, защит-и́шь, -я́т)** - to defend

**звать/по- (зов-у́, -ёшь, -у́т; звала́, зва́ли)** - to call (*someone's name*)

**Сейча́с позову́.** - I'll call [him, her] to the phone.

(*acc.*) **зову́т...** - *So-and-so's* name is . . . : **Мою́ сестру́ зову́т...** - My sister's name is . . .

**звони́ть/по- (звон-ю́, -и́шь, -я́т)** (*кому́ куда́*) - to call, to telephone (*someone, somewhere; see 3.2*)

**звон(о́)к** (*ending always stressed*) - ring; bell; phone call

**зда́ние** - building

**здесь** - here (*See 10.6*)

**здо́рово** (*short form, neuter only*) - great; fantastic

**Как здо́рово!** - That's great!

**здоро́вый (не-)** - healthy (un-)

**здоро́вье** - health

**Здра́вствуй(те)!** - Hello.

**зелёный** - green

**зима́, зимо́й** - winter; in the winter (*See 2.4*)

**знако́мство**- acquaintance; friendship

**знако́мый** (*adj. decl.*) - friend

**знамени́тый** - famous

**знать (зна́-ю, -ешь, -ют)** - to know

**зна́чит** - it means; so

**Зна́чит, ты понима́ешь?** - You mean you understand?

**Зна́чит так.** - Let's see . . .

**зову́т** (*See* **звать**) - they call

**зоологи́ческий сад** - zoo

**зоопа́рк** - zoo

**зуб** - tooth

## И

**и** - and (*See Book 1: 3.8*)

**игра́** (*pl.* **и́гры**) - game

**игра́ть (игра́-ю, -ешь, -ют)/сыгра́ть (сыгра́ю, -ешь, -ют)** - to play

**игра́ть** (*на чём*) - to play (*a musical instrument; see 8.3*)

**игра́ть** (*во что*) - to play (*a game or sport; see 8.1*)

**игру́шка**- toy

**идти́** ( *unidirectional:* **ид-у́, -ёшь, у́т)/пойти́ (пойд-у́, -ёшь, -у́т; пошёл, пошла́, пошли́)** - to go (on foot, or within city; *see 4.8*)

**Идёт дождь (снег).** - It is raining (snowing).

**Идёт фильм.** - A film is playing.

**Пошли́!** - Let's go!

**из** (*чего́*) - from (*See 10.6*)

**На́ша семья́ из Росси́и.** - Our family is from Russia.

**изве́стный** - famous

**Извини́те!** - Excuse me.

**изуча́ть** (*imperf.:* **изуча́-ю, -ешь, -ют**) - to study (a subject in school; *must take a direct object*)

**ико́на** - religious icon

**икра́** - caviar

**и́ли** - or

**и́менно** - exactly; precisely

**име́ть ребёнка** - to have a baby

**импрессиони́ст** - impressionist

**имэ́л** (usually written in English: **e-mail**) - e-mail

**и́мя** (*neut.; gen., dat., prep. sg.* **и́мени;** *instr. sg.* **и́менем;** *nom. pl.* **имена́**) - first name

**Как ва́ше и́мя?** - What's your first name?

**инде́йка** - turkey

**инжене́р** - engineer

**иногда́** - sometimes

**иностра́н(е)ц/иностра́нка** - foreigner

**иностра́нный** - foreign

**институ́т** - institute (*institution of post-secondary education*)

**Институ́т иностра́нных языко́в** - Institute of Foreign Languages

**интере́сный (не-)** - (un)interesting

**интересова́ться** (*imperf.:* **интересу́-юсь, -ешься, -ются**) (*чем*) - to be interested (*in something; see 8.5*)

**инфекцио́нный** - infectious

**информа́ция** - information

**Ирку́тск** - Irkutsk (city in Siberia)

**иска́ть/по- (ищ-у́, и́щ-ешь, -ут)** - to search; look for

**и́скренне** - sincerely

**иску́сство** - art

**испа́н(е)ц/испа́нка** - Spanish (person)
**испа́нский (язы́к)** - Spanish (*adj.*)
**исправля́ть (исправля́-ю, -ешь, -ют)/ испра́вить (испра́вл-ю, испра́в-ишь, -ят)** - to correct
**истори́ческий** - history
**исто́рия** - history
**италья́н(е)ц/италья́нка** - Italian (person)
**италья́нский (язы́к)** - Italian (*adj.*)
**их** - their, theirs
**ию́ль** - July

## К

**к** (*чему́, кому́*) - toward; to someone's place (*See 2.7*)
  **Мы идём к тебе́** - We're going to your place.
  **к сожале́нию** - unfortunately
  **к восьми́ утра́** - by eight a.m.
**кабине́т** - office
**ка́ждый** - each; every
**ка́жется** (*кому*) - it seems (*to someone*)
  **Мне ка́жется, что э́то интере́сно.** - It seems to me that that's interesting.
**как** - how; as
  **Как же так?** - How come?! How can that be?
  **Как ва́ше и́мя (ва́ше о́тчество, ва́ша фами́лия)?** - What's your first name (patronymic, last name)?
  **Как зову́т** (+ *acc.*) - What is . . . 's name?
  **Как называ́ется (называ́ются)...?** - What is (are) . . . called? (*said of things, not people*)
  **Как по-ру́сски...?** - How do you say . . . in Russian?
  **Как тебе́ (вам) сказа́ть?** - How should I put it? (*filler; used to introduce information*)
  **как то́лько** - as soon as
  **Как ты?** - How are you? (*informal*)
**ка́к-нибудь** - somehow; anyhow (*See 7.5*)
**ка́к-то** - somehow; anyhow (*See 7.5*)
**како́й** - what kind of; which
  **Како́й сего́дня день?** - What day is it?
  **Како́го числа́...?** - (On) what date . . . ?
  **Како́го цве́та...?** - What color is/are . . . ?
  **На каки́х языка́х вы говори́те?** - What languages do you speak?
  **На како́м языке́ вы говори́те?** - What language do you speak?
**како́й-нибудь** - some sort of; any sort of (*See 7.5*)
**како́й-то** - some sort of; any sort of (*See 7.5*)
**календа́рь** (*ending always stressed*) - calendar
**ка́мера хране́ния** - luggage storage room
**Кана́да** - Canada
**кана́д(е)ц/кана́дка** - Canadian (person)
**капу́ста**- cabbage
**каранда́ш** (*ending always stressed*) - pencil
**каратэ́** (*indecl.*) - karate
**ка́рта** - card; map
**карто́фель (карто́шка)** - potato(es)
**ка́рточка** - card
  **креди́тная ка́рточка** - credit card
**каса́ться** (*imperf.:* **каса́ется, каса́ются**) (*чего́*)- to have to do (*with something*)
  **Что каса́ется** (*чего́*) - With regard (*to something*)
**ка́сса** - cash register
**кассе́та** - cassette
**кассе́тник**- cassette player
**кассе́тный магнитофо́н (кассе́тник)** - cassette player
**ката́ние** - riding
  **фигу́рное ката́ние** - figure skating
**ката́ться/по- (ката́-юсь, -ешься, -ются)** - to ride
  **ката́ться на велосипе́де** - to ride a bicycle
  **ката́ться на конька́х** - to skate
  **ката́ться на лы́жах** - to ski
  **ката́ться на ро́ликах** - to roller skate
**кафе́ [кафэ́]** (*indecl.*) - café
**ка́федра (на)** - department
  **ка́федра ру́сского языка́** - Russian department
  **ка́федра англи́йского языка́** - English department
**кафете́рий** - restaurant-cafeteria
**ка́ша** - cereal, grain
**ка́шлять** (*imperf.:* **ка́шля-ю, -ешь, -ют**) - to cough
**кварти́ра** - apartment
**Квебе́к** - Quebec
**ке́гли** - bowling

**киломе́тр** - kilometer
**кино́** (*indecl.*) - the movies
**кинотеа́тр** - movie theater
**кио́ск** - kiosk; stall; booth
**кита́(е)ц** (*pl.* **кита́йцы)/китая́нка** - Chinese (person)
**кита́йский (язы́к)** - Chinese (*adj.*)
**кларне́т**- clarinet
**класс** - class, year of study in grade school or high school
**класси́ческий** - classical
**кли́мат** - climate
**ключ** (*pl.* **ключи́**) (*от чего*) - key (*to something*)
**кни́га** - book
**кни́жный** - book, bookish (*adj.*)
**ков(ё)р** (*ending always stressed*) - rug
**когда́** - when
**когда́-нибудь** - sometime; anytime; ever (*See 7.5*)
**когда́-то** - sometime; anytime; ever (*See 7.5*)
**код** - code
  **код го́рода** - area code
**колбаса́** - sausage
**колго́тки** (*pl.*) - pantyhose
**коле́но** (*pl.* **коле́ни**) - knee
**кома́нда** - team
**коме́дия** - comedy
**ко́мик** - comic
**коммерса́нт** - businessperson
**комме́рческий** - commercial, trade
**компа́кт-ди́ск** (**CD** *or* **Си-Ди́**) - compact disk
**ко́мплекс** - complex; center
**компью́тер** - computer
**компью́терная те́хника** - computer science
**коне́чно** - of course
**контро́льная рабо́та** - quiz; test
**конце́рт (на)** - concert
**конча́ться (конча́-ется, -ются)/ко́нчиться (ко́нч-ится, -атся)** - to come to an end
**копе́йка (две копе́йки, пять копе́ек)** - kopeck
**коридо́р** - hallway, corridor
**кори́чневый** - brown
**корми́ть/по- (кормл-ю́, ко́рм-ишь, -ят)** - to feed (provide food)
**коро́бка** - box
**коро́ткий** - short
**коро́че** - shorter (*See 6.3*)
**костю́м** - suit
**котле́ты по-ки́евски** - chicken Kiev
**кото́рый** - which; that; who (*as relative pronoun; see 7.3*)
**ко́фе** (*masc., indecl.*) - coffee
  **чёрный ко́фе** - black coffee
  **ко́фе с молоко́м** - coffee with milk
**краси́вый (не-)** - pretty (ugly)
**кра́сный** - red
**красота́** - beauty
**креди́тный** - credit
  **креди́тная ка́рточка** - credit card
**Кремль** (*endings always stressed*) - Kremlin
**кре́сло** - armchair
**крича́ть/за- (крич-у́, -и́шь, -а́т)** - to scream
**крова́ть** (*fem.*) - bed
**кровь** (*fem.*) - blood
  **ана́лиз кро́ви** - blood test
**кроме** (*чего́*) - besides; except
  **кро́ме того́** - besides; in addition
**кроссо́вки** (*pl.*)- athletic shoes
**кружи́ться (круж-у́сь, кру́ж-ится, -атся)** - to be spinning
  (*у кого́*) **кру́жится голова́** - (*someone*) feels dizzy
**кто** - who; what (*when asking about professions*)
  **Кто вы (по профе́ссии)?** - What do you do for a living?
  **Кто... по национа́льности?** - What is . . . 's nationality?
**кто́-нибудь** - someone; anyone (*See 7.5*)
**кто́-то**- someone; anyone (*See 7.5*)
**куда́** - (to) where (*See 10.6*)
**куда́-нибудь** - (to) somewhere; (to) anywhere (*See 7.5*)
**куда́-то** - (to) somewhere; (to) anywhere (*See 7.5*)
**купа́льник** - woman's bathing suit
**купа́ться/по- (купа́-юсь, -ешься, -ются)** - to swim
**купи́ть** (*perf.; see* **покупа́ть**) - to buy
**кури́ть/по- (кур-ю́, ку́р-ишь, -ят)** - to smoke
**ку́рица** - chicken
**курс (на)** - class, year of study in institution of higher education

**ку́ртка** - jacket
**кусо́к (кусо́чек)** - piece
**ку́хня (на)** - kitchen; cuisine

## Л

**лаборато́рия** - laboratory
**ла́дно** - okay
**лакро́сс** - lacrosse
**ла́мпа** - lamp
**ланге́т** - fried steak
**лёгкий (легко́)** - easy
  **Нам бы́ло легко́.** - It was easy for us.
  **лёгкая атле́тика** - track
**ле́гче** - easier (*See 6.3*)
**лежа́ть/по- (леж-у́, -и́шь, -а́т) (в больни́це)** - to lie; to be (in the hospital)
**лека́рство** (*от чего́*) - medicine (*for something*)
  **принима́ть лека́рство** - to take medicine
**ле́кцияца (на)** - lecture
**ле́стница** - stairway
**лет** (*see* **год**) - years
  **Ско́лько** (*кому́*) **лет?** - How old is . . . ?
**лете́ть/по-** (*unidirectional:* **леч-у́, лет-и́шь, -я́т**) - to fly
**ле́то, ле́том** - summer; in the summer (*See 2.4*)
**лечи́ть(ся)/вы́- (леч-у́[сь], ле́ч-ишь[ся], -ат[ся])** - to treat; cure (be treated; be cured)
**лечь (спать)** (*perf.; see* **ложи́ться**) - to lie down (to sleep), to go to bed
**ли** - if; whether (*See 2.8*)
**лимо́н** - lemon
**лимона́д** - soft drink; lemonade
**лингафо́нный кабине́т** - language laboratory
**лингвисти́ческий** - linguistic
**литерату́ра** - literature
**лифт** - elevator
**ли́чно** - personally
**ложи́ться (лож-у́сь, -и́шься, -а́тся)/лечь (ля́гу, ля́жешь, ля́гут; лёг, легла́, легли́) (спать)** - to lie down (to sleep), to go to bed
**лома́ть/с- (лома́-ю, -ешь, -ют)** (*себе́ что*) - to break
**Ло́ндон** - London
**Лос-Анджелес** - Los Angeles
**лук** (*always sing.*) - onion(s)
**лу́чше** - better (*See 6.3*)
  **Мне сейча́с лу́чше.** - I feel better now.
**лы́жи** (*pl.*)- skis
**люби́мый** - favorite; beloved
**люби́тельский** - amateur
**люби́ть (любл-ю́, лю́б-ишь, -ят)** - to love

## М

**магази́н** - store
**магнитофо́н** - tape recorder
**май** - May
**ма́йка** - T-shirt
**ма́ленький** - small; little
**ма́ло** (*чего́*) - few; (too) little
  **Тут ма́ло воды́.** - There's little water here.
**ма́льчик** - (little) boy
**ма́ма** - mom
**март** - March
**ма́сло** - butter
**ма́стер** (*pl.* **мастера́**) - skilled workman
**матема́тика** - mathematics
**матрёшка** - Russian nested doll
**матч** - (sports) match
**мать** (*gen., dat., prep. sg., and nom. pl.* **ма́тери;** *instr. sg.* **ма́терью; пять матере́й**) - mother
**маши́на** - car
**ме́бель** (*fem., always sing.*) - furniture
**медбра́т** (*pl.* **медбра́тья**)- nurse (male)
**медици́на** - medicine
**медици́нский** - medical
**ме́дленно** - slowly
**медсестра́** (*pl.* **медсёстры**) - nurse (female)
**междунаро́дный** - international
  **междунаро́дные отноше́ния** - international affairs
**мексика́н(е)ц/мексика́нка** - Mexican (person)
**мел** - chalk
**ме́неджер** - manager
**ме́нее: тем не ме́нее** - nevertheless
**ме́ньше** - smaller; less; fewer (*See 6.3*)
**меню́** (*neut.; indecl.*) - menu
**ме́рить/из- (ме́р-ю, -ишь, -ят)** - to measure
**ме́сто** (*pl.* **места́**) - place
  **ме́сто рабо́ты** - place of work

**ме́сяц (два, три, четы́ре ме́сяца; пять ме́сяцев)** - month
**метр** - meter (*unit of measurement*)
**метро́** (*indecl.)* - metro; subway
**мечта́ть** + *infinitive* (*imperf.:* **мечта́-ю, -ешь, -ют**) - to dream *of doing something*
**минера́льный** - mineral (*adj.*)
**минера́льная вода́** - mineral water
**ми́нус** - minus
**мину́та** - minute
**ско́лько мину́т** - how many minutes
**мину́точка: Одну́ мину́точку!** - Just a moment!
**мла́дший** - younger; youngest
**мла́дшая сестра́** - younger sister
**мно́го** (*чего́*) - much; many
**У нас мно́го книг.** - We have lots of books.
**мо́жно** *with dative + infinitive* - it is possible (*See Book 1: 8.6*)
**(Мне) мо́жно посмотре́ть кварти́ру?** - May I look at the apartment?
**мой (моё, моя́, мои́)** - my
**Молоде́ц! (Како́й ты [он, она́,** *etc.*]) **молоде́ц!**) - Good show! (*lit.* Good fellow, *but used for both sexes*)
**молодо́й** - young
**Молодо́й челове́к!** - Excuse me, sir!
**моло́же** (*кого на х лет*) - younger (*than someone by x years*)
**Дочь моло́же сы́на на 2 го́да.** - The daughter is younger than the son by two years.
**молоко́** - milk
**моло́чный** - milk; dairy (*adj.*)
**мо́ре** (*pl.* **моря́, море́й**) - sea
**морко́вь** (*fem.*) - carrot(s)
**моро́женое** (*adj. decl.*) - ice cream
**моро́з** - frost; intensely cold weather
**Москва́** - Moscow
**моско́вский** - Moscow (*adj.*)
**мочь/с- (мог-у́, мо́ж-ешь, мо́г-ут; мог, могла́, могли́)** - to be able (*See 3.4*)
**мо́жет быть** - maybe
**Не мо́жет быть!** - That's impossible!
**мо́щный** - powerful
**муж** (*pl.* **мужья́, муже́й**) - husband
**мужско́й** - men's
**мужчи́на**- man; male
**музе́й** - museum
**му́зыка** - music
**музыка́льный** - musical
**музыка́льный инструме́нт** - musical instrument
**музыка́нт**- musician
**мультфи́льм** - cartoon
**мы** - we
**мы с** (+ *instrumental:* **мы с ма́мой, мы с бра́том,** *etc.*) - *so-and-so* and I (*See Book 1: 9.2*)
**мю́зикл** - musical
**мясно́й** - meat (*adj.*): **мясно́е ассорти́** - cold cuts assortment
**мя́со** - meat
**мяч** (*ending always stressed*) - ball

## Н

**на** - on; at; in; to (*See 10.6*)
**на** + *acc.*: **на рабо́ту** - to: to work
**на** + *prep.*: **на рабо́те** - at: at work
**На!** - Here it is; take it. (*Said when handing someone something — use only with someone on* ***ты***)
**набира́ть (набира́-ю, -ешь, -ют)/набра́ть (набер-у́, -ёшь, -у́т)** - to dial
**наве́рное** - probably
**награждён (награжден-а́, -ы́)** - awarded
**наде́яться** (*imperf.:* **наде́-юсь, -ешься, -ются**) - to hope
**на́до** *with dative + infinitive* - it is necessary (*See Book 1: 8.6*)
**Кому́ на́до рабо́тать?** - Who has to work?
**наза́д** - ago
**называ́ться** (*imperf.:* **называ́-ется, -ются**) - to be called (*used for things, not people or animals; see 7.1*)
**наибо́лее** + *adj.* - the most
**наизу́сть** - by heart
**вы́учить наизу́сть** - to learn by heart
**наконе́ц** - finally
**нале́во** - to the left
**написа́ть** (*perf.; see* **писа́ть**) - to write

**напи́т(о)к** - drink
**направле́ние** - authorization document; letter of introduction
**напра́во** - to the right
**наприме́р** - for example; for instance
**напро́тив** (*чего́*) - opposite (*something*)
**на́сморк** - nose cold; stuffed nose; runny nose
**настоя́щий** - real; genuine
**наступа́ющий** - approaching (holiday)
**нау́ка** - science
**нау́чный** - science (*adj.*)
**нау́чная фанта́стика** - science fiction
**находи́ть (нахож-у́, нахо́д-ишь, -ят)/найти́ (найду́, -ёшь, -у́т; нашёл, нашла́, нашли́)** - to find
**находи́ться (нахо́дится, нахо́дятся)** - to be located (*See 4.4*)
**национа́льность** (*fem.*) - nationality
**по национа́льности** - by nationality
**национа́льный** - national
**начина́ть(-ся) (начина́-ю, -ешь, -ют)/ нача́ть(-ся) (начн-у́, -ёшь, -у́т; на́чал, начала́, на́чали)** - to begin; (to be begun)
**наш (на́ше, на́ша, на́ши)** - our
**не** - not (*negates following word*)
**нева́жно** - not too well; poorly
**невозмо́жно** (*with dative + infinitive*) - impossible (*See 9.3*)
**неда́вно** - recently
**недалеко́** - not far
**неде́ля** - week
**на э́той (про́шлой, бу́дущей) неде́ле** - this (last, next) week
**незави́симость** (*fem.*) - independence
**День Незави́симости** - Independence Day
**незнако́мый** (*adj. decl.*) - stranger
**нельзя́** (*with dative + infinitive*) - forbidden, not allowed (*See Book 1: 8.6, 9.3*)
**Мне нельзя́ пить.** - I'm not allowed to drink.
**не́м(е)ц/не́мка** - German (person)
**неме́цкий** - German (*adj.*)
**немно́го (немно́жко)** - a little
**Немно́го о себе́.** - A bit about myself (yourself).
**неплохо́й** - pretty good
**непра́вильно** - incorrectly; irregularly
**не́сколько** (*чего́*) - several; a few
**несмотря́** (*на + acc.*)- regardless (*of something*)
**нет** - no
**нет** (*чего́*) - there is no(t) (*See Book 1: 6.5, 8.3*)
**Здесь нет университе́та.** - There's no university here.
**неуже́ли** - Really . . . ?
**ни..., ни...** - neither . . . nor . . .
**У нас нет ни га́за, ни горя́чей воды́.** - We have neither gas nor hot water.
**нигде́ (не)** - nowhere; not anywhere (*See 7.4*)
**ни́зкий** - low
**ника́к (не)** - no way (*See 7.4*)
**ника́к не могу** - I just can't
**никако́й (не)** - no kind of; not any (*See 7.4*)
**никогда́ (не)** - never; not ever (*See 7.4*)
**никто́ (не)** - no one; not anyone (*See 7.4*)
**никуда́ (не)** - (to) nowhere; not to anywhere (*See 7.4*)
**ничего́ (не)** - nothing; not anything (*See 7.4*)
**Ничего́.** - It's nothing; It's no bother; No problem.
**Ничего́ себе́!** - That's really something!
**но** - but (*See Book 1: 3.8*)
**нового́дний** - New Year's (*adj.*)
**но́вости** (*pl.*) - news
**но́вый**- new
**Новый год** - New Year
**нога́** (*acc. sing.* **ногу;** *pl.* **ноги, ногам, ногами, о ногах**) - leg; foot
**но́мер** (*pl.* **номера́**) - room (in hotel or dormitory); telephone *or* adddress number
**норма́льно**- in a normal way
**нос** (*где —* **в носу́, на носу́**) - nose
**носки́** (*pl.*) - socks
**ночь** (*fem.*) - night
**но́чью** - at night
**Споко́йной но́чи!** - Good night!
**ноя́брь** (*ending always stressed*) - November
**нра́виться/по- (нра́вится, нра́вятся)** - to be pleasing to (*See 6.1*)
**ну** - well . . .
**ну́жен (нужна́, ну́жно, нужны́)** - necessary; needed (*See 7.2*)
**Что ещё ну́жно?** - What else is needed?

**нýжно** (*with dative + infinitive*) - it is necessary (*See Book 1: 8.6*)

**Комý нýжно рабóтать?** - Who has to work?

**Нью-Йóрк** - New York

## О

**о** (+ *prepositional*), **об** (*before words beginning with the vowels* **а, э, и, о,** *or* **у**) - about (*See Book 1: 7.9*)

**обéд** - lunch

**обéдать/по- (обéда-ю, -ешь, -ют)** - to have lunch

**обещáть** (*комý*) (*imperf.:* **обеща-ю, -ешь, -ют**)- to promise (*to someone*)

**обзóрный** - survey (*adj.*)

**обзóрное упражнéние** - survey (review) exercise

**обмéн** - exchange

**обмéнивать (обмéнива-ю, -ешь, -ют)/ обменя́ть (обменя́-ю, -ешь, -ют) (дóллары на рубли́)** - to exchange (dollars for rubles)

**образовáние** - education

**вы́сшее образовáние** - higher education

**обслýживание** - service (*business to customer*, not "duty")

**óбувь** (*fem.*) - footwear

**общежи́тие** - dormitory

**óбщество** - society

**óбщий** - common; general

**объясня́ть (объясня́-ю, -ешь, -ют)/ объясни́ть (объяс-ю́,-и́шь,-я́т)** - to explain

**обыкновéнный (не-)** - ordinary (unusual)

**обы́чно** - usually

**обязáтельно** - surely

**óвощи** (*pl.*) - vegetables

**овощнóй** - vegetable (*adj.*)

**огрóмный**- gigantic; huge

**Огрóмное спаси́бо!** - Thank you very much!

**огур(é)ц** (*ending always stressed*) - cucumber

**одарённый**- gifted

**одевáться** (*imperf.:* **одевá-юсь, -ешься, -ются**) - to get dressed

**одéжда** - clothing

**одéт (-а, -ы;** *short-form adj.*) - dressed

**оди́н (однá, однó, одни́)** - one

**Однý минýточку!** - Just one moment!

**одинóкий**- alone; lonely

**однорáзовый** - single-use; disposable

**однорáзовый шприц** - disposable needle

**ой** - oh

**Оказáлось, что...** - It turned out

**окнó** (*pl.* **óкна**) - window

**окончáние институ́та** - graduation (from an institute)

**окóнчить (окóнч-у, -ишь, -ат) университéт** (*perf.; see imperf.* **закáнчивать**)- to graduate (from college)

**октя́брь** (*ending always stressed*) - October

**Олимпийский** - Olympic

**Олимпи́йские и́гры** - the Olympics

**он** - he, it (*See Book 1: 2.3*)

**онá** - she, it (*See Book 1: 2.3*)

**они́** - they (*See Book 1: 2.3*)

**онó** - it (*See Book 1: 2.3*)

**опáздывать (опáздыва-ю, -ешь, -ют)/ опоздáть (опоздá-ю, -ешь, -ют)** - to arrive late

**Я не опоздáл(а)?** - Am I late?

**оперáтор** - telephone operator

**óсень, óсенью** - autumn; in the autumn (*See 2.4*)

**осмóтр** - examination (*as in* medical examination)

**оснóва** - basis: **стать оснóвой** - to become the basis for

**оставля́ть (оставля́-ю, -ешь, -ют)/остáвить (остáвл-ю, остáв-ишь, -ят)** - to leave (*something behind*)

**останóвка (автóбуса, трамвáя, троллéйбуса)** - (bus, tram, trolley) stop

**остáться** (*perf., often used in past tense for present meaning*) - to remain; to be left.

**У нас остáлся час.** - We have an hour left.

**от** (*чегó*) - from; from someone's place

**Мы пришли́ сюдá от Жéни.** - We came here from Zhenya's house.

**отвечáть (отвечá-ю, -ешь, -ют)/ответить (отвéч-у, отвéт-ишь, -ят)** (*комý, на что*) - to answer (*someone, something*)

**отдéл** - department

**отдыхáть (отдыхá-ю, -ешь, -ют)/отдохнýть (отдохн-ý, -ёшь, -ýт)** - to rest

**от(е́)ц** (*ending always stressed*) - father
**оте́чественный** - domestic (not foreign)
**открыва́ть(ся) (открыва́-ю, -ешь, -ют)/ откры́ть(ся) (откро́-ю, -ешь, -ют)** - to open; (to be opened)
**Откро́й(те)!**- Open!
**откры́тка** - postcard
**откры́ть(ся)** (*perf.; see* **открыва́ть(ся)/ откры́ть(ся)** - to open; (to be opened)
**отку́да** - from where (*See 10.6*)
**Отку́да вы (ты)?** - Where are you from?
**Отку́да вы зна́ете ру́сский язы́к?** - How do you know Russian?
**отли́чный** - excellent
**отмеча́ть** (*что*) (*imperf.:* **отмеча́-ю, -ешь, -ют**) - to celebrate *a holiday*
**отноше́ние** - relation(ship)
**междунаро́дные отноше́ния** - international affairs
**отойти́** (*perf.; see* **отходи́ть**) - to step away
**отпусти́ть** (*perf.:* **отпущ-у́, отпу́ст-ишь, -ят**) - to release
**отстава́ть (отста-ю́, -ёшь, -ю́т)/отста́ть (отста́н-у, -ешь, -ут)** - to lag behind
**отсю́да** - from here (*See 10.6*)
**отту́да** - from there (*See 10.6*)
**отходи́ть (отхож-у́, отхо́д-ишь, -ят)/отойти́ (отойд-у́, -ёшь, -у́т)** - to depart (*See 5.5*)
**о́тчество**- patronymic (*See Book 1: 1.2*)
**Как ва́ше о́тчество?** - What's your patronymic?
**отъезжа́ть (отъезжа́-ю, -ешь, -ют)/отъе́хать (отъе́д-у, -ешь, -ут)** - to back away (by vehicle; *see 5.5*)
**отъе́хать** (*perf.; see* **отъезжа́ть**) - to back away (by vehicle)
**о́чень** - very; very much
**о́чередь** (*fem.*) - line (of people waiting); queue
**очки́** (*pl.*) - eyeglasses
**оши́бка** - mistake

## П

**па́дать (па́да-ю, -ешь, -ют)/упа́сть (упад-у́, -ёшь, -у́т; упа́л, -а, -и)** - to fall
**па́л(е)ц** (*pl.* **па́льцы**) - finger; toe
**пальто́** (*indecl.*) - overcoat
**па́мятник** - monument
**па́па** - dad
**па́ра** - (double) class period (=90 minutes); couple
**на па́ру часо́в** - for a couple of hours
**парк** - park
**паро́дия** - parody
**па́русный спорт** - sailing
**парфюме́рия** - cosmetics (store or department)
**па́спорт** (*pl.* **паспорта́**) - passport
**В па́спорте стои́т...** - In my passport it says . . .
**Па́сха** - Passover; Easter
**па́хнет** - it smells
**Как вку́сно па́хнет!** - How good it smells!
**паца́н** - kid
**педаго́гика** - education (*a subject in college*)
**педагоги́ческий** - pedagogical
**пельме́ни** (*pl.*) - pelmeni (Ukrainian dumplings)
**пеницилли́н** - penicillin
**пе́нсия**- pension
**Они́ на пе́нсии.** - They're retired.
**пе́рвый** - first
**пе́рвое** (*adj. decl.*) - first course (always soup)
**перево́дчик** - translator
**передава́ть (переда-ю́, -ёшь, -ю́т)/переда́ть (пере-да́м, -да́шь, -да́ст, -дади́м, -дади́те, -даду́т; переда́л, передала́, переда́ли)** (*кому́*) - to convey; to broadcast; to pass (something) (*See 6.5*)
**Передайте, что...** - Pass on that . . .
**Что переда́ть?** - What should I pass on? (Any message?)
**переда́ча** - broadcast; TV/radio program
**переезжа́ть (переезжа́-ю, -ешь, -ют)/ перее́хать (перее́д-у, -ешь, -ут)** (*куда́*) - to move, to take up a new living place
**пережива́ть (пережива́-ю, -ешь, -ют)/ пережи́ть (пережив-у́, -ёшь, -у́т)** - to live through; experience
**перезва́нивать (перезва́нива-ю, -ешь, -ют)/ перезвони́ть (перезвон-ю́, -и́шь, -я́т)** - to call back
**перенести́** (*perf.*) - to bear

**переписываться** (*imperf.:* **переписыва-юсь, -ешься, -ются**) (*с кем*) - to correspond (by mail) (*with someone*)
**пéр(е)ц** - pepper
**перó** - quill: **Егó перý принадлежáт пьéсы...** - The plays . . . are a product of his pen.
**перчáтки** (*pl.*) - gloves
**петь/с-** (**по-ю́, -ёшь, -ю́т**) - to sing
**пешкóм** - on foot
**пиджáк** - suit jacket
**писáтель** - writer
**писáть/на-** (**пиш-ý, пи́ш-ешь, -ут**) - to write
**пи́сьменный** - writing
**пи́сьменный стол** - desk
**письмó** (*pl.* **пи́сьма**) - letter
**пить (пь-ю, -ёшь, -ют; пил, пилá, пи́ли)/вы́- (вы́пь-ю, -ешь, -ют; вы́пил, вы́пила, вы́пили)** - to drink
**пи́цца** - pizza
**пи́ща** - food
**плáвание** - swimming
**плáвать** (*imperf.:* **плáва-ю, -ешь,-ют**) - to swim
**плáвки** (*pl.*) - swimming trunks
**пласти́нка** - record
**плати́ть/за- (плач-ý, плáт-ишь, -ят)** (*за + acc.*) - to pay (*for something*)
**Кто заплáтит за кни́гу?** - Who will pay for the book?
**Плати́те в кáссу**. - Pay the cashier.
**плáтный** - for pay; requiring payment
**плат(ó)к** (*ending always stressed*) - (hand)kerchief
**плáтье** - dress
**плащ** (*ending always stressed*) - raincoat
**племя́нник** - nephew
**племя́нница** - niece
**плёнка** - photo film
**плечó** (*pl.* **плéчи, плеч, плечáм, плечáми, о плечáх**) - shoulder
**плитá** (*pl.* **пли́ты**) - stove
**плохóй (плóхо)** - bad
**плóщадь (на)** (*fem.*) - square
**плэр: CD [Си-Ди]-плэр** - CD player
**плюс** - plus
**по** - by means of, in, according to; along
**по ýлице** - along the street
**по рáдио (телефóну, телеви́зору)** - by radio (phone, TV)
**сосéд/сосéдка по кóмнате** - roommate
**экзáмен по рýсскому языкý** - Russian exam
**Кто вы по национáльности (по профéссии)?** - What's your nationality (profession)?
**по-** (+ *name of language with no* **-й: по-англи́йски, по-рýсски, по-францýзски,** *etc.*) - in (English, Russian, French, *etc. See Book 1: 3.5*)
**побли́же** - near the front (in movie theater)
**по-вáшему** - in your opinion
**повернýть** (*perf.; see* **поворáчивать**) - to make a turn
**поворáчивать (поворáчива-ю, -ешь, -ют)/ повернýть (поверн-ý, -ёшь, -ýт)** - to make a turn
**Поверни́те напрáво!** - Turn right!
**пóвесть** (*fem.*) - long short story *or* novella
**погóда** - weather
**подáльше** - near the back (in movie theater)
**подари́ть** (*perf.; see* **дари́ть**)
**подáр(о)к** - gift; present
**Я хочý** (*комý*) **сдéлать подáрок.** - I want to give (*someone*) a present.
**подвáл** - basement
**подвергáться (рéпрессиям)** - to be subjected (to repression)
**поднимáть (поднимá-ю, -ешь, -ют)/подня́ть (подним-ý, подни́м-ешь, -ут; пóднял, подня́лá, пóдняли)** - to raise
**поднимáть (тя́жести)** - to lift (weights)
**подойти́** (*perf.; see* **подходи́ть**) - to approach (by foot)
**по-другóму** - in a different way
**подря́д** - one after another
**подтверждáть (подтверждá-ю, -ешь, -ют)/ подтверди́ть (подтверж-ý, подтверд-и́шь, -я́т)** - to confirm
**подýмать** (*perf.; see* **дýмать**) - to think
**Сейчáс подýмаю.** - I'll think; Let me think.
**подходи́ть (подхож-ý, подхóд-ишь, -ят)/ подойти́ (подойд-ý, -ёшь, -ýт)** (*к комý, чемý*) - to approach; to walk up to (*someone, something*) (*See 5.5*)

**Я к вам подойду́.** - I'll come to see you.
**Кто подойдёт...** - anyone (who answers the phone)

**подъезжа́ть (подъезжа́-ю, -ешь, -ют)/ подъе́хать (подъе́д-у, -ешь, -ут)** - to approach (by vehicle; *see 5.5*)

**подъе́хать** (*perf.; see* **подъезжа́ть**) - to approach (by vehicle)

**пое́здка** - trip

**поесть** (*perf.; see* **есть**) - to have a bite to eat

**пое́хать** (*perf.; see* **е́хать**) - to set out; to go (by vehicle)
**Пое́дем...** - Let's go! (by vehicle)

**пожа́луйста** - please; you're welcome

**поза́втракать** (*perf.; see* **за́втракать**) - to eat breakfast

**поздне́е** - later

**по́здно** - late

**по́зже** - later

**пойти́** (*perf.; see* **идти́**)- to set out; to go (by foot)
**пойдём** - let's go
**пойти́ рабо́тать** *куда́* (*perf.*) - to begin to work, to begin a job
**Пошли́!** - Let's go!

**пока́** - for the time being; while; bye-bye
**Пока!** - Bye!
**Пока́ вы бу́дете ждать, мо́жно что́-нибудь пое́сть.** - While you wait you can have something to eat.
**Пока́ мы бу́дем ждать.** - For the time being, we'll wait.

**пока́зывать (пока́зыва-ю, -ешь, -ют)/ показа́ть (покаж-у́, -пока́ж-ешь, -ут)** - to show

**покупа́ть (покупа́-ю, -ешь, -ют)/купи́ть (купл-ю́, ку́п-ишь, -ят)** - to buy

**пол (на полу́;** *ending always stressed*) - floor (as opposed to ceiling)

**полови́на** - half
**полови́на тре́тьего** - half past two (*See 10.5*)

**поле́зный** - useful; profitable

**поликли́ника** - clinic

**полити́ческий**- political

**политоло́гия** - political science

**по́лночь** (*fem.*) - midnight

**положи́ть** (*perf.:* **полож-у́, поло́ж-ишь, -ат) -** to serve (food); to put (in a horizontal position)

**получа́ть (получа́-ю, -ешь, -ют)/получить (получ-у́, полу́ч-ишь, -ат)** - to receive

**по́льзоваться /вос-(по́льзу-юсь, -ешься, -ются)** (*чем*) - to use (*See 8.5*)
**по́льзоваться популя́рностью** - to be popular

**помидо́р** - tomato

**помога́ть (помога́-ю, -ешь, -ют)/помо́чь (помог-у́, помо́ж-ешь, помо́г-ут)** (*кому́*) - to help (*someone*)

**по-мо́ему** - in my opinion

**по́мощь** (*fem.*) - aid; help
**ско́рая по́мощь** - ambulance

**по-на́шему** - in our opinion

**понеде́льник** - Monday

**понима́ть (понима́-ю, -ешь, -ют)/поня́ть (пойм-у́, -ёшь, -у́т; по́нял поняла́, по́няли)** - to understand

**поня́тие** - concept

**поня́тно** - understood

**поня́тный** - understandable

**пообе́дать** (*perf.; see* **обедать**) - to eat lunch

**попа́сть** (*perf.:* **попад-у́, -ёшь, -у́т; попа́л**) - to get (*somewhere*)
**Вы не туда́ попа́ли.** - You have the wrong number.
**Мы попадём в э́тот ресторан?** - Will we get into this restaurant?
**Как попа́сть** (*куда́*)**?** - How does one get to . . . ?

**попроси́ть** (*perf.; see* **проси́ть**) - to request; to ask a favor (*See 9.3*)

**популя́рность** (*fem.*) - popularity
**по́льзоваться популя́рностью** - to be popular

**пора́ньше** - a little earlier (*See 6.3*)

**по́рция** - portion

**поря́док** - order (ranking)

**поря́дочность** (*fem.*) - decency

**посла́ть** (*perf.; see* **посыла́ть**) - to send

**по́сле** (*чего́*) - after

**послеза́втра** - the day after tomorrow

**послужи́ть** (*perf.; see* **служи́ть**) - to serve

**послу́шать** (*perf.; see* **слу́шать**) - to listen (*See 3.3*)
**Послу́шай(те)!** - Listen! Hey!

**посмотре́ть** (*perf.; see* **смотре́ть**) - to watch; to look (*See 3.3*)
**Посмо́трим.** - Let's see.
**посове́товать** (*perf.; see* **сове́товать**) - to advise
**поступа́ть (поступа́-ю, -ешь, -ют)/ поступи́ть (поступл-ю́, посту́п-ишь, -ят)** (*куда́*) - to apply to/enroll (in an institution)
**посыла́ть (посыла́-ю, -ешь, -ют)/посла́ть (пошл-ю́, -ёшь, -ю́т)** -to send
**по-тво́ему** - in your opinion
**поте́ря** - loss; damage
**потол(о́)к** (*ending always, stressed*)- ceiling
**пото́м** - afterwards; then; later
**потому́ что** - because
**поу́жинать** (*perf.; see* **у́жинать**) - to have dinner
**похо́д** - hike
**похо́ж** (**-а, -и**) (*на кого́, что*) - resemble; look like (*See Book 1: 10.1*)
**почему́** - why
**почему́-нибудь** - for some reason (*See 7.5*)
**почему́-то** - for some reason (*See 7.5*)
**почита́ть** (*perf.; see* **чита́ть**) - to read for a little bit
**по́чта (на)** - mail; post office
**электро́нная по́чта** - electronic mail
**Пошли́!** - Let's go!
**пошути́ть** (*perf.; see* **шути́ть**) - to joke
**поэ́зия** - poetry
**поэ́т** - poet
**поэ́тому** - therefore
**пра́в (права́, пра́вы;** *short-form adj.*) - right; correct
**пра́вда** - truth
**Пра́вда?** - Really?
**пра́вильно** - it's correct; proper; correctly; properly
**пра́во** - law (study of)
**пра́здник** - holiday
**С пра́здником!** - Happy holiday! (*See 10.1*)
**пра́здничный** - festive
**пра́ктика** - practice
**предлага́ть (предлага́-ю, -ешь, -ют)/ предложи́ть (предлож-у́, предло́ж-ишь, -ат)** - to offer; propose
**предложи́ть** (*perf.; see* **предлага́ть**) - to offer; propose
**предприя́тие** - business enterprise
**представля́ть (представля́-ю, -ешь, -ют)/ предста́вить (предста́вл-ю, предста́в-ишь, -ят) себе́** - to imagine
**предупрежда́ть (предупрежда́-ю, -ешь, -ют)/предупреди́ть (предупрежд-у́, предупред-и́шь, -я́т)** - to warn
**прекра́сный** - wonderful
**прекраща́ться/прекрати́ться** - to come to an end
**преподава́тель** - (college) instructor
**преподава́тель ру́сского языка́** - Russian language teacher
**престаре́лый** - elderly
**приве́ржен, -а, -о, -ы** - dedicated
**приве́т** - greeting(s)
**приви́вка** - vaccination
**приглаша́ть (приглаша́-ю, -ешь, -ют)/ пригласи́ть (приглаш-у́, приглас-и́шь, -я́т)** - to invite
**приглаше́ние** - invitation
**при́город** - suburb
**пригото́вить** (*perf.; see* **гото́вить**) - to prepare
**приезжа́ть (приезжа́-ю, -ешь, -ют)/ прие́хать (прие́д-у, -ешь, -ут)** - to arrive (by vehicle; *see 5.5*)
**Приезжа́й(те) в го́сти.** - Come for a visit.
**прие́зд** - arrival
**Сприе́здом!** - Welcome! *(to someone from out of town)*
**прие́хать** (*perf.; see* **приезжа́ть**) - to arrive (by vehicle) *(See 5.5)*
**прийти́** (*perf.; see* **приходи́ть**) - to arrive (by foot) *(See 5.5)*
**приключе́нческий**- adventure *(adj.)*
**приме́рно** - approximately
**принести́** (*perf.; see* **приноси́ть**) - to bring
**принима́ть (принима́-ю, -ешь, -ют)/ приня́ть (прим-у́, при́м-ешь, -ут; при́нял, приняла́, при́няли)**- to take
**принима́ть душ** - to take a shower
**принима́ть лека́рство** - to take medicine
**принима́ть уча́стие** (*в чём*) - to take part (*in something*)

**приноси́ть (принош-у́, прино́с-ишь, -ят)/ принести́ (принес-у́, -ёшь, -у́т; принёс, принесла́, принесли́)** - to bring
**при́нтер** - printer
**приро́да (на)** - nature
**приходи́ть (прихож-у́, прихо́д-ишь, -ят)/ прийти́ (прид-у́, -ёшь, -у́т)** - to arrive (on foot) (*See 5.5*)
**прия́тный (прия́тно)** - nice
**Очень прия́тно (с ва́ми/с тобо́й) (познако́миться).** - Pleased to meet you.
**Пробе́йте...!** - Punch (a ticket in a bus).
**пробле́ма** - problem
**проводи́ть (провож-у́, прово́д-ишь, -ят) *вре́мя*** (*imperf.*) - to spend *time* (*See 8.1*)
**програ́мма** - program; show; channel
**программи́ст** - computer programmer
**програ́ммка** - TV/radio schedule
**продава́ть (прода-ю́, -ёшь, -ю́т)/прода́ть (прода́м, прода́шь, прода́ст, продади́м, продади́те, подаду́т)**- to sell
**продав(е́)ц** (*ending always stressed*) - salesperson (man)
**продавщи́ца** - salesperson (woman)
**продово́льственный магази́н** - grocery store
**проду́кты** (*pl.*) - groceries
**проезжа́ть (проезжа́-ю, -ешь, -ют)/прое́хать (прое́д-у, -ешь, -ут)** - to go past (by vehicle; *see 5.5*)
**прое́ктный институ́т** - engineering/design institute
**прое́хать** (*perf.; see* **проезжа́ть**) - to pass through (by vehicle)
**про́за** - prose
**проза́ик** - prose writer
**прои́грывать (прои́грыва-ю, -ешь, -ют)/ проигра́ть (проигра́-ю, -ешь, -ют)** - to lose (*a game*)
**произведе́ние** - work (of literature or art)
**пройти́** (*perf.; see* **проходи́ть**) - to pass through (by foot)
**проси́ть/по- (прош-у́, про́с-ишь, -ят)** - to request (*See 9.3*)
**Прошу́ к столу́!** - Come to the table.
**прослу́шать** (*perf.; see* **слу́шать**) - to listen
**проспе́кт (на)** - avenue
**Прости́те!** - Excuse me.
**просто́й (про́сто)** - simple
**просту́да** - cold (illness, not temperature)
**простуди́ться** (*perf.*) - to catch cold
**просты́ть** (*perf.*) - to catch cold
**Я просты́л(а).** - I have a cold.
**про́сьба** - favor; request
**У меня́ к тебе́ больша́я про́сьба.** - I have a big favor to ask you.
**профессиона́льно** - professionally
**профе́ссия** - profession
**Кто по профе́ссии... ?** - What is . . . 's profession?
**прохла́дный** - cool
**проходи́ть (прохож-у́, прохо́д-ишь, -ят)/ пройти́ (пройд-у́, -ёшь, -у́т)** - to go (a certain distance); to pass through (*See 5.5*)
**прочита́ть** (*perf.; see* **чита́ть**) - to read
**про́шлый** - last (*usually about weeks, months, years, etc.*)
**на про́шлой неде́ле** - last week
**в про́шлом году́** - last year
**про́ще** - simpler (*See 6.3*)
**пры́гать** (*imperf.:* **пры́га-ю, -ешь, -ют**) - to jump
**прямо́й (пря́мо)** - straight
**психоло́гия** - psychology
**публика́ция** - publication
**публи́чный** - public
**пье́са** - play
**пюре́** (*indecl.*) - creamy mashed potatoes
**пя́тница** - Friday
**пя́тый** - fifth

## Р

**рабо́та (на)** - work; job
**рабо́тать (рабо́та-ю, -ешь, -ют)** - to work
**рад (-а, -ы)** - glad
**ра́дио** (*indecl.*) **(радиоприёмник)** - radio
**разгово́р** - conversation
**разгово́р по телефо́ну** - telephone conversation, telephone call
**Раздева́йся (Раздева́йтесь).** - Take off your coat.
**разме́р** - size

**разногла́сие** - disagreement
**разреша́ть (разреша́-ю, -ешь, -ют)/ разреши́ть (разреш-у́, -и́шь, -а́т)** - to permit
**Разреши́те предста́виться!** - Allow me to introduce myself.
**Разреши́те пригласи́ть (танцева́ть).** - Allow me to invite you to dance.
**Разреши́те пройти́.** - Please allow me to pass.
**ра́но** - early
**ра́ньше** - earlier (*See 6.3*)
**распоря́док дня** - routine; daily schedule
**расска́з** - short story
**расска́зывать (расска́зыва-ю, -ешь, -ют)/ рассказа́ть (расскаж-у́, -расска́ж-ешь, -ут)** - to tell; narrate
**рассо́льник** - fish (or meat) and cucumber soup
**Рассчита́йте (нас, меня́)!** - Please give (us, me) the check.
**растя́гивать (растя́гива-ю, -ешь, -ют)/ растяну́ть (растян-у́, растя́н-ешь, -ут)** *(себе́ что)* - to strain; sprain
**рвать/вы-** (*person in acc.*) - to vomit
**Меня́ рвёт.** - I am vomiting.
**Меня́ вы́рвало.** - I vomited.
**ребён(о)к** (*pl.* **де́ти**) - child(ren); baby (-ies): **дво́е, тро́е, че́тверо, пять дете́й**
**име́ть ребёнка** - to have a child
**ребя́та** (*pl.; gen.* **ребя́т**) - kids; guys (colloquial)
**револю́ция** - revolution
**ре́гби** - rugby
**регистри́ровать(ся)/за- (регистри́ру-ю, -ешь, -ют)** - to register, (get registered)
**ре́дкий** - rare
**ре́дко** - rarely
**ре́же** - rarer (*See 6.3*)
**режиссёр** - (film) director
**рейс** - flight
**река́** - river
**рем(е́)нь** (*ending always stressed*) - belt (man's)
**рентге́н** - x-ray
**репети́ция** - rehearsal
**репре́ссия** - repression
**реша́ть (реша́-ю, -ешь, -ют)/реши́ть (реш-у́, -и́шь, -а́т)** - to decide; to solve (a problem)
**реша́ть зада́чи** - to do math problems
**рис** - rice

**ро́дина** - motherland
**роди́тели** (*pl.; gen.* **роди́телей**) - parents
**роди́ться** (*perf.; past* **роди́лся, родила́сь, родили́сь**) - to be born
**родны́е** (*pl., adj. decl.*) - relatives
**ро́дственник** - family relative
**Рождество́** - Christmas
**С Рождество́м!** - Merry Christmas! (*See 10.1*)
**ро́лики** - roller skates
**ката́ться на ро́ликах-** to roller skate
**рома́н** - novel
**роско́шный** - luxurious
**росси́йский** - Russian (*See Book 1: Unit 3, Давайте почитаем*)
**Росси́я** - Russia
**россия́нин** (*pl.* **россия́не**)/**россия́нка** - Russian (citizen; *see Book 1: 3.6*)
**ро́стбиф** - roast beef
**рот** (*где* — **во рту́**) - mouth
**роя́ль** - piano (*but:* **конце́рт для фортепья́но**)
**руба́шка** - shirt
**рубль (два рубля́, пять рубле́й)** - ruble
**рука́** (*acc. sing.* **ру́ку;** *pl.* **ру́ки, рук, рука́м, рука́ми, о рука́х**) - hand; arm
**руководи́тель** - director
**ру́сский/ру́сская** (*adj. decl.*) - Russian (*person and adjective*)
**русско-англи́йский** - Russian-English
**ру́чка** - pen
**ры́ба** - fish
**ры́н(о)к (на)** - market
**ряд** (*где* — **в ряду́;** *pl.* **ряды́**) - row
**рядово́й** - average
**ря́дом** (*с чем*) - adjacent; next (*to something*)

## С

**с** (*чем*) - with
**мы с** *кем* - *so-and-so* and I
**Что с** *кем*? - What the matter with *someone*?
**с** + *holiday in instr.* - Happy . . . ! (*See 10.1*):
**С Рождество́м!** - Merry Christmas! **С днём рожде́ния** - Happy birthday!
**с** (*чего́*) - from (*See 10.6*)
**с утра́** - since morning
**Ско́лько с нас?** - How much do we owe?

**с однóй стороны́..., с другóй стороны́...** - on the one hand . . . , on the other hand . . .
**сад** (*где* — **в саду́**; *pl.* **сады́** ) - garden
**ботани́ческий сад** - botanical garden
**зоологи́ческий сад** - zoo
**сади́ться (саж-у́сь, сад-и́шься, -я́тся)/сесть (ся́д-у, -ешь, -ут; сел)** - to sit down; to get onto (a bus, tram, trolley, subway)
**Сади́сь! (Сади́тесь!)** - Have a seat.
**саксофóн** - saxophone
**сала́т** - salad; lettuce
**сала́т из огурцóв** - cucumber salad
**сала́т из помидóров** - tomato salad
**сальмонеллёз** - salmonella
**сам (сама́, са́ми)** - self
**Она́ сама́ зна́ет.** - She herself knows.
**самолёт** - airplane
**самоуби́йство** - suicide
**покóнчить (жизнь) самоуби́йством** - to commit suicide
**са́мый** + *adjective* - the most + *adjective;* -est (*See ?.?*)
**са́мый люби́мый** - most favorite
**са́мый нелюби́мый** - least favorite
**Санкт-Петербу́рг** - St. Petersburg
**санкт-петербу́ргский** - (of) St. Petersburg (*adj.*)
**сантиме́тр** - centimeter
**сапоги́** (*pl.*) - boots
**сати́ра** - satire
**са́хар** - sugar
**сбóрник** - collection
**сбóры** - ticket sales
**сви́тер** (*pl.* **свитера́**) - sweater
**свобóдный (свобóден, свобóдна, свобóдно, свобóдны)** - free
**говори́ть свобóдно** - to speak fluently
**свой** - one's own (*See 8.7*)
**Она́ лю́бит свою́ рабóту.** - She loves her work.
**сеа́нс** - showing
**се́вер (на)** - north
**сегóдня** - today
**сейча́с** - now
**секрета́рь** (*ending always stressed*) - secretary
**семе́йный** - family (*adj.*)
**семья́** (*pl.* **се́мьи, семе́й, се́мьям, се́мьями, о се́мьях**) - family
**сентя́брь** (*ending always stressed*) - September
**се́рвис** - service (*business to customer*)
**се́рдце** - heart
**середи́на** - middle
**се́рый** - gray
**серьёзный (не-)** - serious (not)
**сестра́** (*pl.* **сёстры; две сестры́, пять сестёр**) - sister
**двою́родная сестра́** - female cousin
**сиде́ть/по- (сиж-у́, сид-и́шь, -я́т)** - to sit; to be sitting
**сидя́щий** - sitting
**си́льный** - strong
**симпати́чный (не-)** - nice (not)
**синагóга** - synagogue
**си́ний** - dark blue
**сказа́ть** (*perf.; see* **говори́ть**) - to say
**Вы не ска́жете...?** - Could you tell me . . . ?
**Да как сказа́ть?** - How should I put it?
**Как ты сказа́л(а)?/Как вы сказа́ли?** - What did you say?
**Скажи́те, пожа́луйста...** - Could you tell me . . . ?
**скóлько** (*чегó*) - how much; how many
**Во скóлько?** - At what time?
**Скóлько (сейча́с) вре́мени?** - What time is it (now)?
**Скóлько вре́мени туда́ идти́ (е́хать)?** - How long does it take to get there? (*See 4.7*)
**Скóлько э́то бу́дет стóить?** - How much will it cost?
**скоре́е всегó** - most likely
**скóро** - soon
**скóрый** - fast; express
**скóрая пóмощь** - ambulance
**скри́пка** - violin
**сла́бость** (*fem.*) - weakness
**сла́бый** - weak
**сла́дкое** (*adj. decl.*) - dessert
**сле́ва** (*от чегó*) - on the left (*of something*)
**следи́ть** (*imperf.*) (*за чем*) - to watch (*after something*)
**сле́дующий** - next
**слова́рь** (*ending always stressed; pl.* **словари́**) - dictionary
**слóво** (*pl.* **слова́**) - word

**сло́жный** - complicated; complex
**служи́ть/по- (служ-у́, слу́ж-ишь, -ат)** - to serve
**служи́ть толчко́м** (*к чему́*) - to trigger (*something*)
**слу́чай** - event; occasion
**на вся́кий слу́чай** - just in case
**случи́ться** (*perf.*) - to happen
**Что случи́лось?** - What happened?
**слу́шать/по- (слу́ша-ю, -ешь, -ют)** - to listen (*See 3.3*)
**слы́шать (слы́ш-у, -ишь, -ат)** - to hear (*See 3.3*)
**смешно́й (смешно́)** - funny; laughable
**смотре́ть/по- (смотр-ю́, смо́тр-ишь, -ят)** - to watch; to look (at) (*See 3.3*)
**смотря́...** (*must be used with a question word, as in the expressions below*) - it depends . . .
**смотря́ что** - it depends on what; **смотря́ где (куда́)** - it depends on where; **смотря́ как** - it depends on how
**смочь** (*perf.; see* **мочь**) - to be able
**снача́ла** - at first
**снег** (*где —* **в снегу́**) - snow
**Идёт снег.** - It's snowing.
**собо́р** - cathedral
**соверше́нно** - absolutely; completely
**соверше́нно ве́рно** - absolutely correct; perfectly right
**сове́т** - advice
**сове́товать/по- (сове́ту-ю, -ешь, -ют)** (*кому́ де́лать что*) - to advise (*someone to do something*)
**совреме́нный** - contemporary; modern
**совсе́м** - quite; completely
**совсе́м не** - not at all
**сожале́ние** - sorrow; pity
**к сожале́нию** - unfortunately
**со́лнце** - sun; sunshine
**соль** (*fem.*) - salt
**сообще́ние** - message
**соотве́тствовать (соотве́тству-ю, -ешь, -ют)** (*чему́*) - to correspond; to match
**Что чему́ соотве́тствует?** - What corresponds to what?; What matches what?
**сосе́д** (*pl.* **сосе́ди)/сосе́дка** - neighbor
**сосе́д(ка) по ко́мнате** - roommate
**со́ус** - sauce
**социоло́гия** - sociology
**спа́льня** - bedroom
**спаси́бо** - thank you
**большо́е спаси́бо** *or* **огро́мное спаси́бо** - thank you very much
**специа́льность** (*fem.*) - specialty; major
**спина́** (*acc.* **спи́ну**) - back
**спи́с(о)к (в,** *not* **на)** - list
**споко́йный** - calm
**спорт** (*always sing.*) - sports (*See 8.2*)
**спорти́вный** - sport (*adj.*)
**спортсме́н/спортсме́нка-** athlete
**спосо́бность** (*fem.*) (*к чему́*) - aptitude (*for something*)
**спра́ва** (*от чего́*) - on the right (*of something*)
**спра́вка** - certificate
**спра́шивать (спра́шива-ю, -ешь, -ют)/ спроси́ть (спрош-у́, спро́с-ишь, -ят)** - to inquire; to ask a question (*See 9.3*)
**спроси́ть** (*perf.: see* **спра́шивать**) - to inquire; to ask a question (*See 9.3*)
**сра́зу-** immediately
**среда́ (в сре́ду)** - Wednesday (on Wednesday)
**среди́** (*чего́*) - among
**сре́дний** - middle; average; neuter
**сре́днее образова́ние** - high school education
**сре́дняя шко́ла** - high school
**ста́вить/по- (ста́вл-ю, ста́в-ишь, -ят)** - to place
**Поста́вь(те) му́зыку!** - Put on the music.
**стадио́н (на)** - stadium
**стажёр** - a student in a special course not leading to degree; used for foreign students doing work in Russian
**станови́ться (становл-ю́сь, стано́в-ишься, -ятся)/стать (ста́н-у, -ешь, -ут)** (*кем*) - to become (*something*)
**ста́нция (метро́) (на)** - (metro) station
**стара́ться/по- (стара́-юсь, -ешься, -ются)** - to try
**старе́е** - older (about things, not people) (*See 6.3*)
**ста́рше** (*кого́ на x лет*) - older (*than someone by x years*) (*See 6.3*)
**Дочь ста́рше сы́на на два го́да.** - The daughter is older than the son by two years.

**ста́рший-** older
**ста́ршая сестра́** - older sister
**ста́рый** - old
**стать** (*perf.; see* **станови́ться**) - to become; to begin
**стать же́ртвой** (*чего́*) - to become a victim (*of something*)
**стать осно́вой** (*для чего́*) - to become the basis (*for something*)
**стациона́рный (велосипе́д)** - stationary (bicycle)
**стена́** (*pl.* **сте́ны**) - wall
**стесня́ться** (*imperf.:* **стесня́-юсь, -ешься, -ются**) - to be shy
**стиль** - style
**стихи́** - poem; lines of poetry
**стихотворе́ние** - poem
**сто́ить (сто́ит, сто́ят)** - to cost
**стол** (*ending always stressed*) - table
**пи́сьменный стол** - desk
**столе́тие** - century
**столо́вая** (*adj. decl.*) - dining room, cafeteria
**сто́лько** (*чего́*) - so much; so many
**стоя́нка (такси́) (на)** - (taxi) stand
**стоя́ть (стои́т, стоя́т)** - to be standing
**В спа́льне стои́т крова́ть.** - There's a bed in the bedroom.
**В па́спорте стои́т...** - In my passport it says . . .
**страна́** (*pl.* **стра́ны**) - country; nation
**странове́дение-** area studies
**ру́сское странове́дение** - Russian area studies
**стра́шно** - terribly
**стрела́** (*pl.* **стре́лы**) - arrow
**студе́нт/студе́нтка-** (undergraduate) student
**студе́нческий** - student (*adj.*)
**стул** (*pl.* **сту́лья, сту́льев, сту́льям, сту́льями, о сту́льях**) - (hard) chair
**суббо́та** - Saturday
**сувени́р** - souvenir
**суп** - soup
**су́пермаркет** - supermarket
**суши́ть** *(imperf.)* - to dry
**схвати́ться** *(за что)* - to grab *(something)*
**сча́стье** - happiness
**счита́ть** (*imperf.:* **счита́-ю, -ешь, -ют** *что/кого́ чем/кем*) - to consider *(something as something)*
**США** - U.S.
**съесть** (*perf.; see* **есть**) - to eat *(something)* up
**сын** (*pl.* **сыновья́; два сы́на, пять сынове́й** - son
**сыр** - cheese
**сюда́** - (to) here *(See 10.6)*
**сюрпри́з** - surprise

## Т

**табле́тка** - pill
**так** - so; such
**(не) так..., как...** - (not) as . . . as . . .
**та́кже-** also; too (*See Book I: 4.6*)
**тако́й** - such; so *(used with nouns and long-form adjectives)*
**Кто тако́й...?** - Just who is . . . ?
**(не) тако́й..., как...** - (not) as . . . as . . .
**тако́й же** - the same kind of
**такси́** *(neut., indecl.)* - taxi
**тала́нт** *(к чему́)* - talent *(for something)*
**там** - there *(See 10.6)*
**тамо́жня** - customs
**танцева́ть/по- (танцу́-ю, -ешь, -ют) -** to dance
**та́почки** *(pl.)* - slippers
**таре́лка** - plate
**твой (твоё, твоя́, твои́)** - your
**теа́тр** - theater
**театра́льный** - theatrical
**телеви́зор** - television
**телегра́мма -** telegram
**телеста́нция (на) -** television station
**телефо́н** - telephone; telephone number
**по како́му телефо́ну** - at what number
**телефони́ст/телефони́стка** - telephone operator
**те́ло** *(pl.* **тела́**) - body
**тем бо́лее** - especially (because); all the more reason
**температу́ра** - temperature
**те́ннис** - tennis
**тепе́рь** - now *(as opposed to some other time)*

**тёплый (тепло́)** - warm

**Нам бы́ло тепло́.** - We were warm.

**теря́ть/по- (теря́-ю, -ешь, -ют)** - to lose

**тече́ние: в тече́ние** *(чего́)* - during

**те́сто** - dough

**тётя** - aunt

**те́хника** - gadgets; technology

**то** - then *(used in* if . . . then *constructions)*

**Если пойдёт дождь, то мы вернёмся домо́й.** - If it rains, then we'll come back home.

**това́р** - goods

**тогда́** - in that case; back then

**то́же** - also; too (*see Book 1: 4.6*)

**толчо́к: служи́ть/по- толчко́м** (*к чему́*) - to trigger *(something)*

**то́лько** - only

**то́лько что** - just now

**тома́тный со́ус**- tomato sauce

**тост** - toast (drinking)

**тот (то, та, те)**- that one

**то́т же (то́ же, та́ же, те́ же)** - the same

**то́чно** - precisely; exactly; for sure

**Мы то́чно попадём.** - We'll get in for sure.

**тошни́ть** (+ *person in acc.) (imperf.)* - to be nauseous

**Меня́ тошни́т.** - I am nauseous.

**Меня́ тошни́ло.** - I was nauseous.

**тради́ция** - tradition

**трамва́й** - tram

**тренажёр** - exercise equipment; exerciser

**тре́тий (тре́тье, тре́тья, тре́тьи)**- third

**три́ллер** - thriller (movie)

**тро́е: тро́е детей** - three kids *(in a family; see Book 1: 7.5)*

**тролле́йбус** - trolley

**тромбо́н** - trombone

**труба́** - trumpet

**труд** *(ending always stressed)* - labor

**с больши́м трудо́м** - with great effort

**тру́дный** - difficult; hard

**туале́т** - bathroom

**ту́ба** - tuba

**туда́** - (to) there *(See 10.6)*

**Вы не туда́ е́дете.** - You're going the wrong way.

**туристи́ческий** - tourist, travel

**тут** - here *(answers* **где;** *see 10.6)*

**ту́фли** *(pl.)* - shoes

**ты** - you *(informal, singular)*

## У

**у** (+ *gen.*) - in the vicinity of; at *someone's place*; have *construction*

**Мы бы́ли у врача́.** - We were at the doctor's.

**у** (+ *genitive* + **есть** + *nominative*) - (*someone*) has (*something*) (*See Book 1: 2.7, 6.4, 8.3, Book 2: 4.2*)

**У ма́мы есть маши́на.** - Mom has a car.

**у** (+ *genitive* + **нет** + *genitive*) - (*someone*) doesn't have (*something*) (*See Book 1: 6.5, 8.3, Book 2: 4.2*)

**У ма́мы нет маши́ны.** - Mom doesn't have a car.

**убирать** (**убира-ю, -ешь, -ют**) (**дом, кварти́ру, ко́мнату**) - to tidy, clean (house, apartment, room)

**уваже́ние** - respect

**с уваже́нием** - respectfully (in a letter)

**уве́рен (-а, -ы)** - to be sure (of something)

**увлека́ться** (*imperf.:* **увлека́-юсь, -ешься, -ются**) (*чем*) - to be fascinated *by something* (*See 8.5*)

**увлече́ние** - hobby

**удиви́тельный** - surprising

**удо́бство** - convenience; comfort (often in a place of residence)

**со все́ми удо́бствами** - with all the conveniences (utilities, bath, etc.)

**удово́льствие** - pleasure

**уезжа́ть** (**уезжа-ю, -ешь, -ют**)/**уе́хать** (**уе́д-у, -ешь, -ут**) - to depart (by vehicle; *see 5.5*)

**уе́хать** (*perf.; see* **уезжа́ть**) - to depart (by vehicle) (*See 5.5*)

**у́жас** - horror

**фильм у́жасов** - horror movie

**ужа́сный** - terrible

**уже́** - already

**у́жин** - supper

**у́жинать/по-** (**у́жина-ю, -ешь,-ют**) - to eat supper

**у́зкий** - narrow
**узнава́ть** (**узна-ю́, -ёшь, -ю́т**)/**узна́ть** (**узна́-ю, -ешь, -ют**) - to find out
**уикэ́нд** - weekend
**уйти́** (*perf.; see* **уходи́ть**) - to depart (by foot) (*See 5.5*)
**ука́зываться** (*imperf.:* **ука́зыва-ется,-ются**) - to be indicated; noted
**уко́л** - injection
**украи́н(е)ц/украи́нка** - Ukrainian (person)
**украи́нский** (**язы́к**) - Ukrainian (*adj.*)
**у́лица** (**на**) - street
**на у́лице** - outdoors
**уме́ние** - skill; ability
**умере́ть** (*perf.; see* **умира́ть**) - to die
**уме́ть/с-** (**уме́-ю, -ешь, -ют**) - to know how to (*perf.:* to manage to)
**умира́ть** (**умира́-ю, -ешь, -ют**)/**умере́ть** (**умр-у́, -ёшь, -у́т; у́мер, умерла́, у́мерли**) - to die
**у́мный** - intelligent
**универма́г** - department store
**универса́м** - self-service grocery store
**университе́т** - university
**университе́тский** - university (*adj.*)
**уро́к** (**на**) - class, lesson (*practical*)
**уро́к ру́сского языка́** - Russian class
**устра́ивать** (**устра́ива-ю, -ешь, -ют**)/**устро́ить** (**устро́-ю, -ишь, -ят**) - to arrange; to organize
**у́тро** - morning
**До́брое у́тро!** - Good morning!
**с утра́** - since morning
**у́тром** - in the morning
**у́хо** (*pl.* **у́ши, уша́м, уша́ми, об уша́х**) - ear
**уходи́ть** (**ухож-у́, ухо́д-ишь, -ят**)/**уйти́** (**уйд-у́, -ёшь, -у́т**) - to depart (on foot) (*See 5.5*)
**уча́ствовать** (*imperf.:* **уча́ству-ю, -ешь, -ют**) - to participate
**уча́стие** - participation
**учёба** - schooling
**учё́бник** - textbook
**учёный** (*adj. decl.*) - scholar; scientist
**учи́тель** (*pl.* **учителя́**)/**учи́тельница** - school teacher
**учи́ть** (**уч-у́, у́ч-ишь, -ат**)/**вы́учить** (**вы́уч-у, -ишь, -ат**) (**наизу́сть**) - to memorize; to learn by heart
**учи́ться** (*imperf.:* **уч-у́сь, у́ч-ишься, -атся**) - to be a student; to go to school; to study (*cannot take a direct object*)
**учи́ться/на-** (**уч-у́сь, у́ч-ишься, -атся**) + *infinitive* - to learn *how to do something*
**учрежде́ние** - office
**ую́тный** - cozy, comfortable (*about room or house*)

## Ф

**фаго́т** - bassoon
**факс** - fax
**факульте́т** (**на**) - (college) department
**фами́лия** - last name
**Как ва́ша фами́лия?** - What's your last name?
**фанта́стика** - fantasy
**нау́чная фанта́стика** - science fiction
**фарш** - chopped meat
**февра́ль** (*ending always stressed*) - February
**фе́рма** (**на**) - farm
**фехтова́ние** - fencing
**фигу́рное ката́ние** - figure skating
**фи́зика** - physics
**филологи́ческий** - philological
**филоло́гия** - philology (*study of language and literature*)
**филосо́фия** - philosophy
**фильм** - movie
**приключе́нческий фильм** - adventure film
**худо́жественный фильм** - feature-length film (not documentary)
**фильм у́жасов** - horror film
**фина́нсы**- finance
**фи́рма** - company, firm
**комме́рческая фи́рма** - trade office, business office
**юриди́ческая фи́рма** - law office
**флейта** - flute
**фортепья́но** (*indecl.*) - piano (*but usually* **игра́ть на роя́ле**)
**конце́рт для фортепья́но** - concerto for

piano
**фо́рточка** - small hinged pane in window
**фотоаппара́т** - camera
**фотогра́фия** (**на**) - photograph
**францу́з/францу́женка** - French (person)
**францу́зский** (**язы́к**) - French (*adj.*)
**фру́кты** (*pl.*) - fruit
**футбо́л** - soccer
**футбо́лка** - jersey

## Х

**Ха́нука** - Hanukkah
**хи́мия** - chemistry
**хлеб** - bread
**ходи́ть** (*multidirectional:* **хож-у́, хо́д-ишь, -ят**) - to go (*habitual motion or in a round trip*) on foot (*See 4.8*)
**хозя́ин** (*pl.* **хозя́ева**) - host
**хозя́йка** (**до́ма**) - hostess
**холоди́льник** - refrigerator
**холо́дный** (**хо́лодно**) - cold
  **Нам бы́ло хо́лодно.** - We were cold.
**хоро́ший** - good
**хорошо́** - well; good; fine; okay
**хоте́ть** (**хочу́, хо́чешь, хо́чет, хоти́м, хоти́те, хотя́т**) - to want
  (*кому́*) **хо́чется** (**хоте́лось**) - someone feels like
  (*кому́*) **хоте́лось** бы - (one) would like
**хотя́** - although; albeit
  **хотя́ бы по телефо́ну** - even if only by phone
**худо́жественный** - artistic
  **худо́жественный фильм** - feature-length film (not documentary)
  **худо́жественная литерату́ра** - belles-lettres (fiction, poetry)
**худо́жник** - artist
**ху́же** - worse

## Ц

**цвет** (*pl.* **цвета́**) - color
**цветно́й** - color (*adj.*)
**цени́ть** (**цен-ю́, це́н-ишь, -ят**) - to value
**цент** (**два це́нта, пять це́нтов**) - cent
**центр** - center; downtown
**центра́льный** - central
**це́рковь** (*fem.*) - church
**цирк** - circus
**цыпля́та табака́** - a chicken dish from the Caucasus

## Ч

**чаевы́е** (*pl.; adj. decl.*) - tip
**чай** - tea
**час** (**два часа́, пять часо́в**) - o'clock; hour
**частный** - private (business, university, etc.)
**ча́сто** - frequently
**часть** (*fem.*) - part
  **ча́сти те́ла** - body parts
**часы́** (*pl.*) - clock; watch
**ча́ще** - more often (*See 6.3*)
**чей** (**чьё, чья, чьи**) - whose?
**чек** - check, receipt
**челове́к** (*pl.* **лю́ди**) - person
**чем** - than (in comparison); in what way
  **Эта шко́ла лу́чше, чем та.** - This school is better than that one
  **Чем э́то пло́хо (хорошо́)?** - What's bad (good) about that?
**чемода́н** - suitcase
**черда́к** (**на**) (*ending always stressed*) - attic
**че́рез** (+ *acc.*) - after; in (a certain amount of time); through
**чёрно-бе́лый** - black-and-white
**чёрный** - black
**че́стный** - honest
  **если́ че́стно сказа́ть** - to tell the truth
**честь** (*fem.*) - honor
  **в честь** (*чего́/кого́*) - in honor (*of something/someone*)
**четве́рг** - Thursday
**че́тверо: че́тверо дете́й** - four kids (*in a family*)
**четвёртый** - fourth
**че́тверть** (*fem.*) - quarter; fourth
  **че́тверть тре́тьего** - quarter past two (*See 10.5*)
**число́** (*pl.* **чи́сла**) - number (quantity); date

**Како́е сего́дня число́?** - What is today's date?
**Како́го числа́ э́то случи́лось?** - (On) what date did this happen?
**чита́тель** - reader
**чита́тельский биле́т** - library card
**чита́ть/про-** (**чита́-ю, -ешь, -ют**) - to read
**что** - what; that (*relative conjunction*)
**Я ду́маю, что э́то интере́сная кни́га.** - I think that that's an interesting book.
**Что вы (ты)!** - What do you mean? (*often a response to a compliment*)
**Что э́то такое?** - (Just) what is that?
**что́бы** - in order to; in order that; *conjunction; see 9.2*)
**Что́бы прочита́ть э́ту кни́гу, на́до хорошо́ знать язы́к.** - In order to read this book, you have to know the language well.
**Я хочу́, что́бы вы написа́ли письмо́.** - I want you to write a letter.
**что́-нибудь** - something; anything (*See 7.5*)
**что́-то** - something; anything (See 7.5)
**чу́вство** - feeling; emotion
**чу́вствовать/по- себя́** (**чу́вству-ю себя́, -ешь себя́, -ют себя́**) - to feel (*See 9.1*)
**чуде́сный** - wonderful; fabulous
**чулки́** (*pl.*) - stockings
**чуть не** - nearly; almost; all but

## Ш

**шанс** - chance
**ша́пка** - cap, fur hat, knit hat
**ша́хматы** (*pl.*) - chess
**ша́шки** (*pl.*) - checkers
**шашлы́к** (*ending always stressed*) - shishkebab
**ше́я** - neck
**широ́кий** (**широко́**) - wide
**шкату́лка** - painted or carved wooden box (souvenir)
**шкаф** (*где —* **в шкафу́**) (*ending always stressed*) - cabinet; wardrobe; free-standing closet
**шко́ла** - school (*primary or secondary, not post-secondary*)
**шля́па** - hat (e.g., business hat)
**шокола́д** - chocolate
**шо́у** (*neut., indecl.*) - show (usually on television)
**шприц** - syringe
**штат** - state
**шути́ть/по-** (**шуч-у́, шу́т-ишь, -ят**) - to joke
**шу́тка** - joke

## Щ

**щи** (*pl.*) - cabbage soup

## Э

**эконо́мика** - economics
**экономи́ческий** - economics
**экра́н** (**на**) - screen
**экраниза́ция** - film version of a book
**экскурсово́д** - guide
**электро́нная по́чта** - electronic mail
**энерги́чный** (**не-**) - energetic (not)
**эта́ж** (**на**) (*ending always stressed*) - floor, (story in a building)
**э́то** - this is, that is, those are, these are (*See Book 1: 2.7*)
**э́тот** (**э́то, э́та, э́ти**) - this (*See Book 1: 2.7*)

## Ю

**ю́бка** - skirt
**юг** (**на**) - south
**ю́мор** - humor
**ю́ный** - young
**юриди́ческий** - legal, law (*adj.*)
**юриспруде́нция** - law (study of)
**юри́ст** - lawyer; judge

## Я

**я** - I
**я́блоко** (*pl.* **я́блоки**) - apple
**язы́к** (*ending always stressed*) - language; tongue
**яи́чница** - scrambled eggs
**яйцо́** (*pl.* **я́йца**) - egg
**янва́рь** (*ending always stressed*) - January
**япо́н(е)ц/япо́нка** - Japanese (person)

# Англо-русский словарь

## A

about - **о** (+ *prepositional*), **об** (*before words beginning with the vowels* **а, э, и, о,** *or* **у**)
absolutely - **безусло́вно**
Absolutely right! - **Соверше́нно ве́рно!**
accessories (*in a men's store or department*) - **галантере́я**
according to - **по** (*чему́-кому́*)
accountant - **бухга́лтер**
acquaintance (person) - **знако́мый** (*adj. decl.*); (relationship) - **знако́мство**
across (*from something*) - **напро́тив** (*чего́*)
address - **а́дрес** (*pl.* **адреса́**)
adventure (*adj.*) - **приключе́нческий**
advise (*someone to do something*) - **сове́товать/по** (**сове́ту-ю, -ешь, -ют**) (*кому́ де́лать что*)
aerobics - **аэро́бика**
afraid (to be afraid) - **боя́ться** (*imperf.*: **бо-ю́сь, -и́шься, -я́тся**)
after - **по́сле** (*чего́*); (after a certain amount of time) - **че́рез** (*что-кого́*)
after a week - **че́рез неде́лю**
after all (*filler word, never stressed*) - **ведь** [**вить**]
afternoon - **д(е)нь**
in the afternoon - **днём**
Good afternoon! - **До́брый день!**
afterwards - **пото́м**
ago - **наза́д**
agree (come to an agreement *with someone*) - **догова́риваться** (**догова́рива-юсь, -ешься, -ются**)/**договори́ться** (**договор-ю́сь, -и́шься, -я́тся**) (*с кем*)
airplane - **самолёт**
albeit - **хотя́**
albeit only by phone - **хотя́ бы по телефо́ну**
all - **весь** (**всё, вся, все**)
all day - **весь день**
all summer - **всё ле́то**
all week - **всю неде́лю**
all the students - **все студе́нты**
All were there. - **Все там бы́ли.**
allergy - **аллерги́я**
almost - **почти́**; (accidental) - **чуть не**
It's almost midnight - **Почти́ по́лночь.**
The athlete nearly fell. - **Спортсме́н чуть не упа́л.**
along - **по** (*чему́*)
along the street - **по у́лице**
alongside - **ря́дом**
already - **уже́**
also - **та́кже; то́же** (*see Book 1: 4.6*)
although - **хотя́**
always - **всегда́**
amateur (*adj.*) - **люби́тельский**
ambulance - **ско́рая по́мощь**
American - **америка́н(е)ц, америка́нка** (*person*); **америка́нский** (*adj.*)
and - **и; а** (*often used to begin questions or statements in continuing conversation; see Book 1: 3.8*)
another - **друго́й**
answer - **отвеча́ть** (**отвеча́-ю, -ешь, -ют**)/**отве́тить** (**отве́ч-у, -отве́т-ишь, -ят**) (*кому́ на что*)
answering machine - **автоотве́тчик**
anthropology - **антрополо́гия**
antibiotic - **антибио́тик**
any (sort of) - **како́й-нибудь** (*See 7.5*); **никако́й** (**не**) (*See 7.4*)
Do you have any newspapers? - **У вас есть каки́е-нибудь газе́ты?**
We don't have any newspapers. - **У нас нет никаки́х газе́т.**
anybody (anyone) - **кто́-нибудь** (*See 7.5*); **никто́** (**не**) (*See 7.4*)
anything - **что́-нибудь** (*See 7.5*); **ничего́** (**не**) (*See 7.4*)
anytime - **когда́-нибудь** (*See 7.5*); **никогда́** (**не**) (*See 7.4*)
anywhere - (*где*) **где́-нибудь** (*See 7.5*); **нигде́** (**не**); (*куда́*) **куда́-нибудь; никуда́** (**не**) (*See 7.4*)
apartment - **кварти́ра**
apartment building - **дом** (*pl.* **дома́**)

appear - **вы́глядеть** (*imperf.:* **выгляж-у, вы́гляд-ишь, -ят**)
appearance (in a show) - **выступле́ние**
appetizers - **заку́ски**
apple - **я́блоко** (*pl.* **я́блоки**)
apply to - **поступа́ть** (**поступа́-ю, -ешь, -ют**)/**поступи́ть** (**поступл-ю́, посту́п-ишь, -ят**) *куда́*
I'm applying to college. - **Я поступа́ю в университе́т.**
approach (to walk up to) - **подходи́ть** (**подхож-у́, подхо́д-ишь, -ят**)/**подойти́** (**подойд-у́, -ёшь, -у́т**) (*к кому́-чему́*); (by vehicle) - **подъезжа́ть** (**подъезжа́-ю, -ешь, -ют**)/**подъе́хать** (**подъе́д-у, -ешь, -ут**) (*к кому́-чему́*) (*See 5.5*)
approaching (holiday) - **наступа́ющий**
approximately - **приме́рно**
April - **апре́ль**
aptitude (*for something*) - **спосо́бность** (*fem.*) (*к чему́*)
Arab(ic) - **ара́б/ара́бка** (*person*); **ара́бский** (*adj.*)
architect - **архите́ктор**
architecture - **архитекту́ра**
area studies - **странове́дение**
arm - **рука́** (*acc. sing.* **ру́ку**; *pl.* **ру́ки, рук, рука́м, рука́ми, о рука́х**)
armchair - **кре́сло**
Armenian (person) - **армяни́н** (*pl.* **армя́не**)/**армя́нка**
arrange - **устра́ивать** (**устра́ива-ю, -ешь, -ют**)/**устро́ить** (**устро́-ю, -ишь, -ят**)
arrival (by vehicle) - **прие́зд**
arrive (by vehicle) - **приезжа́ть** (**приезжа́-ю, -ешь, -ют**)/**прие́хать** (**прие́д-у, -ешь, -ут**); (on foot) - **приходи́ть** (**прихож-у́, прихо́д-ишь, -ят**)/**прийти́** (**прид-у́, -ёшь, -у́т**) (*See 5.5*)
arrive late - **опа́здывать** (**опа́здыва-ю, -ешь, -ют**)/**опозда́ть** (**опозда́-ю, -ешь, -ют**)
arrow - **стрела́** (*pl.* **стре́лы**)
art - **иску́сство**
artist - **худо́жник**
artistic - **худо́жественный**
as - **как**
as soon as - **как то́лько**
(not) as . . . as . . . - **(не) так(о́й)..., как...**
ask (a question) - **спра́шивать** (**спра́шива-ю, -ешь, -ют**)/**спроси́ть** (**спрош-у́, спро́с-ишь, -ят**); (a favor) - **проси́ть/по-** (**прош-у́, про́с-ишь, -ят**) (*See 9.3*)
assignment - **зада́ние**
at - **в** + *prep.;* **на** + *prep.*
at the store - **в магази́не**
At what time? - **Во ско́лько?**
at work - **на рабо́те**
*at someone's place* - **у** (*кого́-чего́*) (*See 10.6*)
We were at the doctor's. - **Мы бы́ли у врача́.**
at night - **но́чью**
athlete - **спортсме́н**
athletic shoes - **кроссо́вки** (*pl.*)
attic - **черда́к (на)** (*ending always stressed*)
August - **а́вгуст**
aunt - **тётя**
author - **а́втор; писа́тель**
autobiography - **автобиогра́фия**
autumn - **о́сень**
in the autumn - **о́сенью** (*See 2.4*)
avant-garde artist - **авангарди́ст**
avenue - **проспе́кт (на)**
await - **ждать** (*imperf.:* **жд-у, жд-ёшь, -ут**)

## B

baby - **ребён(о)к** (*pl.* **де́ти: дво́е, тро́е, че́тверо дете́й, пять дете́й**)
have a baby - **име́ть ребёнка**
back (of a person's body) - **спина́** (*acc.* **спи́ну**)
back away (by vehicle; *see 5.5*) - **отъезжа́ть** (**отъезжа́-ю, -ешь, ют**)/**отъе́хать** (**отъе́д-у, -ешь, -ут**)
bad - **плохо́й; пло́хо** (*adv.:* badly *or* that's bad)
badminton - **бадминто́н**
bagel - **бу́блик**
bakery - **бу́лочная** (*adj. decl.*)
ball - **мяч** (*ending always stressed*)
banana - **бана́н**
banjo - **ба́нджо** (*indecl.*)
bank (financial establishment) - **банк**
baseball - **бейсбо́л**
basement - **подва́л**

basketball - **баскетбо́л**
bassoon - **фаго́т**
bathing suit - **пла́вки** (*pl.;* for men); **купа́льник** (*for women*)
bathroom - **ва́нная** (bath/shower; no toilet; *adj. decl.*); **туале́т** (toilet only)
be - **быть** (*fut. tense:* **бу́д-у -ешь, -ут; был, была́, бы́ло бы́ли**)
  Be so kind as to . . . - **Бу́дьте добры́.**
be able - **мочь/с-** (**мог-у́, мо́ж-ешь, мо́г-ут; мог, могла́, могли́**) (*See 3.4*)
beauty - **красота́**
because - **потому́ что**
become - **станови́ться** (**становл-ю́сь, стано́в-ишься, -ятся**)/**стать** (**ста́н-у, -ешь, -ут**) (*кем*)
bed - **крова́ть** (*fem.*)
  go to bed - **ложи́ться** (**лож-у́сь, -и́шься, -а́тся**)/**лечь** (**ля́г-у, ля́ж-ешь, ля́г-ут**) **спать**
bedroom - **спа́льня**
before - **до** (*чего́*)
begin - **начина́ть** (**начина́-ю, -ешь, -ют**)/**нача́ть** (**начн-у́, -ёшь, -у́т; на́чал, начала́, на́чали**) (*non-reflexive*); **начина́ться** (**начина́-ется, -ются**)/**нача́ться** (**начн-ётся, -у́тся; начался́, начала́сь, начало́сь, начали́сь**) (*reflexive*)
  We began the program. - **Мы на́чали програ́мму.**
  We began to read. - **Мы на́чали чита́ть.**
  The program began. - **Програ́мма начала́сь.**
behind (*something*) - **за** (*где — чем; куда́ — что-кого́*)
believer - **ве́рующий** (*adj. decl.*)
belles-lettres (fiction, poetry) - **худо́жественная литерату́ра**
beloved - **люби́мый**
belt (man's) - **рем**(**е́**)**нь** (*ending always stressed*)
besides - **кроме** (*чего́*)
  besides that - **кро́ме того́**
better - **лу́чше** (*See 6.3*)
  I feel better now. - **Мне сейча́с лу́чше.**
bicycle - **велосипе́д**
  stationary bicycle - **стациона́рный велосипе́д**
bigger - **бо́льше** (*See 6.3*)
biology - **биоло́гия**
birthday - **день рожде́ния**
  Happy birthday! - **С днём рожде́ния!**
black - **чёрный**
black-and-white - **чёрно-бе́лый**
blood - **кровь** (*fem.*)
  blood test - **ана́лиз кро́ви**
blouse - **блу́зка**
blue - **си́ний;** light blue - **голубо́й**
body - **те́ло** (*pl.* **тела́**)
book - **кни́га** (*noun*); **кни́жный** (*adj.;* book, bookish)
book (*for travel: planes, hotels, etc.*) - **брони́ровать/за-** (**брони́ру-ю, -ешь, -ют**)
book mart - **кни́жный ры́н**(**о**)**к**
boots - **сапоги́** (*pl.*)
born: be born - **роди́ться** (*perf.; past* **роди́лся, родила́сь, родили́сь**)
borsch - **борщ** (*ending always stressed*)
botanical garden - **ботани́ческий сад**
bother - **беспоко́йство**
  Sorry to bother you. - **Извини́те за беспоко́йство.**
bottle - **буты́лка**
bouillon - **бульо́н**
bowling - **ке́гли**
box - **коро́бка; шкату́лка** (Russian souvenir box)
boxing - **бокс**
boy - **ма́льчик**
bread - **хлеб**
break - **лома́ть/с-** (**лома́-ю, -ешь, -ют**) (*себе́ что*)
breakfast - **за́втрак**
  eat breakfast - **за́втракать** (**за́втрака-ю, -ешь, -ют**)/**по-**
breast - **грудь** (*fem.*)
bring (by foot) - **приноси́ть** (**принош-у́, прино́с-ишь, -ят**)/**принести́** (**принес-у́, -ёшь, -у́т; принёс, принесла́, принесли́**)
bring: Please bring a menu. - **Принеси́те, пожа́луйста, меню́.**
broadcast - **переда́ча** (*noun*); **передава́ть** (**переда-ю́, -ёшь, -ю́т**)/**переда́ть** (**пере-да́м, -да́шь, -да́ст, -дади́м -дади́те, -даду́т**) (*кому́*) (*verb*) (*See 6.5*)

bronchitis - **бронхи́т**
brother - **брат** (*pl.* **бра́тья; два бра́та, пять бра́тьев**)
brown - **кори́чневый**
buffet - **буфе́т**
building - **зда́ние**
bureau - **бюро́** (*indecl.*)
bus - **авто́бус**
businessperson - **бизнесме́н/бизнесме́нка; коммерса́нт**
busy - **за́нят** (**занята́, за́нято, за́няты**)
but - **но** (*See Book 1: 3.8*)
butter - **ма́сло**
buy - **покупа́ть** (**покупа́-ю, -ешь, -ют**)/**купи́ть** (**купл-ю́, ку́п-ишь, -ят**)
by: by way of - **по** (*чему́*)
by radio (phone, TV) - **по ра́дио** (**телефо́ну, телеви́зору**)
by nationality - **по национа́льности**
bye-bye - **пока́** (*use only with people on* ***ты***)

## C

cabbage - **капу́ста**
cabbage soup - **щи** (*pl.*)
cabinet - **шкаф** (*где* — **в шкафу́**) (*ending always stressed*)
cafeteria - **столо́вая** (*adj. decl.*)
café - **кафе́** [**кафэ́**] (*indecl.*)
calendar - **календа́рь** (*ending always stressed*)
call (on the phone) - **звони́ть/по-** (**звон-ю́, -и́шь, -я́т**)(*кому́ куда́*) (*See 3.2*); (someone's name) - **звать/по-** (**зов-у́, -ёшь, -у́т; звала́, зва́ли**); (call or summon for help) - **вызыва́ть** (**вызыва́-ю, -ешь, -ют**)/**вы́звать** (**вы́зов-у, -ешь, -ут**); summon a doctor, ambulance - **вы́звать врача́, ско́рую по́мощь**
I'll call [him, her] to the phone. - **Сейча́с позову́.**
*So-and-so* is called . . . - (*acc.*) **зовут...**
My sister's name is . . . - **Мою́ сестру́ зову́т...** (*See 7.1*)
This city is called Tosno. - **Этот го́род называ́ется То́сно.**
call back - **перезва́нивать** (**перезва́нива-ю, -ешь, -ют**)/**перезвони́ть** (**перезвон-ю́, -и́шь, -я́т**)
called - **называ́ться** (*imperf.:* **называ́-ется, -ются**) (*used for things, not people or animals*); **зову́т** + *acc.* (*used for people*) (*See 7.1*)
My sister is called . . . - **Мою́ сестру́ зову́т...**
This city is called Barstow. - **Этот го́род называ́ется Ба́рстоу.**
calm - **споко́йный**
camera (still, photo) - **фотоаппара́т**
can - **мочь/с-** (**мог-у́, мо́ж-ешь, мо́г-ут; мог, могла́, могли́**) (*See 3.4*)
can (jar) - **ба́нка**
Canada - **Кана́да**
Canadian - **кана́д(е)ц/кана́дка** (*person*); **кана́дский** (*adj.*)
canceled - **аннули́рован** (**-а, -ы**)
cap - **ша́пка**
car - **маши́на**
card - **ка́рта; ка́рточка**
credit card - **креди́тная ка́рточка**
care: take care *of* (watch out *for*) - **забо́титься** (*о чём*) (*imperf.:* **забо́ч-усь, забо́т-ишься, -ятся**)
carefully - **внима́тельно**
carrot(s) - **морко́вь** (*fem., always sing.*)
cartoon - **мультфи́льм**
case: just in case - **на вся́кий слу́чай**
cash register - **ка́сса**
Pay at the register. - **Плати́те в ка́ссу!**
cassette - **кассе́та**
cassette player - **кассе́тный магнитофо́н; кассе́тник; пле́ер**
cathedral - **собо́р**
caviar - **икра́**
CD - **CD** [**Си-Ди́**]
CD player - **CD-пле́ер**
ceiling - **потол(о́)к** (*ending always stressed*)
celebrate *a holiday* - **отмеча́ть** (*что*) (*imperf.:* **отмеча́-ю, -ешь, -ют**)
cello - **виолонче́ль** (*fem.*)
cent - **цент** (**два це́нта, пять це́нтов**) (*See 7.5*)
center - **центр;** center (*e.g.*, sports center) - **ко́мплекс**
centimeter - **сантиме́тр**

central - **центра́льный**
century - **век; столе́тие**
cereal (porridge) - **ка́ша**
certificate - **спра́вка**
chair - **стул** (*pl.* **сту́лья, сту́льев, сту́льям, сту́льями, о сту́льях**)
chalk - **мел**
chance - **шанс; возмо́жность** (*fem.*)
channel - **програ́мма; кана́л**
cheap - **дешёвый (дёшево)**
cheaper - **деше́вле** (*See 6.3*)
check - **чек**
Please give (us, me) the check. - **Рассчита́йте (нас, меня́)!**
checkers - **ша́шки**
cheerful - **весёлый**
cheese - **сыр**
chemistry - **хи́мия**
chess - **ша́хматы** (*pl.*)
chest - **грудь** (*fem.*)
chicken - **ку́рица**
chicken dish from the Caucasus - **цыпля́та табака́**
chicken Kiev - **котле́ты по-ки́евски**
child - **ребён(о)к** (*pl.* **де́ти, дете́й, де́тям, детьми́, о де́тях; дво́е, тро́е, че́тверо дете́й, пять дете́й**) (*See Book 1: 7.5*)
only child - **еди́нственный ребён(о)к**
Chinese - **кита́(е)ц** (*pl.* **кита́йцы)/китая́нка; кита́йский** (*adj.*)
chocolate - **шокола́д**
choice - **вы́бор**
Christmas - **Рождество́**
Merry Christmas! - **С Рождество́м!** (*See 10.1*)
church - **це́рк(о)вь** (*fem.*)
cinema - **кино́** (industry); **кинотеа́тр** (building)
circus - **цирк**
city - **го́род** (*pl.* **города́**)
clarify - **выясня́ть (выясня́-ю, -ешь, -ют)/вы́яснить (вы́ясн-ю, -ишь, -ят)**
clarinet - **кларне́т**
class - **заня́тие (на)** (*usually plural:* **заня́тия**); **уро́к** (lesson in language, music, *etc.;* **ле́кция** (lecture class); **па́ра** (90-minute class period in Russian universities; **курс (на)** (college course)
Were you in class(es)? - **Ты был на заня́тиях?**
Are you going to class(es)? - **Ты идёшь на заня́тия?**
I like the math class. - **Я люблю́ э́тот курс по матема́тике.**
classical - **класси́ческий**
classroom - **аудито́рия**
clean up (straighten) (a house, apartment, or room, *not* wash) - **убира́ть (убира́-ю, -ешь, -ют) (дом, кварти́ру, ко́мнату)**
clear - **я́сный**
it's clear - **я́сно**
climate - **кли́мат**
clinic - **поликли́ника**
cloakroom - **гардеро́б**
clock - **часы́** (*pl.*)
close - **закрыва́ть/(закрыва́-ю, -ешь, -ют)/закры́ть (закро́-ю, -ешь, -ют)** (*non-reflexive*); **закрыва́ть(ся)/закры́ться** (*reflexive:* be closed)
close by - **бли́зкий, бли́зко, недалеко́** (*от чего́*)
closed - **закры́т (-а,-о,-ы)**
closer - **бли́же** (*See 6.3*)
closet (free-standing) - **шкаф** (*где* — **в шкафу́**) (*ending always stressed*)
clothing - **оде́жда**
code - **код**
area code - **код го́рода**
coffee - **ко́фе** (*masc., indecl.*)
coffee with milk - **ко́фе с молоко́м**
black coffee - **чёрный ко́фе**
cold (illness, not temperature) - **просту́да;** (temperature) - **холо́дный (хо́лодно)**
catch cold - **просты́ть** (*perf.*) I have a cold. - **Я просты́л(а).**
We were cold. - **Нам бы́ло хо́лодно.**
cold weather - **холо́дная пого́да; моро́з**
cold cuts assortment - **мясно́е ассорти́**
collection - **сбо́рник**
color - **цвет** (*pl.* **цвета́**); **цветно́й** (*adj.*)
What color is/are . . . ? - **Како́го цве́та...?**

come - (by vehicle) - **приезжа́ть (приезжа́-ю, -ешь, -ют)/прие́хать (прие́д-у, -ешь, -ут);** (on foot) - **приходи́ть (прихож-у́, прихо́д-ишь, -ят)/прийти́ (прид-у́, -ёшь, -у́т)** (*See 5.5*)
Come in! - **Проходи́(те)!; Заходи́(те)!**
comedy - **коме́дия**
comfortable (*about room or house*) - **ую́тный**
comic (comedian) - **ко́мик**
commercial - **комме́рческий** (*adj.*)
common - **о́бщий**
compact disk - **компа́кт-ди́ск** *or* **CD [Си-Ди́]**
company - **фи́рма** (commercial firm)
completely - **совсе́м**
complex - **сло́жный** (*adj.*); **ко́мплекс** (*noun, e.g.,* sports complex)
complicated - **сло́жный**
computer - **компью́тер**
computer programmer - **программи́ст**
computer science - **компью́терная те́хника**
concern (to have to do with something) - **каса́ться** (*imperf.:* **каса́ется, каса́ются**) (*чего́*)
As far as . . . is concerned - **Что каса́ется** (*чего́*)
concert - **конце́рт (на)**
concierge - **дежу́рный/дежу́рная** (*adj. decl.*)
confirm - **подтвержда́ть (подтвержда́-ю, -ешь, -ют)/подтверди́ть (подтверж-у́, подтверд-и́шь, -я́т)**
consider - **счита́ть** (*imperf.:* **счита́-ю, -ешь, -ют** *что-кого́ чем-кем*) - to consider (*something as something*)
contemporary - **совреме́нный**
convenience (*often in a place of residence*) - **удо́бство**
with all the conveniences (utilities, bath, etc.) - **со все́ми удо́бствами**
conversation - **разгово́р**
convey - **передава́ть (переда-ю́, -ёшь, -ю́т)/переда́ть (пере-да́м, -да́шь, -да́ст, -дади́м, -дади́те, -даду́т)** (*кому́*) (*See 6.5*)
cook - **гото́вить/при- (гото́вл-ю, гото́в-ишь, -ят)**
cool - **прохла́дный (прохла́дно)**
We felt cool. - **Нам бы́ло прохла́дно.**
correct - **пра́в (права́, пра́вы;** *short-form adj.*); **ве́рно; пра́вильный; исправля́ть (исправля́-ю, -ешь, -ют)/испра́вить (испра́вл-ю, испра́в-ишь, -ят)** (*verb*)
You're correct. - **Вы пра́вы.**
Absolutely correct! - **Соверше́нно ве́рно!**
the correct answer - **пра́вильный отве́т**
correspond (by mail) - **перепи́сываться;** (to match) - **соотве́тствовать (соотве́тству-ю, -ешь, -ют)** (*чему́*): What corresponds to what?; What matches what? - **Что чему́ соотве́тствует?**
corridor - **коридо́р**
cosmetics (store or department) - **парфюме́рия**
cost - **сто́ить (сто́ит, сто́ят)**
couch - **дива́н**
cough - **ка́шлять** (*imperf.:* **ка́шля-ю, -ешь, -ют**)
country (nation) - **страна́** (*pl.* **стра́ны**); (rural area) - **дере́вня** (*pl.* **дере́вни, дереве́нь, деревня́м**)
couple - **па́ра**
for a couple of hours - **на па́ру часо́в**
course (in college) - **курс**
Russian course - **курс ру́сского языка́**
cousin - **двою́родный брат/двою́родная сестра́**
cozy (*about room or house*) - **ую́тный**
credit card - **креди́тная ка́рточка**
cucumber - **огур(е́)ц** (*ending always stressed*)
cucumber salad - **сала́т из огурцо́в**
cuisine - **ку́хня**
cure (reflexive = be cured) - **вы́лечить(ся)** (*perf.:* **вы́леч-у[сь], -ишь[ся], -ат[ся]**)
currency (money) - **валю́та**
currency exchange - **обме́н валю́ты**
customs (inspection) - **тамо́жня**
customs declaration - **деклара́ция**

## D

dacha - **да́ча (на)**
dad - **па́па**
dairy - **моло́чный**
dance - **та́н(е)ц** (*noun; usually pl.* **та́нцы**); **танцева́ть/по- (танцу́-ю, -ешь, -ют)** (*verb*)

date - **число́** (*pl.* **чи́сла**)
What is today's date? - **Како́е сего́дня число́?**
(On) what date did this happen? - **Како́го числа́ э́то случи́лось?**
daughter - **дочь** (*gen., dat., prep. sg., and nom. pl.* **до́чери;** *instr. sg.* **до́черью;** *gen. pl.* **дочере́й**) (*See 7.5*)
day - **д(е)нь**
all day - **весь день**
every day - **ка́ждый день**
What day is it? - **Како́й сего́дня день?**
Thanksgiving Day - **День Благодаре́ния**
Independence Day - **День Незави́симости**
birthday - **день рожде́ния;** Happy birthday! - **С днём рожде́ния!** (*See 10.1*)
day after tomorrow - **послеза́втра**
dean's office - **декана́т**
dear - **дорого́й (до́рого)**
December - **дека́брь** (*ending always stressed*)
decide - **реша́ть (реша́-ю, -ешь, -ют)/реши́ть (реш-у́, -и́шь, -а́т)**
degree - **гра́дус (5-20 гра́дусов)**
dentist - **зубно́й врач** (*ending always stressed*)
depart (on foot) - **уходи́ть (ухож-у́, ухо́д-ишь, -ят)/уйти́ (уйд-у́, -ёшь, -у́т);** (by vehicle) - **уезжа́ть (уезжа́-ю, -ешь, -ют)/уе́хать (уе́д-у, -ешь, -ут);** (said of trains): **отхо́дить (отхож-у́, отхо́д-ишь, -ят)/отойти́ (отойд-у́, -ёшь, -у́т)**
(*See 5.5*)
department - **факульте́т (на), ка́федра (на)** (in a college or university); **отде́л** (in a store or office)
department store - **универма́г**
depends: it depends . . . - **смотря́...** (*must be used with a question word, as in the following expressions*: it depends on how - **смотря́ как;** it depends on what - **смотря́ что;** it depends on where - **смотря́ где (куда́)**
desk - **пи́сьменный стол**
dessert - **сла́дкое** (*adj. decl.*)
dial - **набира́ть (набира́-ю, -ешь, -ют)/набра́ть (набер-у́, -ёшь, -у́т)**
dictionary - **слова́рь** (*ending always stressed; pl.* **словари́**)
die - **умира́ть (умира́-ю, -ешь, -ют)/умере́ть (умр-у́, -ёшь, -у́т; у́мер, умерла́, у́мерли)**
diet - **дие́та (на)**
different (not the same) - **друго́й**
difficult - **тру́дный; тру́дно** (*with dative + infinitive; see 9.3*)
It's difficult for me to read here. - **Мне здесь тру́дно чита́ть.**
dining room - **столо́вая** (*adj. decl.*)
director (of a group of people) - **руководи́тель;** (of a film) - **режиссёр**
discotheque - **дискоте́ка (на)**
disease - **боле́знь** (*fem.*)
dish (food, not the physical plate) - **блю́до**
disposable - **однора́зовый**
disposable needle - **однора́зовый шприц**
disturb - **беспоко́ить/по- (беспоко́-ю, -ишь, -ят)**
dizzy (feel dizzy) - **кру́жится голова́**
do - **де́лать/с- (де́ла-ю, -ешь, -ют)**
doctor (physician) - **врач** (*ending always stressed*); **до́ктор** (used as form of address)
document - **докуме́нт**
authorization document - **направле́ние**
documentary - **документа́льный (фильм)**
doll: Russian nested doll - **матрёшка**
dollar - **до́ллар (два до́ллара, пять до́лларов)**
door - **дверь** (*fem.*)
dormitory - **общежи́тие**
dough - **те́сто**
downtown - **центр**
dream *of doing something* - **мечта́ть** + *infinitive* (*imperf.:* **мечта́-ю, -ешь, -ют**)
dress - **пла́тье** (*noun*; *pl.* **пла́тья, пла́тьев**) - **одева́ться** (*imperf.:* **одева́-юсь, -ешься, -ются**) (*verb:* = get dressed)
dressed - **оде́т** (**-а, -ы;** *short-form adj.*)
drink - **напи́т(о)к** (*noun*); **пить (пь-ю, -ёшь, -ют; пил, пила́, пи́ли)/вы́- (вы́пь-ю, вы́пь-ешь, вы́пь-ют)** (*verb*)
soft drink - **лимона́д**
drop by (on foot) - **заходи́ть (захож-у́, захо́д-ишь, -ят)/зайти́ (зайд-у́, -ёшь, -у́т; зашёл, зашла́, зашли́)***;* drop by (by vehicle; *see 5.5*) - **заезжа́ть (заезжа́-ю, -ешь, -ют)/зае́хать (зае́д-у, -ешь, -ут)**

drop in (by foot) - **зайти́** (*perf.; see* **заходи́ть**);
(by vehicle) - **зае́хать** (*perf.; see* **заезжа́ть**)
drum - **бараба́н**
during - **в тече́ние** (*чего́*); **во вре́мя** (*чего́*)

## E

each - **ка́ждый**
each other - **друг дру́га** (*See 10.8*)
ear - **у́хо** (*pl.* **у́ши, уша́м, уша́ми, об уша́х**)
earlier - **ра́ньше** (*See 6.3*)
a little earlier - **пора́ньше**
early - **ра́но**
easier - **ле́гче** (*See 6.3*)
east - **восто́к (на)**
Easter - **Па́сха**
easy - **лёгкий (легко́)**
It was easy for us. - **Нам бы́ло легко́.**
eat - **есть/по-** *and* **съ-** (**ем, ешь, ест, еди́м, еди́те, едя́т**)
to have a bite to eat - **пое́сть**
to eat (*something*) up - **съесть**
eat breakfast - **за́втракать/по-** (**за́втрака-ю, -ешь, -ют**)
eat lunch - **обе́дать/по-** (**обе́да-ю, -ешь, -ют**)
eat supper - **у́жинать/по** (**у́жина-ю, -ешь, -ют**)
economics - **эконо́мика; экономи́ческий** (*adj.*)
education - **образова́ние; педаго́гика** (*a subject in college*)
higher education - **вы́сшее образова́ние**
effort: with great effort - **с больши́м трудо́м**
egg - **яйцо́** (*pl.* **я́йца**)
elevator - **лифт**
else (*as in* What else?) - **ещё: Что ещё?**
e-mail - **e-mail** [имэ́л]; **элетро́нная по́чта** (*noun*); **посыла́ть** (**посыла́-ю, -ешь, -ют**)/**посла́ть** (**пошл-ю́, -ёшь, -ю́т**) **e-mail'om** (**имэ́лом**) (*verb*)
embroider - **вышива́ть** (*imperf.:* **вышива́-ю, -ешь, -ют**)
emotion - **чу́вство**
end (*reflexive:* come to an end) - **конча́ться** (**конча́-ется, -ются**)/**ко́нчиться** (**ко́нч-ится, -атся**)
energetic - **энерги́чный**
engage (*in something*) - **занима́ться** (*чем*) (*imperf.*: **занима́-юсь, -ешься, -ются**) (*See 8.5*)
engineer - **инжене́р**
engineering/design institute - **прое́ктный институ́т**
England - **Англия**
English - **англича́нин** (*pl.* **англича́не**)/**англича́нка** (*person*); **англи́йский** (*adj.*)
English department - **ка́федра англи́йского языка́**
English-Russian - **англо-ру́сский**
enroll in (an institution) - **поступи́ть** (**поступл-ю́, посту́п-ишь, -ят**) (*куда́*) (*perf.; see* **поступа́ть**)
ensemble - **анса́мбль**
enter - (by foot) **входи́ть** (**вхож-у́, вхо́д-ишь, -ят**)/**войти́** (**войд-у́, -ёшь, -у́т; вошёл, вошла́, вошли́**); (by vehicle) - **въезжа́ть** (**въезжа́-ю, -ешь, -ют**)/**въе́хать** (**въе́д-у, -ешь, -ут**) (*во что*) (*See 5.5*)
entire - **весь (всё, вся, все)**
entrance - **вход**
entree - **второ́е** (*adj. decl.*)
European - **европе́йский**
even (*in comparisons*) - **ещё:** This house is even bigger. (*See 6.3*) - **Этот дом ещё бо́льше.**
evening - **ве́чер** (*noun*); **вече́рний** (*adj.*)
in the evening - **ве́чером**
Good evening! - **До́брый ве́чер!**
event - **слу́чай**
ever - **когда́-нибудь** (*See 7.5*); **никогда́ (не)** (*See 7.4*)
every - **ка́ждый**
everybody - **все:** Everyone knows. - **Все зна́ют.**
everything - **всё:** Everything was good. - **Всё бы́ло хорошо́.**
evidently - **ви́димо**
exact - **то́чный**
exactly - **и́менно**
Which street exactly? - **Кака́я и́менно у́лица?**
examination (*as in* medical examination) - **осмо́тр**

example: for example - **наприме́р**
excellent - **отли́чный**
except - **кро́ме** (*чего́*)
exchange - **обме́н** (*noun*); **обме́нивать** (**обме́нива-ю, -ешь, -ют**)/**обменя́ть** (**обменя́-ю, -ешь, -ют**) (**до́ллары на рубли́**) (*verb;* dollars for rubles)
Excuse me - **Извини́те!; Прости́те!**
  Excuse me, sir! - **Молодо́й челове́к!**
exercise (physical) - **заря́дка;** (intellectual) - **упражне́ние**
exercise equipment - **тренажёр**
exit (by foot) - **выходи́ть** (**выхож-у́, выхо́д-ишь, -ят**)/**вы́йти** (**вы́йд-у, -ешь, -ут;** *imper.* **вы́йди**); (by vehicle) - **выезжа́ть** (**выезжа́-ю, -ешь, -ют**)/**вы́ехать** (**вы́ед-у, -ешь, -ут**) (*See 5.5*)
  Are you exiting (getting off) now? - **Вы сейча́с выхо́дите?**
expensive - **дорого́й** (**до́рого**)
explain - **объясня́ть** (**объясня́-ю, -ешь, -ют**)/**объясни́ть** (**объясн-ю́, -и́шь, -я́т**)
eye - **глаз** (*pl.* **глаза́;** *gen. pl.* **глаз**)
eyeglasses - **очки́** (*pl.*)

## F

fabulous - **чуде́сный**
factory - **заво́д** (**на**)
fairly (quite) - **дово́льно**
fall - **па́дать** (**па́да-ю, -ешь, -ют**)/**упа́сть** (**упад-у́, -ёшь, -у́т; упа́л, -а, -и**)
fall (autumn) - **о́сень**
  in fall (autumn) - **о́сенью** (*See 2.4*)
family - **семья́** (*pl.* **се́мьи, семе́й, се́мьям, се́мьями, о се́мьях**)
famous - **знамени́тый; изве́стный**
fantasy - **фанта́стика**
far; far away (*from something*) - **далёкий** (**далеко́**) (*от чего́*)
farm - **фе́рма** (**на**)
farther - **да́льше** (*See 6.3*)
fascinated (to be fascinated *by something*) - **увлека́ться** (*imperf.:* **увлека́-юсь, -ешься, -ются**) (*чем*) (*See 8.5*)
fast - **ско́рый**
father - **от(е́)ц** (*ending always stressed*)
favor - **про́сьба**
  I have a big favor to ask you. - **У меня́ к тебе́ больша́я про́сьба.**
favorite - **люби́мый**
  least favorite - **са́мый нелюби́мый**
most favorite - **са́мый люби́мый**
fax - **факс**
fear (to be afraid) (*of someone, of something*) - **боя́ться** (*imperf.:* **бо-ю́сь, -и́шься, -я́тся**) (*кого́, чего́*)
February - **февра́ль** (*ending always stressed*)
feed (provide food) - **корми́ть/по-** (**кормл-ю́, ко́рм-ишь, -ят**)
feel - **чу́вствовать/по- себя́** (**чу́вству-ю себя́, -ешь себя́, -ют себя́**) (*See 9.1*)
  feel dizzy - **кру́жится голова́**
  feel like: *someone* feels like - **хо́чется** (**хоте́лось**) (*кому́*)
feeling - **чу́вство**
fencing - **фехтова́ние**
festive - **пра́здничный**
few - **ма́ло** (*чего́*); a few - **не́сколько** (*чего́*)
fewer - **ме́ньше** (*чего́*) (*See 6.3*)
fiction - **худо́жественная литерату́ра**
  science fiction - **нау́чная фанта́стика**
fifth - **пя́тый**
figure skating - **фигу́рное ката́ние**
film - **фильм** (movie, not film for camera); **плёнка** (camera film)
  adventure film - **приключе́нческий фильм**
  feature-length film (not documentary) - **худо́жественный фильм**
  horror film - **фильм у́жасов**
  film version (of a novel) - **экраниза́ция**
finally - **наконе́ц**
finance(s) - **фина́нсы**
find - **находи́ть** (**нахож-у́, нахо́д-ишь, -ят**)/**найти́** (**найд-у́, -ёшь, -у́т; нашёл, нашла́, нашли́**)
find out - **узнава́ть** (**узна-ю́, -ёшь, -ю́т**)/**узна́ть** (**узна́-ю, -ешь, -ют**)
fine - **хорошо́** (*adv.*)
  that's fine (that's okay) - **годи́тся**
finger - **па́л(е)ц** (*pl.* **па́льцы**)

finish - **зака́нчивать (зака́нчива-ю, -ешь, -ют)/зако́нчить (зако́нч-у, -ишь, -ат)**
firm - **фи́рма**
first - **пе́рвый**
at first - **снача́ла**
first name - **и́мя**
In the first place . . . , in the second place . . . - **Во-пе́рвых..., во-вторы́х...**
fish - **ры́ба**
flight (airline) - **рейс**
floor - **пол** (as opposed to ceiling; *где* — **на полу́;** *ending always stressed*)**; эта́ж (на)** (story in a building; *ending always stressed*)
flu - **грипп**
fluently - **свобо́дно**
flute - **фле́йта**
fly - **лете́ть/по- (леч-у́, лет-и́шь, -я́т)**
food - **пи́ща**
foot - **нога́** (*pl.* **но́ги, нога́м, нога́ми, о нога́х**)
on foot, by foot - **пешко́м**
footwear - **о́бувь** (*fem.*)
for - **за** (+ *acc.*) (in exchange for); **для** (*чего́-кого́*) (for someone's benefit)
Thank you for the letter. - **Спаси́бо за письмо́.**
to pay for tuition - **заплати́ть за учёбу**
They did it for me. - **Они́ э́то сде́лали для меня́.**
for the time being - **пока́:** For the time being, we'll wait. - **Пока́ мы бу́дем ждать.**
forbidden - **нельзя́** (*with dative + infinitive; see 8.6, 9.3*)
I'm forbidden from drinking. - **Мне нельзя́ пить.**
foreign - **иностра́нный**
foreigner - **иностра́н(е)ц/иностра́нка**
forget - **забыва́ть (забыва́-ю, -ешь, -ют)/забы́ть (забу́д-у, -ешь, -ут)**
four - **четы́ре**
four kids (*in a family*) - **че́тверо дете́й**
fourth - **четвёртый**
free - **свобо́дный (свобо́ден, свобо́дна, свобо́дно, свобо́дны); беспла́тный** (free of charge)
French - **францу́з/францу́женка** (*person*); **францу́зский** (*adj.*)
French horn - **валто́рна**
frequently - **ча́сто**
Friday - **пя́тница**
fried steak - **ланге́т**
friend (close friend) - **друг** (*pl.* **друзья́,** *gen. pl.* **друзе́й**)**;** acquaintance - **знако́мый** (*adj. decl.*)
friendship - **дру́жба** (strong friendship); **знако́мство** (acquaintance)
from - **из** (*чего́*); **от** (*чего́*); **с** (*чего́*) (*See 10.6*)
Our family is from Russia. - **На́ша семья́ из Росси́и.**
from here - **отсю́да**
from there - **отту́да**
from where - **отку́да**
from someone's place - **от** (*кого́*): We came here from Zhenya's house. - **Мы пришли́ сюда́ от Же́ни.**
frost - **моро́з**
fruit - **фру́кты** (*pl.*)
fun - **весёлый (ве́село)**
It was fun for us (we had a good time). - **Нам бы́ло ве́село.**
funny - **смешно́й (смешно́)**
furniture - **ме́бель** (*fem., always sing.*)
further - **да́льше**

## G

gadgets - **те́хника**
gallery - **галере́я**
game - **игра́** (*pl.* **и́гры**)
garage - **гара́ж** (*ending always stressed*)
garden - **сад** (*где* — **в саду́;** *pl.* **сады́** )
botanical garden - **ботани́ческий сад**
gas (natural gas) - **газ**
gastritis - **гастри́т**
general: in general - **вообще́**
genuine - **настоя́щий**
German - **не́м(е)ц/не́мка** (*person*)**; неме́цкий** (*adj.*)
get (receive) - **получа́ть (получ-а́ю, -ешь, -ют)/получи́ть (получ-у́, полу́ч-ишь, -ат)**

get (somewhere) - **попа́сть** (*perf.;* **попад-у́, -ёшь, -у́т; попа́л**)
Will we get into this restaurant? - **Мы попадём в э́тот рестора́н?**
How does one get to . . . ? - **Как попа́сть** (*куда́*)**?**
get off (a bus, tram, trolley, subway) - **выходи́ть (выхож-у́, выхо́д-ишь, -ят)/вы́йти (вы́йд-у, -ешь, -ут;** *imper.* **вы́йди) из авто́буса, тролле́йбуса, трамва́я**
Are you exiting (getting off) now? - **Вы сейча́с выхо́дите?**
get onto (a bus, tram, trolley, subway) - **сади́ться (саж-у́сь, сад-и́шься, -я́тся)/сесть (ся́д-у, -ешь, -ут; сел)**
get up - **встава́ть (вста-ю́, -ёшь, -ю́т)/встать (встаан-у, -ешь, -ут)**
gift - **пода́р(о)к**
I want to give (*someone*) a present. - **Я хочу́ сде́лать пода́рок** (+ *dative*).
gigantic - **огро́мный**
girl - **де́вочка** (up till about age 12); **де́вушка** (young woman)
give - **дава́ть (да-ю́, -ёшь, -ют)/дать (дам, дашь, даст, дади́м дади́те, даду́т; дал, дала́, да́ли)** (*See 6.5*)
give a present (*to someone*) - **дари́ть/по- (дар-ю́, да́р-ишь, -ят)** (*комуу́*)
glad - **рад (-а, -ы)**
glasses (eyeglasses) - **очки́** (*pl.*)
gloves - **перча́тки** (*pl.*)
go - **ходи́ть (хож-у́, хо́д-ишь, -ят;** *multidirectional: back and forth on foot*); **идти́ (ид-у́, -ёшь, -у́т;** *unidirectional on foot*)/**пойти́ (пойд-у́, -ёшь, -у́т; ) пошёл, пошла́, пошли́; е́здить (е́зж-у, е́зд-ишь, -ят;** *multidirectional: back and forth by vehicle*); **ехать/по- (е́д-у, -ешь, -ут;** *unidirectional by vehicle*) (*See 5.4, 5.5, 5.6, 8.4, 10.8*)
Go! (*imperative*) - **Иди́(те)!**
Go on through - **Проходи́(те)!**
Let's go. - **Пойдём!; Пошли́!** (by foot); **Поéдем!** (by vehicle)
go to bed - **ложи́ться (лож-у́сь, -и́шься, -а́тся)/лечь (ля́г-у, ля́ж-ешь, ля́г-ут) спать**
go home - **ходи́ть~идти́/пойти́ домо́й**
go back (return) - **возвраща́ться (возвраща́-юсь, -ешься, -ются)/верну́ться (верн-у́сь, -ёшься, -у́тся)**
golf - **гольф**
good - **хоро́ший; хорошо́** (*adv.*); **вку́сный** (tasty)
That's good! - **Хорошо́!**
pretty good - **неплохо́й***;* **непло́хо**
Good afternoon! - **До́брый день!** Good evening! - **До́брый ве́чер!** Good morning! - **До́брое у́тро!** Good night! - **Споко́йной но́чи!** Good-bye! - **До свида́ния!**
Good show! (*lit.* Good fellow, *but used for both sexes*) - **Молоде́ц! (Како́й ты [он, она́,** *etc.*]**) молоде́ц!**)
goodness - **добро́**
goods - **това́ры**
graduate (from college, high school) - **зака́нчивать** (*imperf.:* **зака́нчива-ю, -ешь, -ют**) **университе́т, шко́лу;** *Note perf.:* **око́нчить (око́нч-у, -ишь, -ат) университе́т, шко́лу**
graduate school - **аспиранту́ра**
graduate student - **аспира́нт/аспира́нтка**
graduation (from a university, institute, school) - **оконча́ние (университе́та, институ́та, шко́лы)**
granddaughter - **вну́чка**
grandfather - **де́душка**
grandmother - **ба́бушка**
grandson - **внук**
grapes - **виногра́д** (*always sing.*)
gray - **се́рый**
green - **зелёный**
greeting(s) - **приве́т**
groceries - **проду́кты** (*pl.*)
grocery store (self-service) - **универса́м; гастроно́м; продово́льственный магази́н**
group - **гру́ппа**
grow up - **вы́расти** (*perf.; past* **вы́рос, вы́росла, вы́росли**; *see 7.3*)
guest - **гость** (*masc. and fem.*)
guide (person) - **экскурсово́д**
guitar - **гита́ра**

guys (*colloquial*) - **ребя́та** (*pl.; gen.* **ребя́т**)
gymnastics - **гимна́стика**

## H

hair - **во́лосы** (*pl.*)
half - **полови́на**
  half past two - **полови́на тре́тьего** (*See 10.5*)
hallway - **коридо́р**
hand - **рука́** (*pl.* **ру́ки, рук, рука́м, рука́ми, о рука́х**)
  but on the other hand - **зато́**
handkerchief - **плат(о́)к** (*ending always stressed*)
handsome - **краси́вый**
hang: to be hanging - **висе́ть (виси́т, вися́т)**
  There are pictures on the wall. - **На стене́ вися́т фотогра́фии.**
Hanukkah - **Ха́нука**
happen - **случи́ться** (*perf.*)
  What happened? - **Что случи́лось?**
happiness - **сча́стье**
happy - **весёлый (ве́село)**
  We were happy (had a good time). - **Нам бы́ло ве́село.**
Happy birthday! - **С днём рожде́ния!**
hard - **тру́дный** (difficult)**; твёрдый** (firm)
hat - **ша́пка** (knit or fur)*;* **шля́па** (business hat)
  hats (headgear) - **головно́й убо́р**
have - **у** (+ *gen.* + **есть** + *nom.*) - (*someone*) has (*something*); *for having with inanimate objects* (*places*), **в** *or* **на** + *prep.* + **есть** + *nom.* (*See Book 1: 2.7, 6.4, 8.3, Book 2: 4.2*)
  Mom has a car. - **У ма́мы есть маши́на.**
  (*someone*) doesn't have (*something*) (*See Book 1: 6.5, 8.3*) - **у** (+ *genitive* + **нет** + *genitive*)
  Mom doesn't have a car. - **У ма́мы нет маши́ны**.
  The department doesn't have a computer. (*See 4.2*) - **На факульте́те нет компью́тера.**
  The university has a pool. (*See 4.2*) - **В университе́те есть бассе́йн.**
have to (do something: *requires a* **ну́жно** *or* **на́до** *expression with dative; see Book 1: 8.6*)
have to do with *something* - **каса́ться** (*imperf.:* **каса́ется, каса́ются**) (*чего́*)
he - **он**
head - **голова́** (*acc. sing.* **го́лову;** *pl.* **головы, голо́в, голова́м, голова́ми, о голова́х**)
health - **здоро́вье**
health clinic - **поликли́ника**
healthy - **здоро́вый**
hear - **слы́шать (слы́ш-у, -ишь, -ат)** (*See 3.3*)
heart - **се́рдце**
  by heart - **наизу́сть**
  to learn by heart - **вы́учить наизу́сть**
hello - **здра́вствуй(те); алло́** (*on the phone only*)
help - **по́мощь** (*noun*; *fem.*)**; помога́ть (помога́-ю, -ешь, -ют)/помо́чь (помог-у́, помо́ж-ешь, помо́г-ут)** (*кому́*) (*verb*)
here - **здесь** (*где*)**; сюда́** (*куда́*) (*See 10.6*)
  Here, take it! *Said when handing someone something — use only with someone on* **ты**) - **На!**
  here is . . . - **вот...**
  Here is your book. - **Вот ва́ша кни́га.**
her(s) - **её**
Hey! - **Слушай(те)!** *or* **Послу́шай(те)!**
high; tall - **высо́кий**
hike - **похо́д**
his - **его́**
history - **исто́рия; истори́ческий** (*adj.*)
hitchhiking - **автосто́п**
hobby - **увлече́ние**
holiday - **пра́здник**
  Happy holiday! (*See 10.1*) - **С пра́здником!**
home - **дом** (*noun; где —* **до́ма;** *куда́ —* **домо́й;** *pl.* **дома́**)**; дома́шний** (*adj., as in* homework)
honest - **че́стный**
  to be honest - **если́ че́стно сказа́ть**
honor - **честь** (*fem.*)
  in honor *of something/someone* - **в честь** (*чего́-кого́*)
hope - **наде́яться** (*imperf.:* **наде́-юсь, -ешься, -ются**)
horror - **у́жас**
  horror movie - **фильм у́жасов**
hospital - **больни́ца**
host - **хозя́ин (до́ма)** (*pl.* **хозя́ева**)
hostess - **хозя́йка (до́ма)**

hot (*weather*) - **жа́ркий (жа́рко);** (*of things, not weather*) - **горя́чий**
hot water - **горя́чая вода́**
We were hot. - **Нам бы́ло жа́рко.**
hotel - **гости́ница**
hotter - **жа́рче**
housewife - **домохозя́йка**
how **- как**
How come?! How can that be? - **Как же так?**
How are you? (informal) - **Как ты?**
How do you know Russian? - **Отку́да вы зна́ете ру́сский язы́к?**
How do you say . . . in Russian? - **Как по-ру́сски...?**
How should I put it? - **Да как сказа́ть?**
How old is . . . ? - **Ско́лько** (+ *dative*) **лет?**
how long - **ско́лько вре́мени** (*See 4.7*); **как до́лго**
How long does it take to get there? - **Ско́лько вре́мени туда́ идти́ (е́хать)?**
how much (how many) - **ско́лько** (*чего́*)
How much will it cost? - **Ско́лько э́то бу́дет сто́ить?**
How much do we owe? - **Ско́лько с нас?**
huge - **огро́мный**
humor - **ю́мор**
hurt - **боле́ть (боли́т, боля́т)** *у кого́* (*imperf.*) (*See 9.1*)
husband - **муж** (*pl.* **мужья́**)

## I

I - **я**
*so-and-so* and I - **мы с** (+ *instrumental:* **мы с ма́мой, мы с бра́том,** *etc.; see 9.2*)
ice cream - **моро́женое** (*adj. decl.*)
icon (religious) - **ико́на**
identification (ID document) - **докуме́нт**
if (if . . . then) - **е́сли... то;** whether - **ли** (*See 2.8*)
ill - **бо́лен (больна́, больны́)** (*чем*) (*See 9.1*)
illness - **боле́знь** (*fem.*)
imagine - **представля́ть (представля́-ю, -ешь, -ют)/предста́вить (предста́вл-ю, предста́в-ишь, -ят) себе́**
immediately - **сра́зу**
impossible - **невозмо́жно** (*with dative + infinitive; see 9.3*)
impressionist - **импрессиони́ст**
in - **в** + *prep.; occasionally* **на** + *prep.* (*See 10.6*)
in the dormitory - **в общежитии**
in the department - **на факульте́те**
in my, (our, your) opinion - **по-мо́ему (по-на́шему, по-ва́шему, по-тво́ему)**
in order to - **что́бы** + *infinitive* (*See 9.2*)
In order to read this book, you have to know the language well. - **Что́бы прочита́ть э́ту кни́гу, на́до хорошо́ знать язы́к.**
incorrect - **непра́вильный**
independence - **незави́симость**
Independence Day - **День Незави́симости**
indicate - **ука́зывать** (*imperf.:* **ука́зыва-ю, -ешь, -ют**)
be indicated; noted - **ука́зываться** (*imperf.:* **ука́зыва-ется, -ются**)
inexpensive - **дешёвый (дёшево)**
infectious - **инфекцио́нный**
information - **информа́ция**
injection - **уко́л**
inquire - **спра́шивать (спра́шива-ю, -ешь, -ют)/спроси́ть (спрош-у́, спро́с-ишь, -ят)** (*See 9.3*)
institute (*institution of post-secondary education*) - **институ́т**
Institute of Foreign Languages - **Институ́т иностра́нных языко́в**
instructor - **преподава́тель**
intelligent - **у́мный**
interested (be interested in *something* - **интересова́ться** (*imperf.:* **интересу́-юсь, -ешься, -ются**) (*чем*) (*See 8.5*)
interesting - **интере́сный**
international - **междунаро́дный**
international affairs - **междунаро́дные отноше́ния**
introduce: Allow me to introduce myself. - **Разреши́те предста́виться!**
introductory - **вво́дный**
invitation - **приглаше́ние**
invite - **приглаша́ть (приглаша́-ю, -ешь, -ют)/пригласи́ть (приглаш-у́, приглас-и́шь, -я́т)**

Irkutsk (*city in Siberia*) - **Иркýтск**
it - **он; онó; онá**
Italian - **итальян(е)ц/итальянка** (*person*); **итальянский** (*adj.*); **по-итальянски** (*adv.*)

## J

jacket - **пиджáк** (suit); **кýртка** (short coat)
January - **январь** (*ending always stressed*)
Japanese - **япóн(е)ц/япóнка** (*person*); **япóнский** (*adj.*); **по-япóнски** (*adv.*)
jeans - **джи́нсы** (*pl.*)
jersey - **футбóлка**
Jewish - **еврéй/еврéйка** (*person*); **еврéйский** (*adj.*)
job - **рабóта (на)**
joke- **анекдóт, шýтка** (*noun*); **шути́ть/по- (шуч-ý, шýт-ишь, -ят)** (*verb*)
jot down - **запи́сывать (запи́сыва-ю, -ешь, -ют)/записáть (запиш-ý, запи́ш-ешь, -ут)**
journalism - **журнали́стика**
journalist - **журнали́ст**
July - **ию́ль**
jump - **пры́гать** (*imperf.:* **пры́га-ю, -ешь, -ют**)
just:
Just a moment! - **Однý минýточку!**
just now - **тóлько что**

## K

karate - **каратэ́** (*indecl.*)
key (*to something*) - **ключ** (*pl.* **ключи́**) (*от чегó*)
kilometer - **киломéтр**
kind - **дóбрый** (*adj.* nice); **вид** (*noun* "type")
Be so kind as to . . . - **Бýдьте добры́, ...**
kind of sport; (individual) sport - **вид спóрта** (*See 8.2*)
What kind of . . . ? - **Что э́то за** + *nom.:* What kind of book is that? - **Что э́то за кни́га?**
no kind of (not any) - **никакóй (не)** (*See 7.4*)
kiosk- **киóск**
kitchen - **кýхня (на)**
knee - **колéно** (*pl.* **колéни**)
knit - **вязáть** (*imperf.:* **вяж-ý, вя́ж-ешь, -ут**)
know - **знать** (*imperf.:* **знá-ю, -ешь, -ют**)
know how to - **умéть/с- (умé-ю, -ешь, -ют)** (*perf.:* to manage to)
kopeck - **копéйка (две копéйки, пять копéек)**
Kremlin - **Кремль** (*ending always stressed*)

## L

labor - **труд** (*ending always stressed*)
with great effort - **с больши́м трудóм**
laboratory - **лаборатóрия**
lacrosse - **лакрóсс**
lamp - **лáмпа**
language - **язы́к** (*ending always stressed*); **филологи́ческий** (*adj.: relating to an institution or academic issue having to do with languages*)
**филологи́ческий факультéт** - language department (of a university)
language laboratory - **лингафóнный кабинéт**
large - **большóй**
last - **прóшлый** (usually about weeks, months, years, etc.)
last week - **на прóшлой недéле**
last year - **в прóшлом годý**
late - **пóздно**
be late - **опáздывать (опáздыва-ю, -ешь, -ют)/опоздáть (опоздá-ю, -ешь, -ют)**
Am I late? - **Я не опоздáл(а)?**
later - **пóзже; позднéе; потóм** (*afterwards*)
laughable - **смешнóй (смешнó)**
law - **прáво; юриспрудéнция** (study of); **юриди́ческий** (*adj.:* having to do with the legal system)
law office - **юриди́ческая фи́рма**
lawyer - **юри́ст**
learn *how to do something* - **учи́ться/на- (уч-ýсь, ýч-ишься, -атся)** + *infinitive*
leave - (on foot) - **уходи́ть (ухож-ý, ухóд-ишь, -ят)/уйти́ (уйд-ý, -ёшь, -ýт)**; (by vehicle) - **уезжáть (уезжá-ю, -ешь, -ют)/уéхать (уéд-у, -ешь, -ут)** (*See 5.5*)
leave (*something behind*) - **оставля́ть (оставля́-ю, -ешь, -ют)/остáвить (остáвл-ю, остáв-ишь, -ят)**
lecture - **лéкция**

left (*as opposed to* right) - *где* and *куда́* - **нале́во;** *где* — **сле́ва**
to the left of the bed - **сле́ва от крова́ти**
leg - **нога́** (*acc. sing.* **но́гу;** *pl.* **но́ги, нога́м, нога́ми, о нога́х**)
lemon - **лимо́н**
lemonade - **лимона́д**
less - **ме́ньше** (*чего́*) (*See 6.3*)
let's - **дава́й** + *future tense*
Let's switch to **ты**. - **Дава́й(те) перейдём на ты.**
Let's get acquainted. - **Дава́й(те) познако́мимся!**
Let's go. - **Пойдём!; Пошли́!** (by foot); **Поéдем!** (by vehicle)
Let's see . . . - **Посмо́трим; Зна́чит так** (*pause word*)
letter - **письмо́** (*pl.* **пи́сьма**)
lettuce - **сала́т**
librarian - **библиоте́карь**
library - **библиоте́ка**
library card - **чита́тельский биле́т**
lie (to be in a reclining position) - **лежа́ть/по-** (**леж-у́, -и́шь, -а́т**)
to be in the hospital - **лежа́ть/по- в больни́це**
lie down (to sleep) - **ложи́ться** (**лож-у́сь, -ишься, -атся**)/**лечь** (**ля́гу, ля́жешь, ля́гут; лёг, легла́, легли́**) (**спать**)
life - **жизнь** (*fem.*)
lift - **поднима́ть** (**поднима́-ю, -ешь, -ют**)/**подня́ть** (**подним-у́, подни́м-ешь, -ут; по́днял, подняла́, по́дняли**)
lift weights - **поднима́ть тя́жести**
give a lift as far as . . . - **довезти́** (*perf.*)
Would you give me a lift as far as . . . ? - **До** (*чего́*) **не довезёте?**
like (*verb;* to be fond of: *requires a* **нра́виться** *construction; see 6.1*) - **нра́виться/по-** (**нра́вится, нра́вятся**) (*кому́*)
We like Tolstoy. - **Нам нра́вится Толсто́й.**
She liked the movie. - **Ей понра́вился фильм.**
line (of people waiting; queue) - **о́чередь** (*fem.*)
linguistic - **лингвисти́ческий**
lip - **губа́** (*pl.* **гу́бы, губа́м, губа́ми, о губа́х**)
list - **спи́с(о)к** (**в**, *not* **на**)
listen to - **слу́шать** (**слу́ша-ю, -ешь, -ют**)/**по-** *or* **про-** (+ *accusative; see 3.3*)
literature - **литерату́ра**
little -**ма́ленький** (*adj.*); **ма́ло** (*чего́*) (*quantity*)
There's little water here. - **Тут ма́ло воды́.**
little: a little - **немно́го; немно́жко**
A little about myself (yourself). - **Немно́го о себе́.**
live - **жить** (**жив-у́, -ёшь, -у́т;** **жил, жила́, жи́ли**)
live through (an experience) - **пережива́ть** (**пережива́-ю, -ешь, -ют**)/**пережи́ть** (**пережив-у́, -ёшь, -у́т**)
living conditions - **жили́щные усло́вия**
living room - **гости́ная** (*adj. decl.*)
loaf of bread - **бу́лка**
located - **находи́ться** (**нахо́дится, нахо́дятся**) (*See 4.4*)
London - **Ло́ндон**
long - **дли́нный**
long (for a long time) - **до́лго** (+ *past-tense verb*)
longer (time) - **до́льше** (*See 6.3*)
look *at something* - **смотре́ть** (**смотр-ю́, смо́тр-ишь, -ят**)/**по-** (*на что-кого́);* (appear) - **вы́глядеть** (*imperf.:* **вы́гляж-у, вы́гляд-ишь, -ят**)
You look good - **Вы хорошо́ вы́глядите.**
look *for something* - **иска́ть/по-** (**ищ-у́, и́щ-ешь, -ут**) (*что-кого́*)
look like - **похо́ж (-а, -и)** (*на кого́-что*) (*See Book 1: 10.1*)
Los Angeles - **Лос-Анджелес**
lose- **теря́ть/по-** (**теря́-ю, -ешь, -ют**) (let something get lost); **проигрывать** (**проигрыва-ю, -ешь, -ют**)/**проигра́ть** (**проигра́-ю, -ешь, -ют**) (lose a game)
lot (a lot of, lots of) - **мно́го** (*чего́*)
We have lots of books. - **У нас мно́го книг.**
love - **люби́ть** (**любл-ю́, лю́б-ишь, -ят**)
low - **ни́зкий**
lunch - **обе́д**
eat lunch - **обе́дать/по-** (**обе́да-ю, -ешь, -ют**)

## M

magazine - **журна́л**
mail - **по́чта**
  electronic mail - **электро́нная по́чта; e-mail [имэ́л]**
main - **гла́вный**
  the main thing - **гла́вное** *or* **са́мое гла́вное**
major (subject in college) - **специа́льность** (*fem.*)
make - **де́лать/с-** (**де́ла-ю, -ешь, -ют**)
man (male) - **мужчи́на**
manage to - **суме́ть** (*perf.:* **суме́-ю, -ешь, -ют**)
manager - **ме́неджер**
many - **мно́го** (*чего́*)
  We have many books. - **У нас мно́го книг.**
map - **ка́рта**
March - **март**
market - **ры́н(о)к (на)**
match (sports game) - **матч**
mathematics - **матема́тика**
matter - **де́ло** (affair)
  What's the matter? - **В чем дело?**
  it doesn't matter (*to someone*) - **все равно́** (*кому́*)
May - **май**
may (I do something?) - **мо́жно** *with dative + infinitive*): May I look at the apartment? - **(Мне) мо́жно посмотре́ть кварти́ру?**
maybe - **мо́жет быть**
mean - **зна́чит**
meanwhile - **пока́**
measure - **ме́рить/из-** (**ме́р-ю, -ишь, -ят**)
meat - **мя́со; мясно́й** (*adj.*)
  chopped meat - **фарш**
medical - **медици́нский**
medicine - **медици́на**
medicine (*for something*) - **лека́рство** (*от чего́*)
meet up (with each other) - **встреча́ться** (**встреча́-юсь, -ешься, -ются**)/**встре́титься** (**встре́ч-усь, встре́т-ишься, -ятся**)
melancholic - **невесёлый**
memorize - **учи́ть** (**уч-у́, у́ч-ишь, -ат**)/**вы́учить** (**вы́уч-у, -ишь, -ат**) **наизу́сть**
men's - **мужско́й** (*adj.*)
menu - **меню́** (*neut., indecl.*)
message - **сообще́ние**
  What message can I give? (on the phone) - **Что переда́ть?**
meter - **метр**
metro - **метро́** (*indecl.*)
  metro station - **ста́нция (метро́) (на)**
Mexican - **мексика́н(е)ц/мексика́нка** (*person*); **мексика́нский** (*adj.*)
middle - **середи́на**
midnight - **по́лночь** (*fem.*)
milk - **молоко́**
mineral water - **минера́льная вода́**
minus - **ми́нус**
minute - **мину́та**
  how many minutes - **ско́лько мину́т**
  Just a minute! - **Мину́точку!**
mistake - **оши́бка**
mittens - **ва́режки** (*pl.*)
modern - **совреме́нный**
mom - **ма́ма**
Monday - **понеде́льник**
money - **де́ньги** (*always plural; gen.* **де́нег**)
month - **ме́сяц**
  last month - **в про́шлом ме́сяце**
monument - **па́мятник**
more - **бо́льше;** *for* more *as part of a comparative* (*e.g.,* more frequently - **ча́ще**), *see 6.3*
  more than anything - **бо́льше всего́**
morning - **у́тро**
  in the morning - **у́тром**
  Good morning. - **До́брое у́тро.**
  since morning - **с утра́**
Moscow - **Москва́** (*noun*); **моско́вский** (*adj.*)
most (*superlative degree:* most beautiful, most expensive, *etc.*) - **са́мый** + *adjective:* **са́мый краси́вый, са́мый дорого́й,** *etc.*
mother - **мать** (*gen., dat., prep. sg., and nom. pl.* **ма́тери;** *instr. sg.* **ма́терью;** *gen. pl.* **матере́й**)
motherland - **ро́дина**
mountain - **гора́** (*pl.* **го́ры, гор, гора́м, гора́ми, о гора́х**)
mouth - **рот** (*где* — **во рту́**)

move (to a new house or apartment) - **переезжа́ть (переезжа́-ю, -ешь, -ют)/перее́хать (перее́д-у, -ешь, -ут)** (*куда́*)
movie - **фильм**
movie theater - **кинотеа́тр**
movies - **кино́** (*indecl.*)
much - **мно́го** (*чего́*); **гора́здо** (*in comparisons; see 6.3*)
We have much wine. - **У нас мно́го вина́.**
much easier - **гора́здо ле́гче**
museum - **музе́й**
music - **му́зыка**
musical - **мю́зикл** (*noun:* musical play); **музыка́льный** (*adj.*)
musical instrument - **музыка́льный инструме́нт**
musician - **музыка́нт**
must - **до́лжен (должна́, должны́)** + *infinitive*
my - **мой (моё, моя́, мои́)** (*See 2.4*)
mystery (novel) - **детекти́в**

## N

name - **и́мя** (first name); **фами́лия** (last name); **и́мя-о́тчество** (first name and patronymic); **назва́ние** (for inanimate objects; *see 7.1*)
What is . . . 's name? - **Как зову́т** (+ *acc.*)**?**
What's your name? - **Как вас зову́т?** *or* **Как ва́ше и́мя (ва́ше о́тчество, ва́ша фами́лия)?**
What is (it) named? - **Как называ́ется (называ́ются)...?** (*used for inanimate things*)
narrow - **у́зкий**
nation - **страна́** (*pl.* **стра́ны**)
national - **национа́льный**
nationality - **национа́льность** (*fem.*)
What is . . . 's nationality? - **Кто... по национа́льности?**
natural gas - **газ**
nature - **приро́да (на)**
nauseous - **тошни́ть** (+ *acc. of person*) (*imperf.*)
I am nauseous. - **Меня́ тошни́т.**
I was nauseous. - **Меня́ тошни́ло.**
near (next to) - **у** (*чего́*)
near (next to) the window - **у окна́**
nearby - **бли́зкий (бли́зко); недалёкий (недалеко́)** (*от чего́*)
The school is near the river. - **Шко́ла недалеко́ от реки́.** *or* **Шко́ла бли́зко от реки́.**
nearest - **ближа́йший**
nearly (almost *or* all but) - **чуть не**
The athlete nearly fell. - **Спортсме́н чуть не упа́л.**
necessary - **ну́жен, нужна́, ну́жно, нужны́** (*See 7.2*); (necessary to do something) - **на́до** *or* **ну́жно** *with dative + infinitive* (*See Book 1: 8.6*)
neck - **ше́я**
need (something: *requires a* **ну́жен** *expression with dative; see 7.2*)
We needed a car. - **Нам нужна́ была́ маши́на.**
need to (do something: *requires a* **ну́жно** *or* **на́до** *expression with dative; see Book 1: 8.6*)
I need to study. - **Мне ну́жно занима́ться.**
neighbor - **сосе́д** (*pl.* **сосе́ди**)**/сосе́дка**
neither . . . nor . . . - **ни..., ни... не(т)**
We have neither gas nor hot water. - **У нас нет ни га́за, ни горя́чей воды́.**
nephew - **племя́нник**
never - **никогда́ (не)** (*See 7.4*)
nevertheless - **всё-таки**
new - **но́вый**
New Year - **Но́вый год**
New Year's - **новогóдний** (*adj.*)
New York - **Нью-Йо́рк**
news - **но́вости**
newspaper - **газе́та**
next - **сле́дующий**
next week - **на сле́дующей неде́ле**
next month - **в сле́дующем ме́сяце**
next year - **в сле́дующем году́**
next to (*something*) - **ря́дом** (*с чем*)
nice - **прия́тный, прия́тно; симпати́чный**
Very nice to meet you. - **О́чень прия́тно (познако́миться).**
niece - **племя́нница**
night - **ночь** (*fem.;* usually refers to after midnight; for earlier use **ве́чер**)
at night - **но́чью** (after midnight); **ве́чером** (before midnight)
Good night! - **Споко́йной но́чи!**

no - **нет**
no one - **никто́(не)** (*See 7.4*)
no way - **ника́к (не)** (*See 7.4*)
There's no way I can . . . - **Ника́к не могу́...**
nobody - **никто́ (не)** (*See 7.4*)
nonsense - **ерунда́**
normally - **норма́льно**
north - **се́вер (на)**
nose - **нос** (*где* — **в носу́**)
nose cold (stuffed nose; runny nose) - **на́сморк**
not - **не** (*negates following word*)
not at all . . . - **совсе́м не...**
not far - **недалеко́**
nothing - **ничего́ (не)** (*See 7.4*)
It's nothing (no bother). - **Ничего́.**
novel - **рома́н**
novella - **по́весть** (*fem.*)
November - **ноя́брь** (*ending always stressed*)
now - **сейча́с; тепе́рь** (nowadays; now as opposed to then)
nowhere - **нигде́ (не)** (*где*); **никуда́ (не)** (*куда́*) (*See 7.4*)
number (numeral) - **числи́тельное** (*adj.*); (telephone *or* street address number) - **но́мер** (*pl.* **номера́**); quantity - **число́**
You have the wrong number. - **Вы не туда́ попа́ли.**
At what (phone) number? - **По како́му телефо́ну?**
nurse - **медбра́т** (male; *pl.* **медбра́тья**); **медсестра́** (female; *pl.* **медсёстры**)

## O

o'clock - **час (два́ часа, пять часо́в)**
oboe - **гобо́й**
occasion - **слу́чай**
occur - **быва́ть** (*imperf:* **быва́-ю, -ешь, -ют**)
October - **октя́брь** (*ending always stressed*)
of course - **коне́чно**
offer - **предлага́ть (предлага-ю, -ешь, -ют)/предложи́ть (предлож у́, предло́ж-ишь, -ат)**
office - **кабине́т** (study); **учрежде́ние** (bureau; government agency)
law office - **юриди́ческая фи́рма**
oh - **ой**
okay - **ла́дно; хорошо́; Договори́лись.** (We've agreed.)
old - **ста́рый**
*So-and-so* is *x* years old (*See 7.4, 8.6*) - (*dat. of person*) **... год (го́да, лет):** I am twenty-one years old. - **Мне два́дцать оди́н год.**
older (*than someone by x years*) - **ста́рше** (*кого́ на х лет*); (*about things, not people*) - **старе́е** (*See 6.3*)
The daughter is older than the son. - **Дочь ста́рше сы́на.**
Our university is older. - **Наш университе́т старе́е.**
older; oldest - **ста́рший**
older sister - **ста́ршая сестра́;** older brother - **ста́рший брат**
Olympic - **Олимпи́йский**
on - **на** (*See 10.6*)
on (a day of the week) - **в** (+ *accusative case of days of week:* **во вто́рник, в суббо́ту,** *etc.; see Book 1: 5.1*)
on + *a date*: on August 1 - **пе́рвого а́вгуста** (*See 5.1*)
on the one hand . . . , on the other hand . . . - **с одно́й стороны́..., с друго́й стороны́...**
on the left - **нале́во**
on the right - **напра́во**
one - **оди́н (одно́, одна́, одни́)**
onion(s) - **лук** (*sing. only*)
only - **то́лько;** only + *number* - **всего́** + *number;* **еди́нственный** (*adj.*): only child - **еди́нственный ребенок**
open (*non-reflexive; reflexive:* be opened) - **открыва́ть(ся)(открыва́-ю, -ешь, -ют)/откры́ть(ся) (откро́-ю, -ешь, -ют)**
opinion:
in my opinion - **по-мо́ему**
in our opinion - **по-на́шему**
in your opinion - **по-ва́шему; по-тво́ему**
opposite (*something*) - **напро́тив** (*чего́*)
or **-и́ли**
orange - **апельси́н** (fruit, not color)
order (*food, tickets, etc., not people*) - **зака́зывать (зака́зыва-ю, -ешь, -ют)/заказа́ть (закаж-у́, зака́ж-ешь, -ут)**

ordinary - **обыкнове́нный**
organize - **устра́ивать (устра́ива-ю, -ешь, -ют)/устро́ить (устро́-ю, -ишь, -ят)**
other - **друго́й**
each other - **друг дру́га**
our - **наш (на́ше, на́ша, на́ши)**
outdoors - **на у́лице**
overcoat - **пальто́** (*indecl.*)
owe: (someone) owes . . . - **с** (+ *genitive*)**...**
How much do I owe? - **Ско́лько с меня́?**
own: one's own - **свой** (*See 8.7*)

## P

pain - **боль** (*fem.*)
painful (it is painful *to someone*) - **бо́льно** (*кому́*)
pants - **брю́ки** (*pl.*)
pantyhose - **колго́тки** (*pl.*)
parcel - **бандеро́ль** (*fem.*)
parents - **роди́тели**
park - **парк**
parody - **паро́дия**
part - **часть** (*fem.*)
body part - **ча́сть те́ла**
participate - **уча́ствовать** (*imperf.:* **уча́ству-ю, -ешь, -ют**)
party - **ве́чер** (*pl.* **вечера́**) **(на)**
pass (*something along to someone*) - **передава́ть (переда- ю́, -ёшь, -ю́т)/передать (пере-да́м, -да́шь, -да́ст, -дади́м -дади́те, -даду́т)** (*что кому́*) (*See 6.5*)
*Pass on that . . .* - **Переда́йте, что...**
What should I pass on [what message should I give] (*to whom*)? - **Что переда́ть** (*кому́*)**?**
pass by (or) through (by foot) - **проходи́ть (прохож-у́, прохо́д-ишь, -ят)/пройти́ (пройд-у́, -ёшь, -у́т)**; (by vehicle) - **проезжа́ть (проезжа́-ю, -ешь, -ют)/прое́хать (прое́д-у, -ешь, -ут)** (*See 5.5*)
Passover - **Па́сха**
passport - **па́спорт** (*pl.* **паспорта́**)
patient - **больно́й** (*adj. decl.*)
patronymic -**о́тчество**
pay *for something* - **плати́ть/за- (плач-у́, пла́т-ишь, -ят)** (*за что-кого́*) (*adj.:* requiring payment) - **пла́тный**
pedagogical - **педагоги́ческий**
pelmeni (Ukrainian dumplings) - **пельме́ни**
pen - **ру́чка**
pencil - **каранда́ш** (*ending always stressed*)
penicillin - **пеницилли́н**
pension - **пе́нсия (на)**
pepper - **пе́р(е)ц**
performance (in front of an audience) - **выступле́ние**
permit - **разреша́ть (разреша́-ю, -ешь, -ют)/разреши́ть (разреш-у́, -и́шь, -а́т)**
Please allow me to pass. - **Разреши́те пройти́.**
Allow me to invite you to dance. - **Разреши́те пригласи́ть (танцева́ть).**
person - **челове́к** (*pl.* **лю́ди**)
personally - **ли́чно**
philology (*study of language and literature*) - **филоло́гия; филологи́ческий** (*adj.*)
philosophy - **филосо́фия**
photograph - **фотогра́фия (на)**
physician - **врач** (*ending always stressed*)
physics - **фи́зика**
piano - **роя́ль; фортепья́но** (*indecl.*)
concerto for piano - **конце́рт для фортепья́но**
I play piano. - **Я игра́ю на роя́ле.**
piece - **кусо́к; кусо́чек**
pill - **табле́тка**
pizza - **пи́цца**
place - **ме́сто** (*pl.* **места́**)
place (to put into place vertically) - **ста́вить/по- (ста́вл-ю, ста́в-ишь, -ят)**
plate - **таре́лка**
play - **игра́ть (игра́-ю, -ешь, -ют)/сыгра́ть (сыгра́-ю, -ешь, -ют)**
to play *a musical instrument* - **игра́ть** *на чём* (*See 8.3*)
to play *a game or sport* - **игра́ть** *во что* (*See 8.1*)
play sports (in general) - **занима́ться спо́ртом**
play (performance) - **пье́са**

please - **пожа́луйста; Бу́дьте добры́!**
please: Could you please show me . . . - **Покажи́(те)!**
Pleased to meet you. - **Очень прия́тно (с ва́ми/с тобо́й) познако́миться.**
pleasing to - **нра́виться/по- (нра́вится, нра́вятся)** (*See 6.1*)
pleasure - **удово́льствие**
plus - **плюс**
poem - **стихотворе́ние**
poet - **поэ́т**
poetry - **стихи́; поэ́зия**
political science - **политоло́гия**
pool (swimming) - **бассе́йн**
poorly - **нева́жно; пло́хо**
popularity - **популя́рность**
to enjoy popularity - **по́льзоваться популя́рностью**
portion - **по́рция**
possibility - **возмо́жность** (*fem.*)
possible: it is possible - **мо́жно** *with dative + infinitive* (*See Book 1: 8.6*)
post office - **по́чта (на)**
postcard - **откры́тка**
potato(es) - **карто́фель (карто́шка)**; (creamy mashed potatoes) - **пюре́** (*indecl.*)
practice - **пра́ктика**
precisely - **и́менно; то́чно**
prepare - **гото́вить/при- (гото́вл-ю, гото́в-ишь, -ят)**
prepared - **гото́вый**
prescribe - **выпи́сывать (выпи́сыва-ю, -ешь, -ют)/вы́писать (вы́пиш-у, -ешь, -ут)**
present - **пода́р(о)к**
I want to give (*someone*) a present. - **Я хочу́ сде́лать пода́рок** (*кому́*).
presentation (in front of an audience) - **выступле́ние**
pretty - **краси́вый** (good looking); **дово́льно** (quite)
previously - **ра́ньше**
printer - **при́нтер**
private (business, university, etc.) - **ча́стный**
private practice - **ча́стная пра́ктика**
probably - **наве́рное**
problem - **пробле́ма**
profession - **профе́ссия**
What is . . . 's profession? - **Кто по профе́ссии...?**
professionally - **профессиона́льно**
program - **програ́мма**
programmer - **программи́ст**
promise - **обеща́ть** (*кому́*) (*imperf.:* **обеща́-ю, -ешь, -ют**)
proper - **пра́вильный**
propose (to make a suggestion) - **предлага́ть (предлага́-ю, -ешь, -ют)/предложи́ть (предлож-у́, предло́ж-ишь, -ат)**
prose - **про́за**
prose writer - **проза́ик**
psychology - **психоло́гия**
public - **публи́чный**
publication - **публика́ция**
punch (a ticket in a bus) - **Пробе́йте...!**
put (into a horizontal position) - **положи́ть** (*perf.:* **полож-у́, поло́ж-ишь, -ат**) (into a vertical position) - **ста́вить/по- (ста́вл-ю, ста́в-ишь, -ят)**
Put on the music. - **Поста́вь(те) му́зыку!**

## Q

quarter - **че́тверть** (*fem.*)
**че́тверть тре́тьего** - quarter past two (*See 10.5*)
Quebec - **Квебе́к**
question - **вопро́с**
answer a question - **отвеча́ть/отве́тить на вопро́с**
quickly - **бы́стро**
quite - **дово́льно**
They're quite talented. - **Они́ дово́льно тала́нтливые.**
not quite - **не совсе́м:** They're not quite ready. - **Они́ не совсе́м гото́вы.**
quiz - **контро́льная рабо́та**
quiz show - **виктори́на**

## R

radio - **ра́дио** (radio set - **радиоприёмник**)
railroad - **желе́зная доро́га**

railway station - **вокзáл (на)**
rain - **дождь** (*ending always stressed*)
It is (was) raining. - **Идёт (шёл) дождь**.
raincoat - **плащ** (*ending always stressed*)
raise - **поднимáть (поднимá-ю, -ешь, -ют)/поднять (подним-ý, подни́м-ешь, -ут; пóднял, подняла́, пóдняли)**
rare - **рéдкий**
rarely - **рéдко**
rarer - **рéже** (*See 6.3*)
read - **читáть/про- (читá-ю, -ешь, -ют)**
reader - **читáтель**
ready - **готóв (-а, -ы;** *short-form adj.*)
real - **настоя́щий**
real estate agency - **бюрó недви́жимости**
really - **действи́тельно** (in statement); **неужéли** (in question): You really want to swim? - **Неужéли хóчешь купáться?;** Really? - **Прáвда?; Вот как?!** (You don't say!)
reason: for some reason - **почемý-то; почемý-нибудь** (*See 7.5*)
receipt - **чек**
receive - **получáть (получá-ю, -ешь, -ют)/получи́ть (получ-ý, полýч-ишь, -ат)**
recently - **недáвно**
record (phonograph) - **грампласти́нка; пласти́нка**
recording - **зáпись** (*fem.*)
red - **крáсный**
refrigerator - **холоди́льник**
regard: with regard to . . . - **Что касáется** (*чегó*)
register (get registered) - **регистри́ровать(ся)/за- (регистри́ру-ю, -ешь, -ют)**
rehearsal - **репети́ция**
relation(ship) - **отношéние**
international relations - **международные отношéния**
relative (in a family) - **рóдственник**
relatives - **родны́е** (*pl., adj. decl.*)
relax - **отдыхáть (отдыхá-ю, -ешь, -ют)**
release - **отпусти́ть** (*perf.:* **отпущ-ý, отпýст-ишь, -ят**)
repairman - **мáстер** (*pl.* **мастерá**)
request - **прóсьба** (*noun*)**; проси́ть/по- (прош-ý, прóс-ишь, -ят)** (*verb*) (*See 9.3*)

resemble - **похóж (-а, -и)** (*на что-когó*) (*See Book 1: 10.1*)
reservation - **брóня**
reserve (for travel: planes, hotels, etc.) **брони́ровать/за- (брони́ру-ю, -ешь, -ют)**
reserved - **заброни́рован (-а, -ы)**
respect - **уважéние**
respectfully (in a letter) - **с уважéнием**
rest - **отдыхáть (отдыхá-ю, -ешь, -ют)/отдохнýть (отдохн-ý, -ёшь, -ýт)**
restaurant-cafeteria - **кафетéрий**
retired - **на пéнсии**
return - **возвращáться (возвращá-юсь, -ешься, -ются)/вернýться (верн-ýсь, -ёшься, -ýтся)**
revolution - **революция**
rice - **рис**
ride - **катáться/по- (катá-юсь, -ешься, -ются)**
to ride a bicycle - **катáться на велосипéде**
give a ride as far as . . . - **довезти́** (*perf.*): Would you give me a ride as far as . . . ? - **До** (*чегó*) **не довезёте?**
right (*as opposed to* left) - *где* and *кудá* — **напрáво**; *где* — **спрáва**
to the right of the bed - **спрáва от кровáти**
right (correct) - **прáв (правá, прáвы;** *short-form adj.*)**; вéрно; прáвильный**
You're right. - **Вы прáвы.**
Absolutely right! - **Совершéнно вéрно!**
the right answer - **прáвильный отвéт**
river - **рекá**
road - **дорóга**
roast beef - **рóстбиф**
roll (bread) - **бýлка**
roller skates - **рóлики**
**катáться на рóликах** - to roller skate
room - **кóмната; нóмер** (*pl.* **номерá**) (in hotel or dormitory)
roommate - **сосéд/сосéдка по кóмнате**
row - **ряд** (*где* — **в рядý,** *pl.* **ряды́**)
rowing - **грéбля**
ruble - **рубль (два рубля́, пять рублéй;** *see 7.5*)
rug - **ков(ё)р** (*ending always stressed*)
rugby - **рéгби**
run - **бéгать** (*imperf.:* **бéга-ю, -ешь, -ют**)

Russia - **Россия́**
Russian - **россия́нин** (*pl.* **россия́не**)/ **россия́нка** (citizen; *see Book 1: 3.6*); **ру́сский/ру́сская** (person and adjective); **росси́йский** (of or about the Russian Federation; *see Book 1: Unit 3, Давайте почитаем*)
Russian area studies - **ру́сское странове́дение**
Russian class - **уро́к ру́сского языка́**
Russian department - **ка́федра ру́сского языка́**
Russian-English - **русско-англи́йский**
Russian exam - **экза́мен по ру́сскому языку́**
Russian language teacher - **преподава́тель ру́сского языка́**

## S

sad - **гру́стный (гру́стно)**
We were sad. - **Нам бы́ло гру́стно.**
sailing - **па́русный спорт**
salad - **сала́т**
cucumber salad - **сала́т из огурцо́в**
salesperson - **продав(е́)ц** (male; *ending always stressed*); **продавщи́ца** (female)
salmonella - **сальмонеллёз**
salt - **соль** (*fem.*)
same - **тот же (та же, то же, те же)**
It's all the same to me. - **Мне всё равно́.**
same kind of - **тако́й же**
sandwich (open-faced) - **бутербро́д**
satire - **сати́ра**
Saturday - **суббо́та**
sauce - **со́ус**
sausage - **колбаса́**
saxophone - **саксофо́н**
say - **говори́ть (говор-ю́, -и́шь, -я́т)/сказа́ть (скаж-у́, ска́ж-ешь, -ут)**
They say that . . . - **Говоря́т, что...**
schedule (daily routine, not train or plane schedule) - **распоря́док дня**
scholar - **учёный** (*adj. decl.*)
school (*primary or secondary, not post-secondary*) - **шко́ла**
schooling - **учёба**
science - **нау́ка** (*noun*); **нау́чный** (*adj.*)
science fiction - **нау́чная фанта́стика**
scientist - **учёный** (*adj. decl.*)
scrambled eggs - **яи́чница**
screen - **экра́н (на)**
sea - **мо́ре** (*pl.* **моря́, море́й**)
search - **иска́ть/по- (ищ-у́, и́щ-ешь, -ут)**
seat (on a bus, plane, etc.) - **ме́сто**
We don't have any seats. - **У нас нет мест.**
second - **вто́рой**
secretary - **секрета́рь** (*ending always stressed*)
see - **ви́деть (ви́ж-у, ви́д-ишь, -ят)**
Let's see. - **Посмо́трим; Зна́чит так** (*pause word*)
see in the New Year - **встреча́ть** (*imperf.:* **встреча́-ю, -ешь, -ют**) **Но́вый год**
seems (it seems *to someone*) - **ка́жется** (*кому́*)
It seems to me that that's interesting. - **Мне ка́жется, что э́то интере́сно.**
selection - **вы́бор**
self - (*emphatic*) **сам (сама́, са́ми)**; (*reflexive*) **себя́**
We know this ourselves. - **Мы са́ми э́то зна́ем.**
They're talking about themselves. - **Они́ говоря́т о себе́.**
sell - **продава́ть (прода-ю́, -ёшь, -ю́т)/ прода́ть (прода́м, прода́шь, прода́ст, продади́м, продади́те, подаду́т)**
send - **посыла́ть (посыла́-ю, -ешь, -ют)/ посла́ть (пошл-ю́, -ёшь, -ю́т)**
September - **сентя́брь** (*ending always stressed*)
serious - **серьёзный**
service (*business to customer*, not "duty") - **обслу́живание; се́рвис**
set out - (by foot) **идти́ (ид-у́, -ёшь, -у́т)/пойти́ (пойд-у́, -ёшь, у́т; пошёл, пошла́, пошли́)**; (by vehicle) **е́хать/по-** (*unidirectional:* **е́д-у, -ешь, -ут**) (*See 4.8*)
several - **не́сколько** (*чего́*)
she - **она́**
shirt - **руба́шка**
shishkebab - **шашлы́к** (*ending always stressed*)
shoes - **ту́фли** (*pl.; gen. pl.* **ту́фель**)
shore - **бе́рег** (*где* — **на берегу́**)

short - **коро́ткий**
short story - **расска́з**
long short story (novella) - **по́весть** (*fem.*)
shorter - **коро́че** (*See 6.3*)
shoulder - **плечо́** (*pl.* **плéчи, плеча́м, плеча́ми, о плеча́х**)
show (usually on television) - **шóу** (*neut., indecl.*)
show - **пока́зывать (пока́зыва-ю, -ешь, -ют)/показа́ть (покаж-у́, -пока́ж-ешь, -ут)**
showing (of a movie) - **сеа́нс**
shy (to be shy)- **стесня́ться** (*imperf.:* **стесня́-юсь, -ешься, -ются**)
sight (place of interest for sightseeing) - **достопримеча́тельность** (*fem.*)
simple - **просто́й (про́сто)**
simpler - **про́ще** (*See 6.3*)
sing - **петь/с- (по-ю́, -ёшь, -ю́т)**
sister - **сестра́** (*pl.* **сёстры,** *gen. pl.* **сестёр**)
sit (to be sitting) - **сиде́ть/по- (сиж-у́, сид-и́шь, -я́т)**
sit down (get into a sitting position) **- сади́ться (саж-у́сь, сад-и́шься, -я́тся)/сесть (ся́д-у, -ешь, -ут; сел)**
size (of clothing) - **разме́р**
skates - **коньки́** (ice skates); **ро́лики** (roller skates)
to skate - **ката́ться на конька́х; ката́ться на ро́ликах**
skating - **ката́ние на конька́х**
figure skating - **фигу́рное ката́ние**
ski - **ката́ться на лы́жах**
skirt - **ю́бка**
skis - **лы́жи** (*pl.*)
slippers - **та́почки** (*pl.*)
slowly - **ме́дленно**
small - **ма́ленький**
smaller - **ме́ньше** (*See 6.3*)
smart - **у́мный**
smell (it smells) - **па́хнет**
How good it smells! - **Как вку́сно па́хнет!**
smoke - **кури́ть/по- (кур-ю́, ку́р-ишь, -я́т)**
snow - **снег**
It is (was) snowing. - **Идёт (шёл) снег.**
so - **так;** (in other words) **зна́чит**
(not) so . . . as . . . - **(не) так(о́й)..., как...**
so much; so many - **сто́лько** (*чего́*)

soccer - **футбо́л**
society - **о́бщество**
sociology - **социоло́гия**
socks - **носки́** (*pl.*)
solve (a problem) **реша́ть (реша́-ю, -ешь, -ют)/реши́ть (реш-у́, -и́шь, -а́т)**
some (sort of) - **како́й-то; како́й-нибудь** (*See 7.5*)
Do you have some sort of newspapers? - **У вас ест каки́е-нибудь газе́ты?**
We have some sort of newspapers. - **У нас есть каки́е-то газе́ты.**
some time (*at some time in the past or future*) - **когда́-то; когда́-нибудь** (*See 7.5*)
somehow - **ка́к-то; ка́к-нибудь** (*See 7.5*)
someone - **кто́-то; кто́-нибудь** (*See 7.5*)
something - **что́-то; что́-нибудь** (*See 7.5*)
sometimes - **иногда́**
somewhere - (*где*) **где́-то; где́-нибудь;** (*куда́*) **куда́-то; куда́-нибудь** (*See 7.5*)
son - **сын** (*pl.* **сыновья́; два сы́на, пять сынове́й;** *see 7.5*)
soon - **ско́ро**
sore throat - **анги́на**
soup - **суп; пе́рвое** (as the first course in a restaurant); **рассо́льник** (fish or meat and cucumber soup)
south - **юг (на)**
souvenir - **сувени́р**
space - **ме́сто**
We need more spaces. - **Нам ну́жно бо́льше мест.**
Spanish - **испа́н(е)ц/испа́нка** (*person*); **испа́нский** (*adj.*)
speak - **говори́ть (говор-ю́, -и́шь, -я́т)/ сказать (скаж-у́, ска́ж-ешь, -ут)**
Speak more slowly. - **Говори́те ме́дленнее.**
specialty - **специа́льность** (*fem.*)
spend *time* - **проводи́ть** (*imperf.:* **провож-у́, про́вод-ишь, -ят)** *время* (*See 8.1*)
spin (to be spinning) - **кружи́ться (круж-у́сь, кру́ж-ится, -атся)**
sport - **спорти́вный** (*adj.*)**; вид со́рта** (individual sport; *see 8.2*)
sports - **спорт** (*See 8.2*)
play sports - **занима́ться спо́ртом**

sprain - **растя́гивать (растргива-ю, -ешь, -ют)/растянуть (растян-у́, растя́н-ешь, -ут)** (*себе́ что*)
spring - **весна́**
in the spring - **весно́й** (*See 2.4*)
square (plaza) - **пло́щадь (на)** (*fem.*)
St. Petersburg - **Санкт-Петербу́рг; санкт-петербу́ргский** (*adj.*)
stadium - **стадио́н (на)**
stairway - **ле́стница**
stand - **стоя́ть (стои́т, стоя́т)**
state - **штат** (one of the 50 U.S. states); **госуда́рственный** (publicly controlled, e.g., state university) Moscow State University - **Моско́вский госуда́рственный университе́т**
station (metro) - **ста́нция (метро́) (на)**; (train) - **вокза́л (на)**
stationary (bicycle) - **стациона́рный (велосипе́д)**
steak (fried) - **ланге́т**
step away - **отойти́** (*perf.; see* **отходи́ть**)
still - **ещё; всё ещё**
stockings - **чулки́** (*pl.*)
stomach - **живо́т**
stop (bus, tram, trolley) - **остано́вка (авто́буса, трамва́я, тролле́йбуса)**
storage room (for luggage at an airport, train station) - **ка́мера хране́ния**
store - **магази́н**
baking goods store - **бакале́я**
department store - **универма́г**
food store - **гастроно́м**
grocery store (self-service) - **универса́м**
stove - **плита́** (*pl.* **пли́ты**)
straight - **прямо́й (пря́мо)**
stranger - **незнако́мый** (*adj. decl.*)
street - **у́лица (на)**
strong - **си́льный**
student - **студе́нт/студе́нтка** (*noun*); **студе́нческий** (*adj.*)
foreign study student - **стажёр** (*applies to any student in a non-degree program, but usually used for foreign exchange students*)
study (take a subject in school) - **изуча́ть** (*imperf.:* **изуча́-ю, -ешь, -ут**) (*must take a direct object*); (be in school; be a student) - **учи́ться** (*imperf.:* **уч-усь,у́ч-ишься, -атся**) (*cannot take a direct object);* (do homework) - **заниматься (занима-юсь, -ешься, -ются)**
style - **стиль**
suburb - **при́город**
subway - **метро́** (*indecl.*)
subway station - **ста́нция (метро́) (на)**
such (a) - **тако́й**
sugar - **са́хар**
suit - **костю́м**
suitcase - **чемода́н**
summer - **ле́то**
in the summer - **ле́том** (*See 2.4*)
summer home - **да́ча (на)**
summon - **вызыва́ть (вызыва́-ю, -ешь, -ют)/вы́звать (вы́зов-у, -ешь, -ут)**
summon a doctor - **вы́звать врача́**
sun *or* sunshine - **со́лнце**
sunbathe - **загора́ть** (*imperf.:* **загора́-ю, -ешь, -ют**)
Sunday - **воскресе́нье**
supermarket - **су́пермаркет**
supper -**у́жин**
eat supper **у́жинать/по-** (**у́жина-ю, -ешь, -ют**)
sure (of something) - **уве́рен (-а, -ы)**
surely (without doubt) - **обяза́тельно**
surprise - **сюрпри́з**
survey - **обзо́рный** (*adj.*)*:* survey (review) exercise - **обзо́рное упражне́ние**
sweater - **сви́тер** (*pl.* **свитера́**)
swim (bathe; not a sport) - **купа́ться (купа́-юсь, -ешься, -ются);** (as a sport) - **плава́ть** (*imperf.:* **пла́ва-ю, -ешь, -ют**)
swimming - **пла́вание**
swimming pool - **бассе́йн**
synagogue - **синаго́га**
syringe - **шприц**

## T

table - **стол** (*ending always stressed*)
take **- брать (бер-у́, -ёшь, у́т; брала́, бра́ли)/взять (возьм-у́, -ёшь, -у́т; взяла́, взя́ли)**

take medicine - **принимать (принимá-ю, -ешь, -ют)/принять (прим-ý, прим-ешь, -ут; при́нял, принялá, при́няли) лекáрство**
to take part *in something* - **принимáть учáстие** (*в чём*)
take (one's) temperature - **мéрить/из- (мéр-ю, -ишь, -ят) температýру**
Take off your coat. - **Раздевáйся (Раздевáйтесь).**
take a shower - **принимáть (принимá-ю, -ешь, -ют) душ**
talent (*for something*) - **талáнт** (*к чемý*)
talk - **говори́ть (говор-ю́, -и́шь, -я́т)/сказáть (скаж-ý, скáж-ешь, -ут)**
tall - **высóкий**
tape recorder - **магнитофóн**
tasty - **вкýсный**
taxi - **такси́** (*neut., indecl.*)
taxi stand - **стоя́нка (такси́) (на)**
tea - **чай**
teach - **преподавáть** (*imperf.:* **препода-ю́, -ёшь, -ю́т**); (*lit.* conduct) a course - **вести́ (вед-ý, -ёшь, -ýт) курс; читáть курс**
teacher - **учи́тель** (male in pre-college; *pl.* **учителя́**); **учи́тельница** (female in pre-college); **преподавáтель** (college-level instructor)
team - **комáнда**
technology - **тéхника**
telegram - **телегрáмма**
telephone - **телефóн**
telephone call - **разговóр (по телефóну)**
telephone number - **телефóн; телефóнный нóмер**
telephone operator - **телефони́ст(-ка); оперáтор**
at what number - **по какóму телефóну**
television - **телеви́зор**
television show - **прогрáмма; передáча**
television/radio schedule - **прогрáммка**
television station - **телестáнция (на)**
tell - **говори́ть (говор-ю́, -и́шь, -я́т)/сказáть (скаж-ý, скáж-ешь, -ут); расскáзывать (расскáзываю, -ешь, -ют)/рассказáть (расскаж-ý, расскáж-ешь, -ут)** (narrate a story)
Tell (me) . . . (*request for narrative, not just a piece of factual information*) - **Расскажи́(те) (мне)...**
Could you tell me . . . ? - **Вы не скáжете...?**
Please tell me . . . - **Скажи́те, пожáлуйста!**
temperature - **температýра**
tend to be - **бывáть** (*imperf.:* **бывá-ю, -ешь, -ют**)
tennis - **тéннис**
terrible - **ужáсный; стрáшный**
test - **анáлиз** (medical test); **контрóльная рабóта** (school test)
textbook - **учéбник**
than (*in comparisons*) - **чем** (*See 6.3*)
This school is better than that one. - **Эта шкóла лýчше, чем та.**
thank you - **спаси́бо**
Thank you very much. - **Большóе спаси́бо; Огрóмное спаси́бо.**
thanksgiving; act of thanking - **благодарéние**
that (that, those *as opposed to* **э́тот**) **- тот (то, та, те)**; (that is, this is, these are, those are) **э́то** (*See Book 1: 2.7*); (*subordinating conjunction*) - **что** (*See Book 1: 2.6*); (that, which, who *as relative pronoun*) - **котóрый** (*See 7.3*)
That's (not at all) expensive! - **Это (совсéм не) дóрого!**
That's impossible! - **Не мóжет быть!**
I think that that's an interesting book. - **Я дýмаю, что э́то интерéсная кни́га.**
Here's the book that we bought. - **Вот кни́га, котóрую мы купи́ли.**
that one - **тот (то, та, те)**
theater - **теáтр; кинотеáтр** (movie theater)
theatrical - **театрáльный**
their(s) - **их**
then - **потóм** (afterwards); **тогдá** (in that case *or* back then); **то** (*used in* if . . . then *constructions*): If it rains, then we'll come back home. - **Если пойдёт дождь, то мы вернёмся домóй.**
there - (*где*) **там;** (*кудá*) **тудá** (*See 10.6*)
there is . . . - **вот...**
There is your book. - **Вот вáша кни́га.**

there is - **есть** + (*nominative*)
There's a book here. - **Здесь есть кни́га.**
There's a bed in the bedroom. - **В спа́льне стои́т крова́ть.**
There's a rug on the floor. - **На полу́ лежи́т ковёр**
there is no(t) - **нет** (+ *gen.; see Book 1: 6.5, 8.3*)*:* There's no university here. - **Здесь нет университе́та.**

therefore - **поэ́тому**
they - **они́**
thing - **вещь** (*fem.; pl.* **ве́щи, веще́й, веща́м, веща́ми, о веща́х**)*;* **де́ло** (*pl.* **дела́**) (matter; affair)
The thing is that . . . - **Де́ло в том, что...**
think - **ду́мать/по- (ду́ма-ю, -ешь, -ют)**
third - **тре́тий (тре́тье, тре́тья, тре́тьи)**
this -**э́тот (э́то, э́та, э́ти)**
this is (that is, these are, those are) - **э́то**
three - **три**
three kids (*in a family*) - **тро́е дете́й**
thriller (movie) - **три́ллер**
throat - **го́рло**
through - **че́рез** (+ *acc.*)
Thursday - **четве́рг**
ticket - **биле́т**
ticket for August 1 - **биле́т на пе́рвое а́вуста**
ticket to the theater - **биле́т в теа́тр**
tidy - **убира́ть (убира́-ю, -ешь, -ют)**
tie - **га́лстук**
time - **вре́мя** (*gen., dat., prep. sing.* **вре́мени;** *acc. sing.* **вре́мя;** *nom. pl.* **времена́,** *gen. pl.* **времён**)*;* **раз** (**два ра́за, пять раз**) (instance)
for what time - **на како́е вре́мя**
for a long time - **давно́** (+ *present-tense verb*)
What time is it (now)? - **Ско́лько (сейча́с) вре́мени***?*
tip - **чаевы́е** (*pl.; adj. decl.*)
to - **в** + *acc.;* **на** + *acc.; to someone's place;* **к** (*кому*) (*See 10.6*)
to the store - **в магази́н**
to work - **на рабо́ту**
to the doctor's - **к врачу́**
to (*in a toast*) - **за** (+ *acc.*)*:* To our friends! - **За на́ших друзе́й!**
toast (drinking) - **тост**
toast to *something, someone* - **тост за** (+ *acc.*)
today - **сего́дня**
together - **вме́сте**
tomato - **помидо́р** (*noun*); **тома́тный** (*adj.*)
tomato sauce - **тома́тный со́ус**
tomato salad - **сала́т из помидо́ров**
tomorrow - **за́втра**
tongue - **язы́к** (*ending always stressed*)
too - **та́кже; то́же** (*See Book 1: 4.6*)
tooth - **зуб** (*pl.* **зу́бы, зубо́в, зуба́м, зуба́ми, о зуба́х**)
tourist, travel - **тури́ст/тури́стка** (*noun*); **туристи́ческий** (*adj.*)
travel agency - **туристи́ческое аге́нство; туристи́ческое бюро́**
toward - **к** (*чему́, кому́*) (*See 2.7*)
toys - **игру́шки**
tradition - **тради́ция**
tram - **трамва́й**
treat - (*reflexive* = be treated) - **лечи́ть(ся)/вы́- (леч-у́, ле́ч-ишь, -ат)**
tree - **де́рево** (*pl.* **дере́вья, дере́вьев**)
trip - **пое́здка**
trolley - **тролле́йбус**
trombone - **тромбо́н**
trouble (bother) - **беспоко́йство**
Sorry to trouble you. - **Изви́ните за беспоко́йство.**
true: Is that true? - **Пра́вда?**
truly - **действи́тельно**
trumpet - **труба́**
truth - **пра́вда**
try - **стара́ться/по- (стара́-юсь, -ешься, -ются)**
T-shirt - **ма́йка**
tuba - **ту́ба**
Tuesday - **вто́рник**
turkey - **инде́йка**
turn (make a turn, right or left) - **повора́чивать (повора́чива-ю, -ешь, -ют)/поверну́ть (поверн-у́, -ёшь, -у́т)**
turn off (a device) - **выключа́ть (выключа́-ю, -ешь, -ют)/вы́ключить (вы́ключ-у, -ишь, -ат)**
turn on - **включа́ть (включа́-ю, -ешь, -ют)/включи́ть (влкюч-у́, -и́шь, -а́т)**

turn out (come out) - **оказываться (оказыва-ется, -ются)/оказаться (окаж-ется, -утся)**
It turned out that there were no places. - **Оказалось, что мест нет.**
two - **два/две** (*See 6.7*)
two kids (*in a family*) - **двое: двое детей** (*See 7.5*)
type (of something) - **вид**
means of transportation - **вид транспорта**
type of sport (individual sport) - **вид спорта** (*See 8.2*)
What type of . . . ? - **Что это за** + *nom.:* What type of book is that? - **Что это за книга?**

## U

ugly - **некрасивый**
Ukrainian - **украин(е)ц/украинка** (person); **украинский** (*adj.*)
um-hmm - **ага**
uncle - **дядя**
understand - **понимать (понима-ю, -ешь, -ют)/понять (пойм-у, -ёшь, -ут; понял, поняла, поняли)**
understandable - **понятный**
understood (it's understood; it's clear) - **понятно**
unfortunately - **к сожалению**
university - **университет; университетский** (*adj.*)
until - **до** (+ *gen.*)
until then - **до этого**
unusual - **необыкновенный**
U.S. - **США**
use - **пользоваться/вос- (пользу-юсь, -ешься, -ются)** (*чем*) (*See 8.5*)
useful - **полезный**
usually - **обычно**

## V

valuables - **драгоценности**
vegetable - **овощи** (*pl.*); **овощной** (*adj.*)
very - **очень**
video cassette - **видеокассета**
video cassette recorder - **видеомагнитофон**
village - **деревня** (*pl.* **деревни, деревень, деревням**)
viola - **альт**
violin - **скрипка**
visa - **виза**
visit: to be at someone's place as a guest visiting - **быть в гостях**
Come for a visit. - **Приезжай(те) в гости.**
to go visiting - **ходить~идти/пойти в гости** (*куда*)
vomit - **рвать/вы-** (+ *acc. of person*)
I am vomiting. - **Меня рвёт.**
I vomited. - **Меня вырвало.**

## W

wait - **ждать/подо- (жд-у, -ёшь, -ут)**
wall - **стена** (*pl.* **стены**)
want - **хотеть/за- (хочу, хочешь, хочет, хотим, хотите, хотят)**
warm - **тёплый (тепло)**
We were warm. - **Нам было тепло.**
warn - **предупреждать (предупрежда-ю, -ешь, -ют)/предупредить (предупрежд-у, предупред-ишь, -ят)**
watch - **смотреть/по- (смотр-ю, смотр-ишь, -ят)**
watch out for (take care of) - **заботиться** (*о чём*) (*imperf.:* **забоч-усь, забот-ишься, -ятся**)
watch (wristwatch) - **часы** (*pl.*)
water - **вода** (*acc. sing.* **воду**)
we - **мы**
weak - **слабый**
weakness - **слабость** (*fem.*)
weather - **погода**
Wednesday - **среда (в среду)**
week - **неделя (две, три, четыре недели, пять недель)**
this (last, next) week - **на этой (прошлой, будущей) неделе**
weekend - **уикэнд**
Welcome! - **С приездом!** (*to someone from out of town*)
You're welcome. - **Пожалуйста.**

well . . . - **ну** (*pause word*); **хорошо́** (*adv.*)
pretty well - **непло́хо**
west - **за́пад (на)**
what - **что**
(Just) what is that? - **Что э́то тако́е?**
What did you say? - **Как ты сказа́л(а)?/Как вы сказа́ли?**
What do you do for a living? - **Кто вы (по профе́ссии)?**
What do you mean? (*often a response to a compliment*) - **Что́ вы (ты)!**
What else? - **Что ещё?**
What is (are) . . . called? - **Как называ́ется (называ́ются)...?** (*said of things, not people*); **Как зову́т** (+ *accusative; see 7.7*) (*said of people, not things*); **Как ва́ше и́мя (ва́ше о́тчество, ва́ша фами́лия)?**
What is . . . 's nationality? - **Кто... по национа́льности?**
What is . . . 's profession? - **Кто... по профе́ссии?**
what kind of - **како́й** (*See 2.6*)
What language(s) do you speak? - **На како́м языке́ (каки́х языка́х) вы говори́те?**
What day is it? - **Како́й сего́дня день?**
What time is it (now)? - **Ско́лько (сейча́с) вре́мени?**
What's bad (good) about that? - **Чем э́то пло́хо (хорошо́)?**
what for - **заче́м**
when - **когда́**
where - (where at) - **где;** (where to) **куда́** (*See 10.6*)
where from - **отку́да**
Where are you from? - **Отку́да вы (ты)?**
which (which one) - **како́й**; (that; who *as relative pronoun*) - **кото́рый** (*See 7.3*)
while - **пока́**
While you wait you can have something to eat. - **По́ка́ вы бу́дете ждать, мо́жно что́-нибудь пое́сть.**
white - **бе́лый**
who - **кто**; (that *as relative pronoun*) - **кото́рый** (*See 7.3*)
whose - **чей (чьё, чья, чьи)**
why - **почему́**
wide - **широ́кий (широко́)**
wife - **жена́** (*pl.* **жёны**)
win - **выи́грывать (выи́грыва-ю, -ешь, -ют)/вы́играть (вы́игра-ю, -ешь, -ют)**
window - **окно́** (*pl.* **о́кна, о́кон**)
small windowette - **фо́рточка**
wine - **вино́**
wine glass - **бока́л**
winter - **зима́**
in the winter - **зимо́й** (*See 2.4*)
with - **с** (*чем*)
What's the matter with *someone?* - **Что с** *кем***?**
I write with a pencil. - **Я пишу́ карандашо́м.** ("with" as instrumental case; *see 9.4*)
without - **без** (+ *gen.*)
woman - **же́нщина**
women's - **же́нский**
wonder: I wonder . . . - **интере́сно...**
wonderful - **прекра́сный; чуде́сный**
word - **сло́во** (*pl.* **слова́**)
work - **рабо́та (на)** (*noun*); **рабо́тать** (*imperf.:* **рабо́та-ю, -ешь, -ют**) (*verb*)
work (of art or literature) - **произведе́ние**
workman (skilled) - **ма́стер** (*pl.* **мастера́**)
worry - **волнова́ться** (*imperf.:* **волну́-юсь, -ешься, -ются**)
worse - **ху́же**
would (*See 10.7*) - **бы**
I would like . . . - **я бы хоте́л(а)...**
write - **писа́ть/на- (пиш-у́, пи́ш-ешь, -ут)**
Write! (I'm awaiting your letter.) - **Жду письма́.**
write down - **запи́сывать (записыва-ю, -ешь, -ют)/записа́ть (запиш-у́, запи́ш-ешь, -ут)**
writer - **писа́тель**
writing - **пи́сьменный**
wrong - **не тот (то, та, те); непра́вильный**
That's wrong! - **Это не так; Это непра́вильно!**
You took the wrong book. - **Вы взя́ли не ту кни́гу.**
You're going the wrong way. - **Вы не туда́ е́дете.**
You have the wrong number. - **Вы не туда́ попа́ли.**

## X

x-ray - **рентге́н**

## Y

year - **год** (**два, три, четы́ре го́да; пять лет**);
    **курс** (year in college)
    last (next, this) year - **в про́шлом (бу́дущем, э́том) году**
    I'm in my sophomore year. - **Я на второ́м ку́рсе.**
yellow - **жёлтый**
Yerevan (capital of Armenia) - **Ерева́н**
yes - **да**
yet - **ещё**; **всё ещё**
you - **ты** (*informal, singular*); **вы** (*formal and plural*)
young - **молодо́й**
younger (*than someone by x years*) - **моло́же** (*кого́ на х лет*)
    The daughter is younger than the son. - **Дочь моло́же сы́на.**
younger; youngest - **мла́дший**
    younger daughter - **мла́дшая дочь**
your - **ваш** (**ва́ше, ва́ша, ва́ши** *formal or plural*); **твой** (**твоё, твоя́, твои́** *informal*) (*See 2.4*)

## Z

zoo - **зоопа́рк; зоологи́ческий сад**

# Appendix A: Nouns and Modifiers

## Hard Stems vs. Soft Stems

Every Russian noun and modifier has either a *hard* (nonpalatalized) or a *soft* (palatalized) stem. *When adding endings to hard-stem nouns and modifiers, always add the basic (hard) ending. When adding endings to soft-stem nouns and modifiers, always add the soft variant of the ending.*

However, if the stem of a modifier or noun ends in one of the velars (**г к х**), or one of the hushing sounds (**ш щ ж ч ц**), do not worry about whether the stem is hard or soft. Rather, always attempt to add the *basic* ending, then apply the spelling rule if necessary (see Appendix B).

One can determine whether a noun or modifier stem is hard or soft by looking at the first letter in the word's ending. For the purposes of this discussion, **й** and **ь** are considered to be endings.

| **Hard Stems**<br>Have one of these letters or nothing as the first letter in the ending | **Soft Stems**<br>Have one of these letters as the first letter in the ending |
|---|---|
| **а** | **я** |
| (э)*<br>**о** | **е**<br>**ё** |
| **у** | **ю** |
| **ы** | **и** |
| **no vowel (∅)** | **ь**<br>**й** |

*The letter **э** does not play a role in grammatical endings in Russian. In grammatical endings, the soft variants of **о** are **ё** (when accented) and **е** (when not accented).

# Appendix B: Spelling Rules

The spelling rules account for the endings to be added to stems that end in velars (**г к х**), and hushing sounds (**ш щ ж ч ц**).

For words whose stem ends in one of these letters, do not worry about whether the stem is hard or soft. Rather, always attempt to add the *basic* ending, then apply the spelling rule if necessary.

**Never** break a spelling rule when adding endings to Russian verbs or nouns!

### 8-Letter Spelling Rule

| | | | | |
|---|---|---|---|---|
| After the letters | **г к х** | **ш щ ж ч** | **ц** | do not write **-ю,** write **-у** instead |
| | | | | do not write **-я,** write **-а** instead |

### 7-Letter Spelling Rule

| | | | | |
|---|---|---|---|---|
| After the letters | **г к х** | **ш щ ж ч** | | do not write **-ы,** write **-и** instead |

### 5-Letter Spelling Rule

| | | | | |
|---|---|---|---|---|
| After the letters | | **ш щ ж ч** | **ц** | do not write **unaccented -о,** write **-е** instead |

## Use

The 8-letter spelling rule is used in second-conjugation verbs.
The 7- and 5-letter spelling rules are used in the declension of modifiers and nouns.

# Appendix C: Declensions

## Nouns

**Masculine Singular Nouns**

| | HARD | SOFT | |
|---|---|---|---|
| **N** | стол ∅ | портфе́ль | музе́й |
| **A** | Inanimate like nominative; animate like genitive | | |
| | стол ∅ | музе́й | |
| | студе́нт**а** | преподава́тел**я** | |
| **G** | стол**а́** | преподава́тел**я** | музе́**я** |
| **P** | стол**е́** | преподаве́тел**е** | музе́**е**<br>кафете́р**ии**[1] |
| **D** | стол**у́** | преподава́тел**ю** | музе́**ю** |
| **I** | стол**о́м**[2] | преподава́тел**ем**[3] | музе́**ем** |

1. Prepositional case does not permit nouns ending in **-ие.** Use **-ии** instead.
2. The five-letter spelling rule applies to words ending in **ц, ж, ч, ш,** and **щ** followed by unstressed endings: e.g., **отцо́м** but **америка́нцем.**
3. When stressed the soft instrumental ending is **-ём:** секретар**ём**, Кремл**ём**.

**Masculine Plural Nouns**

| | HARD | SOFT | |
|---|---|---|---|
| **N** | стол**ы́**[1] | преподава́тел**и** | музе́**и** |
| **A** | Inanimate like nominative; animate like genitive | | |
| | стол**ы́**[1] | музе́**и** | |
| | студе́нт**ов** | преподава́тел**ей** | |
| **G** | стол**о́в** | преподава́тел**ей** | музе́**ев** |
| **P** | стол**а́х** | преподава́тел**ях** | музе́**ях** |
| **D** | стол**а́м** | преподава́тел**ям** | музе́**ям** |
| **I** | стол**а́ми** | преподава́тел**ями** | музе́**ями** |

1. The seven-letter spelling rule requires -**и** for words whose stems end **к, г, х, ж, ч, ш,** and **щ:** па́рк**и**, гараж**и́**, карандаш**и́**, etc.

**Feminine Singular Nouns**

| | HARD | SOFT -я | SOFT ...ия | SOFT -ь |
|---|---|---|---|---|
| **N** | газе́т**а** | неде́л**я** | пе́нси**я** | две́р**ь** |
| **A** | газе́т**у** | неде́л**ю** | пе́нси**ю** | две́р**ь** |
| **G** | газе́т**ы**[1] | неде́л**и** | пе́нси**и** | две́р**и** |
| **P** | газе́т**е** | неде́л**е** | пе́нси**и**[2] | две́р**и** |
| **D** | газе́т**е** | неде́л**е** | пе́нси**и**[2] | две́р**и** |
| **I** | газе́т**ой**[3] | неде́л**ей**[4] | пе́нси**ей**[4] | две́р**ью** |

1. The seven-letter spelling rule requires -**и** for words whose stems end **к, г, х, ж, ч, ш,** and **щ:** кни́г**и,** студе́нтк**и,** ру́чк**и,** etc.
2. Dative and prepositional case forms do not permit nouns ending in **-ие.** Use **-ии** instead.
3. The five-letter spelling rule applies to words ending in **ц, ж, ч, ш,** and **щ** followed by unstressed endings: e.g. Са́ш**ей.**
4. When stressed the soft instrumental ending is **-ёй:** семь**ёй.**

**Feminine Plural Nouns**

| | HARD | SOFT -я | SOFT ...ия | SOFT -ь |
|---|---|---|---|---|
| **N** | газе́т**ы**[1] | неде́л**и** | пе́нси**и** | две́р**и** |
| **A** | Inanimate like nominative; animate like genitive<br>газе́т**ы**[1]<br>жён ∅ | неде́л**и** | пе́нси**и** | две́р**и** |
| **G** | газе́т ∅ | неде́л**ь** | пе́нси**й** | двер**е́й** |
| **P** | газе́т**ах** | неде́л**ях** | пе́нси**иях** | двер**я́х** |
| **D** | газе́т**ам** | неде́л**ям** | пе́нси**иям** | двер**я́м** |
| **I** | газе́т**ами** | неде́л**ями** | пе́нси**ями** | двер**я́ми**<br>or двер**ьми́** |

1. The seven-letter spelling rule requires -**и** for words whose stems end **к, г, х, ж, ч, ш,** and **щ:** кни́г**и,** студе́нтк**и,** ру́чк**и,** etc.

**Neuter Singular Nouns**

| | HARD | SOFT -е | SOFT ...ие |
|---|---|---|---|
| **N** | окн**ó** | мóр**е** | общежи́ти**е** |
| **A** | окн**ó** | мóр**е** | общежи́ти**е** |
| **G** | окн**á** | мóр**я** | общежи́ти**я** |
| **P** | окн**é** | мóр**е** | общежи́ти**и**[1] |
| **D** | окн**ý** | мóр**ю** | общежи́ти**ю** |
| **I** | окн**óм** | мóр**ем** | общежи́ти**ем** |

1. Prepositional case does not permit ending in **-ие**. Use **-ии** instead.

**Neuter Plural Nouns**

| | HARD | SOFT -е | SOFT ...ие |
|---|---|---|---|
| **N** | óкн**а**[1] | мор**я́**[1] | общежи́ти**я** |
| **A** | óкн**а** | мор**я́** | общежи́ти**я** |
| **G** | óк(**о**)н ∅ | мор**éй** | общежи́ти**й** |
| **P** | óкн**ах** | мор**я́х** | общежи́ти**ях** |
| **D** | óкн**ам** | мор**я́м** | общежи́ти**ям** |
| **I** | óкн**ами** | мор**я́ми** | общежи́ти**ями** |

1. Stress in neuter nouns consisting of two syllables almost always shifts in the plural:
**окнó → óкна** **мóре → моря́.**

## Irregular Nouns

**Singular Nouns**

| | | | | |
|---|---|---|---|---|
| **N** | и́мя | вре́мя | мать | дочь |
| **A** | и́мя | вре́мя | мать | дочь |
| **G** | и́мени | вре́мени | ма́тери | до́чери |
| **D** | и́мени | вре́мени | ма́тери | до́чери |
| **P** | и́мени | вре́мени | ма́тери | до́чери |
| **I** | и́менем | вре́менем | ма́терью | до́черью |

**Plural Nouns**

| | | | | |
|---|---|---|---|---|
| **N** | имена́ | времена́ | ма́тери | до́чери |
| **A** | имена́ | времена́ | матере́й | дочере́й |
| **G** | имён | времён | матере́й | дочере́й |
| **P** | имена́х | времена́х | матеря́х | дочеря́х |
| **D** | имена́м | времена́м | матеря́м | дочеря́м |
| **I** | имена́ми | времена́ми | матеря́ми | дочеря́ми<br>дочерьми́ |

### Nouns with Irregular Plurals

| | | | | | |
|---|---|---|---|---|---|
| **N** | друг<br>друзья́ | сосе́д<br>сосе́ди | сын<br>сыновья́ | брат<br>бра́тья | сестра́<br>сёстры |
| **A** | друзе́й | сосе́дей | сынове́й | бра́тьев | сестёр |
| **G** | друзе́й | сосе́дей | сынове́й | бра́тьев | сестёр |
| **P** | друзья́х | сосе́дях | сыновья́х | бра́тьях | сёстрах |
| **D** | друзья́м | сосе́дям | сыновья́м | бра́тьям | сёстрам |
| **I** | друзья́ми | сосе́дями | сыновья́ми | бра́тьями | сёстрами |

# Declension of Adjectives

**Hard-Stem Adjectives**

| | MASCULINE | NEUTER | FEMININE | PLURAL |
|---|---|---|---|---|
| **N** | но́в**ый**<br>молод**о́й**[1] | но́в**ое**<br>молод**о́е** | но́в**ая** | но́в**ые** |
| **A** | nom./gen.* | | но́в**ую** | nom./gen.* |
| **G** | но́в**ого** | | но́в**ой** | но́в**ых** |
| **P** | но́в**ом** | | но́в**ой** | но́в**ых** |
| **D** | но́в**ому** | | но́в**ой** | но́в**ым** |
| **I** | но́в**ым** | | но́в**ой** | но́в**ыми** |

1. Adjectives whose masculine singular form ends in **-ой** always have stress on the ending.

**Soft-Stem Adjectives**

| | MASCULINE | NEUTER | FEMININE | PLURAL |
|---|---|---|---|---|
| **N** | си́н**ий** | си́н**ее** | си́н**яя** | си́н**ие** |
| **A** | nom./gen.* | | си́н**юю** | nom./gen.* |
| **G** | си́н**его** | | си́н**ей** | си́н**их** |
| **P** | си́н**ем** | | си́н**ей** | си́н**их** |
| **D** | си́н**ему** | | си́н**ей** | си́н**им** |
| **I** | си́н**им** | | си́н**ей** | си́н**ими** |

* Modifying inanimate noun—like nominative; modifying animate noun—like genitive.

## Adjectives Involving the Five- and Seven-Letter Spelling Rules

(Superscript numbers indicate which spelling rule applies.)

| | MASCULINE | NEUTER | FEMININE | PLURAL |
|---|---|---|---|---|
| **N** | хоро́ш**ий**[7]<br>больш**о́й**<br>ру́сск**ий**[7] | хоро́ш**ее**[5]<br>больш**о́е**<br>ру́сск**ое** | хоро́ш**ая**[5]<br>больш**а́я**<br>ру́сск**ая** | хоро́ш**ие**[7]<br>больш**и́е**[7]<br>ру́сск**ие**[7] |
| **A** | nom./gen.* | | хоро́ш**ую**<br>больш**у́ю**<br>ру́сск**ую** | nom/gen.* |
| **G** | хоро́ш**его**[5]<br>больш**о́го**<br>ру́сск**ого** | | хоро́ш**ей**[5]<br>больш**о́й**<br>ру́сск**ой** | хоро́ш**их**[7]<br>больш**и́х**[7]<br>ру́сск**их**[7] |
| **P** | хоро́ш**ем**[5]<br>больш**о́м**<br>ру́сск**ом** | | хоро́ш**ей**[5]<br>больш**о́й**<br>ру́сск**ой** | хоро́ш**их**[7]<br>больш**и́х**[7]<br>ру́сск**их**[7] |
| **D** | хоро́ш**ему**[5]<br>больш**о́му**<br>ру́сск**ому** | | хоро́ш**ей**[5]<br>больш**о́й**<br>ру́сск**ой** | хоро́ш**им**[7]<br>больш**и́м**[7]<br>ру́сск**им**[7] |
| **I** | хоро́ш**им**[7]<br>больш**и́м**[7]<br>ру́сск**им**[7] | | хоро́ш**ей**[5]<br>больш**о́й**<br>ру́сск**ой** | хоро́ш**ими**[7]<br>больш**и́ми**[7]<br>ру́сск**ими**[7] |

## Special Modifiers

| | MASC. | NEUTER | FEM. | PLURAL |
|---|---|---|---|---|
| **N** | мой | моё | моя́ | мои́ |
| **A** | nom./gen.* | | мою́ | nom./gen.* |
| **G** | моего́ | | мое́й | мои́х |
| **P** | моём | | мое́й | мои́х |
| **D** | моему́ | | мое́й | мои́м |
| **I** | мои́м | | мое́й | мои́ми |

| MASC. | NEUTER | FEM. | PLURAL |
|---|---|---|---|
| твой | твоё | твоя́ | твои́ |
| nom./gen.* | | твою́ | nom./gen.* |
| твоего́ | | твое́й | твои́х |
| твоём | | твое́й | твои́х |
| твоему́ | | твое́й | твои́м |
| твои́м | | твое́й | твои́ми |

* Modifying inanimate noun—like nominative; modifying animate noun—like genitive.

| | MASC. | NEUTER | FEM. | PLURAL |
|---|---|---|---|---|
| N | наш | на́ше | на́ша | на́ши |
| A | nom./gen.* | | на́шу | nom./gen.* |
| G | на́шего | | на́шей | на́ших |
| P | на́шем | | на́шей | на́ших |
| D | на́шему | | на́шей | на́шим |
| I | на́шим | | на́шей | на́шими |

| MASC. | NEUTER | FEM. | PLURAL |
|---|---|---|---|
| ваш | ва́ше | ва́ша | ва́ши |
| nom./gen.* | | ва́шу | nom./gen.* |
| ва́шего | | ва́шей | ва́ших |
| ва́шем | | ва́шей | ва́ших |
| ва́шему | | ва́шей | ва́шим |
| ва́шим | | ва́шей | ва́шими |

| | MASC. | NEUTER | FEM. | PLURAL |
|---|---|---|---|---|
| N | чей | чьё | чья | чьи |
| A | nom./gen.* | | чью | nom./gen.* |
| G | чьего́ | | чьей | чьих |
| P | чьём | | чьей | чьих |
| D | чьему́ | | чьей | чьим |
| I | чьим | | чьей | чьи́ми |

| | MASC. | NEUTER | FEM. | PLURAL |
|---|---|---|---|---|
| N | э́тот | э́то | э́та | э́ти |
| A | nom./gen.* | | э́ту | nom./gen.* |
| G | э́того | | э́той | э́тих |
| P | э́том | | э́той | э́тих |
| D | э́тому | | э́той | э́тим |
| I | э́тим | | э́той | э́тими |

| MASC. | NEUTER | FEM. | PLURAL |
|---|---|---|---|
| весь | всё | вся | все |
| nom./gen.* | | всю | nom./gen.* |
| всего́ | | всей | всех |
| всём | | всей | всех |
| всему́ | | всей | всем |
| всем | | всей | всéми |

| | MASC. | NEUTER | FEM. | PLURAL |
|---|---|---|---|---|
| N | оди́н | одно́ | одна́ | одни́ |
| A | nom./gen* | | одну́ | nom./gen.* |
| G | одного́ | | одно́й | одни́х |
| P | одно́м | | одно́й | одно́м |
| D | одному́ | | одно́й | одни́м |
| I | одни́м | | одно́й | одни́ми |

| MASC. | NEUTER | FEM. | PLURAL |
|---|---|---|---|
| тре́тий | тре́тье | тре́тья | тре́тьи |
| nom./gen.* | | тре́тью | nom./gen.* |
| тре́тьего | | тре́тьей | тре́тьих |
| тре́тьем | | тре́тьей | тре́тьих |
| тре́тьему | | тре́тьей | тре́тьим |
| тре́тьим | | тре́тьей | тре́тьими |

* Modifying inanimate noun—like nominative; modifying animate noun—like genitive.

## Question Words and Personal Pronouns

| N | кто | что | я | ты | мы | вы | он, оно́ | она́ | они́ |
|---|---|---|---|---|---|---|---|---|---|
| A | кого́ | что | меня́ | тебя́ | нас | вас | (н)его́ | (н)её | (н)их |
| G | кого́ | чего́ | меня́ | тебя́ | нас | вас | (н)его́ | (н)её | (н)их |
| P | ком | чём | мне | тебе́ | нас | вас | нём | ней | них |
| D | кому́ | чему́ | мне | тебе́ | нам | вам | (н)ему́ | (н)ей | (н)им |
| I | кем | чем | мной | тобо́й | на́ми | ва́ми | (н)им | (н)ей | (н)и́ми |

Forms for **он, она́, оно́,** and **они́** take an initial **н** if preceded by a preposition. For example, in the genitive case, the initial **н** is required in the sentence: **У неё** есть кни́га.
But not in the sentence: **Её** здесь нет.

# Appendix D: Numbers

| | Cardinal (one, two, three) | Ordinal (first, second, third) |
|---|---|---|
| 1 | оди́н, одна́, одно́ | пе́рвый |
| 2 | два, две | второ́й |
| 3 | три | тре́тий |
| 4 | четы́ре | четвёртый |
| 5 | пять | пя́тый |
| 6 | шесть | шесто́й |
| 7 | семь | седьмо́й |
| 8 | во́семь | восьмо́й |
| 9 | де́вять | девя́тый |
| 10 | де́сять | деся́тый |
| 11 | оди́ннадцать | оди́ннадцатый |
| 12 | двена́дцать | двенадца́тый |
| 13 | трина́дцать | трина́дцатый |
| 14 | четы́рнадцать | четы́рнадцатый |
| 15 | пятна́дцать | пятна́дцатый |
| 16 | шестна́дцать | шестна́дцатый |
| 17 | семна́дцать | семна́дцатьый |
| 18 | восемна́дцать | восемна́дцатый |
| 19 | девятна́дцать | девятна́дцатый |
| 20 | два́дцать | двадца́тый |
| 21 | два́дцать оди́н | два́дцать пе́рвый |
| 30 | три́дцать | тридца́тый |
| 40 | со́рок | сороково́й |
| 50 | пятьдеся́т | пятидеся́тый (пятьдеся́т пе́рвый) |
| 60 | шестьдеся́т | шестидеся́тый (шестьдеся́т пе́рвый) |
| 70 | се́мьдесят | семидеся́тый (семьдесят пе́рвый) |
| 80 | во́семьдесят | восьмидеся́тый (во́семьдесят пе́рвый) |
| 90 | девяно́сто | девяно́стый (девяно́сто пе́рвый) |
| 100 | сто | со́тый |
| 200 | две́сти | |
| 300 | три́ста | |
| 400 | четы́реста | |
| 500 | пятьсо́т | |
| 600 | шестьсо́т | |
| 700 | семьсо́т | |
| 800 | восемьсо́т | |
| 900 | девятьсо́т | |
| 1000 | ты́сяча | |
| 2000 | две ты́сячи | |
| 5000 | пять ты́сяч | |

## Collectives

дво́е, тро́е, чётверо (дете́й)

# Index

Балтийское море
Мурманск
Таллинн
Калининград
Рига
ЭСТОНИЯ
РОССИЯ
ЛИТВА
ЛАТВИЯ
Санкт-Петербург
Архангельск
Вильнюс
Новгород
Смоленск
Минск
УРАЛ
Львов
Карпаты
БЕЛАРУСЬ
Ярославль
УКРАИНА
МОСКВА
МОЛДОВА
Киев
Нижний Новгород
Обь
Кишинёв
РОССИЙ
Казань
Харьков
Воронеж
Волга
Екатеринбург
Чёрное море
Уфа
Новороссийск
Волгоград
Омск
Краснодар
КАВКАЗ
Астрахань
Пятигорск
ГРУЗИЯ
Тбилиси
АРМЕНИЯ
Ереван
КАЗАХСТАН
АЗЕРБАЙДЖАН
Аральское море
Баку
Каспийское море
УЗБЕКИСТАН
ТУРКМЕНИСТАН
Бишкек
Алма-Ата
Ашхабад
Ташкент
КЫРГЫЗСТАН
Душанбе
ТАДЖИКИСТАН